Die Rechtsprechung

der

Oberlandesgerichte

auf dem Gebiete des Zivilrechts.

Herausgegeben von

B. Mugdan, Kammergerichtsrat a. D. und **† R. Falkmann,** Senatspräsident am Kammergericht.

Achtunddreißigster Band.

(Jahrgang 1919, erstes Halbjahr.)

Leipzig,

Verlag von Veit & Comp.

1919

Druck von Metzger & Wittig in Leipzig

Systematisches Inhaltsverzeichnis nach der Paragraphenfolge der Gesetze.

Verfaßt von Oberlandesgerichtsrat Dr. Warneyer in Dresden.

(Die Zahlen bedeuten die Seiten.)

I. Reichsgesetze.

1. Bürgerliches Gesetzbuch.

Bürgerliches Gesetzbuch.

2. Einführungsgesetz zum Bürgerlichen Gesetzbuch.

3. Personenstandsgesetz.

4. Haftpflichtgesetz.

5. Gesetz über den Verkehr mit Kraftfahrzeugen.

6. Verordnung über den Verkehr mit Kraftfahrzeugen

vom 3. Februar 1910.

7. Handelsgesetzbuch.

8. Eisenbahnverkehrsordnung

vom 23. Dezember 1908.

8a. Eisenbahnbau- und Betriebsordnung

vom 4. November 1904.

9. Internationales Übereinkommen über den Eisenbahnfrachtverkehr.

10. Binnenschiffahrtsgesetz.

11. Gesetz über den Zusammenstoß von Schiffen

vom 7. Januar 1913.

12. Übereinkommen zur einheitlichen Feststellung von Regeln über den Zusammenstoß von Schiffen

vom 23. September 1910.

13. Wechselordnung.

14. Scheckgesetz.

15. Gesetz, betr. die Erwerbs- und Wirtschaftsgenossenschaften.

16. Gesetz, betr. die Gesellschaften mit beschränkter Haftung.

17. Gesetz zum Schutz der Warenbezeichnungen.

18. Gesetz gegen den unlauteren Wettbewerb.

19. Gesetz über den Versicherungsvertrag.

20. Reichsversicherungsordnung.

20a. Einführungsgesetz zur Reichsversicherungsordnung.

21. Krankenversicherungsgesetz vom 10. April 1892.

22. Gerichtsverfassungsgesetz.

23. Zivilprozeßordnung.

24. Zwangsversteigerungsgesetz.

II. Landesgesetze.

1. Baden.

2. Bayern.

3. Braunschweig.

4. Preußen.

---

1. Freiwillige Gerichtsbarkeit. Grundbuchordnung.

a) **Entscheidung nach § 5. Bestellung eines Abwesenheitspflegers nach § 88 FrGG.**[1]

Bayer. Oberstes Landesgericht, 2. ZS. Beschluß v. 25. März 1918.

Der 1912 gestorbene Michael T. von O. hat seine 1917 gestorbene Frau als Vorerbin und seine gesetzlichen Erben als Nacherben eingesetzt. Zu den Nacherben gehört auch Joseph A., der im Juni 1915 zum Heere eingezogen wurde und seit Anfang 1917 vermißt wird. Das Amtsgericht O. hat, nachdem es als das für die Auseinandersetzung des Michael T.schen Nachlasses zuständige Nachlaßgericht die Amtsgerichte in P. und M. um Anordnung der Abwesenheitspflegschaft für Joseph erfolglos ersucht hatte, die Akten zur Entscheidung nach § 5 vorgelegt. Der Antrag ist an sich zulässig. Der Wohnsitz des A. läßt sich aber auf Grund der bisherigen Ermittlungen nicht feststellen. Daß er in P., wo er nur vorübergehend als Dienstbote tätig war, seine ständige Niederlassung begründen wollte, läßt sich nicht annehmen. Auch § 9[1] BGB. kommt nicht in Betracht, da A. zur Erfüllung der Wehrpflicht diente (Samml. 16 S. 90). Ob A. einen selbständigen Wohnsitz begründet oder den gesetzlichen Wohnsitz des § 11 BGB. beibehalten hat, ist aus den Akten nicht zu entnehmen. Es sind deshalb die Voraussetzungen für einen Beschluß nach § 5 FrGG. nicht gegeben. Es ist Sache des Amtsgerichts O., die erforderlichen Ermittlungen zu veranstalten. Es wird aber zu erwägen haben, ob es nicht selbst den Abwesenheitspfleger für A. bestellen will. Der § 88 FrGG. ist hauptsächlich zur Beschleunigung der Nachlaßauseinandersetzung getroffen. Es liegt zwar im Ermessen des Nachlaßgerichts, ob es die ihm nach § 88 zustehende Befugnis ausüben will; es darf aber ohne hinreichende Gründe von einer Maßnahme nicht absehen, die zur Förderung des Verfahrens geeignet ist (vgl. auch Beschluß des Senats vom 31. Mai 1915, BayerZ. 11 S. 216).

Kn.

b) **Berichtigung des Erbscheins. Beschwerderecht des Vollstreckers.**

Kammergericht, 1. ZS. Beschluß v. 25. April 1918.

Der Witwe Marie B. ist ein Erbschein vom 7. Juni 1912 des Inhalts erteilt worden, daß sie alleinige Vorerbin ihres Mannes Ernst B. geworden

[1] a) Das im § 5 FrGG. bezeichnete Gericht hat das zuständige Gericht auch dann zu bestimmen, wenn in einer Fürsorgeerziehungssache Gerichte verschiedener Bundesstaaten über die örtliche Zuständigkeit streiten (KG., ZS. 1a. Beschluß v. 9. Nov. 1917; KGJ. 50 S. 16).

b) Die Abhaltung des Auseinandersetzungstermins durch ein ersuchtes Gericht ist unzulässig und insofern als eine nach dessen Rechte verbotene Handlung anzusehen (KG., 1. ZS. Beschluß v. 24. Febr. 1916; KGJ. 49 S. 86). — Während der Dauer der Nachlaßverwaltung (BGB. § 1984) ist die gerichtliche Vermittlung der Auseinandersetzung unter den Erben unzulässig (Beschluß desselben ZS. v. 16. Nov. 1916; aO. 49 S. 85).

ist. Sodann heißt es: „Nacherbin ist im Falle des Todes der Vorerbin eine zu errichtende Ernst und Mary B.-Stiftung, im Falle der Wiederverheiratung eine zu errichtende Ernst B.-Stiftung." Die Witwe hat sich wieder verheiratet. Der Testamentsvollstrecker ist der Ansicht, daß die Nacherbfolge auch bei Wiederverheiratung der Vorerbin erst bei dem Tode eintritt, und hat beantragt, den Erbschein dahin zu berichtigen, daß nach den Worten „im Falle der Wiederverheiratung" die Worte eingefügt werden: „Nach dem Tode der Vorerbin." Das Nachlaßgericht hat dem Vollstrecker eröffnet, es werde den Erbschein, sofern nicht gegen diese Verfügung binnen zwei Wochen Beschwerde eingelegt werde, als unrichtig einziehen, denn mit der Wiederverheiratung der Witwe sei die Stiftung Erbin geworden. Die Beschwerde wurde zurückgewiesen. Die weitere Beschwerde ist unbegründet.

Der erstinstanzliche Antrag geht zwar nur dahin, den früher erteilten Erbschein zu berichtigen, in ihm ist aber für den Fall der Ablehnung der Hilfsantrag als mitenthalten anzusehen, einen neuen Erbschein dahin zu erteilen, daß die Nacherbfolge erst mit dem Tode der Vorerbin eintritt. Das Nachlaßgericht hat sowohl den Haupt- wie den Hilfsantrag zurückgewiesen und ferner die Einziehung des früher erteilten Erbscheins angedroht. Während der Beschwerdeführer ein Beschwerderecht in Ansehung der ersten beiden Teile der amtsgerichtlichen Verfügung hat, ist ihm ein solches gegen die Androhung der Einziehung zu versagen. Der Erbschein ist erteilt auf Antrag der Frau B. Nach § 20² FrGG. steht, soweit eine Verfügung nur auf Antrag erlassen werden kann (das trifft für den Erbschein nach §§ 2353 ff. BGB. zu) und der Antrag zurückgewiesen worden ist, die Beschwerde nur dem Antragsteller zu. Dabei macht es keinen Unterschied, ob die Zurückweisung sofort oder erst unter Abänderung einer dem Antrag entsprechenden Verfügung (§ 18) erfolgt ist. Die Einziehung des Erbscheins ist die besonders geformte Rückgängigmachung einer dem Erbscheinsantrag stattgebenden Verfügung. Deshalb kann gegen die Einziehung nur der Erbe Beschwerde führen, auf dessen Antrag er erteilt war. Entsprechendes muß aber auch für die Androhung der Einziehung gelten. An diesem Ergebnis wird dadurch nichts geändert, daß auch dem Vollstrecker auf sein Verlangen eine Ausfertigung des Erbscheins erteilt worden ist. Er ist dadurch nicht Antragsteller jenes Erbscheins geworden.

Der Hauptantrag auf Berichtigung ist schon deshalb nicht gerechtfertigt, weil das Gesetz die Berichtigung eines Erbscheins nicht kennt. Ist der Erbschein unrichtig, so hat ihn das Nachlaßgericht einzuziehen (§ 2361¹ BGB.). Das mit der Berichtigung erstrebte Ziel, nämlich die Ausstellung eines seiner Testamentsauslegung entsprechenden Erbscheins könnte also der Beschwerdeführer nur durch den Antrag auf einen neuen selbständigen Erbschein erreichen. Der demnach aus seinem Vorbringen entnommene Hilfsantrag aber ist gleichfalls nicht begründet. Die Vorinstanzen legen das Testament dahin aus: Die Rechte der Frau seien für den Fall ihrer Wiederverheiratung im § 2 festgelegt; danach solle sie als Vermächtnis eine lebenslängliche Jahresrente und eine Barzuwendung erhalten; hierdurch und durch den § 4, wonach für den Fall der Wiederverheiratung der Frau das gesamte vorhandene und belegte Kapital zu einer Ernst B.-Stiftung vereinigt und verwandt werden soll, habe der Erblasser deutlich ausgedrückt, daß mit der Wiederverheiratung der Frau der Nacherbfall eintreten soll. Diese Auslegung läßt einen Rechtsirrtum nicht erkennen. Opp.

c) **Zuständigkeit für neue Verrichtungen bei Gerichtswechsel.**

Kammergericht, ZS. 1a. Beschluß v. 22. März 1918.

Die Eheleute Sp. sind 1907 unter Schuldigsprechung der Frau rechtskräftig geschieden worden, so daß die Personensorge für das gemeinschaftliche Kind nach der Regel des § 1635 S. 1 BGB. dem Vater zusteht. Am 3. Juli 1914 hat die Vormundschaftsbehörde in Hamburg dem Vater des Kindes die Verpflichtung auferlegt, zu gestatten, daß die Mutter es in den Sommerferien auf 3 Wochen zu sich nimmt. Auf einen Antrag des Vaters, jene Frist mindestens auf 2 Wochen herabzusetzen, hat das Amtsgericht in Charlottenburg, das die in Hamburg schwebende Angelegenheit nicht etwa gemäß § 46 FrGG. übernommen hat, am 14. Juli 1917 die beregte Frist für die Sommerferien 1917 auf 18 Tage herabgesetzt. Einen Antrag der Mutter, anzuordnen, daß das Kind sie auch in den Weihnachts- und Osterferien besuche, hat dasselbe Amtsgericht am 6. Oktober 1917 zurückgewiesen. Die Beschwerde hierüber hatte teilweisen Erfolg. Die weitere Beschwerde des Vaters ist begründet.

Unzutreffend ist allerdings die Rüge des Beschwerdeführers, daß er in der Beschwerdeinstanz nicht besonders gehört worden sei. Ein Verstoß gegen § 1673 BGB. liegt nicht vor. Durch Verfügung des Amtsgerichts ist dem Beschwerdeführer der Antrag der Mutter zur Erklärung zugefertigt worden, worauf sich sein Rechtsbeistand dahin geäußert hat, daß von der Bewilligung eines zweiten jährlichen Besuches Abstand genommen werden möge. Seine nochmalige Anhörung in der Beschwerdeinstanz war nicht nötig, da in ihr wesentlich neue Tatsachen nicht hervorgetreten sind (Rsp. 17 S. 267; Bay. Ob.LG. 13 S. 256).

Im übrigen aber mußte dem Begehren des Beschwerdeführers stattgegeben werden, weil den Vorinstanzen die Zuständigkeit fehlte, Anordnungen zur Regelung des persönlichen Verkehrs der Mutter des Kindes mit diesem auf der Grundlage des § 1636 BGB. zu treffen. Die gedachte familienrechtliche Angelegenheit ist bei der Vormundschaftsbehörde in Hamburg anhängig geworden, indem diese nicht nur mit ihr befaßt worden (§ 43¹), sondern auch in ihr durch ihre Bearbeitung tätig geworden (§ 4) ist. Jene Behörde hat sich nach ihrem Schreiben vom 24. Januar 1916 für alle diese Verkehrsregelung betreffenden Angelegenheiten für zuständig erachtet. Zwar hat der Vater des Kindes und somit gemäß § 11 BGB. auch das letztere im Jahre 1916 einen Wohnsitz in Charlottenburg begründet, so daß für eine in Ansehung des Kindes angeregte neue Verrichtung des VormGerichts das dortige Amtsgericht zuständig ist (§§ 43, 36). Allein die einmal für eine Angelegenheit begründete Zuständigkeit eines VormGerichts wird durch eine Änderung der Verhältnisse, die sie begründet haben, nicht aufgehoben oder geändert. Ferner hat die Vormundschaftsbehörde in Hamburg den Verkehr der Mutter mit dem Kinde nur für die Sommerferien geregelt, während gegenwärtig die Besuche des Kindes bei der Mutter in den Weihnachts- und Osterferien in Frage stehen. Doch bildet, wenn auch die dem VormGerichte zugewiesenen einzelnen Verrichtungen, zu denen auch die Verkehrsregelung gehört, jede für sich, besonders im Verhältnis zueinander, als eine „Sache" zu bewerten sind, anderseits eine jede von ihnen eine inhaltlich einheitliche Angelegenheit, diese allerdings eine Mehrheit gerichtlicher Handlungen in ihrer Gesamtheit umfassen kann und gewöhnlich umfaßt (Schmidt-Bardeleben, Rechtszug nach einem Gerichtswechsel S. 51 f.). Es muß aber als ein dringendes Gebot der Rechtsordnung und der Zweckmäßigkeit bezeichnet werden, daß eine Angelegenheit, die sich inhaltlich als eine Sache darstellt, auch äußerlich als solche behandelt und nicht in mehrere, bei verschiedenen Gerichten anhängige Sachen zerrissen wird. Eine jede inhaltlich zusammengehörige, den Gegenstand eines selbständigen und einheitlichen gerichtlichen Verfahrens der freiwilligen Gerichtsbarkeit bildende Angelegenheit darf daher immer nur von einem Amtsgerichte bearbeitet werden, so daß jedes andere Gericht, falls dieses nicht das zuständige Beschwerdegericht ist, von der Bearbeitung der Angelegenheit ausgeschlossen ist. Das später etwa mit einer bei einem Gerichte anhängigen Sache befaßte andere Gericht hat demzufolge trotz seiner eigenen örtlichen Zuständigkeit sich in das Verfahren des zuerst tätig gewordenen Gerichts nicht einzumischen, vielmehr zugunsten des letzteren seine eigene Tätigkeit einzustellen. Seine Zuständigkeit ist eine schwächere und muß der stärkeren des zuerst mit der Sache beschäftigten Gerichts weichen (aO. S. 27, 53). Diesen Ausführungen entsprechend hat es das Kammergericht grundsätzlich für unzulässig erachtet, daß ein Gericht als Nebenvormundschaftsgericht zu dem Zweck tätig wird, um Anordnungen zu treffen, die das Hauptvormundschaftsgericht selbst erlassen könnte, indem erwogen wurde, daß sonst die Einheitlichkeit der Leitung des Verfahrens auf das Empfindlichste beeinträchtigt werden würde (KGJ. 36 S. 5). In gleicher Weise hat es hinsichtlich des handelsgerichtlichen Ordnungsstrafverfahrens die untrennbare Zusammengehörigkeit der verschiedenen Dienstverrichtungen des Registergerichts bei einem einzigen Gericht als unzweifelhaft bezeichnet (KGJ. 31 S. 215, 217). Hiernach handelt es sich in Fällen der vorliegenden Art nicht um einen Fall des § 7 FrGG., der voraussetzt, daß eine gerichtliche Handlung von einem örtlich unzuständigen Gericht vorgenommen worden ist, sondern um einen Mangel der sachlichen Zuständigkeit, der, wie im § 32 FrGG. besonders hervorgehoben ist, eine gerichtliche Verfügung ohne weiteres unwirksam macht (vgl. auch KGJ. 36 S. 3; ferner 30 S. 289, 35 S. 345).

Dazu kommt die Bestimmung im § 18 FrGG., daß das Gericht berechtigt ist, eine von ihm erlassene Verfügung zu ändern, wenn es sie nachträglich für ungerechtfertigt erachtet. Zu der Änderung einer Verfügung ist also nur das Gericht befugt, das sie erlassen hat (Schlegelberger, FrGG. S. 191[4]). Eine Ausnahme tritt nur in dem Fall ein, daß eine Sache gemäß § 46 von einem andern Gericht zur Fortführung übernommen worden ist. Alsdann hat das die Angelegenheit fortführende Gericht, das in allen Beziehungen an die Stelle des Abgabegerichts tritt, auch die Befugnis, die Verfügungen des letztgedachten Gerichts abzuändern oder aufzuheben (RJA. 6; KGJ. 43 S. 30). Opp.

d) **Zur Auslegung der §§ 36, 37 S. 2 FrGG.**

OLG. Kiel, 1. ZS. Beschluß v. 16. Mai 1918.

1917 verstarb in Kiel die von ihrem Mann getrennt lebende S., geb. U., Sie hat drei Kinder hinterlassen, einen unehelichen, in Braunschweig bevormundeten Sohn A. U., und zwei eheliche Kinder. Diese sind in Fürsorgeerziehung — ein Pfleger zur Beaufsichtigung ihrer Erziehung ist ihnen vom Amtsgericht Bielefeld bestellt — und sollen jetzt zur Wahrung ihrer erbrechtlichen Ansprüche einen Pfleger erhalten. Das Amtsgericht Kiel, das zunächst mit der Sache befaßt worden ist, hat das Amtsgericht Br. für zuständig erachtet und da letzteres seine Zuständigkeit bestreitet, eine Entscheidung gemäß § 5 beantragt.

Es bedarf keiner näheren Feststellung, ob der Vater der S.schen Kinder, der sich in den letzten Jahren vor seiner Einziehuug zum Heeresdienste wohnsitzlos umhergetrieben zu haben scheint, seinen letzten Wohnsitz in Br. gehabt hat. Da die ehelichen Kinder den Wohnsitz des Vaters nach § 11 BGB. teilen und diesen Wohnsitz nicht dadurch verlieren, daß der Vater ihn aufgibt, ohne einen neuen Wohnsitz zu begründen (vgl. Rsp. 10 S. 56; 18 S. 309), so wäre hiernach das Amtsgericht Br. gemäß §§ 36 Satz 1, 37 Satz 2 zuständig.

Sollten aber die S.schen Kinder ihren Wohnsitz nicht in Br. haben, so ist doch dieses Amtsgericht zuständig, weil alsdann § 36 Satz 2, der gemäß § 37 Satz 2 auch für Pflegschaften gilt, anwendbar ist. Dann haben zwar die Kinder ihren Wohnsitz in einem anderen Gerichtsbezirk, beim Amtsgericht Br. ist aber bereits eine Vormundschaft über A. U. anhängig, und, da auch Halbgeschwister Geschwister im Sinne des § 36 Satz 2 sind, folgt daraus, daß das Amtsgericht Br. auch für die Pflegschaft über die S.schen Kinder zuständig ist. Daß beim Amtsgericht Bielefeld bereits eine Pflegschaft geführt wird, steht dem nicht entgegen; denn diese Pflegschaft ist nur zur Beaufsichtigung der Erziehung bestellt, während es sich hier um die Wahrung von Vermögensinteressen handelt, und der § 37 Satz 2 mit § 36 Satz 2 ist nicht dahin zu verstehen, daß schon das Bestehen einer auf andere Zwecke gerichteten Pflegschaft über eines von mehreren Geschwistern ausreichen sollte, eine Zuständigkeit dieses Gerichts auch für andere Pflegschaften zu begründen Auch nach § 37 Satz 1 ist für eine Pflegschaft in erster Linie das Gericht zuständig, bei dem bereits eine Vormundschaft, nicht eine andere Pflegschaft über das Kind anhängig ist. Hiernach war das Amtsgericht Br. als zuständiges Gericht zu bestimmen. SchHA.

e) **Wichtige Gründe zur Abgabe der Vormundschaft.**[1]

Bayer. Oberstes Landesgericht, 2. ZS. Beschl. v. 22. Mai 1918.

Wichtige Gründe zur Abgabe der Vormundschaft liegen dann vor, wenn ein Zustand geschaffen wird, der eine zweckmäßigere und leichtere Führung der Vormundschaft ermöglicht. Bei der Beurteilung dieser Frage steht das Interesse des Mündels in erster Linie und ist grundsätzlich der Zeitpunkt ins Auge zu fassen, in dem die Entscheidung über die Abgabe erlassen wird. Allerdings ist in zahlreichen Entscheidungen des Senats schon ausgesprochen, daß die dem Vormund für die Person des Mündels obliegende Fürsorge in der einfachsten und zweckmäßigsten Weise von dem Gerichte beaufsichtigt werden kann, in dessen Bezirk der Vormund und der Mündel sich befinden. Diese Erwägung trifft jedoch nur dann zu, wenn, wie dies allerdings in der Mehrzahl der Fälle durch das Lebensalter des Mündels und dessen sonstige Lebensverhältnisse geboten sein wird, eine Fürsorge für die Person des Mündels überhaupt erforderlich ist. Hier handelt es sich aber um einen 62jährigen Mann, der sich bisher ohne Beanstandung fortgebracht hat und weder zu den hilflosen, noch zu den gefährlichen Geisteskranken gehört, da seine Entmündigung ausschließlich mit Rücksicht auf das Vorhandensein von Wahnideen der rechtlichen Benachteiligung und Verfolgung ausgesprochen wurde. [Vgl. Rsp. 36 S. 186h.] Kn.

f) **Aufenthalt im Sinne des § 75 FrGG.**

Bayer. Oberstes Landesgericht, 2. ZS. Beschluß v. 24. Juni 1918.

Nach der herrschenden Meinung (Schultze-Görlitz zu § 36 FrGG.; Keidel S. 162, 217; Rsp. 3 S. 72; KGJ. 32 A 3; Recht 1904 S. 108 N. 529) ist unter Aufenthalt, entsprechend dem § 16 ZPO., ein rein tatsächliches Verhalten zu verstehen, gleichgültig, ob die Anwesenheit der Person an dem Orte von längerer oder kürzerer Dauer, gewollt oder unfreiwillig, oder ihr auch nur bewußt ist. Nicht erfordert wird also ein Verweilen an dem Orte unter Verhältnissen, die „ihrer Natur nach auf einen Aufenthalt von längerer Dauer hinweisen" (§ 20 ZPO.); der Aufenthalt braucht auch nicht der „gewöhnliche" Aufenthalt im Sinne des § 1320^{2.3} BGB. oder auch des § 6 des Erbschaftssteuerges. v. 7. Juni 1906 zu sein (RG. 91 S. 287). Selbstverständlich erfüllt das „Mehr", der wohnsitzähnliche Aufenthalt, unter den sonstigen Voraussetzungen die in § 73[1] FrGG. geregelte Zuständigkeit; sie wird auch durch den Umstand nicht berührt, daß der auf längere Zeit berechnete Aufenthalt eine vorübergehende Unterbrechung er-

[1] Lehnt ein preuß. Amtsgericht die von einem nicht-preuß. Amtsgericht aus Zweckmäßigkeitsgründen angeregte Übernahme einer Vormundschaft ab, so entscheidet nicht das Kammergericht, sondern dasjenige OLG., zu dessen Bezirke jenes preuß. Gericht gehört (KG., ZS. 1a. Beschluß v. 9. Nov. 1917; KGJ. 50 S. 14).

leiden sollte (Seuffert ZPO. § 20[1]). Anderseits fällt aber auch die den längeren Aufenthalt unterbrechende kurze Anwesenheit an dem anderen Orte unter den in § 73 aufgestellten Begriff: Aufenthalt. In einem solchen Fall entscheiden dann nicht etwa Zweckmäßigkeitsgründe, sondern gebührt nach § 4 demjenigen der mehreren zuständigen Gerichte der Vorzug, das zuerst in der Sache tätig gewesen ist. Kn.

g) **Erlöschen der Handelsfirma durch Untergang der wirtschaftlichen Grundlagen des Geschäfts.**

Bayr. Oberstes Landesgericht, 1. ZS. Beschluß vom 12. Juli 1918.

Ein Handelsgeschäft hört nicht unmittelbar mit der Einstellung des Gewerbebetriebes auf, sondern besteht so lange fort, als die zu dessen Fortführung geeigneten Vermögensstücke und geschäftlichen Beziehungen vorhanden sind. Es hört aber jedenfalls dann auf, wenn der Geschäftsbetrieb lange Zeit hindurch geruht hat, die Gegenstände, die für den Betrieb bestimmt waren, verkauft oder unbrauchbar geworden und die alten Geschäftsbeziehungen beendet sind; denn hiermit sind die wirtschaftlichen Grundlagen des Geschäfts untergegangen, sein Aufbau nach innen und außen ist zerstört. Mit Recht hat das LG. als unwesentlich erachtet, daß der Beschwerdeführer noch die Verpfändung von Lebensversicherungen einzelner früherer Kunden und Schuldner der Firma abzuwickeln hat. Durch diese Tätigkeit sind nicht etwa die geschäftlichen Beziehungen zu diesen Kunden aufrecht erhalten; denn die Besorgungen, die durch diese Rechtsverhältnisse veranlaßt werden, stellen keinen Handelsbetrieb dar und gehören deshalb nicht zu den Geschäften, für die die Firma des Kaufmanns nach § 17[1] HGB. bestimmt ist. Kn.

h) **Löschung in der Genossenliste einer e. G. m. u. H. wegen mangelhafter Beitrittserklärung.**

Kammergericht, ZS. 1a. Beschluß v. 10. Mai 1918.

S. war 1899 in die Liste der Genossen des Kreditvereins B., e. G. m. u. H. eingetragen worden. Seine Beitrittserklärung lautete: „Hierdurch erkläre ich, daß ich dem Kreditverein B., e. G. m. u. H. als Genossenschafter beitrete." Unter dem Hinweis darauf, daß diese Beitrittserklärung nicht dem Gesetz entspreche, beantragte er seine Löschung. Das Amtsgericht lehnte ab, dagegen gab das LG. dem Antrage statt. Die sofortige weitere Beschwerde des Kreditvereins ist begründet. Auch bei Zugrundelegung der alten Fassung des GenGes. hätte die Beitrittserklärung ausdrücklich enthalten müssen, daß der Beitretende für die Verbindlichkeiten der Genossenschaft sowohl ihr wie auch unmittelbar ihren Gläubigern nach Maßgabe des GenGes. mit seinem ganzen Vermögen hafte. Die Beitrittserklärung des S. enthält diese Bemerkung nicht und ist daher ungültig. Daß sie gleichwohl zur Eintragung des S. führte, macht ihn nicht mit Rechtsnotwendigkeit zum Genossen, denn die Mitgliedschaft des Beitretenden entsteht nur durch diejenige Eintragung, die auf Grund der Erklärung und deren Einreichung stattfindet, es wird also auch eine Erklärung, und zwar eine solche erfordert, die das Gesetz als rechtswirksam ansieht. Eine derartige Erklärung liegt aber hier nicht vor. Dieses Formerfordernis kann auch durch Verzicht der Genossenschaft und des Beitretenden nicht ersetzt und letzterer kann auch nicht registerrechtlich schon dadurch Genosse werden, daß er sich wie ein solcher geführt und Vorteile der Mitgliedschaft genossen hat; etwaige Rechtsfolgen eines derartigen Verhaltens sind im vorliegenden Verfahren nicht zu erörtern.

Diese Erwägungen führen aber keineswegs mit der vom LG. angenommenen Notwendigkeit zur Löschung der Eintragung. Nach §§ 147, 142 FrGG. „kann" das Registergericht eine Eintragung löschen, die wegen Mangels einer wesentlichen Voraussetzung unzulässig war. Ob es diese Befugnis ausüben will, ist eine Frage seines pflichtgemäßen Ermessens im einzelnen Falle. Eine Verpflichtung zu entsprechendem Vorgehen ist auch im § 9² der Bek. v. 1. Juli 1899 (RGBl. S. 347) nicht enthalten, wie schon die Bezugnahme seines Abs. 1 auf die §§ 142, 147 ersehen läßt — falls überhaupt diese Bek. und nicht diejenige vom 11. Juli 1889 Berücksichtigung finden soll. Auch aus § 12 FrGG. kann eine Verpflichtung des Registergerichts zur Löschung einer solchen Eintragung nicht hergeleitet werden. Der § 12 verpflichtet das Gericht nur den Sachverhalt, mit dessen Erörterungen es befaßt ist, von Amtswegen zu ermitteln, enthält aber keinen allgemeinen Zwang zum Erlasse von Entscheidungen auch in denjenigen Sonderfällen, in denen ihm, wie im § 142, die Entschließung darüber, ob eine solche ergehen soll, freigestellt ist. Von welchen Gesichtspunkten es sich in Fällen der vorliegenden Art leiten lassen soll, ist im Gesetze nicht gesagt. Es wird die Bedeutung der Eintragung und Löschung für die Beteiligten und das öffentliche Interesse berücksichtigen, nur bei völlig zweifels- und bedenkenfreier Sach- und Rechtslage löschen und gegebenenfalls den Beteiligten die Klarstellung im Prozeßwege überlassen. Daß hier auch bei Berücksichtigung dieser ihm gesetzlich zustehenden Entschließungsfreiheit das Registergericht mit rechtlicher Notwendigkeit hätte zur Löschung gelangen müssen, ist nicht ersichtlich. Die Sache ist deshalb an das LG. zur weiteren Erörterung zurückzuverweisen, wobei auch die Frage von Belang sein kann, ob etwa die Beschwerdeführerin noch nachträglich einen formgültigen Beitritt herbeiführen kann und ob auch dann, wenn ein solches Vorgehen nicht aussichtslos erscheint, es angezeigt wäre, gleichwohl von Amtswegen die Eintragung zu löschen. RJA.

i) **GrundbuchO.[1]: α) Reihenfolge des Eingangs der Anträge und Eintragung in das Grundbuch.**

[1] a) Bei der Entscheidung über die von Beteiligten (Eigentümer, Hypothekar) angeregte Aufhebung eines gemeinschaftlichen Grundbuchblattes hat das Grundbuchamt nicht nur zu prüfen, ob die Voraussetzungen des § 4 fortgefallen sind, sondern auch ob andere Umstände die Aufhebung zweckmäßig erscheinen lassen; dies ist der Fall, wenn die wirtschaftliche Zusammengehörigkeit der zur Hypothekenbelastung der gebildeten 3 Gruppen von Grundstücken durch Eintragung der zusammengehörenden Grundstücke auf besonderen Blättern zum Ausdrucke gebracht werden soll (KG., 1. ZS. Beschluß v. 13. Dez. 1917; KGJ. 50 S. 127).

b) Ist Entgegennahme der Auflassung unter der Voraussetzung sofortiger Eigen=

OLG. Hamburg, 1. ZS. Beschluß v. 21. Juni 1918.

Das LG. hat den Antrag, daß die von Dr. A. beantragte Eintragung einer Zwangshypothek mit dem Range vor der von M. beantragten Eintragung zu erfolgen habe, oder die Eintragung eines Widerspruchs gegen den Vorrang der inzwischen eingetragenen Hypothek anzuordnen, ohne Rechtsirrtum zurückgewiesen. Es hatten 2 Gläubiger des Grundeigentümers, der eine vertreten von A., der andere vertreten durch M., die Eintragung von Sicherungshypotheken beantragt. Dem Antrage des M. ist stattgegeben. A. beruft sich darauf, daß sein Antrag früher beim Grundbuchamt eingegangen ist; Zwischenverfügungen, die der Grundbuchrichter hinsichtlich des Antrags des A. erlassen hatte, sind vom Beschwerdegericht aufgehoben. Gegen die einmal erfolgte Eintragung gibt es kein Rechtsmittel. Der Vorrang richtet sich nach der Eintragung, die Reihenfolge der Eingänge der Anträge ist belanglos; letztere ist nur maßgebend für das Verfahren, das der Grundbuchrichter einhalten soll. Rechte des Gläubigers entstehen aber erst durch die Eintragung, und die so erworbenen Rechte können auch nicht durch einen Widerspruch beseitigt werden; vgl. RG. 57 S. 278, das alle in Betracht kommenden Punkte eingehend erörtert. M. M.

β) **Eintragung eines Widerspruchs gegen das Eigentum des noch nicht als Eigentümer eingetragenen Erwerbers.**

OLG. Dresden, 6. ZS. Beschluß v. 11. Januar 1918.

Nachdem der Käufer B. beim Grundbuchamt unter Überreichung der notariellen Auflassung seine Eintragung als Eigentümer des Grundstücks beantragt hatte, focht der Verkäufer den Kaufvertrag und die Auflassung wegen Betrugs an, klagte auf Feststellung der Unwirksamkeit der Auflassung und beantragte, im Wege der einstw. Verfügung die Eintragung eines Widerspruchs gegen das Eigentum des Käufers anzuordnen. Das LG. lehnte ab, wurde jedoch angewiesen, anzuordnen, daß unmittelbar nach der Eintragung des Eigentumswechsels zugunsten des Antragstellers ein Widerspruch gegen das Eigentum des neuen Eigentümers einzutragen sei. Gründe:

tumseintragung beantragt, so darf, wenn dieser sachliche Hinderungsgründe entgegenstehen, der Antrag abgewiesen werden. Wird dagegen auf sofortiger Auflassung bestanden, so ist diese entgegenzunehmen, über die Hindernisse aber erst nach Stellung des Eintragungsantrags zu entscheiden (Beschluß v. 1. Nov. 1917; aO. S. 157).

c) Die Eintragung soll, wenn die Bewilligung (zur näheren Bezeichnung der Ausübungsstelle einer Grunddienstbarkeit) auf eine Karte Bezug nimmt, nur erfolgen, wenn diese Karte eine öffentliche Urkunde ist. Zu einer solchen wird jedoch eine Privatzeichnung nicht schon dadurch, daß sie einer in einer öffentlich beglaubigten Urkunde enthaltenen Eintragungsbewilligung als Anlage beigefügt und in ihr Bezug genommen ist (Beschluß v. 1. Febr. 1917; aO. S. 131).

d) Ist dem A. die Hypothek „samt den Zinsen vom 1. Oktober 1917" abgetreten worden und hat A. wenige Tage darauf „diese" Forderung an den Beschwerdeführer abgetreten, so spricht die Fassung der Urkunde für die Deutung, daß die Zinsen im vollen Umfange, wie sie wenige Tage vorher auf A. übergegangen waren, mit abgetreten sind (OLG. Dresden, 6. ZS. Beschluß v. 16. März 1918; Ann. 39 S. 150).

Durch die beigebrachten Urkunden ist glaubhaft gemacht, daß B. den Antragsteller zu dem Kaufvertrag und der im Anschluß daran erklärten Auflassung durch arglistige Täuschung bestimmt hat. Dies läßt die vom Antragsteller erklärte Anfechtung begründet erscheinen. Die deshalb nach § 142[1] BGB. nichtige Auflassung kann nicht zu einem gültigen Wechsel in der Person des Eigentümers führen. B. hat das notarielle Protokoll über die mit dem Eintragungsantrage verbundene Auflassung beim Grundbuchamt eingereicht, so daß mit der baldigen Eintragung des Eigentumswechsels zu rechnen ist. Nach seiner Eintragung könnte B. oder ein Rechtsnachfolger auf Grund des Glaubens des Grundbuchs gültig über das Grundstück verfügen, es besonders veräußern und belasten, solange nicht gegen sein Eigentum zugunsten des Antragstellers ein Widerspruch eingetragen ist. Um die Vereitelung der Ansprüche aus der Anfechtung der Auflassung zu verhüten, ist sonach die Eintragung eines solchen Widerspruchs erforderlich. Und wenn auch der Widerspruch nach der Ordnungsvorschrift des § 40[1] GrBO. nicht vor der Eintragung des neuen Eigentümers eingetragen werden darf, so steht doch in einem Falle wie dem jetzigen, wo die Auflassung dem Grundbuchamte bereits vorliegt, nichts entgegen, im voraus eine hierauf gerichtete einstw. Verfügung zu erlassen. Ann.

γ) **Aufgebot eines Grundschuldbriefs auf Antrag des nicht eingetragenen Erwerbers. Aushändigung eines neuen Briefs.**

Kammergericht, 1. ZS. Beschluß v. 21. Dezember 1916.

Für S. ist eine Grundschuld eingetragen. Auf Antrag des angeblichen Erwerbers der Grundschuld Z. ist der Brief sowie die Abtretungserklärung des S. auf Z. für kraftlos erklärt worden. Unter Überreichung des Ausschlußurteils und eines Pfändungs- und Überweisungsbeschlusses hat N. als Pfändungsgläubiger des Z. die „Aushändigung des neu zu erteilenden Grundschuldbriefs“ erbeten und sich dabei auch auf die Aufgebotsakten bezogen. Das Amtsgericht hat unter Fristsetzung den Nachweis verlangt, daß dem Z. damals der Brief übergeben worden sei, da nur dann die Post auf Z. übergegangen sei. Die Beschwerde wurde zurückgewiesen. Auch die weitere Beschwerde ist unbegründet.

Zwar handelt es sich nicht um eine Zwischenverfügung aus § 18 GrBO., der nur Eintragungen betrifft; an der Zulässigkeit der Beschwerde zu zweifeln, besteht indessen kein Anlaß. Die weitere Beschwerde könnte dagegen keinen Erfolg haben, wenn mit ihr die Berichtigung des Grundbuchs durch Eintragung des Z. als Gläubigers der Post verlangt würde. Das LG. hat darüber nicht befunden. Die Ausführung, daß dieser Antrag in den bisherigen Anträgen liege, ist hinfällig; Anträge auf Grundbucheintragungen bedürfen einer zweifelsfreien Fassung. Es könnten hier sogar Bedenken bestehen, ob überhaupt die Bildung eines neuen Briefs gefordert ist oder nur dessen Aushändigung, sobald er auf anderweiten Antrag gebildet werde. Die Vorinstanzen haben aber den Antrag in ersterem Sinne ausgelegt. Ebenso sind sie ohne Rechtsirrtum davon ausgegangen, daß der Brief nach dem Antrage des N. auf S. als Gläubiger hergestellt werde. Eine Herstellung auf den Namen des Z. wäre ohne dessen vorherige Eintragung als Gläubiger nach §§ 62, 70 GrBO. nicht möglich.

Der Antrag ist gestützt auf § 67 GrBO. Berechtigter im Sinne des § 67 ist der Gläubiger und derjenige, der von ihm sein Recht ableitet. Dazu gehört auch beim Vorliegen eines Überweisungsbeschlusses der Pfändungsgläubiger. Danach ist nicht zu beanstanden, daß der Antragsteller zu dem Antrage berechtigt ist, wenn er das Gläubigerrecht des Z. nachweisen kann (RG. 84 S. 314). Da Z. nicht als Gläubiger eingetragen ist, steht dem Antragsteller der § 891 BGB. nicht zur Seite. Nach § 1154 BGB. kann aber das Gläubigerrecht einer Grundschuld auch außerhalb des Grundbuchs auf einen Dritten übergehen. Dann müssen aber die Voraussetzungen des § 1154 mit den im Grundbuchverkehr vorgeschriebenen Beweismitteln (§ 29 GrBO.) als erfüllt nachgewiesen werden. Danach wäre Beibringung der Abtretungserklärung des S. in beglaubigter Form und Nachweis der Briefübergabe von S. an Z. zu erfordern.

In Frage könnte kommen, ob der Nachweis der Briefübergabe nicht durch die Vermutung des § 1117³ BGB., der an sich auch für den Grundbuchrichter und das formelle Grundbuchrecht gilt, ersetzt werden kann. Zum Nachweis der Übergabe des Briefs reicht deshalb an sich aus, wenn der durch eine Abtretungserklärung oder durch eine zusammenhängende Reihe solcher Erklärungen ausgewiesene Gläubiger den Brief besitzt (Güthe GrBO. §§ 22[38], 26[17], 40[22]). Mit dieser Vermutung kann man aber nicht zum Ziele gelangen, denn hier befindet sich weder der Brief noch das nach § 1018 ZPO. an seine Stelle getretene Ausschlußurteil im Besitze des Z. (Güthe § 40[30]), und sie würde auch dann nicht Platz greifen, wenn der Antragsteller das Ausschlußurteil im Namen des Z. und für diesen überreicht hätte. Nimmt man nämlich selbst an, daß Z. Besitzer des Ausschlußurteils wäre, so ist doch damit keine Vermutung für die Übergabe des Briefs an ihn geschaffen. Die Übergabe des Ausschlußurteils könnte den Übergang des Grundschuldrechts nicht vermitteln (KGJ. 45 S. 294). Die Übergabe des Briefs aber wird durch den Besitz des Ausschlußurteils nicht nachgewiesen. So weit aber kann weder der § 1117³ BGB. noch der § 1018 ZPO. führen, daß die Vermutung der Briefübergabe schon durch den Besitz des an seine Stelle getretenen, später erlassenen Ausschlußurteils als geführt angesehen werden sollte. Es bleibt deshalb das Erfordernis des Nachweises der Briefübergabe bestehen, der an sich schon als geführt angesehen werden kann, wenn eine Erklärung des S. darüber, daß er den Brief dem Z. übergeben, vorgelegt wird oder eine ihr gleichstehende Ersatzhandlung (KGJ. 45 S. 295) nachgewiesen wird (KGJ. 32 S. 287; 36 S. 242, 251).

Die Beschwerde meint freilich, der Nachweis des Gläubigerrechts des Z. werde durch § 1018 ZPO. in einer auch für den Grundbuchrichter bindenden Weise erbracht. Allein nach der Ansicht aller namhaften Ausleger der ZPO.

bedeutet der § 1018 nur, daß wer das Ausschlußurteil erwirkt hat, die Rechte geltend machen kann, die er hätte, wenn er die ursprüngliche Urkunde noch besäße, m. a. W.: das Urteil ersetzt für den Antragsteller den Besitz der verloren gegangenen Urkunde und zwar, wie Struckmann-Koch und Neukamp ausdrücklich hinzufügen: „ohne im übrigen die Rechtslage zu ändern". Das steht auch im Einklang mit der Entstehung des § 1018[1], der dem bisherigen § 850 entspricht. Dieser ist dahin begründet (Hahn Mat. S. 487): „Die Wirkung des Verfahrens beschränkt sich darauf, daß die Urkunde für kraftlos erklärt und der Antragsteller dem Verpflichteten gegenüber berechtigt wird, die Rechte aus der Urkunde geltend zu machen.... Im übrigen wird das Rechtsverhältnis zwischen dem Antragsteller und einem Dritten, welcher ein besseres Recht auf die Urkunde hat, nicht berührt. Es liegt kein Bedürfnis vor, in dieser Richtung eine weitergehende Wirkung eintreten zu lassen." Das beweist, daß nicht daran gedacht ist, dem Ausschlußurteil für die Sachlegitimation des Antragstellers eine weitergehende Wirkung beizulegen, als dem für kraftlos erklärten Brief innewohnte. Daß aber dessen Besitz allein dem Grundbuchrichter auch das sachliche Gläubigerrecht nachgewiesen hätte, wird auch der Beschwerdeführer angesichts der §§ 1154, 1155 BGB. und des § 40[2] GrBO. nicht behaupten wollen. Durch das Ausschlußurteil ist seine Stellung dem Grundbuchrichter gegenüber im Verhältnis zu seiner bisherigen naturgemäß nicht erleichtert. Das Grundbuchamt gehört überdies nicht zu den „durch die Urkunde Verpflichteten" im Sinne des § 1018 ZPO. RJA.

δ) **Weitere Beschwerde über Auslegung einer Erklärung und unterlassene Fristsetzung.**

OLG. Rostock, 2. ZS. Beschluß v. 15. März 1918.

Der Beschwerdeführer hat unter Vorlegung einer Vollmacht der Erben des Grundschuldgläubigers die Umschreibung der Grundschuld auf X. beantragt. Das Amtsgericht hat abgelehnt, weil die Vollmacht zu der Abtretung an andere Personen als an Miterben nicht ermächtige. Das LG. hat die Beschwerde zurückgewiesen. Sein Beschluß beruht auf der Auslegung der Vollmacht und der Abtretungserklärung; eine Verletzung des § 29 kommt daher nicht in Frage. Die Auslegung von Willenserklärungen ist aber mit der weiteren Beschwerde nur anfechtbar, wenn das LG. die Denkgesetze oder gesetzliche Auslegungsregeln verletzt oder die Möglichkeit einer in Betracht kommenden anderen Auslegung überhaupt nicht berücksichtigt oder einen Umstand, der für die Auslegung in Betracht kommt und geltend gemacht war, übersehen hat. Die weitere Beschwerde enthält jedoch derartige Rügen nicht. Wenn sie geltend macht, daß die Beschwerdeentscheidung nicht mit Gründen versehen sei, so wäre diese Rüge nur zulässig, wenn die Entscheidung überhaupt nicht begründet oder in den Gründen ein ganzer Rechtsbehelf übergangen wäre, eine bloße gedankliche Lücke in den Ausführungen des LG. ist nicht geeignet, die weitere Beschwerde auf jenen Grund zu stützen (RG. 65 S. 93). Die Ausführungen der weiteren Beschwerde laufen aber nur darauf hinaus, daß eine gedankliche Lücke in den Gründen des LG. enthalten sei. Dieselben Erwägungen treffen in betreff der Rüge zu, daß die Unterlassung einer Fristsetzung gemäß § 18 GrBO. nicht mit Gründen versehen sei. Da die Fristsetzung im Ermessen des Gerichts steht, stellte die Erwägung des LG., daß der gestellte Antrag keiner Heilung zugänglich gewesen sei, eine ausreichende Begründung dar. Aus demselben Grunde ist die Rüge der Verletzung des § 18 durch Unterlassung der Fristsetzung überdies nur anfechtbar, wenn das LG. diese Möglichkeit übersehen hatte, oder der Ausübung des Ermessens rechtliche Gesichtspunkte zugrunde lagen und diese das Gesetz verletzten. Das rügt aber der Beschwerdeführer nicht. Wenn er geltend macht, der Mangel sei der Heilung zugänglich gewesen durch eine — nachträgliche — Ergänzung der beigebrachten Vollmacht, so ist dies ein tatsächlicher, kein rechtlicher Gesichtspunkt, die Beschwerde führt nichts dafür an, daß das LG. eine solche rechtlich für unzulässig gehalten hätte. J.n.

2. Wechsel- und Scheckrecht.

a) Wechselunterschriften. Urkundenprozeß.

Kammergericht, 13. ZS. Urteil v. 18. März 1918.

Der Klagewechsel weist als Ausstellerunterschrift und als erstes Giro den geschriebenen Namen der Beklagten mit den vor den Namen geschriebenen Buchstaben „J. V." auf. Die Beklagte hält diese Wechselzeichnung für unverständlich oder für unvollständig, insofern der Name entweder des Vertreters einer nicht genannten Person oder einer durch einen nicht genannten Vertreter vertretenen Person gemeint sein könne. Die Auslegung von Wechseln unterliegt besonderen Regeln nicht. Der Wechselinhalt rechtfertigt die Feststellung, daß der Schreiber vollständige Unterschriften hat abgeben wollen und daß er das auch getan hat. Der Zusatz „J. V." ergibt nicht den Willen, die sonst aus der Stelle der Unterschrift auf dem Wechsel sich ergebende Verpflichtung nicht einzugehen. Er ist entweder unverständlich und dann unschädlich, oder in dem üblichen Sinne auf ein Vertretungsverhältnis und zwar dahin zu deuten, daß die Wechselunterschriften für die Person, deren Namen geschrieben ist, durch einen Vertreter abgegeben worden sind. Die Bezeichnung des Vertreters ist nicht erforderlich.

Trotzdem ist die Klage in der Prozeßart abzuweisen, weil die Vertretungsmacht des Schreibers der Unterschriften nur durch Eideszuschiebung, nicht durch Urkunden unter Beweis gestellt ist. Es ist unerheblich, daß die Zeichnung des Wechsels durch einen Vertreter erst nachträglich, nachdem der Träger des geschriebenen Namens seine eigenhändige Unterschrift bestritten hatte, behauptet worden ist. Die abweichende Ansicht (Rsp. 3 S. 351) wird nicht aufrecht erhalten. v. W.

b) Zahlung eines auf eine fremde Münzsorte lautenden Wechsels.

α) Kammergericht, 13. ZS. Urteil v. 3. Mai 1917.

Aus dem am 15. April 1912 in Berlin zahlbaren Wechsel über

12000 Kr. ö. W. fordert der Kläger 1917 Zahlung der in deutsche Währung umgerechneten Summe nach dem Kurse zurzeit der Klagerhebung, hilfsweise nach dem Kurse am Verfalltage. Der Schuldner kann jedoch nur zur Zahlung der verschriebenen Summe und Münzsorte verurteilt werden. Denn nach Art. 37 WO., § 244 BGB. hat nur der Schuldner die Wahl, ob er in Landesmünze nach dem Kurse zur Verfallzeit oder in der verschriebenen Münzsorte zahlen will, wenn diese Münzsorte noch zurzeit des Urteils gültig ist. Daran wird durch den Umstand nichts geändert, daß der inländische Kurs der Münzsorte seit dem Verfalltage gesunken ist. v. W.

β) OLG. Dresden, 1. ZS. Urteil v. 11. Oktober 1917.

Da der Klagewechsel auf die am Zahlungsort Neuenburg gültige Landesmünze lautet, hat der Kläger an sich Zahlung in Frankenwährung zu beanspruchen und die Beklagte braucht nur in dieser Währung zu zahlen. Der Umstand, daß im Inlande geklagt ist, hat dem Schuldner noch kein Wahlrecht eingeräumt, ob er in der wechselmäßigen oder in inländischer Währung zahlen wolle. Nach Art. 37 ist es ihm nur für den hier nicht vorliegenden Fall eingeräumt, daß die Münzsorte des Wechsels am Zahlungsorte keinen Umlauf hat. Ebensowenig schlägt § 244 BGB. ein, weil Neuenburg Erfüllungsort ist. Die Bek. vom 8. Februar 1917 bilden an sich kein Zahlungshindernis; sie gestatten vielmehr einem Schuldner, ausländische Zahlungsmittel bei einer zugelassenen Devisenstelle anzuschaffen und zur Zahlung an seine Gläubiger im neutralen Auslande zu verwenden.[1]

Der Kläger stellt aber weiter der Beklagten zur Wahl, in deutscher Währung zu zahlen. Wennschon er damit ihr lediglich entgegenkommen will, braucht sie sich hierauf nicht einzulassen, wenn dadurch ihre Verteidigung erschwert wird. Das ist aber nicht der Fall. Auch wenn ihr deutsche Währung nicht zur Wahl gestellt wäre, könnte sie nicht verhindern, daß der Gerichtsvollzieher, der keine Schweizer Münze bei ihr vorfindet, ihr deutsches Geld abpfändet, mit dem ein kurzfristiger Schweizer Wechsel bei einer Devisenstelle gekauft wird. Dieser Weiterung kann sich die Schuldnerin, wenn ihr in der Art der zu zahlenden Münzen die Wahl gelassen wird — dieses Wahlrecht kann sie noch in der Vollstreckungsinstanz ausüben — nur zu ihrem Vorteil durch Zahlung in deutscher Münze entziehen. ... Die Umrechnung hat dabei nach dem Kurse zu geschehen, der zurzeit der Fälligkeit am Zahlungsorte Neuenburg gegolten hat. Etwas andres hat auch das LG. nicht aussprechen wollen, wenn es im entscheidenden Teile bestimmt, daß die Umrechnung nach dem Kurswert zurzeit der Zahlung am Zahlungsorte der Wechsel zu geschehen habe. Es hat sich dabei nur der Gesetzesworte des § 244² BGB. bedient; mit diesen aber hat der Gesetzgeber nach der herrschenden Meinung den Zeitpunkt der Fälligkeit der Schuld treffen wollen. Planck erachtet allerdings den Kurswert zurzeit der tatsächlichen Zahlung für maßgebend; seine Gründe sind jedoch nicht überzeugend. Handelt es sich um die

[1] Ebenso OLG. Hamburg, 6. ZS. Urteil v. 7. März 1918.

Vorauszahlung einer Schuld in fremder Währung vor ihrer Fälligkeit, so wird eine stillschweigende Willenseinigung von Gläubiger und Schuldner zu unterstellen sein, daß statt des unbekannten zukünftigen Kurswerts der gegenwärtige maßgebend sein soll; tritt aber der Fall ein, daß der Kurswert vom Fälligkeitstage bis zur tatsächlichen Zahlung sinkt, so ist dem Gläubiger durch das Gesetz der Weg erschlossen, seinen Kursverlust als Verzugsschaden geltend zu machen.[1] ... —e—

c) **Abtretung der Wechselurteilsforderung nebst Kosten an den zahlenden Aussteller.**

OLG. Dresden, 7. ZS. Urteil v. 19. Februar 1918.

Auf die Klage des X. sind der Kläger als Aussteller und der Beklagte als Akzeptant zur Zahlung der Wechselsumme verurteilt. Der Kläger hat den Wechsel später eingelöst und dagegen von X. dessen Wechselforderung sowie die 155 Mark betragende Kostenforderung gegen den Beklagten abgetreten erhalten, auch auf ihn umgeschriebene vollstreckbare Ausfertigungen des Urteils und des Kostenfestsetzungsbeschlusses mit dem Wechsel und dem Protest vorgelegt. Da für ihn auf dem Grundstücke des Beklagten eine Sicherungshypothek von 10000 Mark eingetragen ist, beantragt er, daß Beklagter wegen der abgetretenen Ansprüche die Zwangsvollstreckung in das Grundstück dulde. Dem widerspricht der Beklagte mit Recht. Denn hat der Kläger den Wechsel eingelöst, so ist hierdurch, da er selbst aus dem Wechsel als Aussteller verpflichtet war, die Wechselforderung des X. erloschen. Nur seine eigene Wechselforderung gegen den Beklagten ist dadurch wieder aufgelebt (RG. 34 S. 51; Rsp. 11 S. 420, 31 S. 86). Die Erklärung des X., er trete seine Wechselforderung an den Beklagten dem Kläger ab, ist daher bedeutungslos; eine bereits erloschene Forderung kann nicht abgetreten werden. Auch § 426² BGB. findet unter Wechselverpflichteten keine Anwendung; ihre rechtlichen Beziehungen zueinander bestimmen sich ausschließlich nach Wechselrecht. Für seine eigene Wechselforderung an den Beklagten aber besitzt der Kläger keinen Schuldtitel, der ihn zur Zwangsvollstreckung in das Grundstück berechtigte.

Außer der Wechselforderung hat X. aber auch seine Kostenforderung abgetreten. Auf sie finden zwar die soeben dargelegten Grundstücke keine Anwendung, die für das gegenseitige Verhältnis mehrerer aus demselben Wechsel Verpflichteten nur insoweit maßgebend sind, als es sich nach dem

[1] Das OLG. Karlsruhe, 2. ZS. hat sich am 5. Dez. 1916 in einem Falle, in welchem der Schweizer Käufer vom inländischen Verkäufer Schadensersatz wegen Nichtlieferung verlangte, dahin ausgesprochen: „Mit Recht hat das LG. den Schadensbetrag in Frankenwährung ausgedrückt. Es war nach Franken verkauft, der Wechsel über den Kaufpreis wurde in Frankenwährung ausgestellt, war in der Schweiz zu bezahlen und wurde so auch eingelöst; der Schaden ist einem Schweizer zugegangen. Daß durch Erhöhung des Kurses jetzt für den gleichen Frankenbetrag mehr an deutschem Geld bezahlt werden muß als früher, ist ein Umstand, der zu Lasten der Beklagten geht, da sie die Zahlung des Schadensbetrags bisher mit Unrecht verweigert hat." Vgl. jedoch Falkmann Zwangsv. § 49 S. 598.

besonderen Wechselrechte bestimmt. Denn die Kostenpflicht ergibt sich ausschließlich aus den §§ 91 ff. ZPO. Wegen der ihm abgetretenen Kostenforderung aber kann der Kläger in das Grundstück nicht vollstrecken, weil seine Hypothek nicht zur Sicherung eines solchen Anspruchs bestellt ist, vielmehr nur wegen seiner in der Eintragungsbewilligung angegebenen Ansprüche besteht. Darin heißt es aber nur, daß der Kläger dem Beklagten Kredit zu gewähren versprochen habe „durch Gewährung von Darlehen und Vorschüssen, Diskontierung von Wechseln und Leistung von Zahlungen an Dritte". Die Bezahlung der dem Beklagten im Wechselprozeß auferlegten Kosten gegen Abtretung der Kostenforderung fällt hierunter nicht, insbesondere ist dies keine Zahlung für Rechnung des Beklagten, vielmehr eine Zahlung des Klägers für eigene Rechnung gewesen. Die Frage, ob ein Geschäft von dem, der es eingeht, auf eigene Rechnung geschlossen wird oder auf Rechnung eines anderen, entscheidet sich nach der rechtlichen Wirkung. Beim Abschlusse für Rechnung eines anderen hat man diesem die Vorteile des Geschäfts zuzuwenden, kann auf ihn aber auch die Nachteile abwälzen; beim Abschluß auf eigene Rechnung trägt Vorteile und Nachteile der, der das Geschäft abgeschlossen hat, selbst (vgl. Staub HGB. § 383[9]). Falls der Kläger etwa für den Erwerb der Kostenforderung weniger gezahlt haben sollte, als ihren Nennwert, besteht für ihn keine Verpflichtung, diesen Vorteil dem Beklagten zukommen zu lassen; umgekehrt würde kein Rechtsgrund ihn berechtigen, dem Beklagten den vollen Betrag des für die Forderung gezahlten Preises zu berechnen, falls er etwa aus irgendeinem Grunde dafür mehr gezahlt haben sollte. Der Kläger will die Kostenforderung für sich erworben haben, um sie als ihr nunmehriger Inhaber gegen den Beklagten geltend zu machen. —e—

d) **Wechselverjährung. Unterbrechung. Einfluß einer Abtretung und einer Schuldübernahme?**

OLG. Dresden, 5. ZS. Urteil v. 6. Mai 1918.

Dem A. stand gegen die Firma B. eine Wechselforderung zu, die dem Kläger abgetreten worden ist, nachdem der Beklagte sich vorher dem A. gegenüber verpflichtet hatte, die Schuld aus eigenen Mitteln nach und nach zu begleichen. Der Einwand der Verjährung ist begründet. An der Eigenart der Klageforderung als eines wechselmäßigen Anspruchs ist weder durch die Abtretung auf der Aktivseite noch durch die Nachfolge des Beklagten in die Schuld etwas geändert worden. Daraus folgt aber, daß die Forderung einer dreijährigen Verjährung, die vom Verfalltage des Wechsels (1. August 1912) lief, unterlag, und bei Zustellung der Klage (25. Juli 1917) bereits verjährt war. Das Vorbringen, daß Beklagter die Verjährung im März 1913 durch Übernahme und Anerkenntnis der Schuld unterbrochen habe, ist unerheblich; denn nach der Unterbrechung hätte eine neue Verjährung mit der alten Wechselverjährungsfrist begonnen. Zu prüfen bleibt noch, ob die in dem Versprechen der Begleichung „nach und nach" etwa behauptete Gestundung eine die Verjährung hemmende Wirkung (Staub-Strantz WO. Art. 79 Erk. N. 20) herbeigeführt haben könnte. Denn daß die Bestimmungen über Hemmung der Verjährung nach § 202 BGB. auch auf Wechselansprüche anzuwenden sind, kann nach Beseitigung des Art. 80 WO. nicht zweifelhaft sein (RG. 63 S. 370). Aber auch auf diesem Wege ist der Klage nicht aufzuhelfen. Es könnte sich schon fragen, ob nicht, wenn dies auch nicht ausdrücklich betont worden wäre, die Vereinbarung nach Treu und Glauben so auszulegen wäre, daß die darin enthaltene Gestundung durch Einhaltung der Raten, von denen die erste im Januar 1913 fällig sein sollte, bedingt gewesen wäre, dann wäre schon mit der Versäumung dieses Termins die Bedingung für eine weitere Gestundung weggefallen und die Hemmung der Verjährung beseitigt worden (so JW. 1910 S. 280[3]). Indessen selbst wenn man das nicht annehmen wollte, so müßte man in Ermangelung kalendermäßiger Festsetzung weiterer Termine als Parteiwillen unterstellen, daß die Schuld weiterhin in angemessenen Raten abgetragen werden sollte. Dann hätte es, zumal es sich um eine Wechselschuld handelte, schon die weitestgehende Nachsicht bedeutet, wenn man eine ratenweise Tilgung bis etwa 30. Juni 1914 (also auf reichlich anderthalb Jahr verteilt) als bewilligt annehmen wollte. Auch von diesem Zeitpunkt an gerechnet, war bis zur Klagerhebung noch eine dreijährige Verjährungsfrist vollendet worden. —e—

e) **Einwand, daß der durch Vollindossament legitimierte Kläger den Wechsel zum Teil im Interesse des Indossanten einklagt.**[1]

OLG. Dresden, FerienZS. A. Urteil v. 28. Juli 1917.

Der Kläger hatte zur Begleichung einer Forderung von 675 Mark von seinem Schuldner X. den Klagewechsel über 1200 Mark erhalten, den der Beklagte zu 1 angenommen und der Beklagte zu 2 ausgestellt und giriert hatte. Im Wechselprozesse zur Bezahlung von 1220 Mark unter Vorbehalt ihrer Rechte verurteilt, wenden die Beklagten jetzt im Nachverfahren ein, daß nach der mit X. getroffenen Vereinbarung der Kläger den seine Forderung an X. übersteigenden Wechselbetrag von 525 Mark nach Eingang dem Wechselgeber herauszuzahlen habe. Daß in einem solchen Falle kein Inkassoindossament vorliegt, keine Übertragung des Wechsels, um ihn zwar im eigenen Namen, aber für Rechnung des Gebers einzuziehen, ist klar. Aber das Indossament ist auch nicht teils Voll- teils Inkassoindossament; das wird allgemein anerkannt, da Teilindossamente dem deutschen Wechselrecht unbekannt sind; vielmehr liegt ein einziges Vollindossament für die ganze Wechselsumme vor. Das RG. 41 S. 114 spricht trotzdem aus, der Kläger sei verpflichtet, die gegen den Vormann bestehenden Einwendungen zu dulden, weil das Eigentum hinsichtlich des seine Forderung übersteigenden Betrags nur mit

[1] Der Gläubiger, dem ein im feindlichen Auslande domizilierter Wechsel zahlungshalber gegeben worden ist, kann, wenn er die Einziehung versucht hat, dabei aber infolge des Kriegsausbruchs der Wechsel verloren gegangen ist, auf das Ursprungsgeschäft zurückgreifen. Die Beklagte kann ihm sein Unvermögen, den Wechsel zurückzugeben, nicht entgegensetzen, weil er es nicht verschuldet hat (OLG. Dresden, 3. ZS. Urteil v. 13. Febr. 1918; SächsArch. 18 S. 212).

einer Einschränkung übertragen sei, und soweit diese reiche, die Klage nur im Interesse des Gebers erhoben sei. Ein solches Einklagen liegt jedoch hier nach den tatsächlichen Umständen überhaupt nicht vor. Der Kläger hat von X., dessen Konto ihm zu lange offen stand, Deckung verlangt. X. besaß keine Mittel, er hatte schon ein Akzept über 300 Mark gegeben, dieses aber, offenbar aus Mangel an Mitteln, nicht eingelöst; es lief wenigstens noch. Er bot auch nunmehr keine baren Mittel, sondern den Klagewechsel als Deckung. Wollte der Kläger nicht auf jede weitere Deckung verzichten, so mußte er den Wechsel annehmen, und zwar, da Teilindossamente nicht zulässig sind, in voller Höhe. Anderseits mußte wegen des Mehrbetrags ein Ausgleich geschaffen werden, entweder durch Gutschrift oder durch spätere Auszahlung des Restes. Der letztere Weg wurde hier gewählt, aber, wie der Zeuge ausdrücklich bestätigt, nicht im Sinne einer Inkassoübernahme. Da somit der Wechsel volles, wenn auch zum Teil fiduziarisches Eigentum des Klägers wurde, so mußte er ihn auch voll einklagen. Die Erhebung einer Teilklage nur in der Höhe des Schuldbetrags von X., kann nicht verlangt werden. Dem steht schon die Möglichkeit einer Verjährung der Restforderung entgegen. Eine gleichzeitige Klagerhebung durch X. ist ebenfalls nicht möglich, da der Wechsel durch Vollindossament von ihm ganz begeben war und begeben werden mußte. X. besitzt also zurzeit gar keine Wechselrechte gegen die Beklagten, die er geltend machen könnte. Außerdem besteht in derartigen Fällen ein weiteres eigenes Interesse des Wechselempfängers an der Einklagung der ganzen Summe schon in der Möglichkeit, daß die Schuld, für die der Wechsel gegeben wird, sich erhöht, z. B. durch Verzugszinsen. Endlich ist die Erlangung eines Schuldtitels für die ganze Summe des Wechsels im eigenen Interesse des Klägers auch für den Fall gegeben, daß er im Vollstreckungsverfahren in Konkurrenz mit anderen Gläubigern der Wechselschuldner tritt und nur anteilige Befriedigung verlangen kann, so bei gleichzeitigen Pfändungen für mehrere Gläubiger, bei Akkord oder Konkurs der Wechselschuldner. Aus allen diesen Gründen erscheint das Interesse des Wechselnehmers in Fällen der vorliegenden Art als das überwiegende, ja ausschließliche, dergestalt, daß man es nicht billigen kann, dem Wechselschuldner die Geltendmachung von Einwendungen nachzulassen, die lediglich gegen den Wechselgeber gerichtet sind und die der gutgläubige Wechselnehmer nach den allgemeinen Wechselgrundsätzen nicht gegen sich gelten zu lassen braucht.... —e—

f) **Scheckrecht: α) Legitimation, Regreß.**

Kammergericht, 13. ZS. Urteil v. 25. April 1918.

1. Der auf einen bestimmten Zahlungsempfänger mit dem Zusatze „oder Überbringer" ausgestellte Scheck gilt nach § 4² ScheckGes. als Inhaberscheck, die Übertragung durch Indossament kommt für ihn nicht in Frage. Vermerke auf der Rückseite des Schecks, mögen sie sich auch äußerlich als Indossamente darstellen, sind der Legitimation des Inhabers weder hinderlich noch förderlich. Ihre scheckrechtliche Wirksamkeit ergibt sich ausschließlich aus § 15² aO.

2. Der Umstand, daß der Scheck ein Verrechnungsscheck ist, hindert nicht, daß der Inhaber des nicht honorierten Schecks vom Aussteller im Regreßwege Zahlung der Schecksumme nebst Zinsen fordern kann. Abgesehen davon, daß die vom Beklagten allein für zulässig erachtete Verrechnung in der Regel nicht zu verwirklichen wäre, beruht der Anspruch auf Zahlung auf dem in § 17 aO. als maßgebend angeführten Art. 50 WO. v. W.

β) **Haftung des Ausstellers eines verfälschten Schecks.**

Kammergericht, 13. ZS. Urteil v. 11. März 1918.

Die beklagte Bank hat einen vom Kläger auf sie gezogenen Scheck eingelöst und das Konto des Klägers mit der Einlösungssumme belastet. Der Kläger verlangt Beseitigung dieser Belastung mit der Behauptung, daß der Scheck hinsichtlich der Schecksumme verfälscht worden sei. Allein der Kläger hat den Scheck einer ihm völlig unbekannten Person übergeben, ohne die Bank von dieser Tatsache und von dem Betrage des auf sie gezogenen Schecks zu unterrichten. Er hat ferner unterlassen, von der an der Seite des Schecks befindlichen Zahlenreihe die Summen, die die von ihm in den Scheck gesetzte Summe überstiegen, abzutrennen, obwohl dies in dem Vertrage, durch den die Bank die Einlösung der vom Kläger auf sie gezogenen Schecks übernommen hatte, vorgeschrieben war. Dieses Verhalten des Klägers erscheint als eine fahrlässige Verletzung seiner Pflichten aus dem genannten Vertrage, durch die die Fälschung wesentlich erleichtert und die Bank, die ohne eigenes Verschulden den mit einer echten Unterschrift versehenen Scheck eingelöst hat, um den dazu aufgewendeten Betrag geschädigt worden ist. Ihr Ersatzanspruch rechtfertigt die Belastung des Klägers, der an sich für die Einlösung des verfälschten Schecks nicht aufzukommen hätte. v. W.

γ) **Anwendung der Art. 36, 74 WO. auf den Orderscheck.**

OLG. Dresden, 2. ZS. Urteil v. 31. Januar 1917.

Die Klage auf Zahlung von 1598 Mark ist darauf gestützt, daß die beklagte Bank einen ihr von einer Kundin zugegangenen Orderscheck, den ihr Buchhalter unberechtigt mit dem Giro des Prokuristen versehen habe, ohne Prüfung der Echtheit des Giros diskontiert habe. Der Anspruch ist unbegründet. Der Scheck bezeichnet als Zahlungsempfänger den Kläger oder dessen Order, war also zweifellos auf einen anderen durch Indossament übertragbar (§§ 4, 8 ScheckG.). Nach § 8² finden besonders auf die Legitimation sowie die Verpflichtung des Besitzers zur Herausgabe die Art. 36 u. 74 WO. entsprechende Anwendung. Die Beklagte als nach Art. 36 WO. — d. h. durch das einzige damals auf dem Scheck befindliche Indossament — legitimierte Besitzerin hätte nach Art. 74 WO. zur Herausgabe des Schecks selbst nur dann angehalten werden können, wenn sie den Scheck in bösem Glauben oder grobfahrlässig erworben hatte. Das gilt, selbst wenn sich die nach § 8² anwendbare Bestimmung des Art. 36 WO. über die Prüfung der Echtheit der Indossamente nur auf den Wechselschuldner bezieht, nicht aber auch auf den Erwerber eines Wechsels im Wege der Diskontierung. Art. 36

fordert nicht eine Reihe von ersten Indossamenten. Der falsche Schriftakt steht, was die wirksame Übertragung des Rechtes aus dem Wechsel (Scheck) anlangt, dem ersten Schriftakt gleich. Auch der erste gutgläubige Nehmer erwirbt auf Grund des falschen Indossaments das Recht aus dem Wechsel (Scheck). Sein Erwerb ist keineswegs immer ein grobfahrlässiger, wenn er sich über die Echtheit des Indossaments nicht vergewissert. Nicht der redliche Erwerber, der das Papier unmittelbar von dem Fälscher durch Indossament erwirkt, soll den Schaden tragen, sondern der frühere Wechselgläubiger. Seine Sache ist es, sich an den Fälscher zu halten. Die Sicherheit des Verkehrs fordert, daß für das Indossament des Fälschers der Grundsatz, wonach niemand mehr Rechte übertragen kann als er selbst hat, hier nicht gelten darf. Der Fälscher hatte zwar nicht das Recht, aber die tatsächliche Möglichkeit, über das Papier zu verfügen. Daher genügte für den Übergang des Rechtes aus dem Papier sein Schriftakt (Grünhut Wechselrecht 2 S. 114). Hier ist aber die Unterschrift des Prokuristen so gut nachgeahmt, daß sie bei den Anforderungen, die im Verkehr billigerweise gestellt werden können, keinerlei Bedenken zu erregen brauchte. Es kommt hinzu, daß sie unter Beidruck eines im Geschäft des Klägers eingeführten, „ppa. H. Sch." lautenden Stempels erfolgt ist, und daß sich die Beklagte darauf verlassen durfte, ein solcher Stempel werde so aufbewahrt werden, daß Mißbrauch durch einen Unbefugten ausgeschlossen sei. Die Diskontierung hat sich aber auch im übrigen in dem der Beklagten aus anderen Geschäften bekannten Formen insofern vollzogen, als eine Angestellte des Klägers den Scheck mit weiteren Papieren in einem verschlossenen, mit dem Firmenaufdruck des Klägers versehenen Briefumschlag überbrachte. —e—

3. Binnenschiffahrt.

a) Schiffsgläubigerforderung gegen ein im Miteigentum des Klägers stehendes Binnenschiff.

OLG. Hamburg, 2. ZS. Urteil v. 14. Juli 1917.

Beide Parteien haben Baggereibetriebe, arbeiten auch zum Teil gemeinsam und haben Fahrzeuge, die ihnen zusammen gehören. 1913 ist eine Schute des Klägers im Schlepp des D. Elbe, der beiden Teilen gehört und zur Binnenschiffahrt verwandt wird, auf einer Fahrt im Kanal von dem D. Emma angerannt und beschädigt worden. Der Kläger hat die Schuld an dem Zusammenstoß der Führung des D. Elbe beigemessen und auf Entschädigung wegen des angerichteten Schadens geklagt. Die Beklagte hat ausgeführt, daß für den Kläger, weil ihm der D. Elbe zur Hälfte mit gehöre, aus dem Verschulden seiner Besatzung ein Anspruch nur auf die Hälfte des gesamten Schutenschadens habe entstehen können, zur andern Hälfte sei ein Anspruch unmöglich, weil Gläubiger und Schuldner dieselbe Person seien. Allein der Begriff des Schiffsvermögens, aus dem der Schaden zu decken ist, ist für die Binnenschiffahrt kein andrer als im Seerecht (HGB. § 486), vielmehr diesem nachgebildet. Es ist zwar ein Teil des dem Schiffseigner (Reeder) überhaupt gehörenden Vermögens, weshalb das RG. (45 S. 50) dem Reeder oder Schiffseigner einen Kollisionsanspruch auf Schadensersatz gegenüber seinem eigenen Schiffsvermögen abgesprochen hat, während es ihm wegen eines Hilfslohns aus den besonderen Vorschriften, die einen Anreiz zur Bergung oder Hilfeleistung in Seenot gewähren sollen, solche Ansprüche gegen das eigene Schiffsvermögen nicht versagt (RG. 32 S. 4, 58 S. 190), indem es davon ausgeht, daß das entstandene Schiffsgläubigerrecht als ein dinglicher Anspruch gegen das Schiffsvermögen nach Analogie der Eigentümerhypothek zu behandeln sei. Dementsprechend kann auch ein vorhandenes Schiffsgläubigerrecht auf den Reeder oder Eigner des verschuldeten Schiffes übergehen (HansGZ. 1899 N. 83). Muß man aber anerkennen, daß das Recht des Schiffsgläubigers einen dinglichen Anspruch gegen das Sondergut des Schiffsvermögens darstellt, so gilt das um so mehr, wenn dies Sondergut nicht dem Gläubiger allein, sondern ihm in Gemeinschaft mit andern Personen gehört, er also nur als Miteigentümer in Betracht kommt. Man kann dann nicht sagen, daß in solchem Falle das Gläubigerrecht zum Anteil des Gläubigers an dem verhafteten Schiffsvermögen durch Konfusion erlischt oder nicht entsteht, sondern man muß daran festhalten, daß der Schiffsgläubiger als solcher mit den aus mehreren Personen bestehenden Schiffseignern kein identisches Rechtssubjekt darstellt, und daß mit dem Schiffsgläubigerrecht die ihm zugrunde liegende persönliche Forderung untrennbar verbunden ist. Was insbesondere den Kollisionsgläubiger betrifft, so muß er, wenn das schuldige Schiff in seinem Miteigentum steht, im Sinne des § 4³ BSchGes. als ein Dritter angesehen werden, dem durch Verschulden der Schiffsbesatzung Schaden zugefügt ist (so für das Seerecht Boyens 1 Art. 452 unter 9a), und der sich demgemäß für seinen ganzen Schaden an das in seinem Miteigentum stehende Schiff halten kann. Dabei kommt nicht in Betracht, ob und inwieweit der Schadensersatz, der aus dem Schiffsvermögen gezahlt wird, bei Abrechnung der Partner unter sich demnächst wieder zur Verrechnung gelangt, eine Eigentümlichkeit, die ihre Begründung in den Rechtssätzen über die Gemeinschaft findet. . . . M. M.

b) **§ 61 bei Minderung des Frachtgutes. Unmöglichkeit ihrer Feststellung.**

OLG. Hamburg, 6. ZS. Urteil v. 5. Dezember 1916.

Der hiesige 1. ZS. (Hans. GZ. 1898 Nr. 100) hat den § 61 da nicht für anwendbar erachtet, wo das Gut durch einfaches Wägen, Zählen oder Messen zu prüfen sei. Richtiger erscheint jedoch die auch vom 3. ZS. (aO. Nr. 128) geteilte Auffassung, daß der § 61 in allen Fällen zu befolgen ist, wo es sich um Ansprüche wegen einer Beschädigung oder Minderung des Frachtguts handelt. Wenn es im § 61¹ heißt, daß der „Zustand" des Gutes durch amtlich bestellte Sachverständige festgestellt werden soll, so kann nicht wohl bezweifelt werden, daß der Zustand auch im Falle einer Minderung in Frage kommt. Es ist mit Recht darauf hingewiesen worden, daß auch Wägen, Zählen und Messen vielfach nicht einfache, ohne Sachkunde auszuführende Handlungen sind, und daß oftmals Minderung und Beschädigung des Gutes zusammenfallen. Hier kommt hinzu, daß möglicherweise die Beschaffenheit der ausgeladenen Kohlen für die Beurteilung des Umfangs ihrer etwaigen Eintrocknung von Bedeutung sein konnte. Natürlich sind auch Fälle denkbar, wo eine Minderung leicht und einfach von jedermann festgestellt werden kann. Das Gesetz hat aber keine Ausnahme gemacht und muß daher von den Gerichten angewandt werden.[1]

Eine zweite Frage ist, ob von der Befolgung des Gesetzes dann abgesehen werden darf, wenn eine Feststellung der Minderung im Rechtssinne unmöglich ist. Ein solcher Fall liegt hier vor. Die Kohlen sind in Greifern auf eine automatische Wage gelegt und dann in Eisenbahnwagen verladen worden, die nach und nach abrollten. Die Entlöschung hat 5 Tage beansprucht. Es ist klar, daß bei dieser Art der Entlöschung und Fortschaffung der Kohlen die Feststellung des Gewichts durch amtlich bestellte Sachverständige unausführbar ist oder doch derartige Kosten verursacht, daß eine Unmöglichkeit der Ausführung im Rechtssinne vorliegt. Anderseits wäre eine Verwiegung der Kohlen im Kahne selbst nicht zu beschaffen. Trotzdem besteht keine Möglichkeit, von der Anwendung des § 61 Abstand zu nehmen. Ansprüche wegen Beschädigung und Minderung des Gutes können vom Empfänger nur geltend gemacht werden, wenn der Zustand des Gutes durch amtlich bestellte Sachverständige festgestellt ist. Damit ist unzweideutig eine solche Feststellung zur Voraussetzung für den Anspruch überhaupt erhoben worden. Das Gesetz hat mit einer Unmöglichkeit der Feststellung nicht gerechnet. Wenn sie tatsächlich im einzelnen Falle besteht, so mag sich eine Härte für den Empfänger ergeben; zu helfen ist ihm aber nicht. Die Beklagte hat demgegenüber geltend gemacht, daß, da bei Kohlenbeförderungen der Art stets auf die gleiche Weise verfahren werde, der Schiffer, der keinen Einspruch erhebe, die Entlöschung und Gewichtsfeststellung ohne Zuziehung amtlich bestellter Sachverständiger billige. Allein die Befolgung des § 61 ist lediglich Sache des Empfängers. Sie liegt ihm ob, wenn er Ansprüche wegen Beschädigung (Minderung) des Frachtguts erheben will. Unterläßt er

[1] Ebenso führt der 3. ZS. des OLG. Hamburg am 26. April 1917 aus: „Es handelte sich um eine Ladung von mehr als 80000 Brettern, von denen etwas über 2000 Stück bei der Übernahme angeblich gefehlt haben. Die Bretter waren auf Deck und unter Deck verstaut und wurden aus drei Luken gleichzeitig übergegeben. Die Beklagte betont selbst mit Recht, daß jede Möglichkeit einer einwandsfreien Feststellung des Verlustes bei der Übernahme fehlte, und sie führt aus, mit welchen Schwierigkeiten selbst die nachträgliche Feststellung der Stückzahl noch an Land nach der Übernahme der Bretter zu kämpfen gehabt habe. Unter diesen Umständen lag eine schnelle zuverlässige und unparteiische Feststellung im wohlverstandenen Interesse beider Teile. Wenn die Beklagte sie unterließ, so hat sie die Folgen zu tragen. Davon, daß die im Gesetz vorgesehene amtliche Feststellung hier eine leere Formalität, ohne Nutzen und nur mit erheblichen Kosten für die Beteiligten verknüpft, gewesen wäre, kann keine Rede sein."

die Befolgung, so tut er das auf seine Gefahr. Der Schiffer hat nicht den geringsten Anlaß, gegen die Nichtbefolgung der Vorschrift oder gegen eine Entlöschung, die die Befolgung naturgemäß ausschließt, Einspruch zu erheben.

Mit Unrecht endlich weigert die Beklagte den Ersatz der auf dem Ladescheine berechneten Unkosten. Schon die Tatsache, daß die statistische Gebühr und die Beiträge zur Unfallversicherung formularmäßig auf dem Ladeschein vermerkt stehen, zeigt, daß es sich hier um Aufwendungen zu Lasten des Empfängers handelt. Tatsächlich betrifft die statistische Gebühr die Ladung und gehört nicht zu den Schiffahrtsunkosten. Bei der Unfallversicherung handelt es sich ausdrücklich um Arbeiter beim Einladen und nicht um Personen der Kahnbesatzung. M. M.

c) **Entstehung der persönlichen Haftung nach § 114.**

OLG. Kiel, 1. ZS. Urteil v. 2. Mai 1918.

Die Kläger verlangen Schadensersatz, weil ihr Leichter „Marie" im Kanal mit einer Schute des Beklagten zusammengestoßen sei, die nicht ordnungsmäßig vertäut gewesen und daher durch den Stoß gegen den Leichter geworfen worden sei. Sie können nicht angeben, welche einzelne bestimmte Schute bei dem Zusammenstoß beteiligt gewesen sei; sie behaupten nur, es sei eine Schute des Beklagten gewesen, die am 20. Oktober 1912 im Kanal bei Kilometerstein 64,5 vertäut gelegen habe. Sie behaupten ferner, daß Beklagter alle damals in Betrieb befindlich gewesenen Schuten, nachdem er den Ersatzanspruch der Kläger erfahren habe, noch weiter in seinem Betriebe zu neuen Fahrten verwendet habe, also persönlich gemäß §§ 92, 114 BSchG. §§ 734, 485 HGB. hafte.

Wie das LG. mit Recht hervorhebt, kann zunächst schon zweifelhaft sein, ob diese Art der Klagebegründung rechtlich ausreicht. Die Klage auf Haftung des Reeders mit dem Schiffsvermögen erfordert sicherlich die bestimmte Bezeichnung desjenigen Schiffes, mit dem der Reeder haften soll, und es liegt nahe, anzunehmen, daß diese notwendige Grundlage des Haftungsanspruchs auch dann nicht entbehrt werden kann, wenn infolge Hinzutritts weiterer Tatsachen sich aus der dinglichen Haftung des Reeders die persönliche gemäß § 114 entwickelt. Immerhin erscheint die Klage aus § 114 ausreichend schlüssig schon dann begründet, wenn feststeht, daß eines der Schiffe des Beklagten den Schaden verursacht hat und daß alle damaligen Schiffe des Beklagten von diesem nach Kenntnis von der klägerischen Forderung zu neuen Fahrten verwandt sind. Alsdann steht fest, daß eine persönliche Haftung des Beklagten eingetreten sein muß, und dies dürfte ausreichend sein (Seuff. 55 S. 430). SchlHA.

d) **Sind die §§ 901, 903 HGB. auch bei Ansprüchen gegen Binnenschiffe anzuwenden?**

OLG. Stettin, 2. ZS. Urteil v. 10. Mai 1917.

Der dem Beklagten gehörende Dampfer, der als Binnenschiff zu gelten hat, ist am 29. August 1914 auf der Oder mit einem Torpedoboot zusammengestoßen und hat dies Seeschiff beschädigt. Das LG. hat die Frage, ob die Ersatzansprüche des Klägers nach §§ 117 Nr. 7, 118 BSchG. mit dem Ablauf 1915 verjährt waren, oder nach § 901 Nr. 2 HGB. der zweijährigen Verjährungsfrist unterlagen, die durch die Zustellung der Klage unterbrochen ist, im ersteren Sinne beantwortet. Der Wortlaut des § 739 in der Fassung vom 7. Januar 1913 spricht allerdings für diese Ansicht, auch könnte noch geltend gemacht werden, daß die kürzere Verjährung nach dem BSchG. auf der Erwägung beruht, Ansprüche gegen ein Binnenschiff seien leichter und in kürzerer Zeit zu verfolgen, als gegen ein Seeschiff, obschon auch diese Erwägung nur dann zutrifft, wenn es sich um Schiffe derselben Nationalität handelt. Der Senat ist dennoch zu einer abweichenden Auslegung des Ges. vom 7. Januar 1913 gekommen. Vor dessen Erlaß richteten sich bei dem Zusammenstoß eines Seeschiffes mit einem Binnenschiff die Rechtsverhältnisse des Seeschiffes nach dem HGB. und die des Binnenschiffes nach dem BSchG., ohne Rücksicht darauf, ob das Seeschiff oder das Binnenschiff ihn verschuldet hatte. Die durch jenes Gesetz herbeigeführten Änderungen des HGB. beruhen auf dem Übereinkommen zur einheitlichen Feststellung der Regeln über den Zusammenstoß von Schiffen vom 23. Sept. 1910 (RGBl. 1913 S. 40). Der Abschluß dieses Übereinkommens machte es (wie es in der Begründung zum Ges. vom 7. Januar 1913 heißt) erforderlich, die Vorschriften der inneren deutschen Gesetzgebung in Einklang zu bringen mit den Bestimmungen, die auf Grund der Staatsverträge künftig für den internationalen Rechtsverkehr zur Anwendung kommen, da es ein unbefriedigendes Ergebnis wäre, wenn der deutsche Richter, je nachdem im einzelnen Fall nur Deutsche oder auch Angehörige eines anderen Vertragsstaates beteiligt seien, verschiedene Rechtsgrundsätze anzuwenden hätte. Dies Ergebnis hätte sich gerade auch bei der Verjährung gezeigt; denn der Art. 1 des Übereinkommens unterscheidet nicht zwischen See- und Binnenschiffen, nimmt auch keine Rücksicht darauf, in welchen Gewässern der Zusammenstoß stattgefunden hat, so daß ohne entsprechende Änderung des deutschen Rechts die Ansprüche eines ausländischen Schiffes gegen ein deutsches Binnenschiff nach Art. 7 in 2 Jahren von dem Ereignis ab, dagegen die gleichen Ansprüche eines deutschen Schiffes nach §§ 117 Nr. 7, 118 BSchG. schon nach 1 Jahr, beginnend mit dem Ablauf des Jahres, in dem die Forderung fällig geworden ist, verjährt wären. Der ausländische Gläubiger wäre also vor dem inländischen begünstigt worden. Dies sollte vermieden werden, und der ausgesprochene Zweck des Ges. vom 7. Januar 1913 war es, die damals geltenden reichsgesetzlichen Bestimmungen entsprechend dem Übereinkommen zu ändern und zu ergänzen. Da die in §§ 117 Nr. 7, 118 BSchG. den Art. 1, 7 des Übereinkommens nicht entsprachen, war auch ihre Änderung geboten. Unerheblich ist für den Streitfall, daß das Übereinkommen nach Art. 14 auf Kriegsschiffe keine Anwendung findet. Nicht nach dem Übereinkommen, sondern nach dem Gesetz vom 7. Januar 1913 ist die Frage zu entscheiden, und das Gesetz schließt die deutschen Kriegsschiffe nicht aus. Im Rahmen des Übereinkommens kann nicht zweifelhaft sein, daß das HGB. unmittelbar auch für die Ersatzpflicht eines Binnenschiffes gilt, das mit einem Seeschiff zusammengestoßen ist, und daß die Verjährungsfrist des HGB. auch bei Ansprüchen gegen ein Binnenschiff anzuwenden ist. Da aber das Gesetz vom 7. Januar 1913 nicht bloß das HGB., sondern allgemein die reichsgesetzlichen Bestimmungen in Einklang setzen sollte mit dem Übereinkommen, so war zu prüfen, ob dies erreicht und aus dem HGB. neuer Fassung der gleiche Inhalt in beiden Beziehungen zu entnehmen ist, wie aus dem Übereinkommen. Der Art. 1 des Entw. bringt Bestimmungen, die den Art. 1, 2, 3, 4, 10, 14 des Übereinkommens entsprechen und ohne jede sachliche Änderung nunmehr als §§ 734 bis 739 HGB. gelten. Sie gehören zum 2. Titel des 7. Abschnitts, und der § 739[1] bestimmt, daß die Vorschriften dieses Titels auch dann gelten, wenn bei dem Unfall ein der Binnenschiffahrt dienendes Schiff beteiligt ist. Danach ist anzunehmen, daß bei Ersatzansprüchen auch gegen ein Binnenschiff fortan die Bestimmungen des HGB. gelten. Trifft dies zu, so ist für diese Ansprüche auch nicht die Verjährungsvorschrift der §§ 117 Nr. 7, 118 BSchG., die sich auf dessen §§ 3, 4 Nr. 3, 7, 92 bezieht, sondern der § 901 Nr. 2 HGB. anwendbar, der für die aus dem Zusammenstoße von Schiffen hergeleiteten Entschädigungsansprüche eine Verjährungsfrist von 2 Jahren bestimmt, die nach § 903 Nr. 3 mit dem Ablaufe des Tages beginnt, an dem das Ereignis stattgefunden hat. Hätte die besondere Verjährungsfrist des BSchG. bestehen bleiben sollen, obwohl im übrigen die Ersatzansprüche gegen Binnenschiffe ebenso behandelt werden sollen, wie die gegen Seeschiffe, so widerspräche dies dem Zweck des Ges. vom 7. Januar 1913. Der § 739 spricht zwar nur von den Vorschriften des 2. Titels, der § 901 bezieht sich aber gerade auf diesen zweiten, den Schaden durch Zusammenstoß von Schiffen behandelnden Titel, der für Binnenschiffe gleichfalls gelten soll, und daraus folgt, daß die §§ 901, 903, die den Beginn und die Frist der Verjährung in Übereinstimmung mit dem Übereinkommen regeln, auch bei Ansprüchen gegen Binnenschiffe anzuwenden sind. F.

4. Allgemeiner Teil des BGB.

a) Wohnsitz einer Frau nach dem Tode ihres Mannes.

Pr. OberVerG., 8. S. Urteil v. 4. Juli 1916.

Ist die Ehe durch den Tod des Mannes aufgelöst worden, so hört der gesetzliche Wohnsitz der Frau (§ 10) auf; es besteht kein Wohnsitz des Mannes mehr, den sie teilen könnte. Dadurch tritt jedoch keine Wohnsitzlosigkeit der Witwe ein. Wenn es auch im § 10 an einem entsprechenden Zusatz fehlt, wie ihn der § 11 für das eheliche Kind enthält, so muß ein Gleiches sinngemäß auch für die Witwe angenommen werden; denn aus § 11 ergibt sich der Grundsatz, daß das Gesetz den Zustand vorübergehender Wohnsitzlosigkeit hat vermeiden wollen. Ein solcher Zustand widerspräche auch den Lebensanschauungen und Lebensbedürfnissen. Danach behält die Witwe den Wohnsitz des Mannes so lange, bis sie ihn rechtsgültig aufgibt; nur wird alsdann sein Wohnsitz zum eigenen Wohnsitz. Entsch.

b) **Vereine: α) Abgabe von Rabattmarken während des Krieges.**

OLG. München, 2. ZS. Urteil v. 12. Januar 1918.

Der beklagte eingetr. Verein bezweckt den Zusammenschluß der hiesigen Ladeninhaber und Gewerbetreibenden, die Förderung des Barverkaufs und Sparsinns durch Gewährung von Rabatt, sowie die Wahrung der Gesamtinteressen des Kleinhandels und Gewerbes. Durch den Beitritt unterwirft sich jedes Mitglied den Satzungen und der Geschäftsordnung. Letztere sieht vor, daß mit Genehmigung des Vorstandes einzelne Artikel eines Geschäftes ohne Rabatt verkauft werden können. Hieraus ergibt sich die Verpflichtung des Klägers zur Abgabe von Rabattmarken an seine Kunden und steht ihm nur frei, die Befreiung einzelner Artikel von der Rabattgewährung beim Vorstande zu beantragen. Die Bek. vom 28. September 1916 steht der Gewährung von Rabatt nicht im Wege, wie die Entschließung des Staatsmin. des Innern vom 20. Dezember 1916 ausdrücklich erklärt und hierbei hervorhebt, daß auch das Reichsamt des Innern den gleichen Standpunkt vertreten habe. Wenn die Veränderungen der Verhältnisse, wie sie durch den Krieg herbeigeführt wurden, dem Kläger die Gewährung von Rabatt nur mit großen Opfern ermöglicht, so bleibt ihm nur der Weg, aus dem Verein auszutreten. Zu einer Befreiung von den Satzungsbestimmungen können diese Verhältnisse nicht führen. Die Befreiung von der Markenabgabe für eine Gruppe würde das ganze System der Rabattsparvereine, bei denen die Interessen aller Mitglieder gleich zu wahren sind, zerstören und könnten solche Vereine ohne Aufrechthaltung der Bestimmungen über Rabattgewährung nicht weiter bestehen. Da die Satzung nicht bestimmt, daß die Mitglieder bei einer Änderung der wirtschaftlichen Verhältnisse die Abgabe von Marken einstellen dürfen, erscheint das Verlangen des Klägers ungerechtfertigt. Die Grundsätze für gegenseitige Verträge, daß ein Vertragsgegner bei veränderten Verhältnissen von der Leistung frei wird, falls ihm die Leistung nach Treu und Glauben mit Rücksicht auf die Verkehrssitte nicht zugemutet werden kann, sind auf die Satzungen eines Vereins, die alle seine Mitglieder gleichmäßig binden, unanwendbar (RG. 90 S. 105, Recht 1916 Nr. 579). Aus der erwähnten Entschließung, den Zuschriften der Rabattsparvereine Stuttgart und Augsburg und aus dem Umstande, daß ein Teil der Schuhwarenhändler Rabatt ohne Anstand weiter gewähren, ist aber auch zu entnehmen, daß zwar die Schuhwarenhändler durch die Höchstpreise für Schuhwaren in ihrer Tätigkeit gehemmt und beschwert sind, daß aber die Gewährung von Rabatt, der ja in erster Linie für Barzahlung gewährt wird, weiterhin möglich ist und durch die Richtsätze für die Preisberechnung von Schuhwaren die berechtigten Interessen des Schuhwarenhandels genügende Berücksichtigung gefunden haben (s. auch Reichsdeutsche Mittelstandsblätter Nr. 10 S. 74). W.

β) **Fingierter Sitz einer Gewerkschaft Gothaischen Rechts.**

OLG. Dresden, 7. ZS. Urteil v. 25. September 1917.

Wenn eine Gewerkschaft sich im Staate A. anmeldet und einen in diesem Staate gelegenen Ort als ihren Sitz angibt, so bekundet sie damit, daß für ihre Rechtsgestaltung und ihre Tätigkeit das inländische Recht maßgebend sein soll. Die Anwendung dieses Rechtes aber ist nur möglich, wenn sich die Gewerkschaft tatsächlich in A. befindet, wenn das von ihr betriebene Bergwerk darin liegt und wenn von diesem Staate aus das Unternehmen geleitet und die Geschäfte betrieben werden (RG. 88 S. 55). Treffen diese Voraussetzungen für A. nicht zu, liegen vielmehr das Bergwerk und der Mittelpunkt der Geschäftstätigkeit und der Verwaltung in dem Staate B., so enthält die Anmeldung der Gewerkschaft in A. anstatt im Staate B. unter Bezeichnung eines erdichteten Sitzes in jenem Staate ein fraudulöses Vorgehen, das irgendwelche Rechtswirkungen nicht zu erzeugen vermag. So liegt die Sache hier. Wie die Klägerin selbst angibt, hat sie nie etwas anderes betrieben als das in Naundorf bei Grimma gelegene Braunkohlen- und Ziegelwerk. Ausweislich ihres Prospektes befindet sich ihre Geschäftsstelle in Naundorf, ihr Verwaltungssitz in Grimma, dagegen besitzt sie in Gotha weder Geschäftsräume noch sonstige auf eine Niederlassung deutende Veranstaltungen. Das in Gotha gelegene Eisenbergwerk Heidelberg hat sie nie betrieben. Daß ein Vorstandsmitglied in Gotha wohne, hat sie nicht behauptet. Unter diesen Umständen hätte sich die Gewerkschaft, um die Rechtsfähigkeit einer juristischen Person nach Bergrecht zu erlangen, in Sachsen unter Angabe eines in diesem Staate gelegenen Ortes als Sitzes anmelden müssen. Durch die Anmeldung im Herzogtum Gotha, wo weder das tatsächlich betriebene Bergwerk, noch die Geschäftsstelle oder der Verwaltungssitz sich befanden, konnte eine Gewerkschaft rechtswirksam nicht entstehen. Daran ändert auch der Umstand nichts, daß die Satzung der Klägerin von dem Gothaischen Bergamt genehmigt worden ist. Denn diese Genehmigung war nur dann wirksam, wenn sie sich bezog auf eine Gewerkschaft, bezüglich deren die oben genannten Voraussetzungen innerhalb des Herzogtums Gotha vorlagen. Offensichtlich ist auch das Bergamt durch die Angabe in der Satzung, wonach als Sitz der Gewerkschaft die Stadt Gotha und als Gegenstand des Unternehmens in erster Linie die Ausbeutung eines dort gelegenen Bergwerks bezeichnet wurde, über die tatsächlichen Verhältnisse getäuscht worden.

Ist aber eine Gewerkschaft trotz der bergamtlichen Genehmigung nicht entstanden, so kann die Klägerin nicht dadurch die Rechtspersönlichkeit erlangen, daß sie neuerdings begonnen hat, die auf dem Grubenfeld Heidelberg liegenden Erze abzubauen. Abgesehen davon, daß es sich dabei lediglich um vorbereitende Maßnahmen handelt, während der Naundorfer Betrieb die Hauptsache bleibt, so kann überhaupt eine wegen Umgehung des Gesetzes nicht entstandene Gewerkschaft nicht lediglich dadurch die Rechtspersönlichkeit erlangen, daß sie hinterher den Mittelpunkt ihrer Tätigkeit in den Staat verlegt, wo bisher die Voraussetzungen für den Erwerb der Rechtspersönlichkeit ermangelten (Vetsch, Umgehung des Gesetzes S. 204). —e—

γ) **Offiziersmesse ist ein nichtrechtsfähiger Verein.**

OLG. Kiel, 2. ZS. Urteil v. 12. März 1918.

Der Kläger bestreitet nicht, daß regelmäßig die Schiffsmessen, die sich durch einen Zivilkoch auf dessen Rechnung gegen Zahlung von Verpflegungsgeldern verpflegen lassen, keine unmittelbaren Rechtsgeschäfte mit den Lieferern schließen, daß diese vielmehr für den Regelfall nur mit dem Koch in ein Vertragsverhältnis eintreten. Er behauptet aber, daß hier ausnahmsweise der Beklagte als Messevorstand unmittelbar für die Messe bestellt habe. Allerdings heißt es in dem schriftlichen Vertrage, der als die endgültige und maßgebende Beurkundung des Rechtsverhältnisses anzusehen ist, unter 1, der Kläger übernehme die Ausrüstung der Offiziersmesse, und der Beklagte hat den Vertrag nicht nur entworfen, sondern als erster mitunterschrieben. Aber unmittelbar hinter „Offiziersmesse" folgen in Klammern die Worte „Zivilkoch Johann H." und auch H. hat den Vertrag unterschrieben. Wäre die Messe Bestellerin, so ist nicht ersichtlich, wozu es noch der Mitunterschrift des Zivilkochs bedurfte. Denn als Bürge ist er nicht bezeichnet und eine Bürgschaft für die Messeschuld war nicht verlangt. Wohl aber hatte es, wenn der Regel gemäß der Zivilkoch Besteller war, einen guten Sinn, daß der Messevorstand als Aufsichtsinstanz und nur in dieser Eigenschaft den Vertrag genehmigte; dies mußte auch für den Kläger von Wert sein. Im Zweifel läßt sich also der Urkunde nicht entnehmen, daß etwas von der Regel Abweichendes gewollt sei.

Anders liegt die Sache dann, wenn der Beklagte bei Beginn der Verhandlungen dem Kläger erklärt hat, es ginge für die Rechnung der Messe. Dann muß die Urkunde dahin ausgelegt werden, daß die darin aufgeführte, durch den Speisevorstand vertretene Messe Vertragsgegnerin sei, denn der Kläger konnte davon ausgehen, daß der Vertrag dem mündlich Erklärten entspreche, und der Ausdruck, daß die Bestellung für „Rechnung" der Messe gehe, mußte, wenn er einem Lieferer gegenüber gebraucht wurde, im Zweifel dahin ausgelegt werden, daß damit zugleich erklärt werden sollte, die Bestellung erfolge auf den Namen der Messe. Denn wenn lediglich das innere Rechnungs- und Rechtsverhältnis zwischen Messe und Koch gemeint gewesen wäre, so ging dieses dem dritten Lieferer nichts an, und der Lieferer mußte in dieser Auslegung alsdann noch durch die Fassung der Urkunde, die den Namen der Messe und die Unterschrift ihres Vertreters trug, noch verstärkt werden. Die Hinzufügung der Unterschrift des Zivilkochs kann alsdann nur bedeuten, daß dieser als weiterer Schuldner neben der Messe haften sollte. Hat aber der Beklagte namens der Offiziersmesse gehandelt, so ergibt sich seine persönliche Haftung aus § 54 S. 2. Die Offiziersmesse eines Kriegsschiffes bildet nämlich die dauernde Vereinigung einer größeren Personenzahl zu einem gemeinschaftlichen Zwecke. Sie tritt im Rechtsverkehr im eigenen Namen auf, sie schließt zB. Verträge mit ihren Zivilköchen, sie geht auch andere Verträge selbständig unter ihrem Namen ein. Sie ist in weitem Umfange unabhängig von dem Wechsel ihrer eignen Mitglieder und körperschaftlich gemäß den Bestimmungen der Messeordnung organisiert; sie hat einen Messevorstand, der sie vertritt, und die Offiziere der Messe treten auch zu Mitgliederversammlungen zusammen, besonders liegt dieser die Wahl der Vorstandsmitglieder ob, soweit letztere durch Wahl berufen werden. Damit sind alle Erfordernisse eines nichtrechtsfähigen Vereins erfüllt (RG. 60 S. 94, 82 S. 295).... Bisher ist aber die Behauptung, der Beklagte habe bei der Bestellung ausdrücklich erklärt, diese ginge auf Rechnung der Messe, nicht bewiesen. Daraus, daß er tatsächlich das Bestellungsgeschäft allein besorgt, die Waren selber ausgesucht und den Zivilkoch im wesentlichen ausgeschaltet hat, läßt sich, obwohl dies vom Üblichen abweichen mag, noch nicht darauf schließen, daß nun die Messe auch rechtlich die Bestellerin sein wolle. Dagegen spricht das ganze zwischen Koch und Messe regelmäßig bestehende, auch den Lieferern allgemein bekannte Verhältnis. Bei dieser Sachlage mußte das Tätigwerden des Beklagten im Zweifel nur als eine energische Ausübung der dem Speisevorstand obliegenden Aufsichtspflicht erscheinen; im übrigen erhob der Koch keine Einwendungen, war also wohl oder übel damit einverstanden, daß der Beklagte ihm seine Geschäfte abnahm und für ihn handelte. B.p.

c) α) **Nießbrauch an den Heizkörperverkleidungen.**[1]

OLG. Hamburg, 3. ZS. Urteil v. 27. Juni 1918.

Die Frage, ob der Kläger an den ohne seinen Willen vom Beklagten wieder entfernten Heizkörperverkleidungen Nießbrauch erworben hatte, wäre ohne weiteres zu bejahen, wenn sie durch ihre Aufstellung wesentliche Bestandteile des Grundstückes geworden wären. Dies muß aber verneint werden. Die Verkleidung bestand aus einer Marmorplatte, die auf an der Wand genagelte Leisten gelegt war. An die Platte war dann die eigentliche Verkleidung mittels Haken angehakt. Die Verkleidungen waren sonach weder mit dem Grund und Boden fest verbunden, noch wurden sie durch die Trennung verändert. Das Gegenteil steht fest. Sie sind nach ihrer mühelosen Entfernung aus dem Grundstück sofort wieder ihrer Zweckbestimmung gemäß anderweitig verwandt worden. Nur wenn die Verkleidungen wesentliche Bestandteile des Grundstücks geworden wären, hätte der Kläger an diesen das Nießbrauchsrecht ohne Rücksicht darauf erworben, ob sich Beklagter an diesen das Eigentum vertragsmäßig vorbehalten hatte. Daß dies geschehen ist, muß nach Sachlage bejaht werden....

[1] Die Mahlmühleneinrichtung ist kein wesentlicher Bestandteil, wenn sie Katalogware darstellt und die feste Verbindung der Maschinenteile durch Anker und Bolzen mit der Holzbekleidung und Verschalung wie mit dem Mauerwerk der Mühle nur die Standhaftigkeit der Maschine zu sichern bezweckte (OLG. Posen, 2. ZS. Urteil v. 12. Juli 1917; PosMSchr. 1918 S. 14).

Es fragt sich, ob trotzdem der Kläger an den Verkleidungen Nutznießung erworben hat. Wenn das LG. in dieser Beziehung die §§ 1031, 926 BGB. anwendet, so übersieht es, daß dem Kläger an dem Grundstück bereits im Februar 1914 das Nießbrauchsrecht bestellt worden ist. Nur an den damals vorhanden gewesenen Zubehörstücken konnte daher der Kläger den Nießbrauch erwerben. Die Verkleidungen sind aber erst April 1914 geliefert worden. Der Nießbrauch an ihnen konnte nur gemäß § 1032 bestellt werden. In dieser Hinsicht war zwischen dem Grundstückseigentümer H. und dem Kläger vereinbart, daß dieser auch an allen denjenigen Gegenständen Nießbrauch erwerben sollte, die nach der Bestellung des Nießbrauchsrechts für das Grundstück geliefert wurden. Sonach liegt eine Einigung zwischen beiden darüber vor, daß dem Kläger der Nießbrauch an den Verkleidungen zustehen sollte. Diese sind aber auch von H. dem Kläger übergeben. Beklagter wußte, daß dem Kläger der Nießbrauch am Grundstück zustand. Er war der Handwerker für H., der bei ihm die Verkleidungen bestellt hatte. Er hat sonach als Vertreter des H. die Gegenstände dem Kläger übergeben. Dieser hat sonach gemäß §§ 1032, 932 den Nießbrauch daran erworben, trotzdem sich Beklagter das Eigentumsrecht vorbehalten hatte.... M. M.

β) **Wirtschaftseinrichtung als Zubehör. Herausgabeanspruch gegen den Zwangsverwalter.**

OLG. Hamburg, 3. ZS. Urteil v. 30. April 1918.

Von jeher hat in Hamburg die Verkehrsanschauung geherrscht, daß die Einrichtung einer Wirtschaft, wie sie hier in Frage kommt, auch dann nicht Zubehör des Hauses sei, wenn dieses dauernd für den Wirtschaftsbetrieb eingerichtet ist. So pflegt man hier bei hypothekarischen Beleihungen das Wirtschaftsinventar niemals als einen Teil der der Sicherheit des Geldgebers dienenden Objekte anzusehen. Die Brauereien pflegen es sich zur Sicherung ihrer Guthaben zu Eigentum übertragen zu lassen; auch wird es sonst veräußert, ohne daß auf Bestehen von Hypotheken irgendwelche Rücksicht genommen wird. Das Wirtschaftsinventar ist daher nicht als Zubehör der in Zwangsverwaltung stehenden Grundstücke anzusehen. Hätte daher der Kläger auf Feststellung dieses Rechtsverhältnisses geklagt, so hätten keine Bedenken bestanden, dem Antrage stattzugeben. Er hat aber hier die Eigentumsklage erhoben (§ 985). Der Eigentümer kann den Anspruch auf Herausgabe nur gegen den Besitzer der Sache geltend machen. Zwar ist der Beklagte als Zwangsverwalter Besitzer der Grundstücke (ZVG. § 150) kraft der Beschlagnahme. Diese erstreckt sich aber nur auf diejenigen Gegenstände, die den Hypothekariern haften; daher nicht auf das Wirtschaftsinventar, da dies nicht Zubehör ist. Der Beklagte kann sonach nicht als dessen mittelbarer Besitzer angesehen werden. Besitzer wäre er nur dann, wenn er das Inventar dem Wirt X. vermietet und dadurch über das Eigentum des Gemeinschuldners rechtswidrig verfügt hätte. Der mit X. über das Inventar abgeschlossene Mietvertrag ist aber bereits vor der Konkurseröffnung, also auch vor der

Bestellung des Beklagten zum Zwangsverwalter, auf Jahre hinaus verlängert worden. Auf Grund dieses Mietvertrags besitzt X. heute noch die Wirtschaftseinrichtung. Mit ihrer Vermietung hat sonach der Beklagte gar nichts zu tun. M. M.

d) **Eigenschaft einer Ware als „restliche". Anfechtung. Einheitliches Geschäft.**

OLG. Hamburg, 6. ZS. Urteil v. 11. Januar 1917.

Die Beklagte hat in den beiden Schlußnoten vom 6. November 1914 erklärt, dem Kläger restliche 21 und 40 Faß Ochsenbutten Montevideo- bzw. La Plata-Abladung verkauft zu haben. Es ist auch bei den Kaufverhandlungen ausdrücklich hervorgehoben, daß es sich um Restpartien handle, so daß ein Wettbewerb der Beklagten mit dieser Ware ausgeschlossen sei. Gegen den Vorwurf, trotzdem noch einen Lagerbestand in Montevideo-Abladung besessen und angeboten zu haben, verteidigt sich die Beklagte damit, daß dem Kläger auch von anderer Seite erheblicher Wettbewerb habe gemacht werden können und daß der Beklagten selbst unbenommen gewesen wäre, die gleiche Ware neu einzuführen. Allein der Kläger macht keine Schadensansprüche geltend, sondern will lediglich den Vertrag als gelöst ansehen. Es ist daher gleichgültig, ob die Abrede von größerer oder geringerer praktischer Bedeutung gewesen ist. Es genügt, daß sie getroffen ist und daß die Beklagte weitere Bestände besaß und angeboten hat. Insbesondere kann sie sich nicht darauf berufen, daß sie selbst neue Waren derselben Art hätte einführen oder ankaufen können. Diese Möglichkeit ist nicht geeignet, die den Vertrag verletzende Tatsache zu beseitigen, daß sie mit bereits vorhandenen Vorräten in Wettbewerb getreten ist.

Die Bezeichnung einer Ware als „restliche" trifft eine im Geschäftsverkehr als wesentlich erachtete Eigenschaft der Ware. Denn Warenbestände gangbarer Sorten einer bekannten Einfuhrfirma, die als Restpartien verkauft werden, gelten naturgemäß als besonders wertvoll, weil der Käufer für die allernächste Zeit damit rechnet, in dieser Ware wenigstens nicht auf den Wettbewerb der Verkäuferin zu stoßen. Einen derartigen Vorteil zu erlangen, war die Absicht des Klägers, wie aus den Schlußscheinen und der Zeugenaussage klar hervorgeht. Ob sich der Kläger mehr oder minder in seiner Erwartung getäuscht haben wird, ist gleichgültig. Dadurch verliert die Bevorwortung, daß die verkauften Warenmengen Restpartien sein müßten, nicht ihre Bedeutung.

Das LG. hat angenommen, daß das Vorhandensein weiterer 90 Faß der Montevideo-Abladung bei der Beklagten den Kläger berechtige, auch den La Plata-Abschluß als unwirksam zu behandeln. Allein die beiden Abschlüsse sind vollständig selbständig und an sich auch voneinander unabhängig. Es wurden zwei besondere Schlußnoten gewechselt. Nach jeder wird die Abladung als Restpartie verkauft. Es ist also zunächst nichts anderes vereinbart worden, als daß bei beiden Geschäften die besonders behandelte

Ware Restbestand sein müsse. Davon, daß es auch die im anderen Schlußschein behandelte Ware sein müsse, steht dort nichts geschrieben. Es kommt hinzu, daß beide Abladungen Ware verschiedener Beschaffenheit und verschiedenen Wertes darstellen. Trotzdem können natürlich die Vertragschließenden beabsichtigt haben, daß die beiden Geschäfte als etwas Einheitliches gelten und insbesondere ausbedungen sein sollte, daß die Beklagte keine Ochsenbutten, gleichgültig von welcher Abladung, mehr auf Lager haben dürfe. Es kann auch nicht geleugnet werden, daß das Schreiben vom 6. November 1914 in gewissem Umfang auf ein solches Verständnis hinweist. Auffallend ist aber anderseits der Umstand, daß dieser Brief, wenn er sich tatsächlich auf beide Geschäfte als ein Ganzes beziehen sollte, nicht von Schlußscheinen und Partien, sondern von einem Schlußschein und einer Partie spricht. Es ist daher nicht ausgeschlossen, daß sich das Schreiben doch nur auf jeden Abschluß als solchen beziehen sollte.... M. M.

Dazu: **Keine teilweise Anfechtung einheitlicher Geschäfte.**

Kammergericht, 7. ZS. Urteil v. 12. Februar 1918.

Die Klägerin hat notariell am 5. Februar 1916 ein Grundstück vom Beklagten für 2000 Mark gekauft und diesen Vertrag wegen arglistiger Täuschung angefochten. In § 2 des Vertrags hat Beklagter anerkannt, daß der Kaufpreis durch Verrechnung getilgt sei. In einem notariellen Vertrage von demselben Tage hat nämlich der Beklagte vom Manne der Klägerin den Beilaß der Gastwirtschaft Seglerheim für 5000 Mark erworben und darauf 3000 Mark bar gezahlt, während der Rest von 2000 Mark dadurch als beglichen betrachtet wird, daß der Käufer mit der Frau des Verkäufers in dessen Einverständnis den Kaufvertrag über das Grundstück geschlossen und darin anerkannt hat, daß der Kaufpreis verrechnet sei. Diese beiden Kaufverträge bilden nicht nur rechtlich, sondern auch wirtschaftlich eine Einheit, die 2 Vertragsurkunden sind nur darum ausgefertigt worden, weil die Klägerin, nicht aber ihr Mann, dem der Beilaß gehörte, Eigentümerin des Grundstücks werden sollte. Bei diesem rechtlichen und wirtschaftlichen Zusammenhange der beiden Verträge wäre eine Anfechtung wegen arglistiger Täuschung nur dann zulässig, wenn die Klägerin das ganze Rechtsgeschäft angefochten hätte. Eine nur teilweise Anfechtung ist jedoch nicht zulässig. L.n.

e) α) **Verletzung des behördlichen Verbots auf Ausschluß vom Mitbieten.**[1]

OLG. Dresden, 5. ZS. Urteil v. 18. April 1918.

Gelegentlich einer vom Landeskulturrat Anfang 1917 veranstalteten Versteigerung von Pferden erstand der Kläger, obwohl er als Pferdehändler vom Mitbieten durch die Verfügung jener Behörde ausgeschlossen war, durch

[1] Unter § 1 der V. v. 24. Juni 1916 über den Handel mit Lebensmitteln fällt auch der Einkauf zum Weiterverkauf. Dagegen sind nicht alle einzelnen Geschäfte über Lebensmittel deshalb nichtig, weil der Händler nicht den Erlaubnisschein besitzt (KG., 7. ZS. Urteil v. 9. April 1918).

einen vorgeschobenen Bieter auf die ihm vom Beklagten gegen eine Vergütung von 300 Mark überlassene Ausweiskarte hin ein Pferd. Als dann der Beklagte, dem das Tier als dem Vorzeiger der wiedererhaltenen Ausweiskarte übergeben wurde, es mit sich fortführen wollte, erwirkte der Kläger ein Einschreiten der Polizeidirektion, die es zu seinem Gunsten beschlagnahmte, aber vom Kläger 2260 Mark verlangte und erhielt, um sich gegen etwaige Ansprüche des Beklagten sicherzustellen. Der Klage auf dessen Einwilligung zur Rückgabe der gleichhohen Sicherheit hat das LG. entsprochen. Die Berufung ist begründet.

Die zwischen den Parteien getroffenen Abmachungen, die dem Kläger ermöglichen sollten, unter Umgehung des Verbots des Landeskulturrats ein Pferd zu erstehen, sind als nichtig nach § 134 oder 138 zu behandeln. Denn sie zielten darauf ab, der Tendenz des Verbots, die zu versteigernden Pferde ausschließlich dem persönlichen Bedarfe von Landwirten und Gewerbetreibenden zuzuführen und diese Kreise vor einer Ausbeutung durch Preistreibereien gewerbsmäßiger Pferdehändler zu schützen, entgegenzuwirken. Jenes Verbot ging übrigens so weit, den zum Bieten zugelassenen Erstehern von Pferden auch deren Weiterveräußerung an Pferdehändler zu untersagen. Da aber das Klagebegehren letzten Endes bezweckte, dem Kläger die Früchte seiner von der Rechtsordnung zu mißbilligenden Handlungsweise zu sichern, so durfte mindestens sehr fraglich sein, ob das Gericht hierzu seine Hand bieten konnte. Es kann auf die vom RGSt. (21 S. 161, 37 S. 30) befolgten Grundsätze hingewiesen werden, die dazu führen müßten, auch für das bürgerliche Recht die Frage zu verneinen, ob der Beklagte durch seine Handlungsweise ein Schutzgesetz im Sinne des § 823² BGB. verletzte....

Aber auch abgesehen davon hätten sich Bedenken gegen die Klage aus der Erwägung ergeben müssen, ob die Polizeidirektion überhaupt befugt war, die Hinterlegung einer Sicherheit zu verlangen, und ob ihre Maßnahme geeignet war, den Beklagten irgendwie, sei es auch nur zur Abgabe einer Willenserklärung dem Kläger gegenüber zu verpflichten. Indessen braucht dies nicht entschieden zu werden. Denn jeder derartige Anspruch ist in dem Augenblick erloschen, in welchem die Sicherheit dem Kläger zurückgegeben ist. Denn nun bedurfte dieser keinesfalls mehr die Zustimmung des Beklagten. Daran ändert auch nichts der Umstand, daß die Polizeidirektion sich zur Rückzahlung entschlossen hat, ohne die Rechtskraft eines den Beklagten verurteilenden Erkenntnisses abzuwarten (§ 894 ZPO.), und es ist gleichgültig, aus welchem Beweggrunde sie so handelte, ob sie sich etwa davon überzeugt hatte, daß sie nicht die Rückgabe der Sicherheit von einer Erklärung des Beklagten abhängig machen durfte. War aber die Hauptsache erledigt, so durfte der Kläger sie nicht aufrechterhalten. Daher seine Abweisung unter Kostenlast. —e—

β) **Verstößt das Versprechen einer Vergütung für den Fall der Ausübung des Vorkaufsrechts gegen das bay. Güterzertrümmerungsgesetz?**

OLG. München, 1. ZS. Urteil v. 17. Juni 1918.

Der Kläger, der mit landwirtschaftlichen Grundstücken gewerbsmäßig handelt, hat von dem Beklagten dessen Anwesen um 50000 Mark gekauft und dabei bestimmt: „Wird das Vorkaufsrecht von anderer Seite geltend gemacht, so sind dem Käufer 1000 Mark für Mühe, Arbeitsleistung und Risiko zu leisten.“ Nachdem der Darlehnskassenverein das ihm gesetzlich zustehende Vorkaufsrecht ausgeübt hat, beansprucht der Kläger die 1000 Mark. Der Beklagte behauptet, die Vereinbarung verstoße gegen § 134; sie enthalte eine Umgehung des Ges. v. 13. August 1910 über die Güterzertrümmerung, widerstreite seinem Zwecke und sei daher unwirksam. Es kann zunächst nicht zugegeben werden, daß die gemäß § 134 eintretende Nichtigkeit jedes Rechtsgeschäft ergreift, das zur Umgehung des Gesetzes abgeschlossen wird, also in anderer Rechtsform den nämlichen oder einen ähnlichen Zweck erreichen will, wie den, welchem das Verbotsgesetz entgegentritt. Die in der 2. Kommission beantragte Einfüguug einer solchen Vorschrift wurde für bedenklich erachtet, weil man Gefahr liefe, eine Reihe erlaubter Rechtsgeschäfte für nichtig zu erklären, wenn man hier in die Auslegungsfreiheit des Richters eingreifen wollte (Prot. 1 S. 123). Beabsichtigt der Gesetzgeber, dem durch ein Rechtsgeschäft erstrebten wirtschaftlichen Erfolg als solchem entgegenzutreten, so wird es dann als nichtig anzusehen sein, wenn es diesen Erfolg herbeizuführen bezweckt; will dagegen das Gesetz nur ein bestimmtes Rechtsgeschäft verbieten, so ist eine unzulässige Umgehung des Gesetzes nicht darin zu finden, daß ein Rechtsgeschäft anderer Art vorgenommen wird, durch das im praktischen Ergebnisse dasselbe erstrebt wird, wie durch das verbotene Rechtsgeschäft (KGJ. 31 S. 107; vgl. Staudinger, Planck § 134, Rsp. 24 S. 252). Das RG. (Recht 1915 S. 496) hat sogar für zulässig erklärt, daß der Güterhändler, um das gesetzliche Vorkaufsrecht zu vermeiden, sich durch einen Dienstvertrag so weitgehende Befugnisse übertragen läßt, daß seine Stellung der eines Käufers gleicht. Ob dieser Ansicht beizutreten ist, kann dahingestellt bleiben; denn es kann überhaupt nicht zugegeben werden, daß hier die Vereinbarung den Zweck, dem das durch Art. 1 GüterzGes. festgesetzte Vorkaufsrecht dienen soll, zu gefährden geeignet ist. Dieser Zweck besteht nach der Begründung darin, den mit dem Vorkaufsrecht ausgestatteten Organisationen ein wirksames Eingreifen bei Anwesensverkäufen anstelle der gewerbsmäßigen Güterhändler zu ermöglichen; es soll hierdurch „eine Konkurrenz gegenüber den gewerbsmäßigen Güterhändlern erweckt werden, welche die Zertrümmerung, wenn sie unvermeidlich ist, ohne Gewinnabsicht und unter Berücksichtigung volkswirtschaftlicher Gesichtspunkte durchführen kann“ (Sten. Ber. 10 S. 1039). Der Umstand aber, daß sich der Güterhändler ein Entschädigung ausbedingt für den Fall, daß das Vorkaufsrecht ausgeübt wird, ist an sich in keiner Weise geeignet, die vorkaufsberechtigten Organe von der Ausübung dieses Rechtes abzuhalten oder sie ihnen auch nur zu erschweren; denn die Verpflichtung zur Zahlung der Entschädigung obliegt dem Käufer und geht auch bei Geltendmachung des Vorkaufsrechts auf den Vorkaufsberechtigten nicht über. Ob dieser dann, wenn die Entschädigung des Güterhändlers „sehr hoch" ist (zB. 20000 Mark bei einem Anwesenswert von 100000 Mark), Bedenken tragen könnte, sein Recht auszuüben, eine derartige Entschädigung also die Ausübung des Vorkaufsrechts zu beschränken geeignet sein könnte, kann dahin gestellt bleiben, da hier eine derartige hohe Entschädigung nicht vereinbart worden ist. Demgemäß verbleibt es bei dem das gesamte bürgerliche Recht beherrschenden Grundsatze der Vertragsfreiheit. Daß dies auch die Meinung der gesetzgebenden Faktoren war, wird besonders bestätigt durch die Verhandlungen im I. und III. Ausschuß der Kammer der Reichsräte vom 12. Juli 1910 (aO. S. 997)....

Ebensowenig läßt sich die Unwirksamkeit der Vereinbarung aus § 138 BGB. ableiten. Es ist nicht einzusehen, inwiefern es gegen das Anstandsgefühl eines billig und gerecht denkenden Mannes verstoßen soll, wenn sich der Güterhändler im voraus eine Entschädigung versprechen läßt für den Fall, daß das Vorkaufsrecht ausgeübt wird, seine für das Zustandekommen des Vertrags gemachten Auslagen sich also als vergeblich aufgewendet und seine Hoffnung auf Gewinn als trügerisch darstellt. Nach Goldschmit (bayrZ. 1910 S. 423) verstößt es gegen die guten Sitten, wenn durch Vereinbarung einer „exorbitanten hohen" Entschädigungssumme der Güterhändler beabsichtigt, den Vorkaufsberechtigten mit Rücksicht auf den alsdann zu einer großen Zahlung verpflichteten Veräußerer abzuschrecken. Die Richtigkeit dieser Anschauung braucht nicht geprüft zu werden, da hier eine „exorbitant hohe" Entschädigung nicht vereinbart ist; die 1000 Mark bilden nur 2% des Verkaufspreises, während im Reichsrat eine Entschädigung von 5% oder von wenigstens 3% für angemessen erachtet worden ist. Ob die wirklichen Auslagen des Klägers 2000 Mark erreichen, ist für die Wirksamkeit der Vereinbarung ohne wesentliche Bedeutung; denn der Güterhändler ist keineswegs gehindert, bei Festsetzung der Entschädigung auch den ihm durch die Ausübung des Vorkaufsrechts entgehenden Gewinn anzurechnen (ebenso Goldschmit aO. S. 423; anscheinend aA. v. Braun S. 57). Kupfer (aO. S. 10ff.) will dem Güterhändler gestatten, sich einen Ersatzanspruch für gehabte Unkosten oder entgangenen Gewinn versprechen zu lassen, macht jedoch ebenfalls die Einschränkung, daß die Entschädigungsvereinbarung nicht durch ihre Höhe sich als Verstoß gegen die guten Sitten darstellen dürfe. Ob die bloße Höhe der vereinbarten Entschädigung ausreichen würde, einen solchen Verstoß zu begründen, erscheint zweifelhaft; doch braucht auf diese Frage nicht weiter eingegangen zu werden, da, wie erwähnt, eine besonders hohe Entschädigung hier nicht vereinbart worden ist. Daß eine Vereinbarung dieser Art unter besonderen Umständen, zB. wenn sie unter Ausbeutung der Notlage des Verkäufers oder unter wucherischer Ausnützung der wirtschaftlichen Machtstellung des Güterhändlers erzielt worden ist, einen Verstoß gegen die guten Sitten bilden, daher gemäß § 138 BGB. nichtig sein kann, ist selbstverständlich; derartige besondere Umstände liegen aber hier nicht vor.

Vergeblich beruft sich der Beklagte auf § 344 BGB. Denn der Verkäufer, der dem Güterhändler eine Entschädigung zusagt für den Fall, daß das Vorkaufsrecht ausgeübt wird, unterwirft sich keineswegs einer Strafe für den Fall der Nichterfüllung eines von ihm abgegebenen Versprechens; er verspricht die Zahlung nicht für den Fall, daß er seine Verbindlichkeit nicht oder nicht in gehöriger Form erfüllt (§ 339), sondern für den von seinem Willen regelmäßig ganz unabhängigen Fall, daß ein Dritter eine ihm durch das Gesetz eingeräumte Befugnis ausübt. Es ist also auch nicht einzusehen, inwiefern eine derartige Entschädigung sich durch ihre Höhe als „versteckte Vertragsstrafe" darstellen soll (Goldschmit aO. S. 424). W.

γ) **Kriegswucher. Herausgabe des übermäßigen Gewinns.**

Kammergericht, 7. ZS. Urteil v. 5. Februar 1918.

Der Beklagte, dem der Kläger am 9. Nov. 1916 5 Wagen Möhren geliefert hat, wendet gegen die Klage auf Zahlung des Restkaufpreises Kriegswucher ein. Der Einwand ist begründet. Der Kläger hat an den Erzeuger für die Möhren 4 Mark entrichtet, aber dem Beklagten 5,65 Mark in Rechnung gestellt. Dieser Preis enthält dem Einkaufspreise gegenüber einen zu hohen Zuschlag, nämlich etwa 41%, trotzdem der Kläger sofort weiter verkauft und keine besonderen Unkosten gehabt hat. Es handelt sich weiter um Gegenstände des täglichen Bedarfs. Der übermäßige Gewinn verstößt somit gegen § 3 Nr. 1 der V. vom 23. Juli 1915, das Fordern und Nehmen eines solchen Gewinnes muß als unerlaubt und unsittlich betrachtet werden. In solchem Falle ist (vgl. RG. 88 S. 250) anstelle des vereinbarten Wucherpreises der angemessene Preis einzusetzen (JW. 1917 S. 32)....

Zu demselben Ergebnisse gelangt man, wenn man das Fordern des übermäßigen Preises mit Riehl (D. JZ. 1918 S. 74) als unerlaubte Handlung auffaßt. Das Wuchergeschäft ist durch eine unerlaubte Handlung zustande gebracht und § 5 der erwähnten VO. ist als Schutzgesetz (§ 823^2 BGB.) anzusehen. Der geschädigte Käufer kann mithin Schadensersatz nach § 249 fordern, der Beklagte könnte folglich den Kaufpreis, wenn er ihn bezahlt hätte, gegen Rückgabe der Ware zurückfordern oder die Ware behalten und dem Kläger den angemessenen Preis gutbringen. Da er die Ware nicht mehr zurückgeben kann, hat er den angemessenen Preis zu ersetzen. L.n.

Dazu: **Einwand der übermäßigen Preissteigerung gegen Schadensforderung.**

OLG. München, 2. ZS. Urteil v. 21. März 1918.

Das LG. läßt den Einwand aus der PreissteigerungsV. gegen die vom Kläger gewählte abstrakte Schadensberechnung deshalb nicht zu, weil es sich hier um kein Kauf- oder sonstiges Erwerbsgeschäft, sondern nur um eine Schadensforderung handle. Allein die VO. bezweckt die Verhinderung einer wirtschaftlich ungerechtfertigten Preissteigerung im Verkehr mit Gegenständen des täglichen Bedarfs. So wenig nun nach § 5 Nr. 1 VO. der Verkäufer mit einem wirtschaftlich ungerechtfertigten Marktpreis einen übermäßigen Gewinn beziehen darf, so wenig darf bei der Geltendmachung eines abstrakten Schadensanspruchs dessen Höhe nach dem Unterschied zwischen einem solchen Marktpreis und dem Preis berechnet werden, um den die Ware vertragsmäßig zu liefern gewesen wäre. Der abstrakt berechnete Schadensersatz darf mit anderen Worten nicht zu einem übermäßigen Gewinn im Sinne der VO. führen (vgl. JW. 1918 S. 35[8] Nr. 2). Wo dies dennoch der Fall ist, ist das Begehren insoweit als gegen ein Verbotsgesetz und möglicherweise nach § 138[1] nichtig. Es ist daher zu prüfen, ob die Schadensberechnung gegen § 5 Nr. 1 verstößt und ob infolge der freiwilligen Ermäßigung des Klaganspruchs die Annahme eines übermäßigen Gewinns ausgeschlossen wurde (Recht 1917 S. 461 Nr. 352). Übermäßig im Sinne der VO. ist aber ein Gewinn nur, wenn er denjenigen übersteigt, der bei normaler Marktlage im Frieden hätte bezogen werden können und wenn er durch Ausbeutung der Kriegsnot erzielt wurde (aO. Nr. 330, 344, 347). Wie gerichtsbekannt, wurde im Frieden ein kaufmännischer Gewinn von 33 % allgemein als ein solcher betrachtet, der bei normaler Marktlage in der Regel bezogen werden durfte. Der Kläger hat aber einen abstrakten Schaden von rund 37,6 % berechnet, also um 4,6 % mehr, als der kaufmännische Friedensgewinn betragen durfte. In dieser geringen Erhöhung ist jedoch bei Berücksichtigung der besonderen Umstände des Falls und der von den Sachverständigen bekundeten Marktlage zurzeit des Vertragsschlusses und des mit dem 5. März 1916 eingetretenen Endes der vom Kläger gesetzten Nachfrist (JW. 1918 S. 35[9]), ein übermäßiger Gewinn nicht zu finden, zumal der Kläger auch die Erhöhung seiner Unternehmerkosten infolge der Kriegsteuerung billigerweise mit berechnen durfte und von einer Ausbeutung der Kriegsnot hier selbstverständlich nicht gesprochen werden kann (Recht 1916 Nr. 554; JW. 1917 S. 116). W.

δ) **Darlehen an Wucherer zur Verwendung für wucherische Geschäfte.**[1]

OLG. Kiel, 1. ZS. Urteil v. 6. Dezember 1917.

Der Kläger wußte, daß die von ihm hingegebenen Gelder vom Beklagten zu Wucherzinsen ausgeliehen werden sollten. Durch die Geldgewährung beteiligte er sich daher wissentlich an den Wuchergeschäften des Beklagten, wobei ganz dahingestellt bleiben kann, ob dafür die Form des Darlehns (§ 607) oder der Gesellschaft (§ 705) gewählt wurde. Unsittlich handelte hierbei nicht nur der Beklagte, indem er das Geld des Klägers nahm, sondern auch der Kläger, indem er zu dem ihm bekannten wucherischen Zwecke

[1] Hat sich die beklagte Ehefrau zur Herausgabe der Sachen unter der Bedingung bereit erklärt, daß ihr Mann einen von ihm bereits damals begangenen Ehebruch unter Namhaftmachung der Ehebruchszeugin eingestehe, so ist der Vertrag, weil auf die Ermöglichung der Erleichterung der Scheidung gerichtet, nach § 138 nichtig (OLG. Hamburg, 6. ZS. Urteil v. 26. Febr. 1918). M. M.

dem Beklagten Geld gab. Bei einer beiden Teilen zur Last fallenden Verfehlung gegen die guten Sitten ist aber die Rückforderung der hingegebenen Beträge schlechthin ausgeschlossen (§ 817 Satz 2).

Für den vorliegenden Fall bedarf es keiner Entscheidung, ob der Wucherer das von ihm Gewährte trotz § 817 Satz 2 deshalb zurückverlangen könne, weil sich die Sittenwidrigkeit des Wucherdarlehns nur darin zeige, daß sich der Wucherer übermäßige Vorteile versprechen lasse, nicht aber auch darin, daß er dem Bewucherten eine Leistung mache. Denn hier handelt es sich um den Anspruch nicht des Wucherers gegen den Bewucherten, sondern des Geldgebers gegen den Wucherer, der sich durch die Geldhingabe die Mittel für seine wucherischen Geschäfte verschaffen wollte, und über dessen Absichten der Geldgeber unterrichtet war. Bei dieser Sachlage liegt die Sittenwidrigkeit des Geldgebers keinesfalls nur darin, daß er sich übermäßige Vorteile gewähren läßt, sondern auch darin, daß er durch die Kapitalsgewährung das Wuchergeschäft des andern ermöglicht oder fördert. SchlHA.

f) **Bedeutung früher mitgeteilter Geschäftsbedingungen für ein späteres Angebot.**

OLG. Hamburg, 6. ZS. Urteil v. 7. Juli 1917.

Die Beklagte, um Übermittlung eines Angebots in gesalzenem Fleisch ersucht, hat dem Kläger das Angebot gesandt, das sich als freibleibend bezeichnet und den Seitenaufdruck enthält: „Zahlungsbedingungen: Kasse gegen Lieferschein in Hamburg. Aufträge gelten nur als angenommen nach ordnungsmäßiger schriftlicher (nicht mündlicher) Bestätigung unsererseits." Auf Grund dieses Angebots ist ein Geschäft nicht zustande gekommen. Dagegen haben demnächst neue Verhandlungen am Fernsprecher zu einer grundsätzlichen Einigung geführt. Der Kläger hat darauf den Abschluß schriftlich bestätigt, die Beklagte jedoch drahtlich die Bestätigung vorläufig versagt und ihre Weigerung später aufrecht erhalten. Ein fester Abschluß ist hiernach schon deshalb nicht als erfolgt zu erachten, weil die Beklagte die vorläufige Einigung nicht schriftlich bestätigt hat. Es ist nicht richtig, daß der in dem Seitenaufdrucke enthaltene Vorbehalt mit der Erledigung des dort gemachten Angebots seine Bedeutung verloren hat. Dieser Aufdruck bezog sich keineswegs nur auf das zurzeit behandelte Geschäft. Er besagt vielmehr unzweideutig, daß sich die Beklagte bezüglich aller „Aufträge" vor ihrer schriftlichen Bestätigung nicht gebunden erachte. Wenn ein Kaufmann einem andern ein Angebot macht und ihm bei dieser Gelegenheit die allgemeinen Bedingungen mitteilt, unter denen er arbeite oder arbeiten wolle, so müssen sie als vom andern Teil angenommen gelten, wenn dieser keinen Einspruch gegen sie erhebt. Dabei spielt es keine Rolle, ob das gerade vorliegende Angebot zum Abschluß führt, oder erst auf Grund neuer abweichender Forderungen eine Einigung erzielt wird. Die allgemeinen, vom Anbietenden vorbehaltenen Bedingungen behalten noch für den späteren Abschluß ihre Bedeutung, und dies um so mehr, wenn wie hier die tatsächliche Einigung schon einen oder einige Tage später erfolgt. Allerdings steht der Aufdruck unter „Zahlungsbedingungen". Allein auch Zahlungsbedingungen allgemeiner Natur sind bedeutungsvoll und verdienen daher die Beachtung des Empfängers eines Angebots, zumal der Aufdruck weder an versteckter Stelle noch sonstwie verleitlich angebracht ist. Der Kläger hatte daher dem Vorbehalte Rechnung zu tragen, auch wenn Beklagte bei der Fernsprechverhandlung nicht auf ihn zurückgekommen ist. War aber der Kläger nicht in der Lage, den festen Abschluß durch die eigene Bestätigung herbeizuführen, so war ein Widerspruch der Beklagten an sich unnötig. Müßte man aber hierin anderer Ansicht sein, so würde doch ein Widerspruch rechtzeitig erfolgt sein. Die Bestätigung des Klägers ist frühestens am Sonnabend 29. Januar eingegangen. Am Montag 31. Januar hat Beklagte ihre Bestätigung drahtlich versagt, also ebenso schnell, als wenn sie einen von ihr höchstens zu erfordernden Brief geschrieben hätte. M. M.

g) α) **Einschränkung des Antrags als Ablehnung.**

OLG. Hamburg, 3. ZS. Urteil v. 5. März 1918.

Nach den Behauptungen des Klägers hat er das Angebot, sei es der Beklagten oder der Bank, durch Fernsprecher angenommen. Nach der Zeugenaussage hat er aber hinzugefügt, er müsse eine Tara von 1 bis 2 % abziehen, worauf Beklagter erwidert habe, eine Erklärung könne erst erfolgen, wenn der Verkäufer, nämlich die Bank, sich geäußert habe. Hiernach hat der Kläger das Vertragsangebot nur mit der Bedingung einer Tara angenommen. Wenn auch handelsüblich sein mag, daß eine Tara abgezogen wird, so hat doch der Kläger es als wichtig genug erachtet, ausdrücklich bei der Annahme des Antrags hervorzuheben, daß er solchen Abzug machen wolle. Anderseits hat Beklagte durch ihre Erwiderung deutlich ausgedrückt, daß der Abzug, auch wenn er handelsüblich sei, jedenfalls in diesem Falle für das Zustandekommen des ganzen Geschäfts von Bedeutung sei. Unter diesen Umständen kann die Frage, ob jede Einschränkung einer Antragsannahme nach § 150² als Ablehnung verbunden mit einem neuen Vertragsantrage anzusehen sei oder ob dies nur von einer einen wesentlichen Punkt betreffenden Einschränkung zu gelten habe, auf sich beruhen bleiben, weil jedenfalls hier nach den Erklärungen beider Parteien die Frage der Tara für die Entschließung der Vertragsparteien erheblich war. M. M.

β) **Annahme mit einer lediglich dem Antragenden günstigen Zusatzerklärung.**

Kammergericht, 1. FerienZS. Beschluß v. 25. Juli 1918.

Die Eheleute P. haben notariell ihrer Tochter Agnes den Abschluß eines Überlassungsvertrags angeboten, durch den sie ihr Grundstück übereignen, sich u. a. ein Ausgedinge versprechen lassen und die Übernehmerin bevollmächtigten, sich die Grundstücke selbst aufzulassen. Die Tochter hat notariell das Angebot „in allen Punkten" angenommen und noch hinzugefügt: „Über die festgesetzten Bestimmungen des Ausgedinges hinaus verpflichte ich mich, die bezeichneten Furchen zu Kartoffeln dort zu gewähren, wo ich selbst Kartoffeln pflanze, ferner das bezeichnete Getreide in gereinigtem Zustande zu liefern." Die Entgegennahme der Auflassung ist zu Unrecht verweigert.

Zutreffend gehen zwar die Vorinstanzen davon aus, daß die Auflassungsvollmacht vom Zustandekommen des Veräußerungsvertrags abhängig gemacht ist. Zu Unrecht verneinen sie aber im Hinblick auf § 150² dieses Zustandekommen. Agnes P. hat den ihr gemachten Antrag nicht mit Erweiterungen, Einschränkungen oder sonstigen Änderungen angenommen, sondern unbedingt und ohne jede Maßgabe „in allen Punkten", wie sie es in der Erklärung ausdrückt. Sie hat dann allerdings erklärt, noch weitergehende Verpflichtungen übernehmen zu wollen. Diese Erklärung sollte aber, wie die vorangehende Annahme in allen Punkten ergibt, nicht Teil der Annahmeerklärung sein; sie stellt deshalb ein gleichzeitig mit der Annahme erfolgtes Angebot zu einer dem andern Vertragsteil günstigen Änderung des durch die Annahme zustande gebrachten Vertrags dar. Da diese Änderung für die Erklärende nicht von Vorteil war, so könnte überdies nicht angenommen werden, daß die Erklärende um ihretwillen davon Abstand genommen hätte, den Vertrag alsbald zustande zu bringen. PosMSchr.

γ) **Zusätze über die Ausführung des Kaufs. Berechnung des Schadens wegen Nichterfüllung.**

OLG. Dresden, 7. ZS. Urteil v. 5. Februar 1918.

Der Zusatz „Abnahme innerhalb 10 Tagen" hat die Annahmeerklärung des Klägers (Käufers) nicht modifiziert und sie nicht zu einer Ablehnung, verbunden mit einem neuen Antrag, gemacht. Vielmehr hatte er lediglich die Bedeutung einer Verständigung über die Art der Ausführung des Kaufs. Er enthielt ebensowenig einen neuen Antrag wie etwa die Anweisung des Käufers bezüglich eines bestimmten Beförderungsweges. Bei der Entfernung der Handelsniederlassung des Klägers von dem Orte, wo die Ware lagerte, bei deren großer Menge und bei den infolge des Krieges überaus schwierig gewordenen Beförderungsverhältnissen mußte die Beklagte von vornherein damit rechnen, daß der Kläger die Ware erst in einiger Zeit abnehmen könne, und der Zusatz hatte nur den Zweck, die Beklagte davon zu unterrichten, bis wann der Kläger die erforderlichen Anstalten zur Absendung der Ware treffen könne. Der Zeitraum von 10 Tagen entsprach den Verhältnissen; Beklagte konnte bei Stellung ihres Angebots gar nicht im unklaren darüber sein, daß bei Zustandekommen eines Kaufs ein auswärts ansässiger Käufer nicht sofort abnehmen könne. Demgemäß ist die Schadensersatzpflicht der Beklagten wegen schuldhafter Nichterfüllung dieses Kaufs anzunehmen.

Bei Berechnung des abstrakten Schadens hat grundsätzlich der Käufer die Wahl, ob er den Zeitpunkt des Eintritts des Verzugs oder des Ablaufs der Nachfrist heranziehen will (RG. 90 S. 423). ... Die vom Kläger auf 28. Oktober 1914 abgestellte Schadensberechnung wäre also zutreffend, wenn eine Anwendung des § 326 in Frage käme. Das ist aber nicht der Fall.

Wie sich aus dem Briefwechsel der Parteien ergibt, hat der Kläger diejenigen 55 Ballen gekauft, die damals in Riesa lagerten und die die einzige Ware dieser Art waren, die der Beklagte damals abzugeben hatte. Der Kauf betraf also bestimmte Waren; es handelt sich mithin um einen Spezies-, nicht um einen Gattungskauf. Daher ist für § 326 und für die Setzung einer Nachfrist kein Raum. Vielmehr hat Beklagte durch den Weiterverkauf der Ware die Lieferung an den Kläger unmöglich gemacht, so daß die Umwandlung des Anspruchs des Klägers auf Erfüllung in denjenigen auf Schadensersatz bereits im Augenblick des Weiterverkaufs eintrat. In solchem Fall kann der Käufer als abstrakten Schaden lediglich den Unterschied zwischen dem vereinbarten und dem marktgängigen Preis am Erfüllungstage oder, wenn die Unmöglichkeit der Leistung erst während des Verzugs — also nach Ablauf des Erfüllungstages — eintritt, auch noch am Tage des Eintritts der Unmöglichkeit fordern (RG. 91 S. 30). Tritt die Unmöglichkeit bereits vor dem Zeitpunkt ein, wo zu erfüllen war, so ist der Zeitpunkt der Erfüllung maßgebend. Denn immer ist es die Nichterfüllung des Verkäufers, die den Ersatzanspruch herbeiführt, und der Käufer soll nicht schlechter, aber auch nicht besser gestellt werden, als wenn der Verkäufer ordnungsgemäß, also auch zur richtigen Zeit, erfüllt hätte. Anders ist auch das Urteil aO. nicht zu verstehen; danach kann der Käufer, der nach Eintritt des Verzugs eine Nachfrist gesetzt hat, bei seiner Schadensberechnung den Marktpreis am Tage des Ablaufs der Nachfrist zugrunde legen; er muß aber schon den früheren Zeitpunkt des Eintritts der Unmöglichkeit der Lieferung zugrunde legen, wenn diese Unmöglichkeit während des Verzugs, also nach dem Erfüllungstag, eintritt. Daraus kann nicht etwa gefolgert werden, daß der Käufer den Tag des Eintritts der Unmöglichkeit auch dann zugrunde legen müßte, wenn die Unmöglichkeit bereits vor dem Erfüllungstag eintritt, also noch ehe der Verkäufer in Verzug gekommen ist. Denn die Marktlage kann sich bis zum Erfüllungstage nicht bloß zuungunsten des Verkäufers verschlechtern, sondern auch zu seinem Gunsten verbessern; und da der Schaden dadurch erwächst, daß der Verkäufer nicht am Erfüllungstag erfüllt, so kann auch nur dieser Tag — sofern nicht ein späterer in Frage kommt — der Schädenberechnung zugrunde gelegt werden, niemals aber ein früherer. Hier war Zugumzug gegen Zahlung des Kaufpreises zu liefern. Bis zur Abnahme mußte nach Lage der Sache noch eine gewisse Zeit verstreichen; als angemessener Zeitraum ist die vom Kläger selbst gesetzte Frist von 10 Tagen zu erachten. Mit der Abnahme vollzog sich beiderseits die Erfüllung des Geschäfts. Also kommt der 17. Oktober als Erfüllungstag und damit als Stichtag für den Preisunterschied in Frage. —e—

b) α) **Handelsübliche Vereinbarung der Beurkundung.**

OLG. Hamburg, ZS. 6. Urteil v. 6. April 1918.

Eine Beurkundung des beabsichtigten Vertrags (§ 154²) kann nicht bloß ausdrücklich, sondern auch stillschweigend verabredet werden. Eine stillschweigende Verabredung liegt aber vor, wenn in einem Geschäftszweig die allgemeine, den Beteiligten bekannte Übung besteht, daß eine Beurkundung gewisser Verträge erfolgt und für den Abschluß der Verträge wesentlich ist. Dem Gutachten der Sachverständigen ist zu entnehmen, daß im Handel mit amerikanischen Hölzern eine Beurkundung der Kaufverträge als unbedingt erforderlich gilt, und daß dies allen Beteiligten, besonders dem Kläger, bekannt ist.... M. M.

β) **Vorbehalt eines ortsüblichen Auszugs, dessen Umfang noch näher bestimmt werden soll.**

OLG. Dresden, 5. ZS. Urteil v. 18. April 1918.

In dem notariellen Vertrag vom 8. Februar 1914, durch den der Beklagte sein Grundstück dem Kläger für 44000 Mark überließ, ist bestimmt: „Weiter verpflichtet sich der Käufer, dem Verkäufer und seiner Frau einen Wohnungs- und Naturalauszug einzuräumen. Der Auszug soll in ortsüblicher Weise bestellt werden. Über die Einzelheiten werden die Parteien noch besonders sich verabreden.“ Die Klage auf Auflassung ist mit Recht abgewiesen. Nach § 154 gilt ein Vertrag im Zweifel noch nicht als geschlossen, solange nicht die Parteien sich über alle Punkte geeinigt haben, über die eine Vereinbarung getroffen werden soll. Hier ist sogar als Wille beider Teile beurkundet worden, daß sie sich über die Einzelheiten des Auszugs die Parteien noch besonders verabreden wollen. Damit ist deutlich ausgedrückt, daß durch den Hinweis auf die Ortsüblichkeit der Umfang der Auszugsleistungen noch keineswegs in genügender Weise habe bestimmt werden sollen, wie dies auch sehr begreiflich erscheint, wenn man berücksichtigt, daß wegen der besonderen, durch den Krieg geschaffenen wirtschaftlichen Verhältnisse ein einfaches Zurückgehen auf das, was in gewöhnlichen Friedenszeiten in dieser Hinsicht ortsüblich gewesen sein mag, um so gewisser ausgeschlossen war, als es sich bei der Bestimmung der Naturalleistungen um eine, bis ins einzelne gehende, ziffernmäßige Zusammenstellung der auf den Auszug zu gewährenden Erzeugnisse handelte, und zwar solcher Erzeugnisse, deren Hervorbringung und Verteilung ganz besonders stark durch die ungewöhnlichen Zeitverhältnisse beeinflußt sind. Daher ist es auch undenkbar, daß der Ortsrichter, auf dessen Sachkunde der Kläger verweist, die ortsüblichen Auszugsleistungen für das verkaufte Gut in einer ohne weiteres für die gegenwärtigen Verhältnisse maßgebenden Weise einwandfrei feststellen könnte. Jedenfalls haben aber die Parteien keinen Zweifel darüber gelassen, daß sie die näheren Auszugsbedingungen zu vereinbaren sich selbst vorbehalten haben. Bei dieser Sachlage kann auch nicht angenommen werden, daß die Parteien den Vertrag auch ohne die vorbehaltene Vereinbarung als geschlossen haben ansehen wollen.

Selbst ein solcher Wille wäre aber belanglos, da der Vertrag die Übertragung des Grundstückseigentums zum Gegenstand hat und deshalb unter § 313 steht. Unter dem Formzwang steht aber nicht etwa bloß der einzelne auf die Eigentumsübertragung gerichtete Bestandteil des Vertrags, sondern der ganze Vertrag, dh. stehen alle Vereinbarungen, aus welchen sich nach dem Willen der Beteiligten der Veräußerungsvertrag zusammensetzen soll. Nur solche Vereinbarungen, die mit diesen nicht im inneren Zusammenhang stehen, die also weder die Eigentumsübertragungspflicht des einen, noch die Gegenleistungen des anderen Teils unmittelbar betreffen, stehen außerhalb jener Formregel (RG. 51 S. 181). Nun fallen aber die Auszugsleistungen, die sich der Verkäufer vorbehielt, in den Kreis der Gegenleistungen des Käufers, und daher ist das, was die Vertragschließenden darüber bestimmen wollen, in der Form des § 313 zu beurkunden. —e—

i) **Umfang der Vollmacht eines Gutsverwalters.**

OLG. Hamm, 3/4. ZS. Urteil v. 12. März 1918.

Der Zeuge X., der vom Beklagten als Verwalter des Gutes bestellt war, hat in dieser Eigenschaft mit dem Kläger für den Beklagten die Rechtsgeschäfte abgeschlossen, die den Gegenstand der Klage bilden. Aus der Verkehrsübung ergibt sich der Inhalt der Vollmacht eines Gutsverwalters dahin, daß er zur Vornahme der bei einer solchen Verwaltung regelmäßig vorkommenden Geschäfte bevollmächtigt ist. Für den Inhalt der Vollmacht sind nicht ohne weiteres maßgebend die Weisungen, die der Beklagte seinem Verwalter gegeben hat. Diese bestimmen zunächst nur das Innenverhältnis zwischen dem Beklagten und dem Verwalter, können aber als Auslegungsmittel für den Vollmachtsinhalt in Betracht kommen (Gruchot 52 S. 933). Die Weisungen lassen aber vorliegend eine Einschränkung des Vollmachtsinhalts nicht erkennen. Wenn der Beklagte dem Verwalter eine Pflicht zur Rechnungslegung, zur Vorlegung der Belege ꝛc auferlegt hat, wie es bei einem solchen Dienstverhältnis selbstverständlich ist, so berührt das die Vollmacht Dritten gegenüber in keiner Weise. Der Beklagte will dem Verwalter verboten haben, „Schulden" zu machen. Er stellte im Verhandlungstermin aber nicht in Abrede, daß der Verwalter befugt gewesen sei, auf Kredit Anschaffungen für das Gut zu machen; nur habe er diese Verbindlichkeiten in dem Wirtschaftsjahre aus den Gutserträgnissen wieder decken müssen; wenn das sich am Ende des Jahres als nicht möglich herausstellte, dann mußte er sich an den Beklagten wenden und hätte einen Zuschuß erhalten. Hiernach bedeutet auch jenes Verbot keine Vollmachtseinschränkung, sondern lediglich eine den Kläger nicht berührende Anweisung an den Verwalter, bei nicht dazu hinreichenden Gutserträgnissen sich an den Beklagten zu wenden, damit die Schulden nicht in das neue Wirtschaftsjahr hinübergenommen würden. Allerdings würde der Beklagte nicht haften, wenn der Verwalter unter offenbarem, dem Kläger erkennbarem Mißbrauche seiner Vollmacht dem Interesse des Beklagten zuwider gehandelt hätte (RG. 71 S. 222). Aber der Beklagte hat nicht dargelegt, daß dem Kläger die Mißwirtschaft des Verwalters bekannt gewesen sei. . . .

Die in der Klagerechnung aufgeführten Geschäfte liegen sämtlich in dem

Rahmen einer regelmäßigen Gutsverwaltung. Ob der Einkauf von Kleie und Hudesamen nötig war, ist hier unerheblich, weil das wiederum nur das Verhältnis zwischen dem Verwalter und dem Gutsherrn berührt. — Bei den vom Kläger gegebenen baren Summen, handelt es sich nicht um Darlehen, zu deren Aufnahme der Verwalter allerdings nicht als bevollmächtigt anzusehen wäre, sondern um Vorschüsse auf zu lieferndes Getreide. Bei der Verwaltung von Gütern ist es aber nichts Seltenes, daß solche Vorschüsse genommen werden, wenn der Verwalter gerade flüssiges Geld nötig hat und der Gutsertrag noch aussteht. F. Nt.

k) **Schließt § 182[1] andere Betätigungen des Genehmigungswillens aus?**

Bayer. Oberstes Landesgericht, 1. ZS. Beschluß v. 28. März 1918.

Laut Urkunde des Notariats S. hat A. im Namen, jedoch ohne Vollmacht des B., mehrere diesem gehörende Grundstücke an den Beschwerdeführer verkauft und aufgelassen. In Nr. 4 ist bestimmt, daß B. den Vertrag nachträglich genehmigt und daß der beurkundende Notar ermächtigt wird, diese Genehmigung sowie die Mitteilung hiervon anstelle der Beteiligten entgegenzunehmen. In einer auf die Urschrift der Vertragsurkunde gesetzten, vom Notariate M. beglaubigten Erklärung „genehmigte" B. „die vorstehende Urkunde". Die so ergänzte Urkunde hat das Notariat S. dem Grundbuchamte zum Vollzuge vorgelegt. Dieses lehnte die Eintragung des Eigentumsüberganges ab, weil der beurkundende Notar nach § 171 FrGG. eine Vollmacht auf sich selbst nicht habe beurkunden können. Die Beschwerde blieb erfolglos, weil überhaupt jeder Nachweis dafür fehle, daß die Genehmigung, sei es einem der Vertragsteile oder dem beurkundenden Notar gegenüber abgegeben werden wollte. Die weitere Beschwerde ist nicht gerechtfertigt. Unerörtert kann bleiben, ob die Genehmigung dem beurkundenden Notar gegenüber abgegeben worden ist oder nicht. Denn auch im ersten Falle wäre die Bevollmächtigung des Notars zur Entgegennahme der Genehmigung nicht in der nach § 29 GrBO. vorgeschriebenen Form nachgewiesen, da § 171 FrGG. den Notar hindert, eine Vollmacht auf sich selbst zu beurkunden (Samml. 16 S. 140). Demnach ist dem Grundbuchamte, das nach § 20 GrBO. die Rechtswirksamkeit der Auflassung zu prüfen hat, nicht nachgewiesen, daß die Auflassung nach § 182[2] BGB. genehmigt ist. Dagegen kann unbedenklich angenommen werden, daß die Genehmigungserklärung bestimmungsgemäß dem Grundbuchamte vorgelegt wurde, um hierdurch die Eintragung des Eigentumsübergangs herbeizuführen. Hierin könnte eine rechtswirksame Betätigung des Genehmigungswillens gefunden werden, wenn mit der früheren Rechtsprechung des Senats grundsätzlich anzuerkennen wäre, daß § 182[1] BGB. nur von der gegenüber einem Beteiligten. abgegebenen Genehmigung handle und eine Genehmigung durch anderweite Betätigung des Genehmigungswillens nicht ausschließe. Diese Ansicht findet aber in den Gesetzgebungsverhandlungen und in dem Gesetze selbst keine ausreichende

Stütze und ist im allgemeinen abgelehnt worden (RG. 64 S. 153, 85 S. 51; Warn. 1 Nr. 440, 3 Nr. 322, 8 Nr. 10; KGJ. 34 S. 253; Seuff. 72 S. 797; Planck BGB. § 182[1], § 925[4]). Es ließe sich zwar noch fragen, ob nicht der als Erklärungsempfänger in Betracht kommende Beteiligte berechtigt wäre, von dem Erfordernisse des Zugehens abzusehen und sich mit einer anderweitigen Genehmigungsbetätigung zu begnügen (Planck aO. 1 S. 266 Vorbem. 4 S. 338[6]). Hierauf braucht aber nicht eingegangen zu werden; denn die Vertragsteile sind in Nr. 4 ausdrücklich davon ausgegangen, daß die Genehmigung ihnen gegenüber erklärt werden sollte. Kn.

l) **§ 185² setzt voraus, daß der Nichtberechtigte in eigenem Namen verfügt hat.**

Kammergericht, 1. ZS. Beschluß v. 28. Februar 1918.

Der Eigentümer hat die Löschung der 1890 für A. eingetragenen Briefhypothek erfolglos beantragt. Seine weitere Beschwerde ist begründet. Die beigebrachten Urkunden rechtfertigen freilich den Antrag nicht. Das Hypothekenrecht hatte A. durch die Eintragung der Hypothek erworben (§§ 18, 37, 38 Pr. EEG.). Der Beschwerdeführer hat nicht nachgewiesen, daß A. oder seine Erben es verloren haben. Er glaubt diesen Nachweis durch die notariell beglaubigte Abtretungserklärung v. 1891, wonach M. als Bevollmächtigter des A. die Hypothek an H. abgetreten hat, durch das Testament v. 1894 in welchem A. den M. zum Erben eingesetzt hat, geführt zu haben, indem er meint, M. habe als Nichtberechtigter über die Hypothek verfügt, und diese Verfügung sei nach § 185² BGB. dadurch wirksam geworden, daß M. die Hypothek später durch Beerbung des A. erworben habe. Eine Konvaleszenz dieser Art könnte jedoch nach preußischem Rechte wie nach BGB. nur dann in Frage kommen, wenn M. die Abtretung in eigenem Namen erklärt hätte (RG. 53 S. 274, KGJ. 41 S. 238). Der vom RG. (JW. 1913 S. 594[5]) aufgestellte Rechtssatz: „Der Umstand, daß der Berechtigte selber die Verfügung als Bevollmächtigter des Nichtberechtigten vornimmt, hindert nicht, zwingt vielmehr in der Regel dazu, in der von ihm abgegebenen Erklärung zugleich eine Einwilligung zu erblicken", bezieht sich auf den ganz abweichenden Tatbestand, daß der Berechtigte als Bevollmächtigter des Nichtberechtigten verfügt, ändert aber an der oben dargestellten Auffassung nichts. Hier hat aber M. im Namen des A. die Erklärung abgegeben. Da die Vertretungsmacht des M. nicht nachgewiesen werden kann, so kann hier als heilend nur in Betracht kommen entweder a) die von A. oder seinen Erben erklärte Genehmigung der Abtretung an X. (§ 142 ALR. I 13, §§ 177, 182, 184 BGB.) oder b) die Zustimmung der Erben des A. zu dem negativen Schuldanerkenntnisvertrage (§ 397² BGB.), der in der Aushändigung und Annahme der Erklärung des X., hinsichtlich der Hypothek befriedigt zu sein, gefunden werden kann, oder zu der Löschungsbewilligung des möglicherweise nichtberechtigten Grundstückseigentümers (§ 185¹·² BGB.). Diese Zustimmung kann natürlich auch in der Form der Löschungsbewilligung erteilt werden (vgl. Güthe GrBO.[3] § 19 A. 34). Das Amtsgericht wird daher eine dieser Rechtslage entsprechende Zwischenverfügung zu erlassen haben. PosMSchr.

m) **Beginn der Verjährung nach § 196 Nr. 8, 9 bei länger dauernden Dienstverhältnissen.**[1]

Bayer. Oberstes Landesgericht, 1. ZS. Urteil v. 31. Mai 1918.

Der Beklagte, der 1892 das elterliche Anwesen übernommen hatte, hat in den folgenden 19 Jahren zur Bewirtschaftung des Anwesens, mit dem auch eine Wagnerei und Krämerei verbunden war, die Dienste der beiden Kläger, seiner Geschwister, beansprucht und ihnen hierfür lediglich den Unterhalt und Taschengeld gewährt. Im gegenwärtigen, 1913 erhobenen Rechtsstreit wird eine Barvergütung in der Höhe des üblichen Jahreslohns mit der Begründung gefordert, es habe zwischen den Parteien ein stillschweigendes Einverständnis dahin bestanden, daß die Naturalverpflegung und das geringe Taschengeld nicht die volle Vergütung für die zu leistenden Dienste darstellen sollten, der Beklagte habe auch im Laufe der Jahre die Ansprüche der Kläger auf einen angemessenen Barlohn wiederholt anerkannt und Zahlung aus dem „gemeinschaftlich Ersparten", sowie später die Abtragung seiner Schulden nach der Verehelichung versprochen. Die Vorinstanzen haben wegen Verjährung die vor 1911 entstandenen Lohnansprüche abgewiesen. Die Revision der Kläger ist begründet.

Da für die Entstehung der Ansprüche die Zeit von 1892 bis 1911 in Frage kommt, ist vom Art. 169 EG. auszugehen. Das OLG. hält die Ansprüche für die vor 1900 liegende Tätigkeit schon nach Art. 3 Nr. 8, 4 und 5 des bayer. Ges. vom 26. März 1859 für verjährt; ebenso sei die Verjährungseinrede auch für die Zeit vom 1. Januar 1900 bis Ende 1910 nach §§ 196 Nr. 8 und 9, 201, 208, 209, 222 BGB. begründet. Die angezogenen Bestimmungen unterwerfen die Ansprüche für berufs- oder gewerbsmäßige entgeltliche Leistungen des täglichen Dienst- und Arbeitsverkehrs, bei dem sich die Zahlung oder sonstige Entlohnung, dem Bedürfnis entsprechend, im allgemeinen in kürzeren Zeitabschnitten zu vollziehen pflegt, einer kurzfristigen Verjährung, und zwar ist die Frist im angeführten Art. 3 Nr. 8 für Forderungen der Gehilfen, Gesellen, Dienstboten, Taglöhner und Arbeiter wegen ihres Dienst- und Arbeitslohnes auf 3 Jahre und in § 196 Nr. 8, 9 BGB. für Ansprüche von Privatbediensteten und gewerblichen Arbeitern wegen ihres Gehalts, Lohns oder anderer Bezüge auf 2 Jahre bestimmt; dabei kommt als Beginn der Frist der Schluß des Jahres in Betracht, in welchem der Anspruch entstanden ist. Hiernach war in erster Linie zu untersuchen, ob es sich um Ansprüche von solcher Art handelt, wie sie die Verjährungsvorschriften im Auge haben.

[1] Der Anspruch des Rechtsanwalts auf die Vergütung für seine Vollstreckertätigkeit (§ 2221) fällt nicht unter die „Gebühren und Auslagen" des § 196 Nr. 15 und verjährt nicht in 2, sondern nach § 195 in 30 Jahren (OLG. Düsseldorf, 7. ZS. Zwischenurteil v. 23. Januar 1918; JW. S. 741).

Das OLG. prüft diesen Punkt nicht ausreichend. Es spricht im Tatbestand davon, daß Joseph als Knecht und Wagnergehilfe, Magda als Haushälterin im Haus und Betrieb des Beklagten tätig gewesen sei, und scheint davon auszugehen, daß beide im landwirtschaftlichen Betrieb die Stellung von Dienstboten, im Gewerbebetrieb die Stellung von Gehilfen einnahmen. Daneben ist aber in den Gründen von einem „Zusammenleben und gemeinsamen Wirtschaften" der Geschwister, sowie davon die Rede, daß Magda „zur Entnahme von Geldern aus der Ladenkasse für persönliche Bedürfnisse berechtigt gewesen sei". Weiter war in der Klage, deren gesamtes tatsächliches Vorbringen der selbständigen Würdigung des Gerichts unterstand (RG. 86 S. 379), geltend gemacht, daß der Beklagte Zahlung aus dem „gemeinschaftlich Ersparten" versprochen habe, und daß er in den letzten Jahren vor seiner Verheiratung nicht mehr nennenswert auf dem Anwesen gearbeitet hat, so daß dessen Bewirtschaftung, einschließlich der Wagnerei und Krämerei, zeitweilig, und zwar jahrelang, ganz in den Händen der Kläger gelegen sein wird. Dazu kommt, daß nach der Feststellung des LG. zwischen den Parteien außer der Naturalverpflegung und dem Taschengeld auch noch der übliche Barlohn als Vergütung für die Dienstleistungen der Kläger stillschweigend vereinbart war. Dennoch hat nach dem übereinstimmenden Parteivorbringen eine Lohnzahlung, wie sie bei gewöhnlichen Dienst- und Arbeitsverhältnissen die Regel bildet, innerhalb des ganzen vieljährigen Zeitraums niemals stattgefunden. Faßt man alle diese Umstände zusammen, so können berechtigte Zweifel darüber bestehen, ob überhaupt ein Dienst- und Arbeitsverhältnis, wie es die erwähnten Verjährungsvorschriften im Auge haben, hier bestanden hat. War dies aber auch der Fall, so ist doch unter allen Umständen wegen des Beginns der Verjährung noch besonders zu prüfen, wann die Ansprüche der Kläger entstanden sind.

Auch bei solchen Dienst- und Arbeitsverhältnissen, für die das Gesetz eine kurze Verjährungsfrist vorsieht, ist keineswegs selbstverständlich, daß die Forderung sofort nach der Leistung der einzelnen Dienste oder nach Ablauf der üblichen Leistungsziele entsteht; es ist vielmehr im einzelnen Fall zu untersuchen, ob nicht die Dienste nach der Natur des Vertragsverhältnisses oder nach der Absicht der Parteien für eine gewisse längere Zeit zusammenhängend als Ganzes zu leisten waren, der Art, daß die Entlohnung einheitlich erst nach Ablauf dieser Zeit und nach Abschluß der gesamten Tätigkeit geschuldet war. Der Gerichtshof hat für Fälle der vorliegenden Art — und zwar gerade auch für das bayer. Landrecht — daran festgehalten, daß die Verjährung des Anspruchs auf Vergütung für länger dauernde Dienstleistungen ohne bestimmte Zahlungsziele nicht vor dem Ablauf der ganzen Zeit beginnt, für die die Vergütung zu gewähren ist. . . . Gleiche Erwägungen wie für die Verjährungszeit vor 1900 gelten im wesentlichen nach den jetzt maßgebenden §§ 611, 614 BGB., wonach die Vergütung nach der Leistung der versprochenen Dienste, und, sofern sie nach Zeitabschnitten bemessen ist, nach dem Ablauf der einzelnen Zeitabschnitte zu entrichten ist. Das „Versprechen“ der Dienste kann sich besonders von Anfang an oder infolge nachträglicher Vereinbarung dem Maße nach auf eine gewisse Zeit erstrecken, derart, daß die Verpflichtung des Versprechenden erst mit dem Ablauf dieser Zeit erfüllt wird und sein Anspruch auf Vergütung erst dann entsteht.

Von der neuerlichen Sachprüfung hängt zunächst die Entscheidung über den Beginn der Verjährung, sodann gegebenenfalls die weitere Entscheidung darüber ab, ob durch Anerkennung oder Stundung die Verjährung unterbrochen oder gehemmt worden ist. Dabei wird es für die Frage der Stundung, falls die ausdrückliche oder stillschweigende Parteivereinbarung nicht auf eine einmalige Gesamtvergütung, sondern auf Entlohnung in kürzeren Einzelfristen gegangen sein sollte, wesentlich darauf ankommen, ob der Beklagte bei den verschiedenen Auseinandersetzungen stets — und zwar alljährlich oder doch jeweils vor Ablauf von 2 Jahren — die Forderungen der Kläger anerkannte und erklärte, sie würden ihre Vergütung erhalten, wenn er heirate oder wenn das Anwesen verkauft würde. Haben sie sich bei dieser Erklärung jeweils beruhigt, so wird hierin unbedenklich ein Stundungsübereinkommen gefunden werden können, wodurch die Verjährung der einzelnen Lohnrückstände bis zu dem Zeitpunkt der Verheiratung gehemmt wurde (§§ 202, 205 BGB.). Kn.

---

5. Recht der Schuldverhältnisse.

a) Befugnis des § 244² im Falle des Verzugs.

OLG. Hamburg, 6. ZS. Urteil v. 8. Juni 1918.

Es kann auf sich beruhen, ob als „Zeit der Zahlung“ im Sinne des § 244² an sich die Zeit des Eintritts der Fälligkeit und nicht allgemein die Zeit der tatsächlichen Zahlung, mag sie bei oder nach Eintritt der Fälligkeit erfolgen, zu gelten hat. Jedenfalls hat dem LG. die Beklagte, weil sie bei Fälligkeit in Verzug geraten ist, nicht mehr das Recht, zu dem bei Eintritt der Fälligkeit geltenden Kurse die Umrechnung vorzunehmen, sondern muß die Zeit der tatsächlichen Zahlung zugrunde legen. Allerdings bleibt die eigentliche, auf schwedische Kronen lautende Schuld der Beklagten, abgesehen vielleicht von Zinsen, auch nach dem Eintritt des Verzugs dem Namen nach dieselbe. Aber die Kronen waren seitdem im Verhältnis zur deutschen Währung viel wertvoller geworden; wollte Beklagte nicht in Kronen zahlen, sondern die ihr nach § 244² stehende alternative Befugnis ausüben, so mußte sie die inzwischen erfolgte Wertsteigerung ihres eigentlichen Schuldgegenstandes auf sich nehmen, da sie den Kläger wirtschaftlich in diejenige Lage versetzen mußte, in der er bei rechtzeitiger Zahlung gewesen wäre. Wäre rechtzeitig bezahlt, so hätte sich der Kläger mit einer geringeren Summe deutschen Geldes die Kronen anschaffen können; später mußte er erheblich mehr dafür geben. M. M.

b) **Schadensersatz wegen Nichterfüllung:** *α)* **eines die Höchstpreise überschreitenden Kaufvertrags.**

OLG. Königsberg, 1. ZS. Urteil v. 7. Mai 1918.

Der Kläger kaufte 1916 100 Rollen Käse, die er an das Proviantamt weiter liefern wollte, zum Preise von 130 Mark den Zentner, während der Höchstpreis im Großhandel nur 110 Mark betrug. Der Beklagte hat nach Lieferung von 40 Rollen die Weiterlieferung eingestellt und die ihm gesetzte Nachfrist verstreichen lassen. An sich könnte daher der Kläger wegen Nichterfüllung Schadensersatz beanspruchen, wenn ihm ein Schaden entstanden ist; dies ist aber nicht der Fall. Er hat in seinen Angaben geschwankt. Zuerst hat er angegeben, er habe den Käse selbst gekauft; dann aber wäre ihm gar kein Schaden entstanden. Er selbst war an den Höchstpreis gebunden, durfte also genau nur so viel nehmen, als er dem Beklagten bezahlen durfte, sein Verdienst war also gleich Null. Späterhin hat er behauptet, er selbst sei gar nicht Käufer gewesen, sondern habe nur als Vermittler gegen Provision für das Proviantamt eingekauft. In diesem Falle wäre nur das Proviantamt zur Geltendmachung der Ansprüche aus dem Kaufvertrage legitimiert und der Kläger könnte seine Ansprüche auf Provision gegen das Proviantamt geltend machen. Jetzt wiederum macht er geltend, er habe im eigenen Namen eingekauft, er habe dazu den Auftrag vom Amt erhalten und dieses habe ihm eine Provision von je 10 Mark zugesagt. Wenn man aber auch tatsächlich unterstellt, daß er im eignen Namen abgeschlossen und das Provisionsversprechen erhalten habe, so wäre dies doch nur die äußere Form, unter der die Höchstpreisüberschreitung verdeckt bleiben sollte. Denn ob ein Käufer dem Verkäufer einen Mehrbetrag als Kaufpreis zusagt, oder ob er ihm neben dem Kaufpreis eine „Abstandsprovision" zusichert, oder ohne einen Mehrbetrag in Form einer Provision verspricht, macht keinen Unterschied. Überall ist erkennbar, daß der Verkäufer mehr erhalten soll als der Höchstpreis beträgt und er also zu beanspruchen hat. Das zeigt sich vornehmlich hier, wo der Kläger selbst in der Klage erwähnt, er habe vom Proviantamt 140 Mark vergütet erhalten, ohne dabei zwischen Kaufpreis, Abstands- oder sonstiger Provision zu unterscheiden. Stellt sich aber die versprochene Provision nur als eine Form der Höchstpreisüberschreitung dar, so war dies Versprechen gesetzwidrig. Der Kläger hatte keinen Anspruch darauf und er kann nicht einen solchen gesetzwidrigen Gewinn zur Grundlage einer Schadensberechnung machen. Th.

β) **eines Sukzessivlieferungsvertrags, wenn die Ware nicht zum Weiterverkauf bestimmt war.**

OLG. Cöln, 1. ZS. Urteil v. 20. Februar 1918.

Der Kläger hatte als Käufer des bis Ende 1914 sukzessive auf Abruf zu liefernden Kühlöls der Beklagten, die am 30. September jede weitere Erfüllung verweigerte, am 1. Oktober eine Nachfrist zur Lieferung des am 29. September abgerufenen Teilquantums bis zum 10. Oktober gesetzt, widrigenfalls sie die Annahme der ganzen noch rückständigen Leistung ablehnen und sich auf Kosten der Beklagten eindecken werde. Auf ihre Erwiderung, daß sie gleiches Öl, wie das vereinbarte, nicht liefern könne, sich aber bemühen werde, Ersatz zu schaffen, deckte sich der Kläger am 2. Oktober mit einem Faß ein und fragte am 13. November an, ob Beklagte jetzt 2 Faß liefern könne. Beklagte bot ein angeblich gleich gutes Öl zu einem den Vertragspreis um 26 Mark übersteigenden Satz an, der Kläger lehnte dies unter der Aufforderung, 2 Faß nach Vertrag zu liefern, da er sich sonst bis zur Erledigung des Abschlusses eindecken werde, ab und nahm nach und nach Deckungskäufe vor. Seiner Schadensberechnung legte er die jeweiligen Preise dieser Käufe zugrunde. Mit Recht hat das LG. als maßgebenden Zeitpunkt den 20. November angenommen. Allerdings ist nach § 249 bei Sukzessivlieferungsverträgen im allgemeinen der Käufer nicht verpflichtet, sich für die ganze vom Verkäufer nicht gelieferte Restmenge auf einmal einzudecken, vielmehr darf er die späteren jeweiligen Markt(Verkaufs)preise der Schadensberechnung zugrunde legen. Indes das trifft in dieser Allgemeinheit jedenfalls nur dann zu, wenn es sich um Ware handelt, die der Käufer zum Weiterverkauf angeschafft hat. Denn nur in diesem Fall ist in Anwendung des § 249 als der gewöhnliche Lauf der Dinge, wie er sich aus der Erfüllung des Vertrags ergeben hätte, ein sukzessiver Weiterverkauf der Ware anzunehmen, sodaß dann in der Tat der Schaden für den Käufer in dem Unterschiede zwischen den verschiedenen jeweiligen Weiterverkaufspreisen und dem Vertragspreise besteht. Allein hier hatte der Kläger das Öl zum Verbrauch im eigenen Betriebe, nämlich zum Schmieren seiner Maschinen, gekauft. In solchem Falle kann, vorausgesetzt, daß wie hier die Ware auf dem Markte noch zu haben ist, der Schaden nur auf der Grundlage eines Deckungskaufs bemessen werden, und es kann der Verkäufer nur gehalten sein, den auf diese Weise sich ergebenden Schaden zu ersetzen, wobei allerdings Pflicht des säumigen Verkäufers ist, seinem Käufer nötigenfalls mit dem Nachweise eines geeigneten Deckungskaufs zur Hand zu gehen. Nach dem Gutachten war es dem Kläger sehr leicht möglich, sich im ganzen auf einmal einzudecken, da gleichwertige Ware genügend auf dem Markte war. Dazu war er nach § 254² um so mehr verpflichtet, als er sich sagen mußte, daß das Steigen der Ölpreise jedenfalls für das laufende Jahr anhalten werde.

Als Zeitpunkt dieses Deckungskaufs kann aber nicht, wie Beklagte es will, der Ablauf der am 1. Oktober gesetzten Nachfrist in Frage kommen. Denn sie hatte am 9. Oktober in Aussicht gestellt, sich selbst nach Ersatzware umsehen zu wollen, und auf die Anfrage vom 13. November auch Ersatzware angeboten, allerdings zu einem höheren, als dem Vertragspreise, weshalb der Kläger mit Recht dieses Angebot abgelehnt hat. Erst damit war aber die endgültige Erfüllungsweigerung der Beklagten derart festgelegt, daß nunmehr der Kläger zum Deckungskauf für den ganzen Rest verpflichtet wurde. Mg.

γ) **Vertraglicher Ausschluß. Fob=Verkauf.**

OLG. Hamburg, 6. ZS. Urteil v. 28. September 1918.

Nach der Schlußnote ist die beklagte Verkäuferin von der Ersatz- oder Nachlieferungspflicht frei, falls die Ware aus irgendeinem unvorhergesehenen Umstande nicht geliefert werden kann. Diese Unmöglichkeit ist hier als bewiesen zu erachten. Nun versucht der Kläger auf Grund der schuldhaft wahrheitswidrigen Mitteilung von der tatsächlich in Christiania erfolgten Abladung der Ware die Beklagte haftbar zu machen. Allein der Zeuge hat nur in unbestimmter und für die Beklagte unverbindlicher Form dem Kläger über die angebliche Verladung diejenigen telegraphischen Mitteilungen weitergegeben, die er von dem norwegischen Verkäufer empfangen hatte. Überdies bietet in jetziger Kriegszeit selbst die Tatsache einer erfolgten Abladung in einem neutralen Hafen durchaus keine sichere Gewähr für ungehinderte und sichere Ankunft der Ware in Deutschland. Die verschiedenartigsten auf See- und Kriegsgefahr beruhenden Hinderungsgründe können jede Verschiffung in mannigfacher Beziehung gefährden. Der Kläger hat daher allein die Gefahr zu tragen, wenn er auf die unbestimmten Mitteilungen des Zeugen hin die Ware fest weiter verkaufte.

Unrichtig ist weiter die Ansicht des Klägers, daß die Beklagte ihm die Dokumente über die Ware, soweit diese mit dem von den Engländern gekaperten Dampfer verladen gewesen sei, deshalb auszuliefern hatte, weil „fob Christiania" verkauft worden. Diese Bestimmung besagt jedoch nichts weiter, als daß die Beklagte die Kosten bis an Bord des Dampfers in Christiania zu tragen hatte, während die von diesem Zeitpunkt ab entstehenden Kosten dem Kläger als Käufer zur Last fielen. Eine Veränderung des Erfüllungsortes gegenüber dem gesetzlichen oder vereinbarten Erfüllungsort enthält die Bestimmung nicht. Beklagte hatte also an dem Sitze ihrer Handelsniederlassung zu erfüllen. Sie brauchte dem Kläger also die Dokumente erst bei Ankunft der Ware in Hamburg zur Verfügung zu stellen, da sie die Gefahr des Transportes trug. Sie hat daher mit Recht die von ihr gedeckte Versicherung auf den in Christiania verladenen Teil für sich beansprucht und die Versicherungssumme erboten. M. M.

δ) **Abstrakte und konkrete Schadensberechnung. Farbbänder keine Gegenstände des täglichen Verkehrs.**

OLG. Hamburg, 3. ZS. Urteil v. 14. März 1918.

Dem LG. war darin beizutreten, daß der Kläger seiner Schadensberechnung Großhandelspreise zugrunde legen muß. Denn soweit er sich auf die höheren Preise des Kleinhandels beruft, macht er konkreten Schaden geltend, wozu er an sich berechtigt wäre. Dann bedurfte es aber des Nachweises, daß er gerade hinsichtlich dieser hier gekauften Ware einen Gewinn gemacht hätte, der ihm durch das Verhalten der Beklagten entgangen sei Das Verfahren des Klägers läuft darauf hinaus, daß er auf dem Umwege über die konkrete Schadensberechnung doch wieder den Schaden abstrakt abgemessen haben will. Das ist nicht angängig. Berechnet er seinen Schaden abstrakt, so muß er sich gefallen lassen, daß die Marktpreise, also die Preise des Großhandels, eingesetzt werden. Damit erledigte sich der Einwand, der Kläger habe sich anderweitig billiger eindecken können und diese Möglichkeit nach § 254 gebrauchen müssen.

Die Beklagte hat sich noch auf die Bek. gegen übermäßige Preissteigerung vom 23. Juli 1915/23. März 1916 berufen. Allein es fehlt an der Voraussetzung, daß es sich um „Gegenstände des täglichen Bedarfs" handeln muß. Farbbänder gehören weder zu den Waren, die das Gesetz in erster Linie als Gegenstände des täglichen Bedarfs nennt (wie Nahrungs- und Futtermittel, Heiz- und Leuchtstoffe), noch stehen sie diesen Gegenständen in bezug auf die Notwendigkeit und die häufige Wiederkehr des Bedürfnisses gleich. Schreibmaschinen als Ganzes können schon deswegen nicht unter die Gegenstände des täglichen Bedarfes gerechnet werden, weil sie durch den bestimmungsmäßigen Gebrauch erst in langer Zeit abgenutzt werden, ihre Neuanschaffung also nur selten nötig wird, und dann binnen langer Frist besorgt werden kann. Es fehlt also bei ihnen an dem Erfordernis der Täglichkeit des Bedürfnisses. Dies liegt allerdings bei den Farbbändern etwas ungünstiger, aber auch sie werden durch den bestimmungsmäßigen Gebrauch nicht verzehrt, sondern nur abgenutzt, wenn auch weit rascher als die Maschinen. Auch sie müssen also nicht wie die im Gesetze hervorgehobenen Waren von Tag zu Tag angeschafft werden. Zweitens ist aber die Schreibmaschine zwar ein für größere Geschäftsbetriebe wichtiges, aber kein unentbehrliches Werkzeug. Ihr Versagen kann zwar für manche Geschäfte sehr unbequem werden, verursacht jedoch keinen Notstand, am wenigsten einen solchen für weitere Kreise der Bevölkerung. Die VO. hat aber, wie ihr Inhalt und auch ihre Begründung deutlich zeigen, den Zweck, dem entgegenzutreten, daß durch Preistreiberei die Anschaffung der Notwendigkeiten des täglichen Lebens erschwert werde. Dieser wirtschaftliche Zweck ist (vgl. RG. 58 S. 251) bei dem Verständnis und der Anwendung der Kriegsverordnungen vor allem zu berücksichtigen. M. M.

c) **Wahlschuld oder Abfindungsbefugnis.**

OLG. Hamburg, 3. ZS. Urteil v. 23. April 1918.

Es fragt sich, ob die Klausel: „Lieferung April/Mai 1915, Verschiffung von Japan, monatlich gleiche Raten oder entsprechende Lieferung ab Lager Hamburg" eine Wahlschuld des Verkäufers begründet oder ihm nur eine Abfindungsbefugnis gewährt. Das LG. Hamburg (H V 545/14) hat allerdings unter Billigung des RG. ausgesprochen, daß auch gerade die Verkäufer in der Klausel „oder entsprechende Lieferung ab Lager Hamburg" eine Begünstigung der Käufer insofern erblicken, als diese zum mindesten auf eine Platzlieferung rechnen dürfen, und daß demnach eine wirkliche Wahlschuld begründet sei. Der Senat ist dagegen der Meinung, daß mit der Klausel lediglich eine Abfindungsbefugnis dem Verkäufer eingeräumt worden ist, die darin besteht, daß er die nur auf eine von vornherein bestimmte Leistung gerichtete Schuld (von Japan April/Mai 1915 abgeladene Ware) durch eine andere, also eine nicht geschuldete Leistung (Platzware gleicher Beschaffenheit) tilgen darf. Der Wortlaut der Klausel ist für keine der beiden Auffassungen zu verwerten. Aber gerade die vom Sachverständigen bekundete Entstehungsgeschichte spricht zwingend für die hier vertretene Meinung. Die Klausel ist danach zuerst auf Veranlassung eines aus Japan importierenden Verkäufers aufgenommen worden, um diesem eine größere Bewegungsfreiheit bei der Abwicklung des Geschäfts einzuräumen. Sie sollte sonach die Rechtslage für den Käufer in keiner Weise verbessern. Denkbar wäre gewesen, daß sich in der Folge eine Handelssitte dahin entwickelt hätte, daß unter Umständen auch der Käufer sich auf die Klausel berufen könnte. Diese Frage hat aber der Sachverständige verneint. Er sagt ausdrücklich, daß nach seiner Erfahrung eine feste und allgemeine Verkehrsanschauung in dieser Frage nicht bestehe. Infolgedessen hält er den Verkäufer nur „in fairness", also nicht rechtlich verpflichtet, Platzware zu liefern, wenn Abladungen aus Japan unmöglich sind. Die Lieferung einer im April/Mai 1915 von Japan verschifften Ware ist aber unmöglich. Nach bekanntem Handelsbrauch gilt bei Verkäufen auf Abladung von überseeischen Plätzen die Abrede der Zeit der Verschiffung als so wesentlich, daß eine außerhalb dieser Zeit abgeladene Ware nicht zur Erfüllung des Vertrags dienen kann. Die Beklagte ist sonach von der Verpflichtung zur Leistung frei geworden. M. M.

d) **Voraussetzungen des Zurückbehaltungsrechts.**[1]

Kammergericht, 7. ZS. Urteil v. 25. September 1917.

Die Parteien haben 1914 einen Vergleich geschlossen, wonach der Beklagte anerkannte, ein Darlehn von 35000 Mark zu schulden, und versprach, es mit $4^{1}/_{2}$ % zu verzinsen. Der Kläger fordert die Zinsen für 2 Jahre. Nach demselben Vergleich hat der Beklagte dem Kläger drei Filmbilder zur Umarbeitung übergeben, sie aber nicht zurückerhalten. Er macht deshalb gegenüber der Zinsforderung ein Zurückbehaltungsrecht geltend. Sein Anspruch auf Herausgabe der Filmbilder ist allerdings aus demselben rechtlichen Verhältnis wie der Klaganspruch entsprungen. Denn beide Ansprüche haben ihre gemeinschaftliche Wurzel in dem wechselseitigen Geschäftsverkehr der Parteien, der die Herstellung von Lichtbildaufnahmen und ihre Vervielfältigung zum Gegenstand hatte. Der Vergleich bildet einen Abschluß des Geschäftsverkehrs und eine Zusammenfassung der einzelnen Forderungen des Klägers an den Beklagten. Hiernach stehen beide Ansprüche in einem innerlich zusammenhängenden, einheitlichen Verhältnis. Allein ihr natürlicher, wirtschaft-

[1] Fordert der Kläger Rückzahlung des Kaufpreises für den zurückgegebenen Kraftwagen sowie Rückgabe von Gegenständen, die er als von ihm selbst erworbenes Zubehör des Wagens mit diesem übergeben hat, so kann die Beklagte wegen Schadensansprüche, die sie aus Vorgängen während der Besitzzeit des Klägers ableitet, ein Rückbehaltungsrecht ausüben; denn beide Ansprüche entspringen aus dem Kauf und dessen Rückgängigmachung sowie aus der damit verbundenen Ausgleichungspflicht (OLG. Augsburg, 1. ZS. Urteil v. 3. Juli 1918). P. n.

licher Zusammenhang muß derartig sein, daß ihre gleichzeitige Erledigung nach Treu und Glauben angemessen ist. Ein Verstoß gegen Treu und Glauben liegt vor, wenn die Geltendmachung des Zurückbehaltungsrechts über seinen Zweck hinausgeht. Dieser ist nur die Sicherung des Gläubigers wegen des Gegenstandes seiner Zurückbehaltung. Daher ist das Recht nicht gegeben, sobald der Beklagte auch ohne dessen Ausübung dem Kläger gegenüber völlig gesichert ist. Das ist hier der Fall. Der Beklagte schuldet dem Kläger 35000 Mark Kapital und hiervon $4^1/_2$ v. H. Zinsen seit dem 1. April 1914. Die Filmbilder haben dagegen einen Wert von nur 24000 Mark. Mithin ist der Beklagte in Höhe des Unterschieds dieser Werte — nur abzüglich der eingeklagten Zinsen — noch gesichert. L. n.

e) **Begrenzung der Ware auf eine bestimmte Art.**

α) OLG. Hamburg, 2. ZS. Urteil v. 11. Mai 1918.

Die Parteien waren allerdings darüber einverstanden, daß der bestellte Montanwachs aus dem Erzeugnisse der Kranzwerke geliefert werde und daß die Beklagte, nicht aber die Werke selbst, dieses von ihr vertriebene Wachs unter der Bezeichnung Usa-Wachs zu handeln pflegte. Indessen genügt auch dies nicht dafür, den Abschluß eines Kaufs anzunehmen, durch den nach dem Parteiwillen der Kaufgegenstand auf die von den Kranzwerken hergestellte Gattung beschränkt bleiben sollte. Um die Lieferpflicht in dieser Weise auf eine bestimmte Ware zu begrenzen, bedarf es vielmehr einer deutlichen Willenserklärung der Parteien, daß man nicht eine bestimmte Beschaffenheit einer Gattungssache, wie es das Montanwachs zweifellos ist, handeln wolle, sondern daß nur das Erzeugnis einer ganz bestimmten Herstellungsstätte Gegenstand des Vertrags sein solle. Die bloße Kenntnis des Käufers, daß der Verkäufer aus einem bestimmten Werke liefern wolle und vorher auch geliefert habe, kann zur Annahme eines solchen besonderen Parteiwillens nicht führen; vgl. auch HansGZ. 1906 Nr. 66 „Kornzucker Erstprodukt „Culmsee"; 1911 Nr. 25, 113: „Rohholzgeist Abladung der Cooks Falls"; 1912 Nr. 26: „Verkaufsgegenstand die Fabrikate der Zuckerfabrik" und „Raffinerie Mucrena". Vielmehr verbleibt es bei der in § 279 für Gattungskäufe aufgestellten Regel. Die Beklagte hat aber nicht behauptet, daß die Leistung aus der Gattung unmöglich gewesen sei. M. M.

β) OLG. München, 1. ZS. Urteil v. 25. Januar 1918.

Der Kläger in Hamburg, der von der hiesigen Beklagten in 5 Abschlüssen Malzkeime gekauft hatte, fordert, weil nur die beiden letzten Schlüsse erfüllt wurden, Schadensersatz. Der Anspruch ist begründet.

1. Die Beklagte war, da gleichartige Leistungen in Frage stehen, gemäß § 366[1] berechtigt zu bestimmen, welche ihrer Lieferungsverbindlichkeiten durch ihre teilweise Erfüllung getilgt werden sollte. Sie war also befugt, die zwischen dem 10. und 20. Februar 1915 erfolgten Lieferungen als Erfüllung der beiden letzten Abschlüsse zu bezeichnen, auch kann ihr aus dem Umstand, daß diese Abschlüsse zu höheren Preisen als den früheren erfolgt waren, kein

Vorwurf gemacht werden, da diese Abschlüsse binnen 2 Wochen zu erfüllen waren, während für die Erfüllung der 3 früheren Abschlüsse noch eine längere Frist blieb; ebensowenig kann aus der Erfüllung der beiden letzten Abschlüsse gefolgert werden, daß der Beklagten auch die vollständige Erfüllung der früheren Abschlüsse möglich gewesen wäre.

2. Zwar handelt es sich hier nicht um einen Spezieskauf, aber um den Kauf einer der Gattung nach beschränkten Sache (vgl. JW. 1914 S. 464); nach §§ 157, 242 ist, obwohl dies nicht ausdrücklich bestimmt worden ist, als vereinbart anzusehen, daß die Beklagte nicht Malzkeime überhaupt, sondern Malzkeime aus ihrem regelmäßigen Bezugsgebiet, also solche von süddeutschen (in erster Linie Münchener) Brauereien zu liefern hatte. Das folgt schon aus dem Umstande, daß der Käufer eine norddeutsche, der Verkäufer eine Münchener Firma ist. Dazu kommt, daß bei sämtlichen Abschlüssen als Erfüllungsort für beide Teile München bestimmt war und für das Gewicht das Abgangsgewicht an der dortigen Bahn maßgebend sein sollte. Demnach ist die Beklagte von der Lieferpflicht frei, wenn ihr eine weitere als die von ihre betätigte Lieferung von Malzkeimen aus ihrem regelmäßigen Bezugsgebiet infolge eines nachträglichen, von ihr nicht zu vertretenden Umstandes unmöglich geworden ist. Dies ist aber anzunehmen, da Malzkeime Münchener oder überhaupt süddeutscher Brauereien zur fraglichen Zeit überhaupt nicht am Markte waren (vgl. RG. 88 S. 174 ff.). W.

f) α) **Lieferungsverzug infolge Bahnsperren.**

OLG. Hamburg, 6. ZS. Beschluß v. 6. Juni 1918.

Der Kläger hat auf Lieferung bestellter Möbel geklagt. Zweifellos waren unter „Lieferung" alle diejenigen Handlungen zu verstehen, die der Beklagte zur Erfüllung seiner Verpflichtung vorzunehmen hatte, also nicht bloß die Anfertigung, sondern auch die ihm gewohnheitsrechtlich obliegende Versendung der Möbel nach dem Wohnorte des Käufers. Seine Verpflichtungen einschließlich der Verpackung hat der Beklagte im Oktober 1917 erfüllt. Die Versendung war ihm aber nach seiner Behauptung damals unmöglich, weil eine Bahnsperre für derartige Güter bestand. Erst im März 1918 hat der Kläger bei der Bahn eine ausnahmsweise Zulassung der Beförderung durchgesetzt, worauf der Beklagte die Versendung auch vorgenommen hat, der Klaganspruch sich also erledigte. Das zeigt, daß die Bahnsperre keine zwingende Unmöglichkeit für die Versendung bedeutete, das Hindernis vielmehr durch geeignete Schritte zu beheben war. Eben deswegen kann sich Beklagter nicht darauf berufen. Allerdings verpflichtet die Übersendungspflicht des Verkäufers ihn nur zu Maßnahmen, wie sie eine Übersendung gewöhnlich erfordert. Allein hier war der Beklagte schon längst im Verzug. Es mögen zwar auch schon früher zeitweilig Bahnsperren bestanden haben; die Sperre aber, die den Beklagten im Oktober hinderte, war erst Anfang Oktober verhängt und bis dahin hatte er trotz mehrfacher Mahnungen die Möbel nicht einmal fertiggestellt. Nach dem Eintritte seines Verzugs war es aber seine Sache, die neu eintretenden Hinderungen zu beseitigen. Das ergibt sich aus den Grundsätzen der §§ 286, 277². Es ist auch nicht richtig, daß ihm die Erwirkung der ausnahmsweisen Zulassung der Beförderung nicht möglich gewesen sei. Er hatte sich dem Kläger zur Ergreifung der nötigen Maßnahmen zu erbieten und um Mitteilung der die ausnahmsweise Zulassung der Beförderung rechtfertigenden Gründe und Glaubhaftmachungen zu ersuchen. Weshalb dann ihm nicht derselbe Erfolg hätte erreichbar sein sollen, wie dem Kläger, ist nicht zu erkennen. Anstatt dessen hat er das mit Belegen versehene dahingehende Verlangen des Klägers abgelehnt. ... Der Vermerk auf der dem Kläger bei der Bestellung behändigten Kommissionskopie „beiderseitiger Erfüllungsort Bremen" hat nicht den Sinn, daß er den Verkäufer von der Übersendungspflicht befreit; er bezieht sich vielmehr im wesentlichen nur auf die Hauptverpflichtung des Käufers, also die Zahlungspflicht. Demgemäß hat Beklagter bei den vorangegangen Lieferungen auf dieselbe Bestellung stets anstandslos die Versendung besorgt. M. M.

β) **Beseitigung der Verzugsfolgen nach V. v. 8. Juni 1916.**

OLG. München, 1. ZS. Urteil v. 23. Oktober 1918.

Die V. vom 8. Juni 1916 hat in der VerzugsfolgenV. das Wort „besondere" gestrichen und dadurch ausgedrückt, was früher schon RG. 91 S. 17 angenommen hatte, daß auch die allgemeinen Verzugsfolgen durch Richterspruch beseitigt werden können. Unter diese Verzugsfolgen gehören in erster Linie die Verzugszinsen, auch soweit sie durch Vertrag in einer vom Gesetz abweichenden Höhe festgelegt sind. Daß auch in der Fassung der V. vom 8. Juni 1916 unter den Beispielen diese Zinsen nicht aufgeführt sind, ändert hieran nichts, obwohl diese nachträgliche Aufführung sachgemäß gewesen wäre. Die Beseitigung der Verzugsfolgen setzt auch nicht etwa Kriegsteilnehmerschaft des Schuldners voraus; aber selbstverständlich wird einem Kriegsteilnehmer deren Wohltat in erster Reihe zugewendet. Zweifelhaft erscheint lediglich die Anwendbarkeit der VO. auf den ersten Rechnungsposten, der bereits am 27. Juli 1914 verfallen ist; denn die Rechtsfolge der Verzinsungspflicht war insoweit bereits vor 31. Juli 1914 eingetreten. Der Senat hat aber die Auslegung für möglich und billig erachtet, daß die Verzugszinsen, weil fortdauernd neuentstehend, wenigstens hinsichtlich der Zeit seit 31. Juli 1914 unter die VO. gebracht werden können, so daß die Streichung der Verzugszinsen nur für die 5 Tage vom 27.—31. Juli 1914 abzulehnen war. Da der Beklagte selbst den Tag der Klagezustellung als Endtermin der Zinslosigkeit gewählt hat, erübrigt sich eine Erörterung über den Endpunkt der Verzugszinsenbeseitigung kraft Urteils. W.

g) **Nichtigkeit eines Lizenzvertrags nach § 306.**

OLG. München, 2. ZS. Urteil v. 16. März 1918.

Wortlaut und Inhalt des maßgebenden Vertrags vom 15. August 1915 ist dahin aufzufassen, daß der Kläger um 3000 Mark für Ober- und Mittelfranken das alleinige und ausschließliche Recht erhalten sollte, das vom chemischen Laboratorium X. erstellte Joghurtbutterprodukt (D.R.P. und Markenschutz) und Joghurtmilch zu fabrizieren und zu verkaufen. Dieser Vertrag ist, da es sich um die Ausnutzung eines den Beklagten zustehenden Patentverfahrens handelt, als ein Lizenzvertrag aufzufassen. Die Grundsätze über Kauf können auf ihn nicht angewendet werden, weil nicht eine ausschließliche Lizenz übertragen ist (vgl. RG. 57 S. 38; JW. 1907 S. 136), die Übertragung vielmehr nur örtlich und zeitlich beschränkt ist. Es liegt ein gewöhnlicher Lizenzvertrag vor, der rechtlich an sich als Vertrag eigener Art aufzufassen ist und am meisten dem Pachtvertrage ähnelt. Nun ist aber durch die Generalkommando-Verfügung vom 4. August 1915 für Franken der Bezug der zur Joghurtbutterfabrikation notwendigen Milch derart erschwert worden, daß die Verfügung einem mittelbaren Verbote dieser Fabrikation gleichkommt. Die Sachlage zurzeit des Vertragsschlusses — und weiter fortbestehend — war also die, daß dem Kläger unmöglich war, das Patent wirtschaftlich wirklich auszunützen. Anderseits bildete gerade solche Möglichkeit den Gegenstand des abgeschlossenen Vertrags und der von den Beklagten zu gewährenden Leistung. Diese Unmöglichkeit war im Sinne des § 306 eine anfängliche und objektive, durch die Machtfaktoren geschaffen außerhalb des Willensbereichs und der Machtbefugnis der Streitteile. Ob sich der Kläger die Kenntnis von der Unmöglichkeit rechtzeitig hätte verschaffen können oder sollen, ist für die Gültigkeit des Vertrags belanglos, es entscheidet die objektive Sachlage. Daß diese Kenntnis ihm fehlte und daß er nicht etwa von vornherein mit einer Behebung dieser Unmöglichkeit (§ 308) rechnete, ist ohne weiteres anzunehmen. Ob die Beklagten etwa Kenntnis hatten, kann dahingestellt bleiben, da kein Schadensersatz im Sinne des § 307, sondern Rückzahlung des bezahlten Preises gefordert wird. Allerdings ist der Vertrag an sich auf 10 Jahre abgeschlossen. Allein dem Kläger war es jedenfalls hauptsächlich darum zu tun, während des Kriegs die wirtschaftliche Ausnutzungsmöglichkeit zu haben und die Aussichten der Kriegszeit für sich voll auszunützen. An eine Aufhebung der derzeit geschaffenen Unmöglichkeit ist endlich in absehbarer Zeit nicht zu denken, zumal nicht nur in der eigentlichen Kriegszeit, sondern auch in der Übergangszeit und auch noch in der Friedenszeit mit einer Fortdauer oder einer Fortwirkung der Einschränkungen hinsichtlich der Lebensmittel zu rechnen ist. Es ist also auch eine andauernde Unmöglichkeit im Sinne des § 306 anzunehmen. W.

b) **§ 318 im Falle „Breslauer Arbitrage".**

OLG. Hamburg, 6. ZS. Urteil v. 16. Februar 1918.

Wie die amtliche Sammlung der Breslauer Handelsgebräuche ergibt, bedeutet „Breslauer Arbitrage" nach der in Breslau bestehenden Verkehrsauffassung, daß erstens der Käufer bei Mangelhaftigkeit der gelieferten Ware dann kein Recht auf Wandlung, Nachlieferung oder Schadensersatz wegen Nichterfüllung hat, wenn eine dieserhalber von den Parteien zu berufende Arbitragekommission die Ware für noch empfangbar („kontraktlich"), dh. für eine Sache derselben Gattung und zur Verwendung für die Zwecke des Käufers noch verwendbar erklärt, und daß zweitens in dem Falle, daß die Ware für noch empfangbar erklärt wird, der Käufer also nur auf Minderung angewiesen ist, die Kommission in einer die Parteien bindenden Weise den Minderwert feststellt. Selbstverständlich werden aber bei einer solchen Vereinbarung, auch wenn sie auswärts, wie zB. hier zwischen zwei Hamburger Firmen in Hamburg, getroffen wird, die Vertragschließenden ihr diejenige Bedeutung beimessen wollen, die ihr in Breslau beigemessen wird, es müßten denn besondere Umstände etwas anderes ergeben.

Wenn sich also gegenüber der Schadensersatzklage der Beklagte auf „Breslauer Arbitrage" beruft, so handelt es sich um einen Einwand materiellen Rechts des Inhalts, daß die Ware empfangbar gewesen sei, der Kläger sich verpflichtet habe, hierüber das billige Ermessen Dritter, der Schätzungsmänner, entscheiden zu lassen und, solange diese nicht gesprochen hätten, ihren Anspruch wegen Verzichts nicht geltend machen könne. Keineswegs handelt es sich dabei um die Einrede, daß nicht der Richter, sondern die Arbitragekommission den ganzen Rechtsstreit, der sich aus der Mangelhaftigkeit der Ware ergeben habe, zu entscheiden, also darüber zu befinden habe, ob die Klage im Rechte und in den Vereinbarungen der Parteien gegründet und der Beklagte demgemäß zu verurteilen sei oder nicht. Aufgabe der Kommission ist vielmehr lediglich die Begutachtung ganz bestimmter tatsächlicher Fragen, die in den Rechtsstreit hineinspielen und die zu ihrer Beurteilung einer genauen Kenntnis der Ware und der Verkehrsanschauungen bedürfen. Die Folgerungen, die sich aus diesem Gutachten ergeben, zu ziehen, bleibt Sache des Richters. Er hat auch über alle anderen Fragen zu befinden, wie hier besonders die Frage, ob die Mängel rechtzeitig gerügt sind, wie hoch der Schadensersatz — vorausgesetzt, daß er nach dem Befinden der Kommission über die Empfangbarkeit der Ware überhaupt noch verlangt werden kann — zu bemessen ist. Danach hat das LG. mit Recht die Einrede, daß der Rechtsstreit durch ein Schiedsgericht zu entscheiden sei (vgl. § 274 Nr. 3 ZPO.), verworfen. M. M.

i) **Wieviel hat der Käufer von der nur teilweise gelieferten ausländischen Warenmenge dem Abkäufer der Hälfte der Menge zu liefern?**

OLG. Karlsruhe, 1. ZS. Urteil v. 30. Januar 1918.

Die hier wohnende Beklagte, die 200 Zentner französische, über die Schweiz einzuführende Fiber gekauft hatte, bot davon 100 Zentner dem Kläger an, der das Angebot annahm. Auf die 200 Zentner wurden jedoch in vier Teillieferungen nur 116 geliefert, von denen der Kläger die beiden ersten Lieferungen mit je 20 Zentner erhielt. Weitere Fiber konnte die Beklagte infolge eines von der Schweiz erlassenen Ausfuhrverbots nicht erhalten. Der Kläger verlangt Ersatz des durch die Nichtlieferung von 18 Zentnern erwachsenen Schadens, weil ihm die Hälfte der gelieferten 116 Zentner, also 58, zugestanden habe. Allein nach dem zwischen den Parteien abgeschlossenen

Vertrag waren von den 200 Zentnern 100 an den Kläger abzugeben. Daß eine der Parteien die ersten 100 Zentner erhalten solle, war weder ausdrücklich noch stillschweigend vereinbart. Es bestand daher zwischen den Parteien eine Interessengemeinschaft. Der Kläger konnte verlangen, daß die Beklagte die gelieferte Menge nach Treu und Glauben verteile (§§ 157, 242). Hierbei war aber zu berücksichtigen, daß sie die Ware in erster Linie zur Herstellung von Bürsten in ihrem eigenen Fabrikbetriebe gekauft hatte und daß sie nur den für ihren eigenen Bedarf nicht nötigen Teil abgeben wollte. Dies mußte der Kläger, der mit ihr in Geschäftsverbindung stand und ihr vor dem Krieg regelmäßig Rohstoffe für die Bürstenfabrikation geliefert hatte. Bei dieser Sachlage war die Beklagte nicht verpflichtet, von jeder Teillieferung die Hälfte abzugeben, und es war nicht zu beanstanden, daß sie die letzten Lieferungen mit 40 und 16 Zentnern zur Deckung ihres eigenen Bedarfs für sich behielt in der Absicht, dem Kläger aus den nachfolgenden Lieferungen eine entsprechende Menge zukommen zu lassen. Nachdem ihr sodann die Verwirklichung dieser Absicht infolge eines Umstands, den sie nicht zu vertreten hatte, unmöglich geworden war, bestand für sie keine Verpflichtung, die Ungleichheit des Empfangs dadurch zu beseitigen, daß sie die Hälfte ihres Mehrempfangs herausgab. Es kommt deshalb nicht darauf an, ob sie in dem Zeitpunkt, in dem sie erfuhr, daß weitere Lieferungen aus der Schweiz nicht mehr zu erwarten waren, von jenen 76 Zentnern noch 18 besaß. Daß sie etwa schon bei der Verfügung über die letzten Teillieferungen gewußt oder doch für wahrscheinlich gehalten habe, daß ihr infolge Verhinderung der Ausfuhr eine gleichmäßige Befriedigung des Klägers unmöglich sein werde, ist nicht behauptet. Sch.

k) α) **Rücktritt vom Abruf=Lieferungsgeschäft wegen positiver Verletzung eines anderen Vertrags.**

OLG. Hamburg, 6. ZS. Urteil v. 21. Februar 1918.

Wie allgemein anerkannt wird, ist bei Abruf=Lieferungsgeschäften der Vertragstreue zur Lösung des Vertrags befugt, falls der andere sich erheblicher positiver Vertragsverletzung schuldig gemacht hat. Eine solche hat zwar hier der Kläger bei Ausführung des Vertrags selbst nicht begangen. Aber der Sachverhalt verlangt eine entsprechende Anwendung jenes Grundsatzes. Der Kläger hat sich während der Vertragszeit Probesendungen machen lassen, die nicht unmittelbar unter den Vertrag fielen, weil dieser nur ganze, nicht halbe Flaschen vorsah. Anderseits aber handelte es sich um die gleiche Ware und sollten diese halben Flaschen als Proben zur Weiterveräußerung der gemäß dem Hauptvertrag abzunehmenden Ware dienen. Wenn dann der Kläger den Kaufpreis für diese kleinen Mengen schuldig blieb, sich verklagen und pfänden ließ und erst nach einer Ladung zum Offenbarungseide zahlte, so handelte er derart vertragswidrig, daß der Beklagten nicht zugemutet werden konnte, die weit größeren Mengen Weins, die sie nach dem Hauptvertrage zu liefern hatte, abzusenden. Dabei ist es gleichgültig, ob gegen

Auslieferung des Duplikatfrachtbriefs zu zahlen war. Schon die gegebenenfalls nutzlose Versendung der Ware schuf der Beklagten Mühe, Gefahr, Zeit- und Geldverlust. War der Kläger, wie er vorträgt, in guten Vermögensverhältnissen und hat er die Beklagte nur ärgern wollen, so wäre sein Verzug nur noch schärfer zu beurteilen. Denn wer dem nicht säumigen Vertragsteil gegenüber vorsätzlich und ohne Not seine Pflichten verletzt, kann diesem gewiß nicht die Erfüllung zumuten. M. M.

β) **Ansprüche wegen teilweiser Nichterfüllung. Beweislast.**

OLG. Hamburg, 6. ZS. Urteil v. 19. Oktober 1918.

Da die Beklagte von vornherein die Lieferung der ganzen Ware behauptet und sich sogar noch ausdrücklich geweigert hat, die drei Kisten, die fehlen sollten, nachzuliefern, so ist das Verlangen auf Rückzahlung des für die drei Kisten vorausgezahlten Kaufpreises aus dem Gesichtspunkte des teilweisen Rücktritts vom Vertrage nach § 326 begründet. Dann ist aber die Beklagte dafür beweispflichtig, daß die drei Kisten mitgeliefert sind, daß sie also ihre Pflicht zur Lieferung von 126 Kisten erfüllt hat, diese also, da ihr die Versendung von der Station Z. oblag, zur Versendung gekommen sind. Denn die Erfüllung seiner Verpflichtung muß der Verpflichtete auch dann beweisen, wenn der andere Teil Rechte geltend macht, die er aus der Nichterfüllung herleitet. Daran ändert sich auch nichts dadurch, daß der Kläger, als der Bahnwagen mit der Ware hier eintraf, die damals entladenen Kisten als Erfüllung angenommen und behalten hat. Er hat damals sofort festgestellt und unter Bestehen auf seinem Lieferungsrecht gerügt, daß drei Kisten fehlten. Dann ist aber der § 363 nicht anwendbar. Denn der Kläger hat die ihm zugekommene Ware nicht als Erfüllung, sondern nur als Teilerfüllung angenommen. Weil er sofort die teilweise Nichterfüllung rügte, hat er in keiner Weise sich den (für die Beweislastregelung des § 363 maßgeblich gewesenen) äußern Anschein gegeben, daß er die Lieferpflicht des anderen Teils als erfüllt betrachte und weitere Erfüllung nicht verlange. Die Sache würde anders liegen, wenn er das Fehlen der drei Kisten nicht sofort bemerkt oder nicht sofort gerügt hätte; dann hätte er die Ware, die tatsächlich geliefert war, so wie sie ihm hingereicht wurde, nämlich als Erfüllung des Ganzen, hingenommen und wäre er beweispflichtig, wenn er hinterher behauptete, es sei nicht alles geliefert. Es handelt sich auch nicht um einen Vorbehalt von Rechten bei der Hinnahme in dem Sinne, daß man die angebotene Ware sich zwar als Erfüllung des Vertrags gefallen lassen wolle, aber für die mangelhafte oder unvollständige Lieferung besondere Rechte, wie Minderung, Schadensersatz geltend machen werde. Vielmehr hat der Kläger einfach festgestellt, daß ihm zum Teil nicht geliefert sei, was hätte geliefert werden müssen, und damit nicht als Erfüllung angenommen, was keine Erfüllnng war, sondern gerade auf vollständige Erfüllung sofort bestanden. Nach dem Beweisergebnisse hat aber der beladene und dann sofort plombierte Bahnwagen drei Tage auf der Station Z. gestanden, bis er befördert wurde. In dieser Zeit kann bei den schon damals unsicheren Verhältnissen, zumal es sich um Lebensmittel handelt, eine Beraubung mit nachfolgender Erneuerung der Plomben noch in Z. stattgefunden haben. Bis zur Annahme des Frachtbriefs durch die Bahnverwaltung trug aber die Beklagte die Gefahr. Denn diese ging nach § 447 erst mit der Auslieferung der Ware an die Bahn, also mit dem Abschluß des Frachtvertrags über und dieser Abschluß setzte nach § 61 EVO. die Annahme der Ware und des Frachtbriefs voraus.... M. M.

l) **Annahme der Erfüllung nach § 341.**[3]

OLG. Braunschweig, 1. ZS. Urteil v. 28. Dezember 1917.

Der Kläger fordert von der Beklagten Bezahlung ihr gelieferter Maschinenteile (Transformatoren). Beklagte wendet ein, daß der Kläger den Liefertermin (15. Juli 1914) nicht innegehalten und deshalb nach den Lieferungsbedingungen nicht nur den Anspruch auf den Kaufpreis verloren, sondern auch darüber hinaus die widerklagend geforderte Vertragsstrafe verwirkt habe. Das Recht auf diese Strafe habe ihr Vertreter Z. bei Besichtigung der Transformatoren im Werke des Klägers vorbehalten. Der Kläger bestreitet, daß damals eine „Annahme der Erfüllung" erfolgt ist. Diese setzt begrifflich voraus, daß der Schuldner dem Gläubiger eine Leistung der Erfüllung an- oder darbietet (RG. 57 S. 337, 59 S. 378). Bei der Lieferung einer Ware wird danach regelmäßig zu erfordern sein, daß der Verkäufer sie dem Käufer zur Empfangnahme — sei es zur körperlichen Hinwegnahme, sei es zum Versand an ihn — der Hauptsache nach fertig bereitgestellt hat. Hinzukommen muß der erklärte Wille des Käufers, das, was ihm vom Verkäufer als Leistung angeboten ist, als eine der Hauptsache nach vertragsmäßige Erfüllung gelten zu lassen. Angebot und Annahme der Erfüllung können stillschweigend erfolgen. Nach Verkehrssitte und Treu und Glauben sind dabei die Sachlage und die Erklärungen der Beteiligten zu würdigen. Hier hat im November 1914 A. als Angestellter des Klägers dem Z. eine Anzahl mehr oder weniger unfertiger Transformatoren vorgezeigt, von denen noch nicht einmal sicher ist, daß gerade sie viel später in Teillieferungen an die Beklagte versandt wurden. Z. spricht in seinem Schreiben von in Arbeit befindlicher unfertiger Ware, stellt mehrfache Anforderungen hinsichtlich der Art der Fertigstellung und fordert endliche Erledigung des Auftrags. Danach hat es sich — es ist das Auslegungsfrage — nur um eine Besichtigung im Zusammenbau begriffener Transformatoren durch den Besteller gehandelt. Daran ändert nichts der Brief, in welchem die Beklagte um umgehende Nachricht ersucht, wann in den nächsten Tagen die Abnahme sämtlicher fertiggestellter Transformatoren auf dem Werke des Klägers erfolgen könne. Denn dieser Brief ist lange Zeit vor der Besichtigung geschrieben; er beweist nur, daß die Beklagte schon damals auf baldigste Fertigstellung der Ware gedrängt hat und kann gegen sie dahin verwertet werden, daß auch sie die Fertigstellung der Ware als unumgängliche Voraussetzung der Abnahme angesehen hat. Es ist auch nicht erheblich, daß Z. gesagt hat, er wolle die Montagestellen, an die die Transformatoren zu schicken seien, noch angeben, selbst wenn er damit ausgedrückt haben sollte, er verzichte auf die Prüfung der elektrischen Eigenschaften der Transformatoren auf dem Prüffelde, also auf das, was nach der Auslassung des Sachverständigen im Verkehr unter Abnahme eines Transformators verstanden wird. Hiernach ist allerdings als widerlegt anzusehen, daß — sei es auch nur stillschweigend — der Kläger bei der Besichtigung eine Leistung als Erfüllung angeboten, die Beklagte eine solche als Erfüllung angenommen hat. Allein die Beklagte hatte am 12. August 1914 Vertragsstrafe gefordert, und diese Forderung erkennt der Kläger für die Zeit vom 20. Juli 1914 bis zum Beginn der bahnamtlichen Sperre mehrfach vorbehaltlos ausdrücklich an. Für jenen Zeitraum muß er deshalb, da § 341[3] Vereinbarungen über bereits verfallene Strafen nicht entgegensteht (JW. 1910 S. 13), die Strafe zahlen. Es liegt entweder ein selbständig verpflichtendes Anerkenntnis vor, das einer Form nicht bedarf (HGB. § 350). Es ist aber auch möglich, daß ein Angebot des Klägers vorliege, das die Beklagte stillschweigend — unter Vorbehalt ihrer weitergehenden Ansprüche — angenommen hat. Abzulehnen ist die Auffassung, daß es sich um ein von der Beklagten abgelehntes Vergleichsangebot handle. W. n.

m) **Auslegung eines Strafversprechens. Verzicht.**

OLG. Dresden, 3. ZS. Urteil v. 16. Oktober 1918.

Die Beklagte hat 1912 die Anfertigung und den Absatz von 1000 Stück geschützter Spülkästen dem Kläger gegen eine Vergütung von 4000 Mark gestattet und ihn verpflichtet: „ohne besondere Aufforderung alle Vierteljahre innerhalb der ersten acht Tage Aufstellung der im vorhergehenden Quartal in Verkehr gebrachten Spülkästen zu geben“. Dies hat der Kläger niemals getan. Nach § 8 hat „für jede einzelne Zuwiderhandlung die zuwiderhandelnde Partei eine Strafe von 500 Mark zu zahlen und außerdem die Zuwiderhandlung zu unterlassen“. Die Beklagte erachtet deshalb für jedes seit 1912 abgelaufene Vierteljahr die Strafe für verfallen und hat sie an X. abgetreten. Die Klage auf Feststellung, daß der Beklagten kein Anspruch auf Vertragstrafe zugestanden habe, ist begründet.

Das Feststellungsinteresse des Klägers folgt aus § 407[2], wonach der neue Gläubiger mangels Kenntnis des Klägers von der Abtretung das hier ergehende Urteil gegen sich gelten lassen muß. In der Sache fällt die Nichterteilung der Aufstellung als solche unter § 8, sofern die Strafe für „jede einzelne Zuwiderhandlung“ gegen die Bestimmungen des Vertrags unterschiedlos zu zahlen wäre. So weit ist jedoch der Wille der Parteien annehmbar nicht gegangen. Der Zusatz, daß die zuwiderhandelnde Partei außerdem die Zuwiderhandlung zu unterlassen habe, ließe ebenfalls sogar die einschränkende Auslegung zu, daß die bloßen Unterlassungen, wie deren hier eine in Frage steht, überhaupt nicht haben unter Strafe gestellt werden sollen, sondern allein die durch ein besonderes Tun begangenen Verletzungen. Doch ist der Kläger selbst nicht auf diese Auslegung zugekommen. Dagegen muß

(§§ 133, 157) als übereinstimmend gewollt unterstellt werden, daß die Strafe nicht wegen Zuwiderhandlungen gegen Bestimmungen hat verfallen sollen, auf deren Einhaltung die dadurch verletzte Partei materiell kein Gewicht gelegt hat (JW. 1904 S. 139 [4]). Das ergibt sich mittelbar aus der Höhe der für den einzelnen Fall vereinbarten und nicht herabsetzbaren (HGB. § 348) Strafsumme. Als Strafe für Vertragsverletzungen, die das Interesse des verletzten Vertragsteils nicht oder nur in geringfügigem Maße berühren, wäre dieser Betrag so unverhältnismäßig hoch, daß von den Parteien als vernünftigen und redlichen Gewerbetreibenden nicht vorausgesetzt werden kann, sie hätten beiderseits sich ohne Not einer so weitgehenden Bestrafungsgefahr aussetzen wollen. Diese Erwägung trifft nach Lage der Umstände gerade die zugunsten der Beklagten vereinbarte Verpflichtung des Klägers. An der Mitteilung vierteljährlicher Aufstellungen hat Beklagte kein anderes Interesse behauptet, als daß sie den Fortgang des Geschäfts habe prüfen und so erkennen können, wann der Vertrieb der 1000 Spülkästen, wozu er den Kläger ermächtigt hatte, voraussichtlich beendet sein werde und darum anderweite Verhandlungen mit den Interessenten nötig würden... Diesem Interesse, das für die Anfangszeit zudem noch ferner lag, kam aber nur geringe Bedeutung zu, da sich Beklagte über den Stand des Absatzes jederzeit durch besondere Anfrage Auskunft verschaffen konnte. Sie hat denn auch auf die Aufstellungen offenbar keinen Wert gelegt; sonst hätte sie nicht drei Jahre verstreichen lassen, ohne ihr Recht geltend zu machen.

Aus dem dargelegten Verhalten muß aber sogar ein Verzicht der Beklagten auf ihr Auskunftsrecht entnommen werden. In der fortgesetzten Untätigkeit, in welcher der Beklagte verharrte, mußte der Kläger die Erklärung finden, daß Beklagte von der Ausübung der Berechtigung überhaupt absehe und Strafansprüche auf sie nicht gründe. Ein Vertragsrecht dauert der Regel nach nicht unbeschränkt fort; seine Ausübung hat vielmehr meist ihre zeitliche Grenze, die dann überschritten ist, wenn der Schuldner wegen des inzwischen verflossenen Zeitraums von einem redlichen Gläubiger nicht mehr erwarten kann, daß er sich auf das Vertragsrecht beruft, wenn der Schuldner vielmehr davon ausgehen muß, daß der Gläubiger es für erledigt betrachtet (Seuff. 70 Nr. 77, RG. 60 S. 348); durchaus illoyal aber hätte Beklagte gehandelt, wenn sie im Vertrauen auf die Klausel „ohne besondere Aufforderung" wegen der unterbliebenen Auskunfterteilung vorsätzlich nicht vorstellig geworden wäre, um die Strafe allvierteljährlich verfallen zu lassen und dem Kläger dann nach drei Jahren mit einer den Wert der Hauptleistung wesentlich übersteigenden Strafforderung entgegenzutreten. Ein solcher innerer Wille müßte unberücksichtigt bleiben, weil er dem durch das äußere Verhalten erklärten Verzichtswillen widerspräche und, in die Tat umgesetzt, eine arglistige Handlungsweise verkörpert.... —e—

D) **Wandlung oder neuer Abschluß? Kauf „laut Besicht".**

OLG. Hamburg, 3. SZ. Urteil v. 6. Dezember 1917.

Der Kläger hat im ersten Rechtszuge vorgetragen, die Parteien hätten Ende 1915 das einige Wochen vorher abgeschlossene und ausgeführte Geschäft dergestalt gewandelt, daß der Beklagte 3300 Dosen zurückgeben und der Kläger den gezahlten Kaufpreis zurückerstatten sollte. Da die Beklagte trotz Nachfristsetzung die Dosen nicht zurückgegeben hat, fordert der Kläger Schadensersatz. Allein nach § 354 steht dem Verkäufer ein Ersatzanspruch wegen Verzugs des Käufers nicht zu. Wird der Rücktritt unwirksam und tritt der ursprüngliche Vertrag wieder in Kraft, so hat der Verkäufer alles, was er aus dem Vertrage billigerweise beanspruchen kann, nämlich den Kaufpreis. Mehr kann er nicht fordern, denn er steht sich nun so, als wie er sich gestanden hätte, wenn das Geschäft glatt abgewickelt worden wäre.

Jetzt trägt der Kläger vor, daß er nicht gewandelt, sondern einen neuen Vertrag geschlossen, durch den er die Dosen zum früheren Preise von 5 Mark von der Beklagten gekauft habe. Allerdings ist im Geschäftsleben nicht ungewöhnlich, daß der Verkäufer die Ware nachträglich zurückkauft, weil zB. der Verkäufer diese benötigt und der Käufer diese herzugeben bereit ist. Im hohen Grade ungewöhnlich ist aber der Abschluß eines neuen Kaufvertrags dann, wenn in dem zur Entscheidung stehenden Falle der Käufer die Ware als vertragswidrig bemängelt und ihre Annahme als Erfüllung abgelehnt hat. Wenn in solchem Falle die Parteien vereinbaren, daß die Ware wieder in die Hände des Verkäufers kommen soll, wird regelmäßig anzunehmen sein, daß sie den Kauf haben wandeln wollen, besonders wenn wie hier der Verkäufer denselben Preis vergüten soll, der ihm vorher bezahlt worden war. Mag der Kläger auch, wenn es auch unwahrscheinlich ist, den Willen gehabt haben, nicht den alten Kaufvertrag zu wandeln, sondern einen neuen Kaufvertrag zu schließen, er vermag jetzt nicht mehr nachzuweisen, daß sein Wille dem Beklagten gegenüber zum Ausdruck gekommen ist. Er beschränkt sich lediglich darauf, ohne jede nähere tatsächliche Begründung zu behaupten, es sei nicht gewandelt, sondern ein neuer Kaufvertrag zustande gekommen. . . .

Auch die Widerklage auf Preisminderung ist unbegründet. Die Beklagte hat die Dosen Fleisch „laut Besicht" (richtiger „nach Besicht" oder „wie besehen") gekauft. Daß ausdrücklich bei der Abrede diese Worte gefallen sind, ist unerheblich; vielmehr genügt, daß die Parteien als Kaufgegenstand die von der Beklagten besichtigten bombierten Dosen angesehen haben. Das trifft aber hier zu. Beklagte hat die Dosen im Hinblick auf den beabsichtigten käuflichen Erwerb auf dem Lager besichtigt, sich aus der Partie drei Dosen öffnen lassen und darauf den Kauf abgeschlossen. Sie muß daher den Verkauf unter allen Umständen als solchen „laut (nach) Besicht" gelten lassen. Diese Abrede bedeutet aber im Handelsverkehr, daß der Verkäufer von der Haftung für jeden Mangel frei sein soll, der dem Käufer durch eine Untersuchung der Ware erkennbar gewesen ist. Alle Gewährleistungsansprüche der Beklagten sind sonach ausgeschlossen, soweit es sich um offene Mängel handelt. Hinzu kommt, daß hier ausdrücklich „bombierte" Dosen verkauft sind. Damit hat sich der Kläger für alle Mängel vertragsmäßig freigezeichnet. Der Umstand, daß die Dosen bombiert waren, mußte mindestens die Beklagte erkennen lassen, daß der Inhalt der Dosen verdorben und für die menschliche Ernährung ungeeignet sein konnte. Wenn der Kläger dann ausdrücklich nur bombierte Dosen verkaufte, so drückte er damit aus, daß er von jeder Haftung für Mängel befreit sein wollte, die darin erblickt werden konnten, daß der Inhalt der Dosen für die menschliche Ernährung unbrauchbar war. M. M.

o) **Annahme einer Ware durch Weiterveräußerung der ganzen Wagenladungen.**

OLG. Rostock, 1. ZS. Urteil v. 4. Februar 1918.

Es handelt sich um Mängel derjenigen Speisesteckrüben, die in 3 Bahnwagen Anfang 1916 in G. an die Beklagte verladen wurden. Der Verkäufer haftete dafür, daß diese Rüben die zugesicherten Eigenschaften hatten bz. Handelsgut mittlerer Art und Güte waren zu derjenigen Zeit, in der die Gefahr auf den Käufer überging, dh. da „waggonfrei Verladestation" verkauft war, zum Zeitpunkt der Verladung. Die Beklagte hat über die Ware alsbald und zwar in den ganzen Wagenladungen weiterverfügt, indem sie diese weiterverkauft hat, und zwar bevor sie selbst die Wagen geöffnet und die Ware besehen hatte. Hierin liegt eine Annahme im Sinne des § 363 (Staub HGB. § 377[128]). Die Beklagte, die Preisminderung verlangt, hat daher auf alle Fälle zu beweisen, daß die Ware zurzeit des Überganges der Gefahr mangelhaft gewesen ist. Selbstverständlich kann bei derartigen Massenartikeln nicht ausbleiben, daß trotz aller Aufmerksamkeit immerhin einzelne fehlerhafte Stücke mitverladen werden. Einen geringen Prozentsatz solcher mangelhaften Rüben muß sich der Käufer gefallen lassen. Hier hat sich aber die Zahl der bei der Verladung bereits fehlerhaften Rüben völlig innerhalb der zulässigen Grenzen gehalten. Die verladene Ware ist also durchaus Handelsgut mittlerer Art und Güte gewesen und der später erwiesene, dieses Maß etwa übersteigende Umfang der Mängel bei der Empfindlichkeit der Ware während der Beförderung entstanden, mithin auf Gefahren zurückzuführen ist, für die der Verkäufer nicht einzustehen hat. Dr. Br.

p) α) **Einzahlung auf das Konto des Gläubigers (Bankschuldners) ohne dessen Willen. Aufrechnung der Bank.**

OLG. Dresden, 7. ZS. Urteil v. 29. Januar 1918.

Der Kläger hatte 1915, als er durch Vermittlung des A. Waren für 16 000 Mark dem X. verkaufte, kein eigentliches Konto bei der beklagten Bank, sondern stand in ihren Büchern nur als Schuldner, weil S. ihr seine Forderung an den Kläger (67 829 Mark) abgetreten hatte. Hiervon hatte A. keine Kenntnis, als er den X. anwies, den dem Kläger zu zahlenden Kaufpreis auf sein, des A., Konto bei der Beklagten einzuzahlen. Er glaubte, der Kläger habe kein Konto mehr bei der Beklagten. Aus Versehen zahlte nun X. den Kaufpreis bei der Beklagten nicht auf das Konto des A., sondern „für Rechnung" oder „zur Verfügung des Klägers" und setzte auf diese

Weise die Beklagte in die Lage, sich durch Aufrechnung wegen ihrer Ansprüche gegen den Kläger teilweise bezahlt zu machen. Es kann dahingestellt bleiben, ob der Kläger diese dem Auftrag des A. nicht genau entsprechende Einzahlung als Erfüllung des X. gegen sich gelten lassen müßte; denn tatsächlich hat er durch sein weiteres Verhalten erkennen lassen, daß er dies gelten lassen wolle. Das beweist sein an die Beklagte gerichteter Auftrag, die von X. eingezahlten Beträge auf das Postscheckkonto des Klägers zu überweisen und namentlich die gegenwärtige Klage, mit der der Kläger einen Anspruch auf Auszahlung gegen die Beklagte geltend macht, also einen ihm zustehenden Anspruch auf Übermittlung des vom X. gezahlten Betrags zu haben behauptet. —e—

β) **Gleichartigkeit der Forderungen auf Schuldbefreiung und auf Geldzahlung.**

OLG. Hamm, 5. ZS. Urteil v. 13. Juli 1918.

Der Kläger, dem die Beklagte aus einem Unfalle schadensersatzpflichtig war, verlangt ihre Verurteilung dahin, ihn von seiner Schuld gegen den wegen des Unfalls zugezogenen Arzt zu befreien. Die Beklagte rechnet mit einer höheren auf Geldzahlung gehenden Gegenforderung auf. Diese Aufrechnung ist zulässig; besonders ist das Erfordernis der Gleichartigkeit beider Forderungen gegeben. Die Forderung des Klägers geht zwar auf Schuldbefreiung. Dieser Anspruch ist aber, von ganz besonderen, hier nicht vorliegenden Ausnahmefällen abgesehen, ein Anspruch darauf, daß der Schuldner an einen Dritten eine Geldzahlung leistet, die zu leisten eigentlich der Gläubiger verpflichtet ist. Würde der Gläubiger, wie es seine Pflicht ist, sie leisten, hätte er ohne weiteres gegen seinen Schuldner einen Anspruch auf Geldzahlung, auf Ersatz seiner eigenen Leistung. Wirtschaftlich ist also der Anspruch auf Schuldbefreiung nichts anderes, als ein Anspruch auf eine Geldzahlung, die nur nicht erst auf dem Umwege über den Gläubiger, sondern unmittelbar an den Dritten erfolgen soll. Der abweichenden Ansicht des RG. (JW. 1910 S. 332[8]) kann nicht beigetreten werden. G—e.

γ) **Aufrechnung mit Forderungen, über die ein Schiedsgericht zu entscheiden hat. Aussetzung nach § 148 ZPO.**

OLG. Dresden, 5. ZS. Urteil v. 10. Oktober 1918.

Der Beklagte leitet seine Gegenforderung aus dem mit dem Zedenten des Klägers geschlossenen Vertrage von 1912 her, nach dessen § 10 alle aus diesem Vertrag entstehenden Streitigkeiten den ordentlichen Gerichten entzogen und durch schiedsgerichtliches Verfahren nach §§ 1025 ff. ZPO. zu entscheiden sind. Ehe der Aufrechnung die Wirkung der Tilgung der Klageforderung beigelegt werden kann, muß also durch Entscheidung des Schiedsgerichts feststehen, daß dem Beklagten die Gegenforderung zusteht. Auf § 10 kann sich auch der Kläger, gegen dessen Forderung der Beklagte die Aufrechnungseinrede erhebt, berufen (Gruchot 56 S. 590; JW. 1912 S. 132[3]). Das Schiedsgericht hat im Laufe des Verfahrens den Schiedsspruch gefällt und den Beklagten abgewiesen....

Der Kläger hat beantragt, das Verfahren bis zur rechtskräftigen Entscheidung über die von ihm erhobene Klage auf Aufhebung des Schiedsspruchs auszusetzen. Allein der § 148 ZPO., auf den allein der Antrag gestützt werden kann, setzt voraus, daß das anderweitig in Streit befangene Rechtsverhältnis eine Vorfrage betrifft, die für die Entscheidung des auszusetzenden Rechtsstreits von entscheidender Bedeutung ist; das ist hier nicht der Fall. Der Schiedsspruch hat kraft Gesetzes die Wirkung eines rechtskräftigen gerichtlichen Urteils (§ 1040 ZPO.). Allerdings ist, wenn der Schiedsspruch auf die vom Beklagten erhobene Klage aufgehoben wird, ein neues schiedsgerichtliches Verfahren nicht zulässig (Warn. 4 Nr. 143), daß also dann die ordentlichen Gerichte über das Bestehen der Gegenforderung des Beklagten zu entscheiden haben. Die Erwartung eines solchen Ereignisses kann zwar für die Parteien den Beweggrund abgeben, den Rechtsstreit ruhen zu lassen. Dem Gericht ist aber nicht die Befugnis eingeräumt, auf Antrag einer Partei gegen den Widerspruch der anderen aus bloßen Zweckmäßigkeits- und Billigkeitsgründen derartige zukünftige Ereignisse abzuwarten. —e—

δ) **Vorsätzlich unerlaubte Handlung des § 393.**

OLG. Rostock, 2. ZS. Urteil v. 17. April 1918.

Der Kläger hat mehrfach größere Posten Saatgetreide und Saathülsenfrüchte von der Beklagten gekauft und geliefert erhalten; der Kaufpreis war durch Stellung eines Bankakkreditivs zu zahlen. Am 6. Mai 1917 lieferte die Beklagte im Auftrage des Klägers an die Stadt D. 8000 kg Wicken für 8000 Mark, legte aber mit dem Duplikatfrachtbrief eine Rechnung, in der der Preis für die 8000 kg Wicken fälschlich mit 12000 Mark angegeben war, der Bank vor und erhielt von ihr diesen Betrag, also 4000 Mark zuviel ausgezahlt. Diese 4000 Mark glaubte sie vom Kläger aus einem früheren über Saatweizen abgeschlossenen, aber nicht ausgeführten Kaufgeschäft als Schadensersatz fordern zu dürfen. Der Kläger beansprucht Zahlung von 4000 Mark. Die Beklagte rechnet für den Fall, daß sie zur Erhebung des beregten Schadensanspruchs bei der Bank nicht berechtigt war, mit dieser Gegenforderung auf. Die Aufrechnung ist jedoch nach § 393 unzulässig, denn das Verhalten der Beklagten war nicht nur zivilrechtlich unerlaubt, sondern auch nach § 263 StGB. strafbar. Nach dem Inhalt des ihr erteilten Auftrags war die Bank ermächtigt, der Beklagten gegen einzureichenden Duplikatfrachtbrief jeweils den Betrag auszuzahlen, den sie auf einzureichende Rechnung verlangte. Rechnung und Frachtbrief gehörten zusammen; die Beklagte durfte nur für die Ware, über deren Versendung sie sich durch den Frachtbrief auswies, einen Rechnungsbetrag erheben. Dessen war sie sich auch bewußt; sie hat daher der Bank wissentlich die falsche Tatsache vorgespiegelt, daß sie für die 8000 kg Wicken 12000 Mark zu fordern habe, und dadurch in ihr einen Irrtum erregt, der sie bestimmte, der Beklagten zu Lasten des Guthabens des Klägers nicht 8000, sondern 12000 Mark im Rahmen des Akkreditivs, also mit Wirkung gegen den Kläger auszuzahlen. Zu Unrecht behauptet die Beklagte, daß dem Kläger kein Schade erwachsen sei, weil an die Stelle seiner Forderung gegen die Bank die Forderung gegen die durchaus zahlungsfähige Beklagte getreten sei und sodann die letztere die 4000 Mark vom Kläger in der Tat zu fordern gehabt habe. Denn der Erstattungsanspruch gegen die Beklagte, den der Kläger erst hätte erstreiten müssen, bot keinen Ausgleich für das Bankguthaben, über das er jederzeit wie über bereite Geldmittel verfügen konnte, und die Befreiung von der angeblichen Schuld gegen die Beklagte war dem Verlust des Bankguthabens nicht gleichwertig, da die Begründetheit jener Schuld ja gerade bestritten ist. Endlich hat die Beklagte auch in der Absicht gehandelt, sich einen rechtswidrigen Vermögensvorteil zu verschaffen; denn sie war sich dessen bewußt, daß es sich um eine vom Kläger bestrittene Forderung handelte.... Weiter ist sie von der Absicht geleitet gewesen, sich einen rechtswidrigen Vermögensvorteil zu verschaffen, selbst wenn man unterstellt, daß ihr Anspruch auf Zahlung von 4000 Mark begründet und fällig war oder daß sie wenigstens sich einen solchen Anspruch zuschrieb. Das RG. hat mehrfach ausgeführt daß das Einbringen einer unsicheren, aber an sich begründeten und fälligen Forderung auf dem Wege der Täuschung zur Ersparung des Rechtsweges keinen rechtswidrigen Vermögensvorteil bildet, weil der Täter ein Recht auf Befriedigung wegen der ihm zustehenden Forderung hat. Aber durch diese Erwägung fällt das Merkmal der Rechtswidrigkeit nur, wenn der Täter auch wirklich diejenige Forderung einzieht, die ihm rechtlich zusteht. Hätte die Beklagte durch Vorspiegelungen die Bank veranlaßt, ihr auf ihre Forderung aus dem Weizengeschäft zu zahlen, so würde ihr jener Grundsatz zur Seite stehen. Aber sie hat von der Bank nicht Zahlung begehrt für einen ihr aus der Nichtabnahme des Weizens erwachsenen Anspruch, sondern wegen eines Kaufpreises von 12000 Mark für gelieferte Wicken, und dieser Anspruch stand ihr in der 8000 Mark überschreitenden Höhe überhaupt nicht zu, wie sie selber sehr wohl wußte. Sie verfolgte daher einen Vorteil, auf den sie einen rechtlich begründeten Anspruch nicht hatte. Sollte indessen diese Annahme Bedenken unterliegen, so sind jedenfalls alle Voraussetzungen des § 826 BGB., der die ebenbezeichnete Absicht nicht fordert, gegeben. Die Beklagte verstieß gegen die guten Sitten, wenn sie zur Erlangung einer Zahlung, die die Bank nicht leisten durfte und nicht geleistet hätte, eine falsche Rechnung ausstellte und durch deren Vorlegung die Bank bewußtermaßen täuschte. Daß sie auch vorsätzlich, dh. in dem Bewußtsein, daß ihr Vorgehen den für den Kläger schädlichen Erfolg haben werde, handelte, wird dadurch, daß sie von der Begründetheit ihres Schadensanspruchs überzeugt war, und auch dadurch, daß, wie zu unterstellen ist, dieser Anspruch wirklich zu Recht bestand, nicht ausgeschlossen. Denn der Schade, den sie dem Kläger zufügte, bestand darin, daß sie ihm 4000 Mark von seinem Bankguthaben entzog und ihn nötigte, die Ausgleichung dieses Verlustes im Wege des Prozesses herbeizuführen.

J. n.

ε) **Einklagung fremder Rechte im eigenen Namen.**

Bayer. Oberstes Landesgericht, 1. ZS. Urteil v. 3. Juni 1918.

... Die Frage, ob man fremde Rechte mit Ermächtigung des Berechtigten im eigenen Namen einklagen kann, wird von beachtenswerter Seite verneint (Hellwig, System § 74 III; H. Hellwig in Gruchot 55 S. 607; von Tuhr, Allg. Teil² S. 380; Planck § 398 I C; Förster-Kann ZPO. N. 2c vor § 50; Stein ZPO. Vorbem. vor § 50¹⁷). Der 5. und 7. ZS. des RG. (RG. 53 S. 408, 73 S. 306, 78 S. 87; JW. 1916 S. 959) haben dagegen bejaht; ihnen sind Richter und Schmidt (Gruchot 57 S. 241, 60 S. 766) gefolgt. Neuerdings hat der 5. ZS. (RG. 91 S. 390) seine Ansicht mit der Einschränkung aufrecht erhalten, daß der als Kläger auftretende Ermächtigte ein rechtsschutzwürdiges Interesse an der gerichtlichen Geltendmachung des fremden Rechts im eigenen Namen haben muß. Dieser Ansicht, durch welche wesentliche Bedenken gegen die früheren Urteile beseitigt werden, schließt sich der erkennende Senat an. Kn.

q) α) **Schuldübernahme oder Weiterverkauf?**

OLG. Hamburg, 3. ZS. Zwischenurteil v. 26. Februar 1918.

Der Einwand der Beklagten, daß sie durch den Vorgang vom 9. August 1915 aus dem ganzen Vertragsverhältnis mit dem Kläger ausgeschieden und X. als Schuldner und Gläubiger an ihre Stelle getreten sei, ist unbegründet. Beklagte, die in X. einen Kauflustigen für die Ware gefunden hatte, ist mit diesem bei dem Kläger erschienen. Da sie das Bestätigungsschreiben (Anlage 1) nicht zur Hand hatte, hat auf ihren Wunsch der Kläger eine damit fast wörtlich übereinstimmende neue Bestätigung, datiert vom 19. August 1915, ausschreiben lassen und unterzeichnet, in der der von der Beklagten an ihren Verkäufer zu zahlende Kaufpreis fälschlich auf 224 Kronen für 100 kg angegeben war, während er in Wahrheit nur 210 Kronen betrug. Auf der Rückseite des Schriftstücks hat Beklagte vermerkt, daß sie „diesen Kauf (laut umstehend)" mit allen Rechten und Pflichten auf X. übertrage. Diesem ist das Schriftstück von der Beklagten verlesen und übergeben worden, und X. hat versprochen, am folgenden Vormittage den Rembours bei der Bank zu stellen. Daß etwas Weiteres geschehen, besonders eine Vereinbarung irgendwelcher Art zwischen X. und dem Kläger getroffen sei oder daß letzterer irgendwelche rechtsgeschäftliche Erklärungen abgegeben oder entgegengenommen habe, ist nicht behauptet. Unter diesen Umständen kann aber das Vorliegen einer Schuldübernahme nicht festgestellt werden. Der Umstand, daß der Kläger ein an die Beklagte gerichtetes Bestätigungsschreiben aufgesetzt hat, das unrichtigerweise den von X. an die Beklagte zu zahlenden Kaufpreis enthielt, kann sich dadurch erklären, daß Beklagte dem X. zu verheimlichen wünschte, zu welchem Preise sie selbst die Ware gekauft hatte. Die Tatsache, daß X. die Stellung des Rembourses übernommen und daß der Kläger sie demnächst von ihm verlangt und seiner Bank eine entsprechende Mitteilung gemacht hat, spricht nicht entscheidend für eine Schuldübernahme.

Es ist nicht dargetan, daß X. jene Verpflichtung dem Kläger gegenüber eingegangen ist. Dieser hatte aber anderseits ein Interesse an der Stellung des Rembourses, weil er selbst seinem Verkäufer gegenüber zur Zahlung des Kaufpreises nach dem Eintreffen der Ware in Warnemünde verpflichtet war. Es ist auch nicht anzunehmen, daß Beklagte die ihr auf Grund ihres Vertrags mit dem Kläger zustehenden Forderungen an X. habe abtreten wollen. Der von ihr in Gegenwart des Klägers auf die Rückseite gesetzte Übertragungsvermerk ist vielmehr den Umständen nach dahin auszulegen, daß nicht mehr vorliegt, als ein im Einverständnisse mit dem Kläger vorgenommener Weiterverkauf der Beklagten an X. zu einem höheren Preise, im übrigen aber zu denselben Bedingungen, zu welchen Beklagte die Ware gekauft hatte. Etwas anderes ist von den Parteien nicht beabsichtigt worden. M. M.

β) **Mitverschulden des Veräußerers (§ 416), der dem Ansatze von Sequestrationskosten (§ 1134) im Teilungsplane nicht widerspricht?**

OLG. Kiel, 2. ZS. Urteil v. 5. Februar 1918.

Der Kläger hat sein Grundstück an seine beklagte Tochter verkauft, die es später an H. veräußerte. Gegen diesen wurde es auf Antrag des Hypothekengläubigers St. 1904 zur Zwangsversteigerung gebracht, nachdem vorher auf Antrag der Aktienbrauerei als vorhergehender Hypothekarin durch einstw. Verfügung des LG. die Sequestration des Grundstücks auf Grund des § 1134 angeordnet worden war. Der Sequester hat erhebliche Ausbesserungsarbeiten vornehmen lassen, deren Kosten mit 5516 Mark in der Zwangsversteigerung von der Brauerei angemeldet und im Range nach den Gerichtskosten und vor den Hypotheken befriedigt wurden. Die Hypothek des St. fiel teilweise und die nachfolgende des Klägers ganz aus. Im Vorprozeß hat St. auf Deckung seines Ausfalls den jetzigen Kläger, weil dieser beim Erwerbe des Grundstücks die Hypothek als persönlicher Schuldner übernommen habe, erfolgreich belangt und die Urteilssumme von ihm erhalten. Die Klage auf Erstattung dieses Betrags ist begründet.

Die Beklagte war durch die Übernahme der Hypotheken als persönliche Schuld, ohne daß die Genehmigung der Gläubiger erfolgte, nach § 415[3] ihrem Vater gegenüber zur Befriedigung der Gläubiger verpflichtet. Dieser Verpflichtung ist sie nicht nachgekommen und hat dadurch ihrem Vater insofern einen Schaden verursacht, als dieser nunmehr den St. hat befriedigen müssen. Der Einwand, daß der Kläger selbst den Ausfall des St. verschuldet habe und daher Schadensersatz nicht verlangen könne, stützt sich auf § 254. Dieser Ausfall ist dadurch herbeigeführt, daß bei der Verteilung des Erlöses die durch die Ausbesserung des Gebäudes entstandenen Kosten der Sequestration mit dem Range vor den Hypotheken ersetzt wurden. Diese Befriedigung war rechtlich nicht begründet. Denn weder lag ein Anspruch eines die Zwangsverwaltung betreibenden Gläubigers auf Ersatz seiner Ausgaben zur Erhaltung oder nötigen Verbesserung des Grundstücks, für den nach § 10 Nr. 1 ZwVG. die Befriedigung aus dem Grundstück an erster

Stelle gegeben ist, noch stellen sich die Kosten als solche einer die Befriedigung aus dem Grundstücke bezweckenden Rechtsverfolgung (§ 12 aO.) dar. In erster Hinsicht genügt der Hinweis, daß die nach § 1134 angeordnete Sequestration, mit der lediglich eine Sicherung des vom Eigentümer in Stich gelassenen Grundstücks gegen eine weitere die Sicherheit der Hypothek der Brauerei gefährdende Verschlechterung bezweckt war, etwas wesentlich anderes ist als eine die Befriedigung aus dem Grundstücke verfolgende Zwangsverwaltung. Es entbehrt demnach der rechtlichen Begründung, wenn das Versteigerungsgericht diesen Kosten der Sequestration den für die Kosten einer Zwangsverwaltung als Massekosten der Zwangsvollstreckung gewährten Rang bei der Verteilung des Erlöses eingeräumt hat. — Hinsichtlich der zweiten Frage mag es sich bei den vom Sequester gemäß der einstw. Verfügung aufgewendeten Auslagen um Kosten einer Rechtsverfolgung handeln. Diese ging aber nicht auf die gegenwärtige Befriedigung eines Anspruchs, sondern auf dessen Sicherung für die Zukunft. Daß auf diese Weise die Sequestration allerdings auch mittelbar der späteren Befriedigung der Brauerei als Gläubigerin diente, genügte aber noch nicht, um in den Kosten der Sequestration im Sinne des § 1118 BGB. und des § 10^2 ZwVG. Kosten einer Rechtsverfolgung zu sehen, die die Befriedigung des Gläubigers bezweckten. Die Brauerei, die diese Kosten verauslagte, wäre demnach auch nicht berechtigt gewesen, für sie bei der Verteilung des Erlöses einen Rang neben ihrer Hypothek und vor der Hypothek des St. zu beanspruchen. Bei dieser Ansicht, die das RG. (72 S. 332) gebilligt hat, verbleibt der Senat auch aus der Erwägung, daß eine Durchbrechung des das Grundbuchrecht beherrschenden Spezialitätsprinzips nur ausnahmsweise bei den Kosten der die Befriedigung aus dem Grundstück bezweckenden Rechtsverfolgung zugelassen ist, und auch aus dem Grunde der Berücksichtigung der durch einen Sequester veranlaßten, häufig sehr hohen und aus dem Grundbuche ziffernmäßig nicht ersichtlichen Kosten im Range neben dem aus dem Erlöse zu befriedigenden Rechte des die Sequestration betreibenden Gläubigers als die nachfolgenden dinglich Berechtigten schwer schädigend nicht zulässig ist (vgl. auch Rsp. 18 S. 163). Die abweichende Ansicht Staudingers (§ 1118 N. 3c) erscheint nicht berechtigt. Auch aus der im RGKomm. vertretenen Ansicht heraus könnten hier die Kosten der Sequestration nicht als die Kosten einer die Befriedigung aus dem Grundstück bezweckenden Rechtsverfolgung gelten, da nicht im unmittelbaren Anschluß an das Sequestrationsverfahren das Verfahren auf Befriedigung durchgeführt worden ist. Wären aber die Sequestrationskosten nicht vor der Hypothek des St. zum Zuge gekommen, so wäre nicht nur dessen Hypothek, sondern auch die des Klägers aus dem Erlöse befriedigt worden. Der Kläger wäre demnach als Hypothekar berechtigt gewesen, dem bevorzugten Ansatz der 5516 Mark zu widersprechen. Damit hätte er aber, da sein Widerspruch nur zu seinen Gunsten wirkte, ohne den Zwischenberechtigten einen Vorteil zu bringen, lediglich die Befriedigung seiner Hypothek aus den

5516 Mark erreicht, nicht aber auch durchsetzen können, daß der vorhergehende Hypothekar St. mit seiner Hypothek voll befriedigt worden wäre. Allerdings hatte der Kläger an der vollen Befriedigung des St. insofern ein eigenes Interesse, als er als persönlicher Schuldner dem St. für jeden Ausfall aufzukommen hatte. Dieses lediglich tatsächliche Interesse machte ihn jedoch noch nicht zu einem „Beteiligten" des ZwVG. und gab ihm kein Recht, dem Teilungsplan deshalb zu widersprechen, um auch dieser Hypothek volle Deckung zu verschaffen. Denn auszugehen ist davon, daß nur der zum Widerspruch berechtigt ist, der für sich Zahlung aus dem freigewordenen Teil des Erlöses beanspruchen kann. Hiernach hat der Kläger durch die Unterlassung eines Widerspruchs nicht schuldhaft gehandelt.

Zu untersuchen ist noch, ob der Kläger im Vorprozeß dem damaligen Kläger St. gegenüber hätte einwenden können, daß er nach § 1165 BGB. von seiner persönlichen Verpflichtung in Höhe des Ausfalls frei geworden ist. Auch das ist zu verneinen. Allerdings ging, wenn er als persönlicher Schuldner den Gläubiger St. befriedigte, da er von den Rechtsvorgängern des Eigentümers H., nämlich der jetzigen Beklagten, Ersatz verlangen konnte, in Höhe dieses Ersatzanspruchs die Hypothek auf ihn über (§ 1164). Er wurde danach gemäß § 1165 von seiner persönlichen Schuld insoweit frei, als St. auf seine Hypothek verzichtet, sie nach § 1163 aufgehoben oder einem anderen Rechte den Vorrang eingeräumt hat. Ein Fall des Verzichts oder der Aufhebung der Hypothek liegt erkennbar nicht vor. Ebensowenig hat St. dadurch, daß er, wie das Protokoll ausweist, den verlesenen Teilungsplan ausdrücklich genehmigte, dem an erster Stelle nach den Gerichtskosten berücksichtigten Anspruch der Brauerei auf Befriedigung wegen der Sequestrationskosten den Vorrang eingeräumt. Zwar liegt eine ausdrückliche Zustimmung des Klägers vor, daß dieser Ansatz vor seinem Anspruch aus dem Erlöse befriedigt werde. Es fehlt aber und ist jedenfalls nicht zum Ausdruck gekommen, das für eine Vorrangseinräumung erforderliche Bewußtsein des Klägers, den ihm für sein Recht zukommenden Rang zugunsten des Rangs der Brauerei ändern zu wollen; der Kläger hat vielmehr lediglich im Vertrauen auf die im Teilungsplan vom Gericht getroffene Anordnung bezüglich der Reihenfolge der aus dem Erlöse zu befriedigenden einzelnen Ansprüche die Verteilung genehmigt. Darin liegt aber noch keine Rangänderung im Sinne von § 880 BGB., die eine Einigung des zurücktretenden und des vortretenden Gläubigers über die Änderung des Rangs und damit ein entsprechendes Bewußtsein von der Änderung erfordert. B. p.

r) **Anwendbarkeit des § 422 auf mehrere Aussteller eines eigenen Wechsels.**

OLG. Rostock, 2. ZS. Urteil v. 20. Februar 1918.

Der Beklagte, der zusammen mit M. und N. als Aussteller einen eigenen Wechsel über 8000 Mark unterzeichnet und an die Klägerin begeben hatte, ist zur Zahlung dieser Summe unter Vorbehalt der Ausführung seiner Rechte verurteilt worden. Im Nachverfahren wendet er ein, daß M. und N. je 4000 Mark bezahlt hätten. Zwar tilgt die Zahlung allein, wenn nicht die Rückgabe des quittierten Wechsels hinzutritt, die Wechselobligation nicht, aber ohne rechtliche Bedeutung für ihren Bestand ist sie regelmäßig doch nur dann, wenn sie von einem sekundär Verpflichteten, besonders einem Indossanten geleistet wird, da davon auszugehen ist, daß sie nur die Befreiung des Zahlenden von seiner Regreßschuld bezweckt. Zahlt dagegen der Akzeptant oder bei eigenem Wechsel der Aussteller, so erzeugt die Zahlung als solche eine Einrede, mag die Nichtrückgabe des Wechsels auch dazu führen können, daß ein gutgläubiger Erwerber von demjenigen, der gezahlt hat, abermals Begleichung der fortbestehenden Wechselforderung verlangen darf. Das gleiche gilt auch für den Fall, daß einer von mehreren Akzeptanten oder, wie hier, von mehreren Ausstellern des eigenen Wechsels zahlt, da diese im Verhältnis von Gesamtschuldnern zueinander stehen, so daß die Zahlung des einen den anderen gemäß § 422 BGB. zugute kommt (Rehbein WO. Art. 96—100 N. 16, Staub-Stranz, Art. 81 N. 4[2]). Anders läge die Sache nur dann, wenn die Entrichtung des Wechselbetrags an die Klägerin zufolge besonderer Vereinbarung mit den Zahlenden nicht den Charakter der Zahlung gehabt hätte. In dieser Beziehung hat die Klägerin zwar behauptet, M. habe bei Zahlung von 4000 Mark mit ihr vereinbart, die Hingabe der Summe solle nicht als Zahlung gelten, sondern lediglich eine Sicherstellung der Klägerin bezwecken. Aber diese Behauptung ist durch M. widerlegt, so daß die Einrede der Zahlung von 4000 Mark begründet ist. Dagegen hat N. bekundet, daß er der Klägerin zwei Sparkassenbücher über 4000 Mark übergeben habe, damit sie sich daraus bezahlt mache, während die Klägerin sie nur als Sicherheitshinterlage erhalten haben will. Die Richtigkeit der einen oder der anderen Sachdarstellung kann dahingestellt bleiben. Denn mag das Guthaben zahlungshalber oder nur zur Sicherheit abgetreten sein, so kann der Beklagte daraus keine Einrede herleiten. Dies gilt besonders auch für eine zahlungshalber erfolgende Abtretung, solange der Wechselgläubiger auf diesem Wege nicht tatsächlich befriedigt ist, da sie im Gegensatz zu einer Leistung an Erfüllungsstatt das Schuldverhältnis nicht zum Erlöschen bringt (RG. 65 S. 81) und daher gemäß den §§ 422—425 BGB. nicht die gesamtzerstörliche Wirkung der Erfüllung hat. Daß aber N. die Guthaben nicht an Zahlungsstatt abgetreten, ergibt der Briefwechsel.

Ist demgemäß der Klaganspruch in der verbleibenden Höhe von 4000 Mark durch weitere Zahlungen nicht beeinträchtigt worden, so wird er ebensowenig durch das, was der Beklagte noch über Vereinbarungen zwischen M. und der Klägerin vorgebracht hat, entkräftet. Denn da letztere das unbeschränkte Wahlrecht hat, von den mehreren Ausstellern sich denjenigen auszusuchen, den sie belangen will, und von ihm die ganze Wechselsumme zu fordern, so ist eine etwa mit M. getroffene Abmachung, daß sie zunächst nicht gegen ihn, sondern gegen den Beklagten vorgehen solle, weder ihren Rechten abträglich, noch steigert sie die Verpflichtung des Beklagten. Aus welchen Gründen sie solche Abmachung getroffen hat, ist daher gleichgültig, und selbst wenn sie dabei Einreden, die dem Beklagten gegen M. zustehen möchten, erfahren haben und den M. dagegen in Schutz zu nehmen beabsichtigen sollte, so ergibt sich daraus für den Beklagten keine Einrede der Arglist, da sie sich ihm gegenüber durchaus in den Grenzen ihres Rechts hält und nicht verpflichtet ist, sein Interesse in bezug auf Einwendungen, die er gegen M. hat, wenn dieser gegen ihn klagen würde, wahrzunehmen. J.n.

6. Recht der Schuldverhältnisse.

a) Einwand der Sittenwidrigkeit gegen die Geltendmachung der Rechte aus dem Sicherungskauf?

OLG. Dresden, 5. ZS. Urteil v. 17. Juni 1918.

Der Kläger, der 1912 von der Beklagten ein Darlehn von 9000 Mark erhielt und sich verpflichtete, für seine Weinstube alle Weine von ihr zu beziehen, verkaufte ihr zur Sicherung der Darlehns- und Warenforderungen seine Geschäftseinrichtung für 9000 Mark, und räumte ihr das Recht ein, den über diese gleichzeitig geschlossenen Leihvertrag nach ihrem Belieben ohne einen etwa aus vertragswidrigem Verhalten hergeleiteten Grund zu widerrufen und die Sachen freihändig verkaufen zu lassen; in diesem Falle sollte das Darlehn sofort fällig werden. Im September 1914 hat Beklagte diese Befugnis ausgeübt. Der Kläger sieht hierin eine Vertragswidrigkeit und hat auf Ersatz des dadurch ihm entstandenen Schadens von 22887 Mark geklagt. Das LG. hat ihn abgewiesen. Die Berufung hatte Erfolg. Das RG. hat jedoch aufgehoben, und noch darüber Erörterungen für erforderlich erachtet, welche Umstände zu der Bestimmung über den Widerruf des Leihvertrags und das Verkaufsrecht der Beklagten geführt haben. Nach der Darstellung des Klägers haben irgendwelche besonderen Gründe überhaupt nicht vorgelegen und war ihre Aufnahme in den Vertrag lediglich dem Bestreben des rechtskundigen Beistandes der Beklagten zuzuschreiben, dieser die weitestgehenden Rechte zu sichern. Die Beklagte behauptet, im wesentlichen sei die unsichere Lage des Klägers und seines Unternehmens dabei in Rücksicht gezogen worden. Treffen nun auch beide Darstellungen nicht ganz zusammen, so gehen sie doch insoweit nicht auseinander, als keine Partei behauptet, daß irgendwelche Erwägungen Platz gegriffen haben, die darauf schließen lassen könnten, daß man der ihrem Wortlaute nach scharfen Bestimmung einen abgeschwächten Sinn untergelegt habe. Im Gegenteil, jeder der beiden Darstellungen entspricht es durchaus, wenn man die Klausel, so wie sie lautet, versteht, eine abmildernde Auslegung von der Hand weist. Für eine Auslegung bleibt deshalb überhaupt kein Raum mehr.

Es ist hier noch auf die Rechtsstellung zurückzugehen, die der Sicherungskauf dem Käufer verschaffen soll. Diesem soll nicht ein Pfandrecht, wie es dem wirtschaftlichen Zwecke genügen würde, aber ohne Besitzübergabe gesetzlich nicht begründet werden kann, sondern das wirkliche Eigentumsrecht verschafft werden, andernfalls läge ja eben kein gültiger Vertrag vor. Läßt man aber den Kauf als taugliches Mittel zur Sicherung einer Forderung zu, so kann man sich der Folge nicht verschließen, daß es für den Gläubiger eine Rechtsstellung begründet, die an sich weiter geht, als der Zweck des Rechtsgeschäfts es erforderte. Der Eigentümer einer Sache kann grundsätzlich mit der Sache nach Belieben verfahren (§ 903), so daß schon die Einräumung des Benutzungsrechts ein Entgegenkommen der Beklagten bedeutete. Das ihr eingeräumte Recht, die ihr verkauften Gegenstände nach Belieben zurückzunehmen und zu verkaufen, steckt in Wirklichkeit schon in dem ihr durch das Rechtsgeschäft zu verschaffenden Eigentumsrecht. Eine Einschränkung dieses Rechts könnte nur aus dem Zwecke der Sicherungsübereignung hergeleitet, und wenn sie nicht ausdrücklich vereinbart wurde, nur auf die Annahme einer stillschweigenden Beschränkung der Ausübungsbefugnisse gestützt werden. Aber auch diese Möglichkeit fällt, wenn der Vertrag im Gegenteil ausdrücklich das unumschränkte Recht des Käufers festlegt, nach Belieben über die Sache zu verfügen. Daß eine Unklarheit dadurch geschaffen worden wäre, daß an anderer Stelle der Beklagten noch besonders für den Zahlungsverzug des andern Teils gewisse Berechtigungen eingeräumt werden, nimmt auch das RG. nicht an, wenn es dies angesichts des ganz unbeschränkten Rücktrittsrechts, für „nahezu überflüssig" erklärt. Auf dieses Recht hat die Beklagte auch nicht durch die Annahme der bis 30. September 1914 laufenden Wechsel über das Darlehn verzichtet. Nach dem Vertrage sollten vierteljährliche Abzahlungen auf das Darlehn erfolgen und über den Restbetrag aller drei Monate Akzepte gegeben werden. Durch deren Annahme konnte sich also die Beklagte nicht irgendwelcher ihr sonst aus dem Vertrage zustehender Rechte begeben. Andernfalls wäre durch die für die ganze Vertragsdauer vorgesehene Bestimmung, daß über die Schuld jeweilig Akzepte laufen sollten, das wichtige Recht der Beklagten zu jederzeitigem Widerrufe des Leihvertrags überhaupt zu einem Scheinrechte gemacht worden.... —e—

b) *α*) **Freibleibender Bierpreis. Leistungsverzug.**

OLG. Hamburg, 3. ZS. Urteil v. 12. Februar 1918.

Mit dem Sachverständigen ist die Klausel „Preis freibleibend, heutiger Preis 30 Mark", dahin auszulegen, daß die beklagte Brauerei berechtigt war, den zunächst vereinbarten Preis von 30 Mark für hl zu erhöhen, wenn zu der in Betracht kommenden Zeit vom 10. Februar bis 5. Mai 1916 eine allgemeine Erhöhung der für die Herstellung des Bieres erforderlichen Bestandteile, besonders des Malzes, sowie der allgemeinen Unkosten und eine dadurch hervorgerufene Erhöhung der Bierpreise eingetreten war, und daß der Kläger sich den diesen Verhältnissen entsprechenden höheren Preis gefallen lassen mußte. Unrichtig ist danach die Meinung des Klägers, daß es allein auf die Bierpreise ankomme. Es kommt vielmehr darauf an, ob ihre Steigerung darauf zurückzuführen ist, daß die Herstellungskosten des Bieres, besonders die Preise seines wichtigsten Bestandteils, des Malzes, und hierdurch — wie dies regelmäßig geschehen wird — auch die Bierpreise gestiegen waren. Zwar enthält das Angebot den Satz: „Der Preis muß freibleiben, da wir nicht wissen, ob wir Malz noch länger zum bisherigen Preise erhalten werden." Aber damit wurde nur der Grund angegeben, der die Beklagte veranlaßte, mit der Klausel zu verkaufen. Daß die Parteien bei ihr nur an eine Steigerung der Malzpreise gedacht hätten, kann jenen Worten nicht entnommen werden.

Während des angegebenen Zeitraums sind aber die Preise, nicht nur des Malzes, sondern aller für Bier in Betracht kommenden Stoffe und die allgemeinen Unkosten erheblich gestiegen und hat diese Preissteigerung eine allgemeine erhebliche Erhöhung der Bierpreise zur Folge gehabt. Auch hat die allgemeine Steigerung der Malzpreise auch die Beklagte getroffen. Sie hat für 100 kg Malz 100 Mark mehr zahlen müssen als früher, was eine Erhöhung der Gestehungskosten um etwa 15 Mark für hl ausmacht, so daß eine Erhöhung des Bierpreises um je 15 Mark gerechtfertigt war.... Die Beklagte war daher berechtigt, die Lieferung des Bieres zu dem nur vorläufig bedungenen Preise von je 30 Mark zu verweigern. Nun hat sie in ihren Briefen vom 6. und 10. Mai 1916 den ganzen Vertrag deshalb für hinfällig erklärt, weil der Kläger seiner Abnahmepflicht für März und April nicht nachgekommen sei. Diese Meinung war allerdings rechtsirrig; die Beklagte hätte wegen bloßen Abnahmeverzugs überhaupt nicht — geschweige denn ohne Fristsetzung — zurücktreten dürfen, auch steht dahin, ob jener Verzug vorgelegen hat. Nach der besonderen Lage des Falles dürfen aber die damaligen auf Verkennung der Rechtslage beruhenden Erklärungen der Beklagten nicht in dem Sinne gegen sie verwertet werden, daß ihnen zu entnehmen wäre, die Beklagte habe sich durch das Ablehnen jeder Lieferung selbst in Verzug gesetzt. Diese Ablehnung hatte vielmehr der Kläger verschuldet, der sein Verlangen, das Bier um 30 Mark zu erhalten, zu Unrecht aufrechthielt und einen höheren Preis ablehnte. Er hat von der Beklagten „die ihr obliegende Leistung", dh. die Lieferung zum Preise von mehr als 30 Mark, nicht gefordert; sie ist mit dieser Leistung nicht in Verzug geraten und daher nicht schadensersatzpflichtig. M. M.

β) **Bierlieferungsverträge ohne Kriegsklausel. Erhöhung der Bierpreise infolge Steigerung der Unkosten.**

OLG. München, 3. ZS. Urteil v. 29. Mai 1917.

Nach dem Vertrag von 1912 hat die Beklagte bis Ende 1922 und dann gegen einjährige Kündigung vom Kläger ausschließlich ihr dunkles Lagerbier zu beziehen. Der Preis war auf 16 Mark für hl bestimmt, doch behielt der Kläger für den Fall, daß durch eine weitere Besteuerung des Malzes der Bierpreis wieder allgemein in die Höhe ginge, eine entsprechende Preiserhöhung vor. Der Kläger beansprucht jedoch, daß die Beklagte ihm für die Dauer des Krieges einen erhöhten Bierpreis nach dem

Durchschnittspreise der Brauereien im Orte bezahlt. Der Anspruch ist unbegründet.

Der Vertrag von 1912 ist ein Lieferungsvertrag, der lediglich die für derartige Verträge allgemein üblichen Bestimmungen enthält. Aus ihrem Zusammenhalt ergibt sich kein Anhalt für die Annahme einer Lücke; die allgemeinen Gesichtspunkte des Vertrags zwingen vielmehr zur Annahme der Vollständigkeit des hierin erklärten Vertragswillens und zur Verneinung ihrer Auslegungsbedürftigkeit. Die Vollständigkeit des § 5 ergibt sich auch daraus, daß wesentlich ausschlaggebend für die jeweiligen Bierpreiserhöhungen in Bayern immer nur die Erhöhung des Malzaufschlages war; an sich berechtigte diese den Brauer nicht dazu gegenüber dem Wirte, mit dem er einen festbestimmten Preis vertragsmäßig, wenn auch für lange Zeit, vereinbart hat. Entsprechend dem § 63 des Brausteuergeſ. vom 15. Juli 1909 wurde zur Abminderung der hierdurch hervorgerufenen Belastung der Brauindustrie im Malzaufschlaggeſ. vom 18. März 1910 Art. 75 bestimmt, daß auch bei bestehenden Bierlieferungsverträgen der Abnehmer anstelle der Bierpreiserhöhung (RG. 76 S. 266) einen dem Malzaufschlage entsprechenden Zuschlag zu bezahlen hat, wenn nicht ausdrückliche Vertragsbestimmungen entgegenstehen. Mit Rücksicht hierauf soll der § 5 des Vertrags das Bestehen einer entgegenstehenden Vertragsbestimmung im Sinne des Art. 75 für den Fall seiner Wiederaufnahme in ein späteres Malzaufschlaggesetz verneinen oder beim Mangel einer solchen Bestimmung in diesem dem Kläger das Recht auf eine an deren Stelle tretenden Bierpreiserhöhung vorbehalten. Beides aber lediglich für den Fall einer durch eine *weitere* Besteuerung des Malzes, also eine neuerliche Malzaufschlagerhöhung notwendig werdenden Bierpreiserhöhung.... Zurückzuweisen ist die vom Kläger versuchte Gleichstellung einer weiteren Besteuerung des Malzes mit der Minderung seines Gewinns infolge der Kriegsverordnungen und seiner Notlage infolge der wirtschaftlichen Kriegsverhältnisse. Die Parteien haben 1912 nicht daran gedacht, daß die nunmehr infolge des Krieges eingetretenen wirtschaftlichen Verhältnisse für die Brauer eine Preiserhöhung des Bieres einmal nötig machen würden; deshalb kann auch ein für den Eintritt einer derartig begründeten allgemeinen Preiserhöhung vermuteter Vertragswille der Parteien der Einräumung des Rechtes zur *entsprechenden* Bierpreiserhöhung für den Brauer nicht angenommen werden. Denn nicht einmal die staatlichen Organe haben eine derartige Einwirkung des Krieges auf die Herstellung und die Kosten des Bieres, wie sie sich infolge der nicht voraussehbaren Dauer des Krieges und dessen Beeinflussung auch des neutralen Handels entwickelte, vorausgesehen, viel weniger, daß diese von den einen Bierlieferungsvertrag abschließenden Parteien 1912 ins Auge gefaßt werden konnte. Ohne entsprechende Kriegsklausel im Vertrag wird die Erfüllungspflicht der Vertragsteile durch die infolge des Kriegs geschaffenen Umstände allgemein wirtschaftlicher und sozialpolitischer Natur weder eingeschränkt, noch weniger aufgehoben.... W.

c) **Muß der Verkäufer die grundlos zurückgewiesene Ware zur Verfügung halten?**

OLG. Dresden, 1. ZS. Urteil v. 15. März 1917.

Der Kläger fordert die Lieferung der 1912 gekauften 100000 Stück Zigaretten gegen Zahlung von 805 Mark. Die Beklagte hat unstreitig die bestellten Zigaretten am 1. Mai 1913 an den Kläger nach Cöln geschickt; damit hat sie das zur Leistung ihrer Gattungsschuld Erforderliche getan. Das Schuldverhältnis hat sich daher an sich auf die übersendeten Zigaretten beschränkt (§ 243²). Der Kläger hat aber die Sendung zurückgewiesen und zwar, wie der Vorprozeß ergibt, grundlos und dadurch die Beklagte genötigt, die Zigaretten einzulagern (§ 373¹ HGB.). Der Kläger ist somit durch die Zurückweisung der Lieferung in Annahmeverzug geraten. Bei buchstäblicher Auslegung des § 243² würde der Verkäufer schlechthin das Recht verlieren, über die ausgeschiedene Ware zu verfügen. Allein die Rechtsordnung bezweckt Interessenschutz. Sind daher alle Sachen derselben Gattung völlig gleichwertig und hat der Käufer kein Interesse daran, gerade die ausgeschiedene Sache zu erhalten, so ist der Verkäufer befugt, über sie anderweit zu verfügen, jedenfalls dann, wenn er wie hier jederzeit in der Lage ist, dem Käufer andere Ware gleicher Gattung zu liefern (JW. 1903 S. 344⁶; SächsArchiv 15 S. 462; Rsp. 10 S. 156, 17 S. 394). Die Frage, ob der Kläger ein Interesse daran hatte, gerade die früher zurückgewiesene Ware zu erhalten, kann nicht auf die jetzige Kriegszeit, muß vielmehr auf den Zeitpunkt abgestellt werden, zu dem die Beklagte die Ware vom Spediteur zurücknahm (3. Oktober 1913). Zu jener Zeit war an die jetzige Preissteigerung nicht zu denken, und die Beklagte durfte davon ausgehen, daß sie jederzeit imstande sein werde, Ersatzware zu liefern. Die Rücknahme lag auch im Interesse des Klägers, da die Zigaretten durch längeres Liegen beim Spediteur, besonders durch Ausduften an Güte verlieren mußten. Überdies befreite sie ihn von der Gefahrtragung und von den Kosten der weiteren Aufbewahrung. Deshalb durfte die Beklagte die übersendeten Zigaretten zurücknehmen und weiterverkaufen, auch wenn sie dies damals dem Kläger nicht mitgeteilt haben sollte. Der Verzug des Klägers ist dadurch nicht beseitigt worden. Ebenso bestand die Lieferpflicht der Beklagten an sich fort. Die Beklagte kann aber gegen das drei Jahre später vom Kläger erhobene Lieferungsverlangen geltend machen, daß sie infolge seines Annahmeverzugs inzwischen das Interesse an der Vertragserfüllung verloren habe, weil jetzt die Herstellungskosten der Ersatzware das Doppelte des vereinbarten und früher auch angemessenen Preises betragen. Daß dies infolge der durch den Krieg geschaffenen wirtschaftlichen Lage der Fall ist, kann als offenkundig gelten (§ 291 ZPO.). Damit ist der Rücktritt vom Vertrage gemäß § 326² gerechtfertigt. —e—

d) **Belastung eines Kuxes mit Zubuße als Rechtsmangel. Rückgabe der für den Kux hingegebenen Wertpapiere.**

OLG. Dresden, 5. ZS. Urteil v. 1. November 1917.

Die Anfechtung des Klägers aus §§ 119, 123 wäre dann unzulässig, wenn er wegen des Umstandes, daß die von ihm gegen Hingabe von Wertpapieren erworbenen 10 Kuxe mit Zubuße belastet waren, den Vertrag mit dem Kläger zu wandeln berechtigt wäre. Voraussetzung der Wandlung, an deren Stelle nach § 480² Schadensersatz wegen Nichterfüllung verlangt werden durfte, wären aber die Eigenschaft der Kuxe als Sachen sowie ein Sachmangel. Ob die Kuxe des gothaischen Bergrechts, sofern über sie Kuxscheine ausgestellt sind, als Wertpapiere, also Sachen, gelten (RG. 74 S. 162, 76 S. 66) und nicht bloße Anteilsrechte am Vermögen der Gewerkschaft sind (RG. 73 S. 211), kann dahingestellt bleiben. Denn die Belastung des Kuxes mit Zubuße ist nicht ein Sachmangel, der den Erwerber berechtigt, nach § 480¹ neben der Wandlung (Minderung) die Lieferung einer mangelfreien Sache zu fordern. Vielmehr hat der Erwerber, der auf seinen Namen den Kux umschreiben lassen will, die Zahlung der Zubuße in Kauf zu nehmen. Es handelt sich also um einen Mangel im Rechte, wegen dessen der Erwerber nach § 440¹ die aus den §§ 320 bis 327 sich ergebenden Rechte hat (RG. 54 S. 353, 73 S. 211). Neben diesen Rechten, denen die Gewährleistungsansprüche der §§ 462 ff. nicht zur Seite treten, verbleibt ihm das Anfechtungsrecht aus §§ 119, 123 (JW. 1909 S. 132³). Zufolge der hiernach befugten Anfechtung ist der Vertrag, der sich als Tausch kennzeichnet, von Anfang an nichtig (§ 142). Der Kläger darf deshalb die Herausgabe seiner Wertpapiere gemäß § 985 verlangen (RGKomm. § 142¹). Dieser Anspruch besteht unabhängig von dem dem Beklagten zukommenden Anspruche auf Rückgewähr dessen, was er der Klägerin geleistet hat. Deshalb wäre Beklagter ohne weiteres zur Rückgabe der Wertpapiere zu verurteilen, wenn er nicht nach seiner unbestritten gebliebenen Behauptung nicht mehr Besitzer der Wertpapiere wäre. Ob er solche aus derselben Gattung sich verschaffen kann, ist ohne Belang; denn es ist im Mangel gegenteiliger Behauptung davon auszugehen, daß die Weiterveräußerung wirksam geschehen ist (§ 932). Danach aber ist eine Vermögensverschiebung, die zufolge der Anfechtung als von Anfang an nicht eingetreten zu gelten hätte, nachträglich eingetreten. Der Kläger ist deshalb auf den Rechtsbehelf aus § 812 angewiesen und darf nur noch fordern, daß Beklagter nach § 818 den Vorteil herausgebe, den er zufolge der Verschiebung von dem Kläger auf dessen Kosten erlangt hat. Seine Erklärung, daß er zwar die Wertpapiere veräußert habe, solche gleicher Gattung aber im Börsenhandel zu haben seien, ist jedoch als seine Zustimmung dahin aufzufassen, daß er, wenn er zur Herausgabe der Bereicherung zu verurteilen sei, dem Klagantrage gemäß Wertpapiere aus derselben Gattung zu leisten bereit sei. Das LG. hat dementsprechend erkannt und der Beklagte dagegen keine Einwendungen erhoben. Es liegt deshalb kein Anlaß vor, die Ausgleichung der zum Nachteile des Klägers eingetretenen Vermögensverschiebung auf dem Wege der Geldleistung und anderes als im angefochtenen Urteil anzuordnen. —e—

e) **Übertragung des Malzkontingents.**

OLG. Braunschweig, 2. ZS. Urteil v. 23. Januar 1917.

Der Kläger, der am 20. Juli 1915 von der Beklagten deren Malzkontingent vom 1. Vierteljahr 1916 gekauft und ihr am 13. September 1915 eine Nachfrist gesetzt hatte, verlangt statt Erfüllung den Ersatz seines Schadens. Der Anspruch ist begründet.

1. Gegenstand eines Kaufs kann nur eine Sache oder ein Recht sein. Ein Malzkontingent ist zweifellos keine Sache. Ob man es als ein „Recht" ansehen kann, ist nicht zweifelsfrei. Der Betrieb von Brauereien beruht gemäß § 1 GewO. auf der Gewerbefreiheit und die BVO. vom 15. Februar 1915 (RGBl. 97) hat nur eine Beschränkung dieser Gewerbefreiheit eingeführt, indem die Brauereien in jedem Vierteljahr nur 60% des im gleichen Vierteljahr der Jahre 1912 und 1913 durchschnittlich verbrauchten Malzes verwenden durften. Die beschränkte Gewerbefreiheit auf Verwendung dieser Malzkontingente kann deshalb keine andere Rechtsnatur haben, als die unbeschränkte Gewerbefreiheit. Von dieser aber wird vielfach angenommen, daß sie überhaupt kein Begriff von positivem Rechtsinhalt und noch weniger ein subjektives Recht einer einzelnen Person sein könne (Laband, Staatsr. 5 III S. 195[1]; O. Mayer, DVR. I S. 288; Jellinek, System der subj. öffentl. Rechte S. 104). Auf der anderen Seite fehlt es nicht an namhaften Schriftstellern, nach denen die Gewerbefreiheit für den Einzelnen ein subjektives öffentliches Recht begründen soll (Bühler, Die subj. öff. Rechte S. 234; Rehm, Natur d. Gewerbekonzession S. 19[3]; Schenkel GO. 1 S. 94; Schicker 1 S. 97; Landmann § 1 S. 46 f.). Allein wenn man die Rechtsnatur der Malzkontingente auch verneinen wollte, so hat doch die VO. vom 15. Februar 1915 § 3 deren Übertragbarkeit ausdrücklich bestimmt. Kann man aber die Malzkontingente übertragen, so muß man auch einen auf Übertragung gerichteten Vertrag abschließen können, auf den dann die Bestimmungen von Sach- und Rechtskauf zwar nicht unmittelbar, aber entsprechend anzuwenden sein würden (RG. 63 S. 59).

2. Die Beklagte hat dem Zollamt am 20. Juli 1915 schriftlich die verbindliche Erklärung abgegeben, daß ihr Brauereibetrieb ruhe und auch 1916 nicht wieder aufgenommen werde. Danach bestanden die tatsächlichen Voraussetzungen, die die Beklagte nach den braunschw. AusfBest. vom 3./26. März 1915 in den Stand setzten, ihr Malzkontingent vom ersten Vierteljahr 1916 „alsbald" zu übertragen. Ihre Ansicht, daß eine solche Ausdehnung des § 3 VO. überhaupt nicht durch eine AusfBest. habe erfolgen können, wäre richtig, wenn es sich um eine ausdehnende Abänderung des Gesetzes handelte. Denn indem § 5 das. „die näheren Bestimmungen zur Ausführung der §§ 1—4" der Landeszentralbehörde überläßt, ist diese keineswegs ermächtigt, die VO. abzuändern (Fleiner, Inst. des Verw.R. 2 S. 71; Preuß. OberVerwG. 9. Dezember 1912 in VerwBl. 35 S. 26). Allein es handelt sich hier um eine authentische Interpretation, denn sie entspricht dem

Zwecke der VO. und steht auch mit der Fassung des § 3 nicht im unvereinbaren Widerspruche. Eine solche Auslegung kann zwar an sich nicht durch eine niedrigere Rechtsquelle, wohl aber durch eine Rechtsverordnung erfolgen, zu der wie hier das Gesetz ausdrücklich ermächtigt hat (Dernburg 4 I § 37[4]; Fleiner, aO. 70; Recht 1913 S. 678). Hatte sonach die Beklagte den Vertrag sofort zu erfüllen, so ist der Schadensanspruch des Klägers mit Ablauf der Nachfrist (September 1915), also lange vor der VO. vom 16. März 1916 entstanden und durch letztere nicht betroffen. Denn diese VO. versagt dem Veräußerungsvertrage nur insoweit die Gültigkeit, als er noch nicht erfüllt war, aber ein Anspruch auf Erfüllung aus ihm noch nicht bestand. W.n.

f) **Verletzung der Versendungsfrist.**

OLG. Hamburg, 3. ZS. Zwischenurteil v. 6. Juni 1918.

Wenn es sich hier auch um einen Mangel handelt, der erst nach der Zeit des Gefahrüberganges eingetreten ist, so hat die Klägerin ihn gleichwohl zu vertreten, weil es zu ihrem Pflichtenkreise gehörte, für die ordnungsmäßige Verladung des Salzes zu sorgen und weil der Mangel infolge der schuldhaften Verletzung dieser Verpflichtung entstanden ist. Die Klägerin hatte ausweislich der Vertragsbestätigung die Verladung für den Beklagten übernommen. Das Salz ist auch in ihrem Auftrage von der Gewerkschaft verladen worden, jedoch nicht ordnungsmäßig. Wenn die Klägerin die Verladung im offenen Bahnwagen zuließ, mußte sie dafür sorgen, daß die durch die Jahreszeit bedingten Niederschläge von den Papiersäcken fern gehalten wurden. Das hätte unschwer dadurch erreicht werden können, daß man Latten unter den Persenning legte. Um die fragliche Zeit waren genügend Holzlatten in Deutschland vorhanden. Hatte die Gewerkschaft solche nicht zur Verfügung, so hätte sie mit der Verladung so lange warten müssen, bis sie Latten beschafft hatte. Die Verladung hat der Lademeister ausgeführt, für dessen Verschulden die Klägerin nach § 278 haftet. Der Beklagte kann daher von ihr den Ersatz seines Schadens verlangen (RG. 55 S. 201) und damit gegen den Kaufpreis aufrechnen. M.M.

g) **Mängel der Kaufsache:** *α*) **Ausschließung der Haftung.**

OLG. Jena, 1. ZS. Urteil v. 30. Oktober 1918.

Die Verklagte, die eine Hypothek auf einem Mühlgrabenstück hatte und es im Juni 1916 bei der Zwangsversteigerung erwerben mußte, hat es an den Kläger durch Notarvertrag vom 30. Oktober 1916 verkauft und im § 5 bestimmt: „Für Größe, Güte und Beschaffenheit des Grundstücks und des Inventars wird keine Gewähr geleistet, ausgenommen von Schwamm.“ Nach der Auflassung (Ende 1916) erfuhr der Kläger, daß ein Raum mit Schwamm behaftet war, und klagte dieserhalb auf Schadensersatz. Das LG. hat ihn mit Recht abgewiesen. Zugesichert hat die Beklagte nicht die Abwesenheit von Schwamm. Sie hat nicht versprochen, daß kein Schwamm im Hause war, sondern nur gesagt, für Schwamm wolle sie aufkommen. Damit sollte die gesetzliche Mängelhaftung aufrecht erhalten werden. Das gibt unzweideutig der § 5 wieder. Danach soll die Gewährleistung ausgeschlossen sein für Größe, Güte und Beschaffenheit, aber darunter soll nicht fallen der Schwamm. Bei Schwamm soll keine Befreiung von der Haftung eintreten. Keinesfalls sollte oder wollte die Beklagte, die sich von der gesetzlichen Haftung im übrigen befreite, nur beim Schwamm über die gesetzliche Haftung noch hinausgehen. Vielmehr wollte sie so weit entgegenkommen, daß es bei der gesetzlichen Haftpflicht blieb, daß da keine Ausnahme gemacht würde. Mündliche Abreden sind fallengelassen worden, in der schriftlichen Fassung hat die Abmachung wegen des Schwamms ihren endgültigen Ausdruck bekommen. Mündliche Abreden können hier auch nicht neben dem Vertrag bestehen. Auch können sie nicht zur Auslegung benutzt werden. Dazu sind sie so, wie sie dargestellt werden, zu unklar, und die schriftliche Fassung ist so bestimmt, daß sie bei solch verschwommenem Gerede nicht anders gedeutet werden könnte. M. l.

β) in Größe oder Umfang? Bedeutung des § 468.

Kammergericht, 7. ZS. Urteil v. 31. Mai 1918.

Der Kläger hat das Holz zweier — unstreitig 16 Morgen großen — Waldstücke gekauft; wie er behauptet, ist dabei die Größe der Waldstücke auf „etwa 30 Morgen" bestimmt worden. Der Beklagte behauptet dagegen, das Holz zweier bestimmter, durch den Kläger besichtigter Waldflächen ohne Rücksicht auf deren Größe, „wie es steht und liegt", verkauft zu haben. Gegen die Klage auf Schadensersatz wegen Nichtlieferung wendet er Verjährung aus §§ 459, 477 ein. Die Einrede ist nicht begründet. Ist wirklich so viel verkauft worden, wie der Kläger behauptet, so hat der Beklagte die verkaufte Menge noch nicht geliefert. In der Tatsache, daß nur von 16 anstatt von 30 Morgen Holz geliefert wurde, liegt nicht der Mangel einer zugesicherten Eigenschaft, sondern eine unvollständige Erfüllung des Vertrags. Die Berufung des Beklagten auf Staudinger (§ 459 IV 4a) und Staub (HGB. § 377 [6]) versagt. Denn dort ist nur ausgeführt, daß Mängel der Größe und Menge („Quantitätsmängel") als Mängel der Eigenschaft nur dann geltend gemacht werden können, wenn zahlenmäßige Angaben Bestimmungsmittel für die Beschaffenheit der Kaufsache sind. Gerade diese Voraussetzung ist hier nicht gegeben. Das vom Beklagten gelieferte Holz wird nicht dadurch weniger wert, daß die Waldfläche, von der es stammt, nicht die vom Kläger verlangte Größe hatte. Für die Beschaffenheit des Holzes war dieser Mangel in der Größe völlig gleichgültig, der Wert und die Brauchbarkeit des gelieferten Holzes wurde dadurch nicht beeinträchtigt. Vielmehr war die Bestimmung der Menge des Holzes nur für die Preisberechnung von Bedeutung. Auch § 468 ist nicht anwendbar; denn er bezieht sich nach seinem Wortlaute nur auf Grundstücke und läßt auch keine entsprechende Anwendung auf den vorliegenden Fall zu, weil es hier an der bei Grundstücken stets gegebenen Voraussetzung fehlt, daß Gegenstand des Kaufs eine individuelle Einheit ist.

Über die Haftung für bestimmte Mengen bei dem Verkauf beweglicher Sachen enthält das BGB. keine Sondervorschriften. Da besondere Umstände, unter denen ausnahmsweise § 459 ² (Mangel zugesicherter Eigenschaften) anwendbar sein kann, hier nicht gegeben sind, unterliegt der Klaganspruch der ordentlichen Verjährung (§ 196²). L. n.

γ) **Zusicherung mittlerer Art und Güte. Schadensersatz.**

OLG. Hamburg, 3. ZS. Urteil v. 6. Dezember 1917.

Die Schadensersatzklage ist darauf gestützt, daß Beklagte keine Ware zu den vertragsmäßig zugesicherten Eigenschaften geliefert habe. Aus den Bestätigungsschreiben ist jedoch nicht zu ersehen, daß eine bestimmte Eigenschaft zugesichert gewesen sei und der Kläger hat auch nicht angegeben, worin die Zusicherung bestanden habe. Jetzt hat er erklärt, es sei Handelsgut mittlerer Art und Güte zugesichert, aber nicht eingehalten. Da indessen nur eine der Gattung nach bestimmte Ware Gegenstand des Kaufgeschäfts gewesen ist, hatte der Kläger schon einen gesetzlichen Anspruch auf Handelsgut mittlerer Art und Güte. In der angeblichen Zusage einer solchen Ware kann daher eine zugesicherte Eigenschaft im Sinne des § 463 nicht gefunden werden. Da auch nicht behauptet ist, daß Beklagte einen Fehler arglistig verschwiegen habe, so scheidet der § 463 gänzlich aus. Im übrigen konnte der Kläger wegen der Mängel, mit welchen die Seife angeblich behaftet war, gemäß §§ 459, 462 nicht die Schadens-, sondern nur die Wandelungs- oder Minderungsklage erheben und das auch nur unter der Voraussetzung, daß die Ware zu der Zeit, in der die Gefahr überging, dh. im Zeitpunkt der Übergabe (§§ 446, 447) fehlerhaft war. Da unstreitig die Seife überhaupt nicht übergeben ist, so stehen dem Kläger auch keine Gewährleistungsansprüche zu. Wollte man aber annehmen, daß in diesem Falle der Zeitpunkt des Übergangs der Gefahr gemäß § 459 dennoch als bereits eingetreten anzusehen wäre, weil die Ware vergeblich angeboten oder wegen ihrer Mangelhaftigkeit zurückgewiesen ist (vgl. Düringer-Hachenburg HGB. 3 S. 153, 173), so könnte der Kläger immerhin noch keinen Schadensanspruch geltend machen.

Das LG. hat die Beklagte zum Schadensersatz auf Grund des § 276 verurteilt, weil sie durch ungeeignete Lagerung die Feuchtigkeit der Seife und damit also den Mangel der Ware verschuldet habe, mit der sie den Kaufvertrag erfüllen wollte. Allein eine Fahrlässigkeit, die die Beklagte gemäß § 276 dem Kläger gegenüber zu vertreten hätte, liegt keineswegs vor. Beklagte konnte die ihr gehörige Ware beliebig lagern lassen. Wenn diese infolgedessen verdarb und zur Vertragserfüllung ungeeignet wurde, konnte der Kläger von den gesetzlichen Rechtsbehelfen (§§ 320, 326, 459 ff.) Gebrauch machen. M. M.

δ) **Verschweigen von Mängeln des Kraftwagens.**

OLG. Augsburg, 1. ZS. Urteil v. 3. Juli 1918.

Der Sachverständige unterstellt allgemein, daß der Verkäufer eines gebrauchten Kraftwagens, der bereits einmal einen Unfall erlitten hat, sich verpflichtet fühlen muß, diese Tatsache dem Käufer mitzuteilen und dadurch selbst eine niedrigere Bewertung des Wagens herbeizuführen. Es mögen in vornehmen Sportskreisen solche Auffassungen bestehen, es erscheint jedoch im höchsten Maße zweifelhaft, ob im gewöhnlichen Verkehr der Verkäufer eines Gebrauchswagens, der nach einem Unfall den Wagen eine Zeitlang ohne Anstand weiter benutzt hat, sich im Verkaufsfall zu einer derartigen Mitteilung für verpflichtet erachten wird. Er ist nur verpflichtet, dem Käufer keinen Mangel zu verschweigen. Dagegen kann er nicht dazu verhalten werden, diesem im einzelnen alle Zufälle mitzuteilen, die sich bei Benutzung des Wagens ereignet haben, auch wenn sie nach seiner Überzeugung auf dessen gegenwärtigen Zustand ohne Einfluß sind. P. n.

ε) Minderung des Kaufpreises, wenn minderwertige Ware hoch im Preis steht.

OLG. Hamburg, 6. ZS. Urteil v. 5. Januar 1918.

Nach § 472 kommt es bei dem Minderungsanspruch auf die Zeit des Verkaufs und nach allgemeinen Grundsätzen auf den Erfüllungsort an. Letzterer war, da der Verkäufer hier seine Niederlassung hatte, Hamburg, während die weiter vereinbarten Einzelheiten „dänische Kristall-Schmierseife" „fob Kopenhagen", und „Kasse gegen auf Lübeck lautende Verladepapiere" teils die Beschaffenheit und Herkunft der Ware, teils die Frage, bis zu welchem Orte der Käufer die Transportkosten zu tragen habe, betreffen und den Erfüllungsort selbst nicht ändern. Es ist daher zu prüfen, welchen Wert die beiden Sorten Waren am 16. Oktober 1915 zu Hamburg gehabt haben. Ergibt sich dabei ein Wertunterschied, so ist er — im Verhältnis des Kaufpreises — dem Kläger auch dann zuzusprechen, wenn dieser unter dem Einflusse der Not der Zeit durch die Veräußerung der mangelhaften Ware keinen Schaden, sondern sogar Gewinn gemacht hat. Da die Waren als Gegenstände des Handels in Betracht kommen, so hängt der Wert nicht allein von der inneren Beschaffenheit, sondern auch davon ab, wie diese innere Beschaffenheit im Verkehre gewertet wird. Es ist also der Verkaufswert und zwar der objektive maßgebend. Es wäre hiernach theoretisch denkbar, daß infolge des Einflusses des Warenmangels der Verkaufswert einer an sich minderwertigen Ware annähernd demjenigen einer vollwertigen Ware gleich käme. Das ist aber nicht der Fall. Nach dem Gutachten wird im Markte der Prozentsatz an Fettsäure, von der die Schmierkraft der Seife abhängt, als maßgebend angesehen. Eine 38/40%ige Kristall-Schmierseife hatte daher am 16. Oktober 1915 einen höheren Verkaufswert, als eine mit Kartoffelmehl verfüllte Schmierseife mit nur 27% Fettsäure. Auf diesen Standpunkt haben sich auch die Parteien gestellt, da der Verkäufer die Ware ausdrücklich mit der Zusicherung von 38/40% Fettsäure verkaufte.... M. M.

ζ) Verjährung des Anspruchs auf Lieferung nach § 480.

OLG. Hamburg, 6. ZS. Urteil v. 29. Juni 1918.

Es fragt sich, welcher Verjährung der Schadensanspruch unterliegt, den der Käufer einer nur der Gattung nach bestimmten Sache deshalb erhebt, weil der Verkäufer mangelhaft geliefert und dem Verlangen auf Lieferung einer mangelfreien Sache trotz Fristsetzung (§ 326) nicht entspricht. Auf diesen durch § 480[1] als eines der Mängelrechte zugelassenen Anspruchs findet nach Satz 2 das. der § 477 entsprechende Anwendung; der Anspruch verjährt demnach in 6 Monaten von der Ablieferung an. Daß dieser Verjährung auch der Ersatzanspruch unterliegt, wenn der Verkäufer eine mangelfreie Sache trotz Fristsetzung nicht geliefert hat, ergibt sich daraus, daß dieser Anspruch nur eine Auswirkung des als Gewährleistungsanspruch zugelassenen Rechtes auf Lieferung einer mangelfreien Kaufsache ist (Blume, Iherings J. 55 S. 240). Ebenso wie bei jedem gegenseitigen Vertrage der durch Verzug des Verpflichteten im Wege des § 326 entstehende Anspruch des Gegners auf Schadensersatz wegen Nichterfüllung in Wahrheit nichts weiter ist, als die Durchsetzung des Erfüllungsanspruchs, so bildet hier der Ersatzanspruch des Käufers lediglich die Durchsetzung des durch § 480[1] gegebenen Gewährleistungsanspruchs. Daraus folgt, daß er nach Satz 2 das. der im § 477 angeordneten Verjährung ebenso unterliegt, wie der Anspruch auf Lieferung einer mangelfreien Kaufsache selbst.... M. M.

Dazu: **Unterbrechung der Verjährung durch Anerkennung. Nachfrist.** OLG. Hamburg, 3. ZS. Zwischenurteil v. 2. Juni 1918.

1. Der Kläger hat zunächst mit seinem Schreiben vom 25. März 1916 anstelle der mangelhaften Dosen die Lieferung mangelfreier gefordert. Die Beklagte hat zwar zugesagt, aber nichts geliefert. Der Kläger verlangt daher jetzt Schadensersatz wegen Nichtlieferung der mangelfreien Dosen. Die Anwendung des § 477 rechtfertigt sich daher aus § 480. Da die Ware im Februar 1916 abgeliefert, die Klage aber erst Ende 1916 erhoben worden ist, wäre sonach der Ersatzanspruch verjährt, wenn nicht die Verjährung unterbrochen worden. Dies muß bejaht werden. Die Beklagte hat im Schreiben vom 3. Juli 1916 den Anspruch des Klägers auf Ersatzlieferung ausdrücklich anerkannt; sie schreibt: „Wir haben uns bemüht, Fleisch für die Ihnen noch nachzuliefernden 169 Dosen zu bekommen." Die Verjährungsfrist fing daher gemäß § 217 von neuem an zu laufen und war Ende 1916 noch nicht abgelaufen.

2. An sich bedurfte es des Setzens einer Nachfrist, damit sich der Anspruch auf Lieferung mangelfreier Ware in einen Schadensanspruch umwandeln konnte. Allein auf das Schreiben, in welchem der Kläger fehlerfreie Ersatzlieferung für die verdorbenen 169 Dosen forderte, hat Beklagte am 3. Juli erwidert, daß sie kein Fleisch anschaffen könnte, hat auch nichts geliefert, bietet auch jetzt nichts an, hat vielmehr die Rückzahlung des Kaufpreises für die 175 Dosen angeboten. Damit hat sie deutlich zu erkennen gegeben, daß sie nicht liefern werde. Ob die Lieferung unterblieb, weil sie nicht liefern wollte oder nicht konnte, ist gleichgültig. Eine Nachfristsetzung war daher unnötig. M. M.

b) **Verstößt die Miete eines Kellers zu Wohnzwecken gegen § 134?**

Kammergericht, 2. ZS. Urteil v. 24. September 1918.

Der Keller, auf dessen Rückgabe geklagt wird, ist der Beklagten zu einem Zwecke (Geschäftsbüro) vermietet worden, zu dem er nach den baupolizeilichen Bestimmungen nicht eingerichtet werden durfte. Dennoch ist der Vertrag nicht nichtig. § 134 findet keine Anwendung. Die BauPV. für die Vororte Berlins vom 30. Januar 1912 stellt Übertretungen ihrer Vorschriften in § 78 allgemein unter Strafe, unbeschadet der Befugnis der Polizei, die Herstellung vorschriftsmäßiger Zustände herbeizuführen. Die in § 52 Nr. 5 verbotene Einrichtung von Kellerräumen zum dauernden Aufenthalt von Menschen steht also unter Strafe. Die Strafandrohung trifft aber nur die tatsächliche Einrichtung und Benutzung eines Kellerraums zum verbotenen Zwecke, nicht dagegen rechtsgeschäftliche Handlungen, die die verbotene Einrichtung oder Benutzung vorbereiten. Der Werk- oder Lieferungsvertrag, durch den die Einrichtung eines Kellerraums zum dauernden Aufenthalt von Menschen gewollt und geschafft wird, wird von der Strafandrohung nicht betroffen, und ebensowenig der Mietvertrag, in welchem beide Parteien eine solche Benutzung des Kellerraums in Aussicht nehmen. Aber selbst ein rechtsgeschäftliches Handeln, das mit Strafe bedroht ist, hat die Nichtigkeit des Rechtsgeschäfts dann nicht zur Folge, wenn offensichtlich durch das Verbot nicht die Veränderung der Privatrechtssphäre der Beteiligten, sondern ein Handeln gegen die öffentliche Ordnung verhindert werden soll. Das trifft für das hier fragliche Verbot zu (Rsp. 17 S. 25). Darum hat auch die Polizeibehörde einen solchen Mietsvertrag bei der Ausübung ihrer Befugnis, die Herstellung des vorschriftsmäßigen Zustandes herbeizuführen (BPV. vom 30. Januar 1912 § 78, LVG. § 132), zu berücksichtigen. Die Polizei kann die Räumung polizeiwidrig benutzter Räume nur vom Mieter verlangen, der Vermieter ist außerstande, vor Ablauf der bedungenen Vertragszeit, wenn er nicht durch Selbsthilfe rechtswidrig in den Besitz des Mieters eingreifen soll, den Raum zu räumen oder räumen zu lassen; von ihm kann nur beansprucht werden, daß er der Räumung kein Hindernis entgegensetzt (Pr. OberVerwG. 24 S. 385).

Nicht begründet ist der Anspruch aus § 557. Allerdings sind aus dem Keller die Möbel nicht entfernt worden, welche als Einrichtung des Raumes zum Geschäftsbüro, dem vertragsmäßigen Gebrauche, diente, und die Beklagte von ihrem ursprünglichen Vermieter, dem Vorbesitzer des Klägers, gemietet hatte. In diesen Mietsvertrag über die beweglichen Sachen ist der Kläger nicht eingetreten, wohl aber durch den Erwerb des Grundstücks nach § 571 im vollen Umfange in die Rechte und Verpflichtungen, die sich aus dem über den Raum begründeten Mietverhältnisse ergeben. Der Vorbesitzer des Klägers überließ der Beklagten den Raum in der Besetzung mit den Möbeln, die zur Einrichtung des Raumes für den vertragsmäßigen Gebrauch dienten und der Beklagten durch einen besonderen Vertrag vermietet worden waren. Die Pflicht der Beklagten zur Rückgabe des Raumes wurde dadurch in besonderer Weise bestimmt. Sie hatte den Raum nur in derselben Weise zurückzugeben, wie sie ihn empfangen hatte, dh. ohne Befreiung von den Möbeln. Es bestand kein Anspruch der Vermieter darauf, daß die Beklagte ihnen den Raum leer übergab, die Möbel vor der Rückgabe hinausschaffte. Einen solchen Anspruch hat deshalb auch der Kläger nicht und durch den Übergang des Mietverhältnisses auf ihn ist die Rückgabepflicht der Beklagten nicht geändert, nicht erschwert, nicht zur Leerüberlassung erweitert worden. Fr.

i) **Auslegung der Abrede über den Lichtpreis.**

OLG. Jena, 2. ZS. Urteil v. 15. November 1918.

Der Kläger, der für Geschütze kleine Präzisionsteile herstellt, hat im November 1916 in dem Fabrikgebäude der Beklagten ein Stockwerk als Arbeitsraum gemietet und die darin befindliche elektrische Licht- und Kraftleitung benutzt. Über den Strompreis bestimmt der Mietvertrag: „Licht und Kraft sind nach besonderem Messer zu bezahlen, für elektrisches Licht 30 Pf., für Kraft 12 Pf. die KW.-Stunde". Da der Kläger Ende 1916 Nachtschichten einführte, wurde streitig, ob die vereinbarten Preise auch für sie gelten sollten. Der Kläger verlangt deshalb die Feststellung, daß die Beklagte ihm den elektrischen Strom auch für die Nachtzeit zu den Vertragspreisen zu liefern habe. Das LG. hat mit Recht demgemäß entschieden. Die Strompreisvereinbarung enthält keine Beschränkung auf eine bestimmte Tageszeit. Wörtlich ausgelegt, muß sie also auch auf den Stromverbrauch während der Nacht angewendet werden. Aber auch wenn man sie nach dem Zweck des Vertrags auslegt, die Vorverhandlungen zwischen den Parteien heranzieht und die Verkehrssitte berücksichtigt, kommt man zu demselben Ergebnis. Der Kläger hat vor dem Vertragschluß erklärt, er habe umfangreiche Heeresaufträge auszuführen und beabsichtige, in den Mieträumen einen großzügigen Rüstungsbetrieb einzurichten. Wenn dies die Beklagte aber wußte, so mußte sie auch damit rechnen, daß der Kläger Nachtschichten einführen werde. Denn es ist allgemein bekannt, daß die Kriegsbetriebe mit Nachtschichten arbeiten. Das entspricht der in diesen Industriezweigen herrschenden Verkehrssitte, die auch der Beklagten nicht unbekannt sein kann, um so weniger, weil sie selbst Kriegsbetriebe hat. Wenn sie trotz Kenntnis des Geschäftszwecks der Klägerin und trotz der ihr bekannten Verkehrssitte die Strompreise ohne Beschränkung auf eine bestimmte Tageszeit vereinbart, so muß diese Vereinbarung nach Treu und Glauben dahin ausgelegt werden, daß die festgesetzten Preise auch für den Stromverbrauch während der Nacht gelten sollten. Die Klägerin mußte sich darauf verlassen können, daß das Verkehrsübliche gelten sollte; wollte die Verklagte davon abweichen, so hätte es einer ausdrücklichen Bestimmung bedurft. M. l.

k) **Wettbewerbsverbot in Mietverträgen.**

OLG. Rostock, 1. ZS. Urteil v. 28. Januar 1818.

Der Beklagte hatte sich bereits 1906, als er sein in S. betriebenes Schirmgeschäft an X. verkaufte, verpflichtet, „in den nächsten 10 Jahren weder unmittelbar noch mittelbar ein Konkurrenzgeschäft in S. zu errichten oder sich an einem solchen zu beteiligen." Auch der Klägerin gegenüber, die 1910 das Geschäft von X. übernommen hatte und in den zwischen ihm und dem Beklagten geschlossenen Mietvertrag eingetreten war, hat er sich bei Abschluß eines neuen Mietvertrags im Januar 1911 verpflichtet, „auf seinen Namen in S. kein Geschäft zu errichten". Gleichwohl hat er 1916 in S. ein Schirmgeschäft erworben und unter der bisherigen Firma weitergeführt, indem er an der Ladentür seinen Namen als den des Inhabers angegeben hat. Die Klägerin verlangt deshalb, daß Beklagter diese Firma löschen lasse und unterlasse, in S. ein Schirmgeschäft zu betreiben. Der Beklagte macht geltend, daß der Mietvertrag zwischen ihm und der Klägerin und damit auch die in ihm enthaltene streitige Vereinbarung damit beendet wären, daß 1913 die Klägerin das Geschäftsgrundstück käuflich erworben habe und daß im übrigen der Beklagte nicht im Sinne der Abmachung ein Geschäft „errichtet" habe. Der Klaganspruch ist nicht begründet.

Die Klägerin hat zwar den Mietvertrag durch den Ankauf des vermieteten Hauses beendet; dies war jedoch eine rechtliche Folge des Umstandes, daß eine Miete der eigenen Sache nicht möglich ist. Wenn mit dem Mietvertrag eine Abmachung verbunden war, daß der Vermieter dem Mieter keine Konkurrenz machen dürfe, so wird diese Vereinbarung, deren Durchführung im Gegensatz zum Mietvertrage durchaus möglich bleibt, durch das Aufhören des Mietverhältnisses nicht berührt; sie hätte, auch wenn von vornherein ein Kaufvertrag geschlossen wäre, getroffen werden können und besteht daher in Ermangelung besonderer Abmachungen auch weiter. Bedenklich erscheint auch die Auffassung des LG., daß der Beklagte gegen das Verbot im Vertrage nicht verstoßen habe, weil ihm hier nur verboten sei, auf seinen Namen ein Geschäft zu errichten, während er ein bestehendes Geschäft übernommen habe. Der Sinn dieser Abmachung war offenbar der, daß der Beklagte seine geschäftliche Tüchtigkeit zum Betriebe eines anderen gleichartigen Geschäfts in S. nicht weiter ausnutzen sollte. Aus dem Ausdruck „errichten" läßt sich, auch wenn man berücksichtigt, daß derartige Abmachungen nicht ausdehnend auszulegen sind, keine Beschränkung auf den Fall der Einrichtung eines neuen Geschäfts herleiten. Mochte auch die Gefahr einer Schädigung für das Geschäft der Klägerin besonders stark sein, wenn ein neues Geschäft in S. eröffnet wurde, so war doch ein nachteiliger Einfluß auch schon dann zu befürchten, wenn der Beklagte seine Geschäftserfahrung und seine Beziehungen zur Kundschaft als Inhaber eines schon bestehenden Geschäfts verwertete. In der Abmachung ist denn auch besonders hervorgehoben, daß unter seinem Namen kein anderes Geschäft geführt werden solle.

Indessen kann die Richtigkeit der vorstehenden Auffassung dahingestellt bleiben, weil die Klägerin durch den Weiterverkauf ihres Geschäfts an K. die Aktivlegitimation verloren hat. Sie hätte sich zwar trotz des Weiterverkaufs die Rechte aus dem Verbot erhalten können (RG. 47 S. 240); im Zweifel gehen sie jedoch mit dem Geschäft auf den Erwerber über und daher hätte behauptet werden müssen, daß der Vertrag zwischen der Klägerin und K. keinen Zweifel darüber lasse, daß der Anspruch aus dem Verbot nicht auf den Erwerber mit übergehen solle. Die Klägerin hat aber nur behauptet, daß K. von vornherein damit einverstanden gewesen sei, daß sie den gegenwärtigen Prozeß führe. Diese Behauptung stellt sich jedoch, wenn man sie auch an sich mit RG. 73 S. 306 für eine hinreichende Stütze der Klage halten will, als eine nachträgliche Klagänderung dar, die in der Berufungsinstanz beim Widerspruch des Gegners nicht zulässig ist. Sie kann nicht anders behandelt werden als die nachträgliche Berufung auf eine Rückabtretung des geltend gemachten Anspruchs. J.n.

l) **Miete eines Schließfaches durch die Frau. Rechte des Mannes.**
OLG. Dresden, 1. ZS. Urteil v. 16. Mai 1918.

Die Frau des Klägers, die von der beklagten Bank ein eisernes Fach des Stahlpanzerschranks gemietet hatte, schrieb ihr im März 1917: „Hierdurch übertrage ich das Schließfach meinem Manne mit allen Rechten und Pflichten; die Schlüssel habe ich ihm heute zugestellt und ihm das Kennwort mitgeteilt.“ Der Kläger beantragt auf Grund dieses Schreibens und als Nutznießer des eingebrachten Vermögens seiner Frau, daß die Beklagte ihm das Schließfach unbedingt zugänglich mache. Der Anspruch ist unbegründet.

1. Nach § 1380 kann der Kläger allerdings die zum eingebrachten Gute seiner Frau gehörenden Rechte im eigenen Namen geltend machen. Daß dazu auch solche Rechte gehören, die der Frau auf Grund eines Mietvertrags zustehen, ist nicht zu bezweifeln. Ausgeschlossen ist indes die Klagebefugnis hinsichtlich solcher Rechte der Frau, die ihrem Inhalte nach nur durch sie persönlich ausgeübt werden können. Diese Einschränkung hat hier nach den Bestimmungen der Beklagten über die Vermietung von Schrankfächern Platz zu greifen. Nach Nr. 4 gilt der Mietvertrag nur für die Person, mit der er geschlossen worden ist. Die Schrankfächer stehen unter dem eigenen Verschluß des Mieters und dem Mitverschlusse der Bank; nur beide gemeinsam können das Fach öffnen und schließen. Der Mieter kann sich zwar nach Nr. 7 bis 10 in der Benutzung des Faches und in der Verfügung über dessen Inhalt allgemein oder in einzelnen Fällen vorübergehend durch einen Bevollmächtigten vertreten lassen; indessen gilt das der Bank gegenüber nicht als Rechtsübertragung, sondern lediglich als eine jederzeit widerrufliche Ermächtigung. Daraus ergibt sich, daß die Bank einer anderen Person als dem Mieter gegenüber zur Mitwirkung bei der Öffnung des Faches nur so lange berechtigt und verpflichtet ist, als diese Person vom Mieter bevollmächtigt ist. Diese Rechtsbeschränkung muß der Kläger, da sie einen wesentlichen Bestandteil des mit seiner Genehmigung geschlossenen Mietvertrags bildet, im Verhältnisse zur Beklagten gegen sich gelten lassen.

2. Das Schreiben von 1917 scheint zwar, für sich allein betrachtet, die Rechte und Pflichten aus dem Mietverhältnis auf den Kläger zu übertragen. Dieser Wortlaut schließt indes nicht die Auffassung der Beklagten

aus, daß nur eine Vollmachtserteilung im Sinne der Bankbestimmungen vorliege. Die Frau des Klägers hat nun eidlich bezeugt, daß sie den Kläger lediglich vorübergehend zur Benutzung des Faches hat bevollmächtigen wollen und daß sie darüber mit ihrem Vater, der ihr den Entwurf des Briefes als Bevollmächtigter des Klägers zur Unterzeichnung vorgelegt hat, einverstanden war. Diese Vollmacht hat sie aber durch den Brief vom 26. Juli 1917 rechtswirksam widerrufen, so daß die Beklagte dem Kläger gegenüber nicht bei der Benutzung des Faches mitwirken kann, ohne sich dem Vorwurf eines Vertrauensbruchs und der Gefahr auszusetzen, von der Mieterin haftbar gemacht zu werden. —e—

m) **Beschädigung des Mieters durch Sturmflut.**

OLG. Hamburg, 6. ZS. Urteil v. 7. März 1918.

Der Mangel der Mieträume der Beklagten wird darin gesehen, daß sie gegen das vom Fleet eindringende Wasser nicht genügend geschützt sind und daß das Wasser bei Erreichung einer bestimmten Wasserhöhe (7,52 Meter über Hamburger Null) in die Kellerräume eindringt und sie überschwemmt. Dieser Zustand hat vom Abschluß des Mietvertrags an bestanden. Es kommt daher nur der erste der drei im § 538 angeführten Haftungsfälle in Betracht. Nach dem Beweisergebnisse haben die Sturmfluten vom 16. Januar und 16. Februar 1916, die außergewöhnlich hohe waren, wie sie nur ganz vereinzelt vorkommen, den hiesigen Normalhochwasserstand von 5,10 Meter um 3 Meter überschritten. Der Kläger meint deshalb, daß die wirksame Schützung seines Grundstücks gegen solche Hochfluten außerhalb der einem Grundeigentümer zuzumutenden Sorgfaltspflichten liege.

An sich stellt die Schutzlosigkeit des Grundstücks gegen die Einwirkungen derartiger — selbst ungewöhnlicher — Hochfluten einen Mangel i. S. des § 537 dar; denn die dabei in die Kellerräume eintretenden Überschwemmungen beeinträchtigen den Gebrauch der Räume und beschädigen die dort lagernden Waren. Aber es sind gleichwohl Fälle möglich, in denen derartige, in normalen Verhältnissen nicht erkennbare Unzulänglichkeiten in ihren schädlichen Wirkungen erst durch das Hinzutreten anderer Einflüsse in die Erscheinung treten und deshalb von der Verkehrsanschauung nicht als vertretbare Mängel angesehen werden, weil die sie hervorrufenden Ereignisse so selten und so ungewöhnlich sind, daß im Verkehr mit ihrem Eintreten nicht gerechnet wird und daher Vorkehrungen gegen sie im allgemeinen nicht getroffen zu werden pflegen. Für solche Fälle wäre die Anschauung gerechtfertigt, daß der tatsächlich vorhandene Mangel wegen des ganz ausnahmsweise vorkommenden Auftretens seiner schädigenden Wirkungen als Mangel im Rechtssinne nicht anzusehen sei. Hier ist jedoch ein solcher Fall nicht gegeben. Bereits am 16. Januar 1916 war Hamburg von einer Sturmflut heimgesucht worden, die die Keller des Klägers unter Wasser gesetzt hatte. Daß sie ein außergewöhnliches Naturereignis war, wie solches mit dieser Heftigkeit seit 22 Jahren hier nicht vorgekommen war, mag zugegeben werden. Allein nach der Auskunft der Wasserbaudirektion haben im Januar und Februar 1916 anhaltend ganz außergewöhnliche Witterungs- und Wasserverhältnisse geherrscht; unter diesen Umständen wäre die Befürchtung des Eintreffens einer abermaligen Hochflut, die das Grundstück gefährdete, nicht unbegründet gewesen. Diesem Umstande haben die Grundeigentümer gefährdeter Grundstücke damals mehrfach Rechnung getragen und Sicherungsvorkehrungen getroffen. Daß diese Grundeigentümer damit eine ungewöhnliche und nicht zu erwartende Vorsicht bewiesen haben sollten, kann nicht angenommen werden. Der Kläger muß daher der Beklagten für die Folgen des Mangels in dem durch § 538 festgesetzten Umfang einstehen. Er hat erst nach dem 16. Februar 1916 durch Anbringung einer einfachen und leicht herstellbaren Lattenwand sein Grundstück und besonders die Kellerräumlichkeiten geschützt, und zwar, soweit ersichtlich, völlig ausreichend.

Bei der Entstehung des Schadens hat aber ein Verschulden der Beklagten mitgewirkt, weil sie unterlassen hat, den Kläger auf die nach ihrer Auffassung vorliegende Gefahr einer Wiederholung der Sturmflut aufmerksam zu machen und Vorkehrungen zur Rettung und anderweitigen Unterbringung ihrer im Keller gelagerten und dort gefährdeten Vorräte zu treffen. Hierzu wäre sie bei einer solchen, gerade auch ihr durch den Verlauf der Dinge am 16. Januar deutlich vor Augen getretenen Gefahr, die alle Beteiligten, Grundeigentümer wie Mieter, in gleicher Weise bedrohte, verpflichtet gewesen, wirft sie doch auch dem Kläger vor, daß er sich um die drohende Gefahr nicht gekümmert und keine Maßregeln zu ihrer Bekämpfung ergriffen habe. [Daher Halbierung des Schadens.] M. M.

n) **Dauer der Miete von Waggonleihdecken.**

OLG. Rostock, 1. ZS. Urteil v. 11. April 1918.

Der Mietvertrag über die Waggonleihdecken sollte an sich so lange währen, als nach den Umständen des Falls der Gebrauchszweck der Decken in Betracht kam, also von der Übersendung bis zur Beendigung des Bahntransports und der dann sofort erfolgenden Rücksendung der Decken, so daß sich, wenn die Decken nicht rechtzeitig zurückgeschickt wurden, die Mietsdauer entsprechend stillschweigender Vereinbarung über die Verlängerung des Mietvertrags verlängerte. Daraus folgt indes keineswegs, daß die Beklagte die Miete für die Decken so lange zu entrichten hatte, bis sie diese tatsächlich zurückerstattete. Kamen sie ihr abhanden oder konnte sie sie aus einem anderen Grunde nicht zurückgeben, so war nach Treu und Glauben das Mietverhältnis mit dem Augenblick beendet, in welchem der Beklagten die Rückgabe der Decken unmöglich geworden war und sie dies dem Kläger mitteilte. Von da ab beschränkte sich ihre Verpflichtung auf die Zahlung des bis dahin aufgelaufenen Mietzinses und auf die Berichtigung des Wertes der Decken, oder wenn diese späterhin wieder in ihre Verfügungsgewalt zurückgelangten, auf ihre Rückgabe. Wenn das LG. die Beklagte schon dann von der Mietzahlung für frei erklärt, wenn die Decken aus irgendeinem nicht in ihrer Person liegenden Grunde abhanden gekommen sind und somit der vertragsmäßige Gebrauch an ihnen nicht gewährt wurde, mag dieser Grundsatz vielleicht bei der Miete unbeweglicher Sachen Platz greifen. Er gilt jedoch nicht ohne weiteres auch bei Miete beweglicher Sachen; denn hier ist der Beklagten der Gebrauch der Decken tatsächlich gewährt, und sie ihrerseits hat bis zur Rückgabe der Decken, an denen sie den Gewahrsam erlangt hatte, für diese auch aufzukommen. Bis zu diesem Augenblicke treffen deshalb auch etwaige Gründe, die die Beklagte an der Benutzung der Decken verhinderten, diese allein und zwar besonders, wenn, wie dies bei einzelnen Decken der Fall ist, die Verhinderung nur zeitweise war. Dr. Br.

o) **Umfang des Vermieterpfandrechts, wenn verschiedene Räume getrennt gemietet sind.**

OLG. Hamburg, 6. ZS. Zwischenurteil v. 25. April 1918.

Der Standpunkt der Beklagten, daß für die Entstehung und den Fortbestand ihres gesetzlichen Pfandrechts einerlei sei, ob die jetzt streitigen Sachen in die Wirtschaft oder in die Wohnung eingebracht seien, und daß es genüge, wenn sie in das Grundstück eingebracht seien, ist unrichtig. Wenn ein Mieter von demselben Vermieter in einem Grundstücke verschiedene Räume gemietet hat, so ist es Tatfrage, ob ein oder mehrere Mietverträge vorliegen. Hier steht die Wohnung nicht im räumlichen Zusammenhange mit den Wirtschaftsräumen. Sie ist nachträglich zu selbständigem Mietpreise gemietet und es sind getrennte Mietverträge abgeschlossen. Daher gelten unter den Parteien mehrere Mietverträge und das gesetzliche Pfandrecht wegen des einen Mietobjektes ergreift auch nur die Sachen, die in dieses Mietobjekt eingebracht sind. Da die Forderung der Beklagten aus Mietrückständen für die Wirtschaft besteht, würde die durch das Eigentum begründete Klage an dem Vermieterpfandrecht der Beklagten nur dann scheitern, wenn die gepfändeten Sachen in die Wirtschaft eingebracht sind. Sind sie dort eingebracht, so sind sie damit dem Pfandrecht für die bis 1917 vereinbarte Mietezeit unterworfen und bleiben im Pfandrechte, wenn sie auch später in die Wohnung gebracht sind. M. M.

p) **Fortsetzung der Miete als neuer Vertrag?**

Kammergericht, 2. ZS. Urteil v. 22. Februar 1918.

Das RG. (86 S. 61) hat allerdings die Vertragsbestimmung, wonach bei Nichtkündigung vor Vertragsablauf die Miete auf bestimmte Zeit verlängert werden solle, dahin aufgefaßt, daß nach Ablauf des vereinbarten Mietverhältnisses unter bestimmten Voraussetzungen ein neues Vertragsverhältnis unter den Bedingungen des ursprünglichen Vertrags beginnen solle. Diese Auffassung beruht jedoch auf der dort vom Berufungsgericht getroffenen Auslegung, der aber nicht beigetreten werden kann. Wenn ein Mietvertrag auf bestimmte Zeit abgeschlossen und dessen Verlängerung für den Fall der Nichtkündigung vereinbart ist, so liegt in der Nichtkündigung nicht der Abschluß eines neuen Vertrags; vielmehr besteht der Vertrag auf Grund der von vornherein getroffenen Vereinbarung über sein Fortbestehen mangels Kündigung, die ein Teil des Vertrags ist, fort. Der ursprüngliche Vertrag ist auf bestimmte Zeit unbedingt und weiterhin auf unbestimmte Zeit bedingt, nämlich bedingt durch die Nichtkündigung beider Teile, geschlossen. Nur diese Auslegung wird dem Verkehrsbedürfnis gerecht. Auch aus der im Oktober 1915 erfolgten Kündigung und Verlängerung des Vertrags zunächst auf ein halbes Jahr, sowie durch die spätere Verlängerung des Vertrags unter Abkürzung der Verlängerungsfrist von einem auf ein halbes Jahr kann der Beklagte nicht herleiten, daß sein Pfändungspfandrecht dem gesetzlichen Pfandrecht des Klägers vorgeht. Ein Vertrag erlischt bei erfolgter Kündigung innerhalb bestimmter Frist nicht schon mit der Kündigung, sondern erst mit dem Ablauf der Vertragszeit. Wenn daher der Vertrag zum 31. März 1916 gekündigt war, so war es den Parteien unbenommen, im Oktober 1915 die Kündigung wieder rückgängig zu machen und den Vertrag fortbestehen zu lassen. Ob dies mündlich oder schriftlich geschehen ist, ist gleichgültig, wenn die Vertragsteile darüber einig sind, daß die Bestimmung des § 16 des Mietvertrags für diesen Fall ausgeschlossen sein soll. Hier ist aber die Kündigung auch schriftlich zurückgenommen, und diese Rücknahme hat der Kläger spätestens durch Wohnenlassen angenommen. Auch die Abkürzung der Verlängerungsfrist hebt den ursprünglichen Vertrag nicht auf. Selbstverständlich liegt darin ein neuer Vertrag. Dieser neue Vertrag hat aber nicht den ganzen ursprünglichen Vertrag zum Gegenstande, sondern nur eine Einzelbestimmung. Die Parteien können einen Vertrag bestehen lassen und trotzdem dessen Einzelheiten ändern. So ist auch hier der alte Vertrag verlängert worden und nur dessen jeweilige Verlängerungsfrist abgekürzt. Fr.

q) **Pacht: α) Anwendung des § 571 auf die Fischereipacht in geschlossenen Privatgewässern.**

Kammergericht, 2. ZS. Urteil v. 5. April 1918.

A. „verpachtete" dem Beklagten durch schriftlichen Vertrag für die Zeit vom 15. August 1915 bis dahin 1925 die „Fischereinutzung auf dem $8^1/_2$ Morgen großen F.See" für jährlich 50 Mark und einen Geräte- und Schlafraum gegen einen Zins von jährlich 10 Mark. Der Kläger erwarb das Grundstück 1917 und klagte auf dessen Räumung. Die Klage ist jedoch unbegründet, weil die Voraussetzung des § 571 gegeben ist.

Wenn in demselben Vertrage die eine Sache nur zum Gebrauch, und eine andere auch zum Fruchtgenuß überlassen werden, so entscheidet über das Vorliegen eines Miet- oder eines Pachtvertrags, was nach Sinn und Zweck des Vertrags die Hauptsache ist. Hier ist das zweifellos die Fischerei; sie zielt auf Fruchtgenuß ab, der ganze Vertrag ist daher als Pachtvertrag anzusehen. In seinem Rahmen ändert sich aber durch die Verbindung nicht der Gegenstand des Rechts, das durch die einzelnen Teile des Vertrags begründet wird. Durch die entgeltliche Überlassung der Räume zum Gebrauch ist also in jedem Falle ein Grundstück verpachtet oder vermietet, selbst wenn dies für die Fischereinutzung nicht gelten sollte. Daß es sich nicht um eine bloße Nebenleistung des Verpächters handelt, die neben der Gewährung der Fischereinutzung nicht selbständig in Betracht kommt (RG. 70 S. 71, 74), ergibt sich daraus, daß außer dem für die Fischerei festgesetzten Zinse für die Räume eine besondere Vergütung vereinbart worden ist (RG. 56 S. 84). Bezüglich der Räume steht also dem Beklagten der § 571 jedenfalls zur Seite, auch dann, wenn der Kläger in die Verpflichtung des A., dem Beklagten die Fischereinutzung zu gewähren, deshalb nicht eingetreten sein sollte, weil es sich dabei um kein Pachtverhältnis handeln, dessen Gegenstand ein Grundstück sei. In diesem Falle würde also der Kläger zwar die Unterlassung der Fischerei, nicht aber die allein beantragte Räumung des Grundstücks fordern können. Der Umstand, daß die Räume dem Beklagten bei der Ausübung der Fischerei dienen sollten, ändert daran nichts. Ein Pachtverhältnis erlischt nicht deshalb, weil der Pächter aus Gründen, die in seiner Person liegen, nicht mehr den beabsichtigten vertragsmäßigen Gebrauch von der Sache machen kann (§ 552). Überdies könnte der Beklagte auch dann, wenn der Kläger in die Fischereipacht nicht kraft Gesetzes eingetreten sein sollte, noch in die Lage kommen, die Fischerei auszuüben und die Räume zu diesem Zwecke zu benutzen, da ihm dann A. den Vertrag zu erfüllen weiter verbunden bleibt. Indessen ist der Kläger anstelle des A. nach §§ 571, 581 auch in die Rechte und Verpflichtungen eingetreten, welche sich aus dem Vertrage vom August bezüglich der Fischereinutzung ergeben.

Aus § 29[5] Pr. Fischereigesetzes vom 11. Mai 1916, wonach bei Veräußerung des Fischereirechts die §§ 571 bis 579 sinngemäß gelten, läßt sich dies freilich nicht herleiten, denn das Gesetz ist erst am 15. April 1917 in Kraft getreten. Dagegen hatte der Kläger das Grundstück bereits am 14. März 1917 erworben; die Wirkung dieses Erwerbs kann sich daher nur nach altem Recht bestimmen. Für letzteres stellt zwar das RG. (70 S. 70) fest, daß der spätere Käufer eines Gutes nicht in den laufenden Jagdpachtvertrag eintritt, weil dessen Gegenstand das Jagdrecht und nicht die zu bejagenden Grundstücke seien, in deren Besitz der Jagdpächter gar nicht komme (vgl. auch RG. 51 S. 279). In RG. (56 S. 84) erklärt es aber für zweifelhaft, ob dies auch für den Fischereipachtvertrag gelte. Der Lösung dieses Zweifels bedarf es hier insoweit nicht, als selbständige, dh. nicht dem Eigentümer des Gewässers zustehende Fischereirechte (FischereiG. § 18) und das Eigentumsfischereirecht in offenen Gewässern in Frage kommen. Für den hier vorliegenden Fall der Fischerei auf einem geschlossenen Gewässer ist aber das Wassergrundstück, der See, der Pachtgegenstand. A. hat die Fischereinutzung an dem auf seinem Grundstücke befindlichen See überlassen, einem geschlossenen, dem Fischwechsel entzogenen Gewässer, das im Alleineigentum des A. stand und jetzt im Alleineigentum des Klägers steht. Das Gewässer besteht aus Ufer, Bett und Wassermasse. Nur die fließende Welle ist dem Eigentum entzogen (RG. 53 S. 98); für Wasser im Behältnisse, für stehendes, im festumschlossenen Raume gehaltenes gilt das nicht. In jedem Falle steht der vom Wasser gefüllte Raum im Privateigentum, in ihm befinden sich die Fische, deren Hegung, dh. die Maßnahmen zur Erhaltung und Hebung des Fischbestandes, wie Einsetzen von Fischbrut, die Fütterung und Schonung der Tiere, einen Gebrauch des den See erfüllenden Wassers und das vom Wasser erfüllten Raumes bildet. Das Ges. vom 11. Mai 1916 § 4 rechnet ausdrücklich die Befugnis des Hegers der Fische zum Inhalt des Fischereirechts, sie gehörte, wo nicht Ausnahmen besonders begründet waren, dazu aber auch nach dem früheren Recht. Die Überlassung der die Fischhegung weitumfassenden Fischereinutzung ist also die Überlassung des Gebrauchs der zum Grundstücke gehörigen Wassermasse und des einen Teil des Grundstücks bildenden Raumes, den das die Fische enthaltende Wasser erfüllt. Die Verpachtung der Fischereinutzung im geschlossenen Gewässer, um das es sich hier allein handelt, gewährt also den Gebrauch des Grundstücks, dieses ist mithin Pachtgegenstand.

Hiefür spricht auch folgende Erwägung: Die Fische im geschlossenen Privatgewässer sind nach § 960 nicht herrenlos und kann daher nicht durch die Aneignung des § 958 erworben werden; sie gehören vielmehr dem Eigentümer des Wassergrundstücks (ALR. I 9 § 177; EG. Art. 69). Kann man sie nicht zu den Erzeugnissen des Grundstücks rechnen, so wird auch ihr Eigentum nicht nach §§ 954—957, sondern nur in der durch die §§ 929 bis 931 bestimmten Weise auf andre übertragen. Die vertragsmäßige Einräumung eines Aneignungsrechts genügt nicht, um der später erfolgenden tatsächlichen Aneignung die Wirkung des Eigentumserwerbs zu geben; diese Wirkung ist auf den Erwerb von Erzeugnissen und sonstigen Bestandteilen einer Sache beschränkt. Die §§ 929—984 regeln den Erwerb des Eigentums an beweglichen Sachen erschöpfend. Die Art der Eigentumsübertragung ist der Willkür der Beteiligten entzogen. Für geschlossene Gewässer (§ 960) ist die Aneignung als Erwerbsart auch nicht dadurch eingeführt worden, daß das FischereiG. § 4 zum Inhalt des Fischereirechts die Befugnis rechnet, sich in einem Gewässer die Fische anzueignen. Das gilt nur für die Fälle, in denen eine Aneignung rechtlich möglich ist. Im geschlossenen Privatgewässer ist sie unmöglich, da dort die Fische schon im Eigentum stehen (Delius FG. § 4 [2]). Die Überlassung der Fischereinutzung eines geschlossenen Privatgewässers kann daher ein bloßes Aneignungsrecht nicht zum Gegenstande haben. Die Fische in jenem Gewässer können also nur dadurch übertragen werden, daß sie dem Erwerber übergeben werden. Solange sie sich im Wasser befinden, ist diese Übergabe aber nicht anders möglich, als dadurch, daß dem Erwerber das Wasser, der vom Wasser erfüllte Grundstücksraum übergeben, der Besitz an ihm eingeräumt wird. Der Erwerber erlangt dadurch aber den Gebrauch dieses Raumes. Da sich ohne diesen Gebrauch die Fischereinutzung nicht gewinnen läßt, ist der Schluß gestattet und geboten, daß die Beteiligten diesen Gebrauch des Privatgewässers gewollt, seine Gewährung zur vertragsmäßigen Verpflichtung des Eigentümers und damit das Grundstück zum Vertragsgegenstand gemacht haben. Diese Annahme wird, da die Pacht eines Grundstücks nicht die gesamten Nutzungen zu umfassen braucht (vgl. RG. 56 S. 83), auch nicht dadurch ausgeschlossen, daß die Rohr- und Stromnutzung dem Verpächter vorbehalten worden ist. Fr.

β) **Ist der Pächter zu entschädigen, wenn er nach dem Vertrage seine Gebäude dem Verpächter zur Verfügung stellt?**

OLG. Königsberg, 1. ZS. Urteil vom 9. April 1918.

Auf dem ihm verpachteten fiskalischen Gelände hat der Kläger ein Restaurant errichtet. Nach § 5 des Pachtvertrags hat er es bei Eintritt der Mobilmachung der Kommandantur zur Verfügung zu stellen. Dies geschah am 1. August 1914, worauf das Gebäude bis August 1917 mit Mannschaften belegt geblieben ist. Der Kläger beansprucht Entschädigung für die ihm entzogenen Nutzungen und stützt sich zunächst auf das KriegsLG. vom 13. Juni 1873. Allein nach § 2 das. sollen Kriegsleistungen nur insoweit beansprucht werden, als für die Beschaffung der Bedürfnisse nicht anderweitig gesorgt werden kann. Hier hatte der Beklagte das Recht, die Zurverfügungstellung der Baulichkeiten zu verlangen. Dem Bedürfnis konnte also auf Grund des Vertrags abgeholfen werden. Aber selbst wenn es sich um eine Kriegsleistung handelte, so wäre doch der Rechtsweg unzulässig (RG. 90 S. 257). . . .

Auch auf Grund des Vertrags ist der Anspruch nicht begründet. Beweispflichtig ist der Kläger; der Vertrag selbst spricht im § 5 nichts von einer Entschädigung. Im allgemeinen ist bei einem gegenseitigen Vertrage, in welchem neben den Haupt- noch bestimmte Nebenleistungen ausbedungen werden, für diese eine besondere Vergütung nicht zu gewähren; sie sind vielmehr durch die vereinbarte Gegenleistung als mitabgegolten anzusehen. Der Kläger glaubt jedoch eine entgegenstehende Willensrichtung darin ausgedrückt zu finden, daß im § 3 für den Fall, daß der Abbruch der Baulichkeiten gefordert werden müsse, eine Entschädigung ausdrücklich ausgeschlossen sei, da hieraus zu folgern sei, daß sie in den andern Fällen, wo sie nicht ausgeschlossen sei, zu gewähren sei. Dieser Schluß geht jedoch fehl. Auch im Gesetz, speziell im BGB., gibt es Fälle, wo bei einzelnen Bestimmungen die Anwendung eines Grundsatzes besonders hervorgehoben wird, ohne daß dadurch seine Anwendung bei ähnlich liegenden Voraussetzungen ausgeschlossen ist. So ist bei einzelnen Vorschriften des BGB. besonders betont, daß den rechtsgeschäftlichen Verfügungen die Verfügungen im Wege der Zwangsvollstreckung oder des Arrestes gleichgestellt sein sollen, während bei anderen Bestimmungen, zB. dem § 573, eine derartige Gleichstellung nicht ausgesprochen ist. Gleichwohl sagen die Motive 1 S. 128: Wenn in einzelnen Fällen die Gleichstellung der Verfügungen mit den im Wege der Zwangsvollstreckung oder des Arrestes erfolgenden Verfügungen im Interesse der Deutlichkeit besonders hervorgehoben wird, so darf daraus für andere Fälle kein gegenteiliger Schluß gezogen werden. Ähnlich liegt der Fall hier. Mit Recht weist der Beklagte darauf hin, daß, wenn sogar im Falle des Abbruchs des dem Kläger gehörenden Gebäudes eine Entschädigung gezahlt werden sollte, dies um so mehr gelten müsse, wenn es sich nicht um den Abbruch, sondern um einen viel geringeren Eingriff, die Zurverfügungstellung des Gebäudes handle. Offenbar liegt der Vertragsbestimmung der Gedanke zugrunde, im Falle einer Mobilmachung soll der Beklagte völlig freie Hand haben, sich insoweit als Eigentümer des Gebäudes betrachten zu dürfen und ohne jede Entschädigung schalten und walten zu können, wie er wolle; da es aber unbillig erscheinen könnte, daß der Kläger selbst in dem Falle, wenn Beklagter dessen Eigentum sogar zerstöre, keine Entschädigung erhalte, so sei es für diesen Fall des besonders schweren Eingriffs in das Eigentum des Klägers besonders ausgesprochen, während für den Fall der bloßen Gebrauchsüberlassung die Nichtzahlung einer Entschädigung selbstverständlich sei. Dieser Auffassung wird man um so mehr folgen müssen, als der Pachtzins außerordentlich niedrig bemessen ist, so daß darin zugleich das Entgelt für die in den §§ 3, 5 verabredeten schweren Verpflichtungen des Klägers zu erblicken ist. Damit fällt auch der Gesichtspunkt, daß dem Kläger als Kaufmann die Vermutung des § 354 HGB. zur Seite stehe, wonach er für Überlassung der Räume im Zweifel ein Entgelt zu fordern berechtigt sei. Denn der Vertrag läßt sich nicht auseinanderreißen und der § 5 sich nicht als eine selbständige Vereinbarung auffassen. Vielmehr ist der Vertrag als ein einheitliches Ganze anzusehen; den sämtlichen vom Kläger übernommenen Verbindlichkeiten stehen die Verbindlichkeiten des Beklagten einheitlich gegenüber; der geringe Pachtzins ist nur mit Rücksicht darauf vereinbart, weil der Kläger zugleich auch die Verbindlichkeiten der §§ 3, 5 übernommen hat. . . . Th.

γ) **Gilt die HöchstpreisVO. vom 3. Februar 1916 auch zwischen Pächter und Verpächter?**

OLG. Braunschweig, 2. ZS. Urteil v. 19. Februar 1918.

Der Kläger, der als Aktionär der Beklagten satzungsgemäß jährlich 1000 Zentner Pflichtrüben gegen den durch die Generalversammlung festzusetzenden Preis liefern muß, hat 1912 bei der Verpachtung seiner Ländereien den Pächter verpflichtet, die 1000 Zentner „für den Verpächter" an die Beklagte zu liefern. Weiter ist ausgemacht, daß, wenn die Rüben mit mehr als 1 Mark bezahlt werden, das Mehr dem Verpächter zufalle. Für 1916/17 sind je 1,68 Mark — gegen 90 Pf. für 1913/14 — festgesetzt und davon hat die Beklagte auf Grund des § 2 der VO. vom 3. Februar 1916 (RGBl. S. 80) je 1,35 Mark ausschließlich an den Pächter und nur den Rest dem Kläger gezahlt. Die Klage auf Zahlung weiterer je 35 Pf. ist begründet. Schon der Wortlaut des erwähnten § 2 läßt erkennen, daß nur Vereinbarungen zwischen den Zuckerfabriken und den Lieferern von Kaufrüben, sowie die satzungsmäßigen Verpflichtungen der Aktionäre oder Gesellschafter zur entgeltlichen Rübenlieferung getroffen werden sollten. Von den Vereinbarungen, die diese wiederum mit Dritten, besonders mit ihren

Pächtern über die Rübenlieferung getroffen haben, ist keine Rede. Die gesetzliche Ermächtigung der Fabriken, in diese Rechtsbeziehungen zwischen ihren Aktionären und Dritten einzugreifen, wäre auch so ungewöhnlich, daß man sie ohne unzweideutige Vorschrift nicht annehmen könnte. Allerdings bezweckt die VO. offensichtlich, durch Preissteigerung die Rübenanbaufläche möglichst zu steigern. Diesem Zwecke würde aber die Vorschrift durchaus gerecht, da der Aktionär oder Gesellschafter im Regelfalle auch die Pflichtrüben selbst anzubauen pflegt. Daß das Gesetz seinen Zweck in noch höherem Maße erfüllt hätte, wenn es auch in die etwaigen Rechtsbeziehungen der Aktionäre oder Gesellschafter mit Dritten eingegriffen hätte, mag sein. Allein es hat von dieser Möglichkeit keinen Gebrauch gemacht, und deshalb ist unzulässig, trotzdem eine derartige Bestimmung in das Gesetz hineinzulegen. W. n.

r) α) **Umwandlung in eine Darlehnsschuld.**

OLG. Hamburg, 4. ZS. Urteil v. 12. Juni 1918.

Das LG. hat in Ermangelung besonderer Tatsachen in der vom Beklagten behaupteten Umwandlung der alten Schuld in eine Darlehnsschuld eine Befreiung des Beklagten nicht gefunden. Allein bei der Umwandlung gemäß § 607² erlischt in der Regel der frühere Schuldgrund. Vom Standpunkt des LG. aus hätte also der Kläger darzutun, daß hier entgegen der Regel nach dem Willen der Vertragschließenden der frühere Schuldgrund bestehen bleiben sollte. Für die Entscheidung kommt es jedoch hierauf nicht an. Denn auch wenn die Umwandlung 1914 zwischen dem Kläger und dem Sohne des Beklagten vereinbart sein sollte, so würde das die zwischen den Prozeßparteien begründeten Rechtsbeziehungen nicht berühren. Der Auffassung des Klägers, daß bereits das Abkommen der Parteien vom 1. Juli 1912 die Warenschuld in eine Darlehnsschuld umgewandelt hätte, war allerdings nicht beizutreten. Dieses Abkommen enthält lediglich Vereinbarungen über Zahlungsmodalitäten, Skontogewährung und Verzinsung, läßt aber den Grund der bereits bestehenden und noch aufzunehmenden Verbindlichkeiten unberührt. Der Beklagte und sein Sohn waren aber Gesamtschuldner des Klägers, so daß eine später vom Kläger mit dem Sohne des Beklagten vereinbarte Umwandlung der Schuld keine gesamtbefreiende Wirkung gehabt hätte (§ 425). Mit Recht weist Kläger darauf hin, daß er unmittelbar zu seinem Nachteil gehandelt hätte, wenn er den Beklagten aus seiner Verpflichtung hätte entlassen wollen, während anderseits auch das Interesse ihres Vertragsgegners in keiner Weise diese Entlassung verlangte. M. M.

β) **Die Bewilligung der Eintragung einer Darlehnshypothek kein Darlehnsschuldschein.**

OLG. Rostock, 2. ZS. Urteil v. 24. Mai 1918.

Die Klägerin behauptet, dem Beklagten am 17. März 1915 1000 Mark mit der Verpflichtung, diese Johanni 1915 zurückzuzahlen, dargeliehen zu haben. Der Beklagte bestreitet, ein Darlehn erhalten zu haben; vielmehr schulde er dem Manne der Klägerin noch 1000 Mark aus dem Kauf eines Grundstücks. Im März 1915 habe er mit ihm vereinbart, die 1000 Mark auf jenes Grundstück eintragen zu lassen. Dementsprechend hätten sie beide den Stadtsekretär K. auf dem Grundbuchamt aufgesucht und eine von K. aufgesetzte Eintragungsbewilligung unterschrieben; die Eintragung sei jedoch nicht erfolgt. Die Klage ist sonach lediglich auf die Hingabe eines baren Darlehns gestützt. Wenn jetzt der Klaganspruch außerdem auf die Urkunde vom 17. März 1915 gestützt wird, so ist damit doch kein zweiter selbständiger Klagegrund geltend gemacht. Nach der eigenen Sachdarstellung der Klägerin haben die Parteien nicht etwa vereinbart, eine bestehende anderweitige Schuld in eine Darlehnsschuld im Sinne des § 607[2] umzuwandeln und dies durch die Urkunde auszudrücken. Ein Darlehnsschuldschein, der vermöge des in ihm enthaltenen Schuldbekenntnisses den Aussteller nötigte, das Nichtbestehen einer Schuld **überhaupt** zu beweisen, auf die sich der Schuldschein beziehen könnte, und daher als Klagegrund für sich zu verwerten wäre (RGKomm. § 607[7]), ist in jener Urkunde aber nicht zu finden. Sie ist ihrem Wortlaut nach eine Eintragungsbewilligung für eine Hypothek und enthält am Schlusse den ausdrücklichen Vermerk, daß eine Urkunde über die Forderung, zu deren Sicherung die Hypothek bestellt werden soll, nicht ausgestellt sei. Wenn in ihr die Eintragung einer Hypothek „für die Darlehnsforderung der Frau S." bewilligt wird, so ist damit nicht das Bestehen einer solchen Forderung anerkannt, sondern nur dem § 1115 genügt, nach der zur Individualisierung der einzutragenden Hypothek die Forderung zu **bezeichnen** ist. Wie daher der Gläubiger nach der Eintragung, obwohl diese auf den in der Bewilligung abgegebenen Erklärungen beruht, für die persönliche Klage gegen den Grundstückseigentümer das Bestehen einer Forderung nachweisen muß, so ist er auch durch den Inhalt der bloßen Eintragungsbewilligung des Beweises für das Bestehen der Schuldforderung nicht überhoben. Die Klägerin hat daher zu beweisen, daß ihr die Darlehnsforderung zusteht. Dabei kann zwar die Tatsache, daß der Beklagte die Urkunde ausgestellt hat, als Beweismoment in Betracht kommen. Aber hier ist daraus für die Klagebehauptungen nichts herzuleiten. Denn der Beklagte hat die Urkunde nicht selbst angefertigt, vielmehr hat K. nach seiner Aussage die Bezeichnung „Darlehnsforderung" gewählt, weil ihm genauere Angaben über den Schuldgrund nicht gemacht waren.... J. n.

s) α) **Haftung der Schulverwaltung für die von den Schülern abzulegenden Kleidungsstücke.**

OLG. Kiel, 1. ZS. Urteil v. 10. Oktober 1918.

Der Sohn des Klägers war Schüler des Gymnasiums. In dieses verschafften sich am 23. Oktober und 5. November 1917 Hunde Eingang und beschädigten daselbst den Überzieher, der auf dem Flur vor dem Klassenzimmer an dem dafür bestimmten Kleiderriegel hing. Da die Schüler infolge der getroffenen Einrichtungen und Anordnungen darauf angewiesen waren, ihre Kleidungsstücke, die sie abzulegen hatten, auf dem Flur zu lassen, so mußte für die Sicherheit der Kleidungsstücke die Schulverwaltung in geeigneter Weise sorgen. Diese Verpflichtung ergab sich zwar nicht aus einem ausdrücklich oder stillschweigend abgeschlossenen besonderen Verwahrungsvertrag, wohl aber aus dem auf entgeltliche Unterrichtserteilung gerichteten Dienstvertrage, zu dessen Nebeninhalt die Beaufsichtigung der Schülerkleider gehörte (vgl. OLG. Rostock in Seuff. 58 S. 55; SchlHA. 1912 S. 266). Der Beklagte wäre deshalb nach §§ 276, 278 für den klägerischen Schaden verantwortlich, wenn ihm eine dafür ursächliche Fahrlässigkeit zur Last fiele. Das ist jedoch zu verneinen.

Nach dem Beweisergebnisse waren an den genannten Tagen Hunde in das Schulgebäude durch die nach dem Schulhofe mündende Hintertür hineingekommen. Diese hatte damals einen elektrischen Verschluß, der vom Zimmer des Schuldieners aus in Betrieb gesetzt wurde. Bei Beginn des Schulunterrichts und während der Pausen wurden die beiden Flügel der Tür an den Wänden eingehakt, damit der Durchgang ungehindert war. Zu anderen Zeiten sollte die Tür geschlossen bleiben. Es kam aber vor, daß Schüler, die während des Unterrichts den Hof aufsuchen wollten, den einen Flügel der Tür einhakten, damit sie bei der Rückkehr nicht genötigt waren, dem Schuldiener das Klingelzeichen zu geben. Den Schülern war aber eingeschärft worden, die Tür nicht einzuhaken, sondern ins Schloß fallen zu lassen, und der Schuldiener war wiederholt angewiesen worden, hierauf zu achten und für die Schließung der Tür zu sorgen. Die Schulleitung hatte demnach alles getan, um der Unsitte, daß die Schüler die Tür der Bequemlichkeit halber einhakten, entgegenzutreten. Eine so untergeordnete Verrichtung, wie es das Schließen der Tür war, konnte aber der Direktor nicht fortgesetzt selber überwachen. Auch der Schuldiener, wenn er noch so sorgsam und pflichttreu war, war nicht imstande, hinter jedem auf den Schulhof austretenden Schüler herzugehen und darauf zu achten, daß die Tür jedesmal ordnungsmäßig geschlossen und nicht etwa eingehakt wurde.

Nach 5. November wurde wegen der dabei zutage getretenen Mißstände die elektrische Schließvorrichtung beseitigt und eine Klinke angebracht, vermittelst derer die Tür durch einfachen Druck mit der Hand geöffnet und geschlossen werden konnte. Aller Wahrscheinlichkeit nach wäre die Tür weder am 23. Oktober noch am 5. November eingehakt worden, wenn der Türdrücker bereits damals vorhanden gewesen wäre. Die Nichtanbringung des Türdrückers zur maßgebenden Zeit war zwar mithin für die Schadensentstehung von ursächlicher Bedeutung, sie stellte sich aber nicht als ein Verschulden des Schulleiters dar. Der Direktor P. hatte versucht, den elektrischen Türverschluß instandsetzen zu lassen. Selbst wenn es ihm auch bei noch größerer und geeigneterer Bemühung nicht gelungen sein sollte, für eine gründliche und dauernde Instandsetzung zu sorgen, so hätte er immerhin noch nicht dazu überzugehen brauchen, das System des Verschlusses so zu ändern, daß er die elektrische Schließvorrichtung ganz entfernen und einen Türdrücker anbringen ließ. Nur zur ordnungsmäßigen Herstellung der bereits vorhandenen Schließvorrichtung war er verpflichtet. Die vorläufige Unterlassung einer Systemänderung war kein Verstoß gegen § 276.

Eine Fahrlässigkeit ist auch nicht darin zu finden, daß die Kleidungsstücke nicht anders untergebracht oder bewacht wurden. Daß sie auf dem Schulflur vor dem Klassenzimmer abgelegt werden, ist nicht nur vielfach üblich, sondern eine Einrichtung, gegen deren Zweckmäßigkeit auch im Interesse der Sicherheit der Sachen im allgemeinen nichts einzuwenden sein wird. Weder erscheint es in der Regel erforderlich, die Schülerkleider unter einem besonderen Verschlusse zu halten, noch auch nach Art anderer Kleiderablagen, wie sie zB. in Theatern oder öffentlichen Museen eingerichtet sind, notwendig, eine besondere Aufsichtsperson mit ihrer ständigen Überwachung zu betrauen. Derartige Vorkehrungen würden nicht nur mit dem Schulbetriebe schwer vereinbar sein, sondern weit über das Maß dessen hinausgehen, was nach der Eigenart der Schulgebäude ihrer Beaufsichtigung und Abschließung gegen Eintritt Unbefugter nach den Erfahrungen des Lebens geboten ist, um die hierbei in erster Linie in Betracht kommenden Diebstähle nach Möglichkeit zu vermeiden. Nun waren allerdings vor den Vorgängen, die den Gegenstand der Klage bilden, mehrmals Hunde in das Schulgebäude eingedrungen, hatten sich dort an den Kleidern der Schüler zu schaffen gemacht, und dies war auch zur Kenntnis des Direktors P. gelangt. Immerhin handelte es sich dabei um vereinzelte Fälle, und die Gefahr einer Beschädigung von Kleidungsstücken durch eindringende Hunde war nicht so groß und schwerwiegend, daß es daraufhin für die Schulverwaltung eine Rechtspflicht gewesen wäre, die Unterbringung oder Bewachung der Schülerkleider in anderer Weise als bisher zu regeln. Vielleicht wäre der Anreiz für die Hunde, in das Schulgebäude einzudringen, weggefallen, wenn sie in den Kleidern kein Frühstücksbrot mehr zu vermuten Anlaß gehabt hätten, und möglicherweise hätte sich dies durch eine Anordnung des Direktors, daß kein Frühstücksbrot in den Kleidern auf den Schulfluren gelassen werden dürfte, erreichen lassen. Aber in der Unterlassung auch einer solchen Anordnung, deren Erfolg ganz ungewiß gewesen wäre, kann nach Lage der Sache kein vertretbares Verschulden des Direktors erblickt werden. SchlHA.

β) Entlassung des Mitglieds eines Kurorchesters. Verlust der Ruhegehaltsansprüche als Vertragstrafe. Herabsetzung.

OLG. Karlsruhe, 1. ZS. Urteil v. 10. Oktober 1917.

Der Kläger war ruhegehaltsberechtigtes Mitglied des Kurorchesters der Stadt B. Nach dem (privatrechtlichen) Dienstvertrag konnte er „wegen grober Vernachlässigung der Dienstpflichten" sofort entlassen werden. Nach der Dienstanweisung war er dem Spielleiter (Dirigenten) zum Gehorsam verpflichtet, er hat ihn jedoch unmittelbar nach einem Konzerte schwer beleidigt, worauf er sofort entlassen wurde. Sein Anspruch auf Zahlung des Gehalts, fürsorglich auf Ruhegehalt ist unbegründet.

Die Beleidigung enthielt die denkbar schwerste Vernachlässigung der dem Kläger gegenüber dem Konzertleiter obliegenden Gehorsamspflicht und damit eine grobe Vernachlässigung seiner Dienstpflicht. Die sofortige Entlassung war also gerechtfertigt. Dadurch wurde der Dienstvertrag aufgelöst, sie ist der nach § 626 vorgesehene Fall der fristlosen Kündigung beim Vorliegen eines wichtigen Grundes. Der Kläger hat also kein Recht mehr auf die vereinbarte Vergütung.

Der Verzicht auf den Ruhegehaltsanspruch, dem sich der Kläger bei Eingehung des Dienstvertrages unterworfen hat, stellt eine Vertragstrafe der § 339 ff. dar. Denn nach § 342 kann als Strafe auch eine andere Leistung als die Zahlung einer Geldsumme versprochen werden, zB. die Herabminderung der Gegenleistung (RG. 68 S. 42) oder der Verlust sämtlicher Ansprüche aus dem Gesellschaftsvertrag (RG. V 143/1915). Die Strafe unterliegt dem Minderungsrecht nach § 343, und die Minderung ist auch hier in Form der Herabsetzung des Ruhegehalts (statt des gänzlichen Verlustes) möglich. Allein es liegt kein Umstand vor, aus dem erkennbar wäre, daß die Strafe unverhältnismäßig hoch ist. Der Höhe der Strafe einerseits steht jedes berechtigte Interesse des Gläubigers an der gehörigen Erfüllung des Vertrags gegenüber. Das Interesse der Beklagten, daß derartige Zuwiderhandlungen unterbleiben, überwiegt. Es würde eine geordnete Weiterführung des Orchesters unmöglich machen und eine Untergrabung jeglicher Disziplin bedeuten, wenn die Beklagte nicht gegen eine derartige Verfehlung mit den schärfsten ihr zu Gebote stehenden vertraglichen Strafmitteln vorgehen durfte. Sch.

γ) **Begriff der Taxe. „Übliche" Vergütung nach § 632.**

OLG. München, 1. ZS. Urteil v. 21. Dezember 1917.

Die Kläger wollen für ihre Vergütung die Normen der GebührenO. Deutscher Architekten und Ingenieure v. 1912 angewendet wissen... Allein diese GebührenO. ist keine Taxe im Sinne des § 632. Sie ist auch nicht als „übliche" Vergütung zu erachten. Sie ist von einer einseitigen Interessentengruppe, dem Verband Deutscher Architekten- und Ingenieurvereine und 5 weiteren derartigen Verbänden und Vereinen aufgestellt, deren Mitglieder allerdings mehr und mehr und nicht ohne Erfolg bestrebt sind, die allgemeine Anwendung jener Gebührensätze im Bauverkehr durchzusetzen. Gleichwohl kann dermalen ihre allgemein verpflichtende Wirkung für Arbeiten, die die Mitglieder der genannten Vereinigungen ausführen, nicht anerkannt werden. Für den Bezirk des OLG. München hat sich die Rechtsprechung dahin ausgesprochen, daß seine Gebührensätze nur insoweit Kraft haben, als sie im Einzelfalle von den Beteiligten anerkannt werden (Rsp. 20 S. 203, 33 S. 196), ein Standpunkt, an dem trotz des in gewisser Beziehung abweichenden Gutachtens des Sachverständigen D. festzuhalten ist. Es hat sich im hiesigen Bezirk die Hamburger Norm bis heute nicht in einer Weise durchzusetzen vermocht, daß von einer Üblichkeit ihrer Sätze die Rede sein könnte; auch nicht in der Weise, daß sie immer dann anzuwenden wäre, wenn der Architekt lediglich die Vorarbeiten für einen Neubau ausgeführt hat, ohne selbst als Unternehmer des Baues in Frage zu kommen. Was für derartige Vorarbeiten zu bezahlen ist, wird im Einzelfalle nach Treu und Glauben zu entscheiden sein; es hat dabei vor allem auf die Art der Arbeit und ihre Ausführung anzukommen. Hier handelt es sich um die Entwürfe für ein gut ausgestattetes ländliches Wohngebäude. Der Entwurf und die Planausführung stellte in technischer Beziehung keine besonderen Aufgaben. Der beabsichtigte Bau ist noch unter die Art der gemeingewöhnlichen Bürgerhäuser der Gegend einzurechnen, wie sie auch von tüchtigen Baugewerkmeistern hergestellt werden können und tatsächlich hergestellt werden. Es handelte sich deshalb weniger um eine künstlerische Tätigkeit. Für derartige Bauten und ihre Vorarbeiten wird aber die GebührenO. des Innungsverbandes Deutscher Baugewerksmeister in Düsseldorf 1902 und Regensburg 1911 regelmäßig angewendet, wenn sie von Baugewerksmeistern hergestellt werden, und es geht deshalb nach Treu und Glauben nicht an, daß dieselbe Arbeit, von einem Baugewerksmeister ausgeführt, mit diesen niedrigeren Sätzen, dann aber, wenn zufällig einmal ein Architekt sie ausführt, lediglich wegen dieser Eigenschaft des Unternehmers nach den viel höheren Sätzen der Hamburger Norm bezahlt werden soll.

Diese Entscheidung wäre aber selbst dann zu treffen, wenn dem Gutachter D. beigetreten werden könnte; denn die Kläger kommen auch als „Unternehmer" im Sinne dieses Gutachtens in Frage. Dafür spricht, daß sie sich in ihren Ankündigungen allgemein zur Ausführung von Bauten erboten haben; ebenso aber die Tatsache, daß sie Bauten, wenn auch nur einige, selbst hergestellt und daß sie Baugründe zusammengekauft haben, um sie an Beteiligte weiter zu verkaufen, mit der aus dem Zusammenhang mit dem Betriebe ihres Architekturbüros sich von selbst ergebenden Absicht, die Käufer zur Bauführung nach ihren Entwürfen und Plänen zu bewegen und durch die Bauausführung Gewinn zu erzielen. Ausschlaggebend aber ist die unwiderlegte Behauptung des Beklagten, daß die Kläger gerade den hier fraglichen Bau hätten ausführen sollen. W.

δ) **Lieferung elektrischen Stromes. Leitung bis zum Verwendungsort.**
OLG. Kiel, 2. ZS. Urteil v. 12. Dezember 1916.

Ob der Vertrag über Lieferung elektrischer Energie nach den Grundsätzen des Kaufes oder des Werkvertrags zu behandeln ist, kann dahingestellt bleiben. Unter allen Umständen ergibt sich aus der Natur der Sache, daß der Stromerzeuger den Strom nicht nur herstellen und in das Drahtnetz einleiten, sondern ihn bis zu der Stelle, wo er zur Licht- oder Krafterzeugung gebraucht wird, hinleiten muß. Das erfordert das Verkehrsbedürfnis, folgt sodann aus der Technik der Stromerzeugung und Stromfortführung und entspricht endlich der allgemeinen Anschauung des Verkehrs, so daß das Gegenteil nur unter ganz besonderen Umständen angenommen werden könnte. Keineswegs ergibt sich das Gegenteil in einem Falle wie hier schon daraus, daß die der Stromübertragung dienenden Drahtleitungen ganz oder teilweise einem anderen als dem Stromerzeuger gehören. Dieser ist auch nicht rechtlich verhindert, sich zu verpflichten, den elektrischen Strom mittels fremder Drahtleitungen an den Bestimmungsort hinzuleiten, nur ist es dann seine Sache, dafür zu sorgen, daß ihm die Benutzung der fremden Drahtleitungen gestattet wird. Die Beklagte hätte also nachweisen müssen, daß ihre Rechtsvorgängerin durch den Vertrag v. 1910 eine Verpflichtung beschränkteren Inhalts nämlich nur dahin übernommen habe, den elektrischen Strom in Neumünster, als an dem Orte, wo er erzeugt wird, der Klägerin zur Verfügung zu stellen. Dieser Beweis ist nicht erbracht. Die Vorgeschichte des Vertrags ergibt zwar, daß gewisse Zweifel darüber bestanden, wie sich die an der Stromleitung beteiligten Interessenten über die Benutzung der Leitungsanlage untereinander einigen würden, und daß die Rechtsvorgängerin der Beklagten mit einer solchen Einigung und folgeweise auch damit gerechnet hat, daß ihr die Leitungsanlage für die Weiterleitung des Stromes bis nach B. ungehindert zur Verfügung stehen würde. Es ist aber nicht ersichtlich, daß sie die Verpflichtung dieser Zuleitung etwa nur unter der vorbezeichneten Bedingung übernommen hätte. Auch der schriftliche Vertrag enthält nichts, was den Standpunkt der Beklagten rechtfertigt, insbesondere kann aus den Worten: „der e. Strom wird .... abgegeben" nichts dafür hergeleitet werden. SchlHA.

ε) **Beförderungsvertrag. Höhere Gewalt.**

OLG. München, 1. ZS. Urteil v. 8. Januar 1919.

In dem Abteil, in welchem der Kläger nach München fuhr, entstand durch ein Gepäckstück, das der im selben Abteil sitzende Pionier X. bei sich hatte, eine heftige Explosion, durch die unter zahlreichen anderen Mitreisenden auch der Kläger verletzt wurde. Sein Schadensersatz ist unbegründet. Allerdings kann die Entzündung eines feuergefährlichen Gepäckstücks auch außerhalb eines Bahnwagens zu Verletzungen der in der Nähe befindlichen Personen führen; allein es ist eine Eigentümlichkeit des Eisenbahnverkehrs, daß der Reisende gezwungen ist, auf verhältnismäßig engem Raum für längere Zeit mit anderen Reisenden und deren Gepäckstücken zusammen zu sein, wodurch er gefährlichen Einwirkungen mehr ausgesetzt ist als dies anderwärts der Fall ist. Bezeichnend dafür ist hier gerade der Umstand, daß der Kläger, obwohl im Besitze einer Fahrkarte zweiter Klasse, wegen Platzmangels genötigt war, in einem Abteil dritter Klasse Platz zu nehmen. Mit Recht hat aber das LG. die Haftung des beklagten Fiskus wegen höherer Gewalt verneint. Als solche ist ein auch mit der peinlichsten Sorgfalt nicht abzuwendendes Ereignis anzusehen. Auch ein inneres Ereignis (Explosion im Innern eines Bahnwagens) kann darunter fallen, vorausgesetzt, daß es trotz größter Aufmerksamkeit nicht abwendbar war (RG. 3. Juli 1900; Eger EisenbE. 18 S. 204). Bei der Frage, ob das Ereignis abwendbar war, darf aber die Natur des Unternehmens und seine wirtschaftlichen Bedürfnisse nicht außer acht gelassen werden. Es ist selbstverständlich, daß der Bahnbetrieb unmöglich macht, die Mitnahme von Handgepäck jeder Art in die Personenwagen unbedingt zu verbieten; ebenso undurchführbar wäre aber die Anordnung, daß jeder Reisende vor Eintritt in den Wagen darauf genau zu untersuchen sei, ob er Gegenstände mit sich führe, durch die unter Umständen die Mitreisenden gefährdet werden können. Durch das Verbot, explosionsgefährliche Stoffe in die Personenwagen mitzunehmen (§ 29 [1] EVO. vom 23. Dezember 1908) hat die Bahnverwaltung ihrer Pflicht in dieser Hinsicht in vollem Umfange genügt. Sie darf und muß damit, daß diesem Verbot Rechnung getragen werde, rechnen und ist zu weitergehenden Maßnahmen deshalb, weil dem Verbot doch zuwidergehandelt werden könnte, nicht verpflichtet. Hieraus ergibt sich auch, daß hier ein Verschulden der Eisenbahn oder derjenigen Personen, für die sie einzustehen hat, nicht gegeben ist. Daß der mit Korbgeflecht umwickelte Glasballon, in welchem die Vulkanisierlösung verwahrt war, in irgendwelcher Hinsicht auffallend gewesen wäre, so daß die Bahnbediensteten seine Mitnahme in den Wagen hätten beanstanden müssen, hat der Kläger nicht behauptet, auch der Angabe des Beklagten, daß X. eine bayerische Bahnsteigsperre überhaupt nicht passiert habe, nicht widersprochen. W.

t) **Anspruch des Maklers auf den Überpreis, wenn das Geschäft nicht ausgeführt wird.**[1]

OLG. Hamburg, 3. ZS. Urteil v. 23. Mai 1918.

Bei dem dem Kläger gebührenden Überpreise hat es sich um eine reine Vermittlervergütung gehandelt, die nach der gesetzlichen Regel mit dem Abschlusse des vermittelten Geschäfts geschuldet wurde. Hierfür kommt namentlich in Betracht, daß im Vertrag ausdrücklich vereinbart war, die dem Kläger bei direkten Geschäften zwischen dem Beklagten und der Firma Otto zugesagte Provision solle jeweilig beim Abschlusse des Geschäfts fällig sein, und daß kein Grund vorliegt anzunehmen, der Kläger habe bei den von ihm vermittelten Geschäften ungünstiger gestellt werden sollen. Entscheidend aber ist, daß der Kläger bei dem streitigen Geschäft über eine bestimmte beim Beklagten lagernde Partie Bouillonextrakt tatsächlich ohne Widerspruch nicht Zwischenhändler, sondern Vermittler gewesen und als solcher aufgetreten ist. Er hat den Parteien Schlußnoten zugestellt und sich vom Beklagten Bezahlung von „Courtage" ausbedungen. Daß er diese erst nach „Ordnung des Geschäfts" beansprucht hat, kann ihm nicht entgegengehalten werden. Offenbar ging er davon aus, daß das Geschäft geordnet sei, wenn die Schlußnoten — wie dies auch geschehen ist — beiderseits widerspruchslos entgegengenommen würden, und in einem anderen Sinne konnte auch der Beklagte jene Worte nicht verstehen. Daß der Kläger dadurch auf ein ihm nach dem Vertrage zustehendes Recht habe verzichten wollen, ist nicht anzunehmen, weil er dazu keinen vernünftigen Grund hatte.

[1] Der Schlußsatz des Maklerscheins: „bei event. Verlängerungen der 2. Hypothek durch denselben Gläubiger erhält Agent seinerzeit 2%" ist nach Treu und Glauben dahin auszulegen, daß er gleichfalls als Bedingung der Maklerforderung eine Tätigkeit des Agenten voraussetzt (OLG. München, 2. ZS. Urteil v. 14. Mai 1918).

Steht hiernach der Klage nicht entgegen, daß die verkaufte Ware zurückgeliefert und der bezahlte Kaufpreis zurückbezahlt ist, so ist auch unerheblich, daß Otto den Kaufvertrag wegen Irrtums und arglistiger Täuschung deshalb angefochten hat, weil der Extrakt nur 1 % Fleischextrakt enthalte, während er nach dem vorgelegten Muster 5 % habe enthalten sollen. Denn daß der Vertrag wegen einer vom Beklagten begangenen Täuschung mit Recht angefochten sei, ist nicht behauptet. Für eine Anfechtung wegen Irrtums war aber kein Raum; vielmehr standen dem Käufer nach Lieferung einer Ware, der die angegebene zugesicherte Eigenschaft fehlte, nur die Rechte aus §§ 462, 463 zu. M. M.

u) **Auftrag:** *α)* **Haftung des Anwalts, der im Bietungstermin keine Sicherheit fordert. „Beteiligte" des ZwVG. § 9.**

OLG. Dresden, 7. ZS. Urteil v. 12. Juli 1918.

Der Beklagte beauftragte den Kläger (Anwalt) mit der Vertretung in der Zwangsversteigerung des Grundstücks. Der Kläger fordert die Vergütung für diese Vertretung. Der Beklagte verweigert die Bezahlung und fordert widerklagend Schadensersatz, weil der Kläger versäumt habe, für das Gebot des X. Sicherheit wegen einer Hypothek von 5000 Mark zu fordern, die zwar noch auf den Namen des F. eingetragen, aber an den Beklagten abgetreten war. X. erhielt für sein Meistgebot, das jene Hypothek großenteils deckte, den Zuschlag. Er bezahlte jedoch sein Bargebot nicht. Bei der darauf folgenden anderweiten Zwangsversteigerung blieb jene Hypothek ungedeckt. Die Widerklage ist unbegründet. Zu den „Beteiligten" nach § 9 Nr. 1 ZwVG. gehörte der Beklagte nicht. Denn ihm war erst am 29. Juli 1914 die Hypothek abgetreten worden, nachdem schon am 4. Mai der Vollstreckungsvermerk eingetragen worden war. Überdies ist diese Abtretung nicht im Grundbuch eingetragen worden. Dies war allerdings nicht erforderlich, auch nicht zulässig, soweit es sich um Rückstände von Zinsen handelte (§§ 1159, 1153 BGB.). Da ihm die Zinsen seit 1. Januar 1914 abgetreten worden sind, war hinsichtlich der rückständigen Zinsen die Hypothek ohne Eintragung auf ihn übergegangen. Insoweit wäre er nach § 9 Nr. 2 ZwVG. „Beteiligter" geworden, wenn dieses Recht beim Vollstreckungsgericht angemeldet und auf Verlangen eines Beteiligten glaubhaft gemacht worden wäre. Nur in diesem Falle wäre er nach § 67 ZwVG. berechtigt gewesen, Sicherheit zu verlangen. Ob dem Kläger ein Vorwurf daraus zu machen sei, daß er nicht das Recht des Beklagten angemeldet und alsdann Sicherheit verlangt hat, ist nicht zu prüfen, weil durch solche Unterlassung kein Schaden entstanden sei.

Die Sicherheit ($^1/_{10}$ des Gebots von 104000 Mark) wäre an die Berechtigten auszuzahlen gewesen (§§ 107^3, 108^1, 117 ZwVG.) nach dem Range ihrer Berechtigungen. Dadurch wäre nur ein Teil der erststelligen Forderung des D. von 98695 Mark befriedigt worden. Der Beklagte hätte nichts davon erhalten. Er wäre also im ersten Versteigerungsverfahren gleichfalls nicht befriedigt worden und hätte nur eine Sicherungshypothek gegen den Ersteher in derselben Höhe erlangt, wie es ohne Leistung einer Sicherheit der Fall war. Nur wären die im Range vor der seinigen einzutragenden Sicherungshypotheken um den Betrag geringer gewesen, der auf Grund der Sicherheit an die Berechtigten gezahlt worden. Wenn dann bei der anderweiten Zwangsversteigerung ein Meistgebot in derselben Höhe, wie es tatsächlich geschehen ist, abgegeben worden wäre, wäre der Beklagte dadurch allerdings für seine Forderung gedeckt worden. In diesem Falle hätte aber das — von D. abgegebene — Meistgebot nicht die gleiche Höhe erreicht. . . . —e—

3) **wegen nicht rechtzeitiger Revisionsbegründung.**

OLG. Hamburg, 5. ZS. Urteil v. 4. Juli 1917.

Wie allgemein anerkannt, genügt zur Revisionsbegründung gemäß §§ 384, 385 StrPO. die Behauptung, daß das angefochtene Urteil das Gesetz fehlerhaft anwende. Der beklagte Anwalt hat aber mit Recht die Einreichung einer „formellen Revisionsbegründung" abgelehnt und dem Kläger gegenüber zum Ausdruck gebracht, daß er eine Begründung nur dann einreichen würde, wenn er nach Bearbeitung des Aktenmaterials die Überzeugung gewonnen hätte, daß die Revision Aussicht auf Erfolg hätte. — Eine andere Frage ist, ob der Beklagte nicht, nachdem ihm der Kostenvorschuß bezahlt worden war und die Akten wieder bei ihm eingegangen waren, auf Grund des Auftragsverhältnisses die Ablehnung der Revisionsbegründung so rechtzeitig hätte mitteilen müssen, daß der Kläger noch vor Ablauf der Frist in der Lage gewesen wäre, einen anderen Rechtsanwalt mit dem Auftrage zu betrauen. Die Frage braucht aber nicht entschieden zu werden, da aus einem anderen Grunde die Klage abzuweisen ist.

Der Kläger hat nicht nachzuweisen vermocht, daß ihm ein Schaden durch die Säumnis des Beklagten erwachsen sei. Er hat vorgetragen, auf die Revision wäre das ihm eine Geldstrafe von 600 Mark auferlegende Urteil des LG. aufgehoben und er freigesprochen worden. Er hat auf den Inhalt dieses Urteils Bezug genommen und die Heranziehung der Strafakten beantragt. Diesem Antrage konnte nicht stattgegeben werden. Dem Kläger ist eine Ausfertigung des Urteils erteilt worden. Der ihm obliegende Beweis war daher gemäß §§ 420, 432² ZPO. durch Vorlegung des Urteils anzutreten, und nicht durch den Antrag, die zuständige Gerichtsbehörde um die Vorlegung der Akten zu ersuchen. Soweit aber Kläger ohne das Urteil versucht hat, seine Behauptung, daß seine Revision erfolgreich gewesen wäre, zu begründen, kann ihm nicht beigestimmt werden. Der Umstand, daß gegen ihn Pfändungen zu Unrecht aufrecht erhalten wurden, gab ihm kein Recht, (an den betreibenden Anwalt) einen in der Form beleidigenden Brief zu schreiben. In Wahrnehmung berechtigter Interessen handelt niemals, wer in der Absicht, zu beleidigen, gehandelt hat. Gerade aber, weil der Kläger eine Beleidigung verübt hatte, bei der die Absicht, zu beleidigen, aus der gewählten Form der Äußerung erkennbar war, hatte er kein Interesse daran, nicht den § 185 StGB. angewendet zu sehen, da für ihn die Möglichkeit eines die Strafe ausschließenden Wahrheitsbeweises nicht in Frage kam. Er hatte daher keinen Anlaß zur Beschwerde, weil anstelle des im ganzen eine schwerere Strafe androhenden § 186 der § 185 angewendet worden ist. Das Revisionsgericht hätte daher das Urteil bestätigt, wenn es auch angenommen hätte, daß hier nicht § 185, sondern § 186 hätte angewendet werden müssen. M. M.

γ) **Hinterlegung des Kaufpreises bei einer Bank, die ihn auszuzahlen hat, sobald die Ware geprüft worden.**

OLG. Dresden, 4. ZS. Urteil v. 25. Oktober 1917.

Der Kläger, der an X. Waren für 26000 Mark verkauft hatte, einigte sich schließlich mit ihm dahin, daß X. den Betrag bei der beklagten Bank hinterlegt und diese ihn dem Kläger auszuzahlen hatte, sobald die Ware eingetroffen und geprüft sei. Als X. demnächst Waren von 4600 Mark beanstandete, verlangte der Kläger Rücksendung dieser Waren und Bezahlung des Restes. Die Beklagte lehnte jedoch wegen einer entgegenstehenden Weisung des X. ab. Nachdem X. 25600 Mark dem Kläger eingesandt hatte, beansprucht dieser noch den Rest von 400 Mark. Der Anspruch ist begründet.

Die Hinterlegung bezweckte die Sicherstellung des Klägers, ohne die er die bestellte Ware nicht aus der Hand geben wollte, und hatte die damit nach §§ 232, 233 verbundene Wirkung, daß sie ihm, da das hinterlegte Geld jedenfalls Eigentum der Bank war (§ 700), ein Pfandrecht an der Forderung des X. auf Rückerstattung des hinterlegten Geldes (§ 695) oder dessen auftragsgemäße Auszahlung an den Kläger verschaffte. Für die Annahme, daß diese Wirkung der Sicherstellung nach dem Willen der Beteiligten nicht oder nicht mit allen einzelnen Folgen, wie dies angängig gewesen wäre (§ 1284), habe eintreten sollen, fehlt jeder Anhalt.... Das Rechtsverhältnis zwischen den Parteien war demnach das des Pfandgläubigers zu dem Schuldner der verpfändeten Forderung. Begründet wurde dieses Pfandrecht durch die der Beklagten bei der Hinterlegung erteilte Anweisung des X. zur Auszahlung an den Kläger nach Prüfung und Genehmigung der Ware (§ 1279); es ist daher gleichzeitig mit der verpfändeten Forderung (§ 695) entstanden. Diese Anweisung war kein Auftrag (§§ 662, 675), sondern enthielt in Verbindung mit der Mitteilung, daß der Betrag wegen einer bestimmten Kaufpreisforderung hinterlegt werde, die Anzeige der Verpfändung (§ 1280) an den Schuldner, durch die das Pfandrecht wirksam wurde. Durch diese Mitteilung war jener Auftrag dahin beschränkt, daß der Hinterleger nicht mehr ohne Zustimmung des Klägers über das Geld verfügen und einseitig den der Bank erteilten Auftrag zur Auszahlung an den Kläger widerrufen konnte, ohne Rücksicht darauf, ob dieser befriedigt war oder nicht (§§ 1281, 1282). Die Beklagte ist deshalb nicht durch den Widerruf des X. dem Kläger gegenüber frei geworden....

Da X. zur Zahlung des Kaufpreises nicht verpflichtet war, bevor er die

Ware angenommen hatte (§§ 462, 463), so war auch die Beklagte nicht vorher zur Auszahlung des hinterlegten Betrags an den Kläger verpflichtet. Da sie die Annahme der Ware nur durch X. erfahren konnte, war sie von dessen Mitteilung hierüber und insofern von dessen Weisung zur Auszahlung abhängig. Lehnte X. die Annahme grundlos ab, dann konnte sie den Nachweis dieser Grundlosigkeit vom Kläger verlangen. Deshalb war sie zur Zurückhaltung der Zahlung so lange berechtigt, als zwischen dem Kläger und X. Streit über die Empfangbarkeit wenigstens eines Teils der Ware bestand; denn vor dessen Schlichtung stand nicht fest, in welchem Umfange der Kläger Befriedigung aus der verpfändeten Forderung zu beanspruchen hatte, und dieser auch Zahlung von ihr. Dieser Streit ist aber geschlichtet.... —e—

δ) **Hat der Tod eines Beteiligten Einfluß auf die Auszahlung eines Schecks?**

OLG. Kiel, 2. ZS. Urteil v. 2. April 1918.

Die beklagte Bank hatte übernommen, einen Geldbetrag gegen die übliche Vergütung an X. auf Java auszuzahlen. Der Vertrag ist als ein Werkvertrag aufzufassen, da die Auszahlung des Geldes, der wirtschaftliche Erfolg, und nicht die Tätigkeit der Beklagten den Gegenstand des Vertrags bildet. Da der Werkvertrag eine Geschäftsbesorgung zum Gegenstand hat, finden nach § 675 die Vorschriften über den Auftrag Anwendung. Der Kläger behauptet, daß die Beklagte das Geld nicht an X., sondern nach dessen Tode an die Weeskamer in Batavia, die nach holländischem Recht mit der Abwicklung von Nachlässen befaßte Behörde, habe auszahlen lassen.

Ein eigenes Verschulden der Beklagten bei Ausführung ihrer Verpflichtung liegt nicht vor. Die gewählte Art der Ausführung durch Übersendung eines auf die A.Bank in Batavia ausgestellten Schecks ist im Geschäftsverkehr der Banken üblich. Es fragt sich, ob die A.Bank als Bezogene bei Auszahlung des Schecks an die Weeskamer schuldhaft gehandelt hat. Die Beklagte war nach § 267 berechtigt, sich der genannten Bank zu bedienen, deren Verschulden sie nach § 278 verantwortlich wäre. Indessen war die A.Bank nach den für den Scheckvertrag geltenden Bestimmungen berechtigt, den Betrag des Schecks nach dem Tode des Scheckempfängers an die nach holländischem Recht den Nachlaß für die Erben des X. verwaltende Behörde auszuzahlen. Das Scheckgesetz enthält zwar keine ausdrückliche Bestimmung darüber, welchen Einfluß der Tod eines Beteiligten auf die Rechte und Pflichten aus dem Scheckvertrag ausübt. Es kommt aber der für die Anweisung geltende § 791 BGB. zur Anwendung, wonach die Anweisung nicht durch den Tod eines der Beteiligten erlischt. Hiernach hat die A.Bank mit Recht den Scheckbetrag an die Weeskamer als legitimierten Vertreter der Rechtsnachfolger des X. ausbezahlt. Es lag keine Abweichung von der Weisung des Auftraggebers vor, die die A.Bank und sodann die Beklagte verpflichtet hätte, gemäß § 665 Satz 2 vor der Abweichung dem Kläger Anzeige zu machen und dessen Entschließung abzuwarten. Übrigens wäre auch, wenn der Kläger den Geldbetrag mit Postanweisung oder durch Wertbrief an X. übersandt hätte, das Geld an die Weeskamer ausgehändigt worden, wie ja auch die Post den Einschreibebrief, der den Scheck enthielt, der Weeskamer ausgeliefert hat. Denn nach § 39 XIII PostO. vom 20. März 1900 dürfen Postsendungen, die an verstorbene Personen gerichtet sind, den Erben ausgehändigt werden, wenn sich diese als Erben gehörig ausgewiesen haben, und es darf bei der Übereinstimmung der Vorschriften im internationalen Postverkehr angenommen werden, daß eine gleiche Bestimmung auch für das niederländische Postrecht gilt. SchlHA.

ε) **Kündigung. Abrechnungspflicht.**

OLG. Hamburg, 6. ZS. Urteil v. 11. Mai 1918.

Der dem Beklagten (Anwalt) erteilte Dienstauftrag ging dahin, den der Klägerin angefallenen Nachlaß ihres Mannes zwar in ihrem Namen, aber im Interesse der Nachlaßgläubiger unter Zuziehung eines von diesen bestellten Ausschusses zu verwerten und den Erlös unter einer gewissen Zuschußpflicht der Klägerin an die Gläubiger zu verteilen. Dieser Dienstauftrag ist jetzt jedenfalls beendigt; ob dadurch, daß die Versilberung und Verteilung fertig durchgeführt ist oder dadurch, daß die Klägerin mit der Begründung, jene Durchführung sei schon geschehen, die Vollmachtsurkunden zurückgefordert hat, mag auf sich beruhen. Jedenfalls hat der Beklagte erklärt, daß er nach der ihm widerfahrenen Behandlung den Auftrag nicht weiter ausführen wolle, hat er ihn also nach § 627 gekündigt. Dann hat er aber nach §§ 675, 666 der Klägerin Rechenschaft zu legen; denn der „Ausführung" des Auftrags steht jede sonstige Beendigung gleich (RG. 56 S. 116). Diese Pflicht umfaßt auch die mit der Klage verlangte Rechnungslegung im Sinne des § 259. Während der Berufungsinstanz hat der Beklagte die Aufstellung vorgelegt. Die Klägerin will sie aber als Abrechnung nicht gelten lassen, weil sie mangelhaft und unvollständig sei. Soweit dieser Vorwurf vorgebracht wird, ist er unbeachtlich. Die Aufstellnng stellt sich äußerlich im großen und ganzen als eine aufschlußgebende Abrechnung dar. Ihr gegenüber ist es Sache der Klägerin als desjenigen Teils, der Aufschluß haben will, anzugeben, inwiefern sie nicht genügt. Unbeachtlich ist ferner ihr Vorbringen, bestimmte einzelne Posten seien unrichtig. Auf die Richtigkeit kommt es hier nicht an; eine mangelhafte, in sich fehlerhafte Abrechnung ist gleichwohl auch eine Abrechnung. Gehört werden kann die Klägerin nur damit, daß die Abrechnung schon äußerlich sich als unvollständig darstelle, daß sie sich insbesondere nicht auf gewisse Zweige der Verwaltung oder nicht auf gewisse Zeiten erstrecke, oder daß sie Sammelposten enthalte, die über die einzelnen Einnahmen oder Ausgaben keinen verständlichen Aufschluß geben. Aber auch deswegen kann sie nicht die ganze Abrechnung zurückweisen, sondern nur Ergänzung verlangen.

In der Beziehung rügt die Klägerin mit Recht, daß sich die Abrechnung nicht erstrecke auf den Weiterbetrieb der zum Nachlaß gehörigen Mühle, also auf die Verwaltung eines zum Nachlasse auch gehörigen, dem Geschäfte der Firma Aug. St. dienenden Vermögensteils. Der Beklagte beruft sich darauf, daß er nicht für diesen Weiterbetrieb rechnungspflichtig sei, weil dieser auf Beschluß des Ausschusses einer Aktienbank übertragen und von dieser besorgt sei. Allein der Klägerin gegenüber ist der Beklagte der einzige Verantwortliche für den ganzen Nachlaß. Ihm als ihrem Vertrauensmanne hatte sie ihn in allen seinen Teilen übergeben, und er muß daher auch für alle seine Teile Aufschluß über den Verbleib geben. Etwas anderes wäre es, wenn mit Einwilligung der Klägerin die Mühle von dem übrigen Nachlasse abgezweigt und zu selbständiger und gesonderter Verwaltung der Aktienbank überwiesen wäre. Das ist nicht behauptet. Auch daran ist nicht zu denken, daß Beklagter seine Verpflichtungen auf einen anderen hätte übertragen können dergestalt, daß er ganz oder teilweise ausschied, wenn er nur die nötige Sorgfalt bei der Übertragung anwandte. Der § 664 gilt nicht für den Dienstvertrag des § 675. Ließ daher der Beklagte zu, daß die Aktienbank einen Teil des ihm zur Verwaltung übergebenen Nachlasses verwaltete, so konnte er das gegenüber der Klägerin nur in dem Sinne tun, daß die Bank seine Gehilfin in der Erfüllung seiner Verpflichtung war, und blieb er für sie verantwortlich. Dann muß er aber natürlich auch über den von der Bank verwalteten Nachlaß Abrechnung legen. Auch die Berufung darauf, daß ihm die Rechnungslegung deshalb unmöglich sei, weil die Bank ihm keine Abrechnung lege, ist hinfällig. Es mag auf sich beruhen, ob eine nicht feststehende Unmöglichkeit die Verurteilung zur Leistung überhaupt zu hindern vermag und ob diese Frage nicht erst in der Zwangsvollstreckung (§ 888 ZPO.) geltend zu machen ist. Jedenfalls behauptet der Beklagte selbst nicht, daß er Schritte gegen die Bank unternommen hat, um sie zu der Abrechnung, die sie ihm schuldet, zu zwingen; erst dann, wenn er dies vergeblich versucht hätte, könnte von einer Unmöglichkeit bei ihm die Rede sein. M. M.

v) **Bedeutung des § 691. Anwendung der §§ 372 ff.**

OLG. Posen, 2. ZS. Urteil v. 18. März 1918.

Der Kläger verlangt die Herausgabe des eingebrachten Gutes seiner von ihm getrennt lebenden Frau, das der beklagte Testamentsvollstrecker in Verwahrung hatte und als Streitmasse des Klägers wider seine Frau unter Verzicht auf Rücknahme hinterlegt hat. Er stützt seinen Anspruch auf den zwischen ihm und dem Erblasser abgeschlossenen Verwahrungsvertrag, aus dem der Beklagte nicht nur als Vollstrecker, sondern auch als Erbe haftet; die Hinterlegung gemäß § 378 habe ihn nicht befreit, weil der § 372 beim Verwahrungsvertrag durch § 691 ausgeschlossen sei. Allein der § 691 bezieht sich nur auf die Verpflichtung des Verwahrers für die Dauer des Verwahrungsvertrags, regelt aber nicht das Rechtsverhältnis bei Beendigung des Vertrags. Dies ergibt sich aus der Stellung des § 691 im Rahmen der Vorschriften über den Verwahrungsvertrag, unter denen erst bei § 695 mit der Auflösung des Vertragsverhältnisses begonnen wird. Dafür spricht auch weiter die Erwägung, daß bei Ausschaltung des § 372 das Recht des Verwahrers aus § 696, jederzeit die Rücknahme der Sachen zu verlangen, im Fall einer Weigerung des Hinterlegers hinfällig würde, da der Verwahrer dann keine Möglichkeit hätte, sich von seiner Verbindlichkeit zu befreien. Dieses Ergebnis kann aber um so weniger der Absicht des Gesetzgebers entsprechen, als der Verwahrer ausschließlich im Interesse des Hinterlegers tätig wird.

Bei der Frage, ob die Voraussetzungen des § 372 zurzeit der Hinterlegung vorlagen, ist davon auszugehen, daß nach § 372 der Schuldner eine Prüfungspflicht hat und nur dann zur Hinterlegung schreiten darf, wenn diese Prüfung zu begründeten Zweifeln tatsächlicher oder rechtlicher Art Anlaß gibt. Des Rechts zur Hinterlegung geht der Schuldner nicht schon dadurch verlustig, daß über die Person des Gläubigers objektiv Gewißheit besteht, vielmehr genügt für jenes Recht bereits, wenn er subjektiv begründete Zweifel in der bezeichneten Richtung haben konnte (RG. 59 S. 18). Wenn auch hierbei eine allzugroße Nachsicht gegen den Schuldner zu vermeiden ist, so ist doch zu berücksichtigen, daß das Interesse des Schuldners, nicht mehrmals leisten zu müssen, gegenüber dem des Gläubigers an Ersparung von Zeit und Kosten schwerer wiegt, und daß daher in Zweifelsfällen zugunsten des Schuldners zu entscheiden ist.... Gr.

w) Betriebsgefahr und Verschulden des Gastes nach § 701.

OLG. München, 1. ZS. Urteil v. 13. Dezember 1918.

Die Klage ist, auch wenn man die tatsächlichen Angaben des Klägers über den Verlust der Ringe als richtig unterstellt und diese als eingebracht im Sinne des § 701 ansieht, gleichwohl deshalb unbegründet, weil ein Verschulden des Beschädigten mitgewirkt hat, durch das der Schaden vorwiegend verursacht worden ist. Der Kläger, der seit langen Jahren Gast in der Pension der Beklagten war, hatte die Gewohnheit, jeden Abend vor dem Schlafengehen sein Zimmer auf einige Zeit zu verlassen und das auf dem nämlichen Gange befindliche Bad aufzusuchen; hierbei ließ er die Zimmertüre unversperrt. Er legte, bevor er das Zimmer verließ, jeweils seine Ringe offen auf eine auf seinem Schreibtisch stehende Schale. Der Schreibtisch steht allerdings in der Fensternische des Erkers, so daß jemand, der zu ihm gelangen will, das Zimmer der ganzen Länge nach durchschreiten muß. Die Dienstboten und jene Personen, die gleichfalls längere Zeit in der Pension wohnten und daher die Gewohnheiten des Klägers kannten, hatten aber die Möglichkeit, während seiner jeweiligen abendlichen Abwesenheit die Einrichtung des Zimmers kennen zu lernen und die Gelegenheit zu Diebstählen auszuforschen. Sie konnten hierbei wahrnehmen, daß er die wertvollen Ringe die sie untertags an ihm sahen, sorglos offen liegen ließ. Der Kläger hat dadurch solchen Personen die Ausführung des Diebstahls außerordentlich erleichtert. Er hat durch seine Sorglosigkeit wohl auch erheblich dazu beigetragen, daß der Gedanke, die Ringe zu entwenden, bei der einen oder anderen dieser Personen auftauchte. Er kannte den Wert der Ringe, die danach von besonderer Schönheit gewesen sein mußten, und auch deswegen zu ihrer Entwendung anreizten. Die Pension birgt eine erhebliche Anzahl von Fremdenzimmern. Die Gäste in einer solchen Pension wechseln; es läßt sich, wenn auch der Inhaber noch so sehr auf gutes Publikum sieht, niemals sicher annehmen, daß fremdem Eigentum gefährliche Personen gänzlich ausgeschlossen seien. Es muß auch eine gewisse Anzahl von Dienstboten vorhanden sein, für die eine derart sorglose Aufbewahrung wertvoller Schmuckgegenstände hohe Versuchung bildet. Deshalb muß bei Abwägung der objektiven Betriebsgefahr mit dem Verschulden des Gastes (Oertmann, Schuldverh. § 701[5]) angenommen werden, daß dieses Verschulden derartig überwiegt, daß es allein als ursächlich anzusehen ist. F. G.

x) **Leibrentenvertrag oder Regelung eines Schuldverhältnisses.**

OLG. Hamburg, 6. ZS. Urteil v. 11. Mai 1918.

Der Hauptschuldner des vom Kläger gewährten Darlehns war gestorben, sein Nachlaß überschuldet und die übrigen Erben des Schuldners sowohl wie der Beklagte als Miterbe und Bürge sahen sich vor der Notwendigkeit, die Schuld abzutragen und weiter zu verzinsen. Die Erledigung der Sache wurde dann zwischen den Parteien zur Sprache gebracht. Hierbei soll vereinbart worden sein, daß der Kläger gegen die Verpflichtung des Beklagten zu weiterer Verzinsung des Darlehns mit 6 % und Zahlung eines vierteljährlichen Betrags von 50 Mark auf die Rückzahlung des Darlehns verzichtete. Unter diesen Umständen kann die Beredung nicht als die Neuvereinbarung eines auf die Begründung eines Leibrentenvertrags gerichteten Abkommens, sondern nur als die Festsetzung gewisser Tilgungsmodalitäten hinsichtlich der bestehenden Darlehns- und Bürgschaftsschuld angesehen werden. Die Verabredung ist ein bedingter Erlaß der Bürgschaftsschuld, die Bedingung des Erlasses die Innehaltung der vom Beklagten übernommenen Verzinsungs- und Zahlungsverpflichtungen. Demgemäß ist die Vereinbarung auch keine letztwillige Schenkung oder ein Schulderlaß auf den Todesfall und unterliegt sie auch aus diesem Grunde nicht den für letztwillige Verfügungen bestehenden Formvorschriften. Es handelt sich vielmehr um ein Geschäft unter Lebenden, nämlich einen bereits mit dem Abschluß der Vereinbarung wirksamen Schulderlaß, auflösend bedingt durch die Nichteinhaltung der vom Beklagten übernommenen Verzinsungs- und Zahlungsverpflichtungen. Ein solches Abkommen ist formlos rechtsverbindlich. M. M.

y) **Abstraktes Schuldversprechen nach § 780.**

α) OLG. München, 2. ZS. Urteil v. 15. Juni 1918.

Die klagende Stadtgemeinde hat dem X. 1915 die Herstellung von Arbeiten übertragen und von ihm für ihre ordnungsgemäße Erfüllung eine Sicherheit von 8520 Mark zu beanspruchen. Demgemäß stellte die Beklagte nachstehendes „Schuldversprechen“ aus: „X. hat für ordnungsgemäße Erfüllung des Vertrags ... Sicherheit von 8520 Mark zu leisten.... Die unterzeichnete Bank übernimmt im Hinblick auf Vorstehendes hiermit die selbständige Verpflichtung, bis zum Höchstbetrage von 8520 Mark an die Klägerin auf deren Verlangen Zahlung zu leisten (§ 780 BGB.)." Da X. die Arbeiten nicht zu Ende führte, trat die Klägerin von dem mit ihm abgeschlossenen Vertrage zurück. Die Klage auf Zahlung von 8520 Mark ist begründet.

Die Erklärung der Beklagten läßt nach Wortlaut und Inhalt den Willen der Erklärenden klar erkennen und bietet für eine weitere Auslegung keinen Raum. Sie trägt die Überschrift „Schuldversprechen" und enthält die selbständige Verpflichtung zur Zahlung unter ausdrücklichem Hinweis auf § 780. Sie bezeichnet zwar auch die kausale Schuld; die Selbständigkeit der Verpflichtung aber wird hierdurch nicht berührt. Da auch die Klägerin das Schuldversprechen angenommen hat, liegen alle Voraussetzungen des § 780 vor. Die Absicht der Parteien war, wie die Urkunde ersehen läßt, auf einen selbständigen Verpflichtungsakt gegründet und nichts deutet auf eine bloße Bürgschaftserklärung hin. Für die Klägerin wäre auch die Erklärung als Bürgschaft gar nicht annehmbar gewesen, da die allgemeinen Vorschriften für die Vergebung von Arbeiten nur Bürgschaften zulassen, die den Verzicht auf Aufrechnung und Vorausklage enthalten. Vor allem aber kommt in Betracht, daß eine große, angesehene und juristisch beratene Bank, welcher der § 780 wohl bekannt sein mußte, diese Erklärung abgegeben hat. Ohne Belang ist, wenn das Schuldversprechen nur bis zu einem Höchstbetrag lautet, da für den Umfang der Verpflichtung des Schuldners lediglich was im Schuldversprechen festgesetzt ist, maßgebend ist. Ebenso unerheblich ist, daß in den Briefen der Streitteile und des X. das Schuldversprechen der Beklagten als Bürgschaftsschein bezeichnet ist, denn in dem für einen andern abgegebenen Schuldversprechen liegt wirtschaftlich auch ein Verbürgen. Die Beklagte wollte für X. eine Garantie leisten und hat dies eben in Form des abstrakten Schuldversprechens getan. Der Klaganspruch erscheint sonach durch die Urkunden an sich nachgewiesen. W.

β) **Zeichnung für ein gemeinnütziges Unternehmen auf Sammelbogen.**
OLG. Kiel, 1. ZS. Urteil v. 16. November 1916.

Als die Straßenbahn nach Schnellsen verlängert wurde, hat sich diese Gemeinde der Straßenbahngesellschaft gegenüber zu einem Beitrag von 225000 Mark verpflichtet. Die Gemeinde hatte vorher bei den Interessenten einen Sammelbogen umlaufen lassen, lautend: „Nachstehende verpflichten sich, zu den Kosten der Verlängerung der Straßenbahn nach Schnelsen die bei ihrem Namen eingetragene Summe an die Gemeindekasse zu zahlen. Der Kläger hat sich mit 1000 Mark eingetragen, verweigert aber, nachdem die verlängerte Bahn 1912 in Betrieb gesetzt ist, die Zahlung, indessen ohne Grund. Allerdings kann der Ausführung des LG., es handle sich um einen gegenseitigen Vertrag, durch den sich die Gemeinde als Gegenleistung verpflichtet habe, durch ihr Handeln einen bestimmten Erfolg, nämlich die Ausführung des Bahnbaues durch einen Dritten, herbeizuführen, nicht beigetreten werden. Es kam dem Zeichner nicht darauf an, daß die Gemeinde besondere Tätigkeit entfaltete, sondern wesentlich war für ihn lediglich die Tatsache, daß die Bahn gebaut werde und die Gemeinde hierfür Kosten aufwendete. Auch die Aufwendung besonderer Bemühungen der Gemeinde konnte andererseits die Einziehung der gezeichneten Kostenbeiträge nicht rechtfertigen, wenn der Erfolg, der Bau, den ein Dritter vornehmen sollte, nicht eintrat.

Auch eine Schenkung, die wegen Mangels der vorgeschriebenen Form ungültig wäre, liegt nicht vor. In der Zeichnung liegt zwar eine Freigebigkeit der Zeichner, die freiwillig Geld aus ihrem Vermögen herzugeben sich verpflichtet haben. Mochten ihre Beweggründe auch eigennützige sein, besonders in der Hoffnung bestehen, daß ihr Geschäft oder Gewerbe, wie dies zB. bei einer Gastwirtschaft zutrifft, bei der die End- oder eine Haltestation der neuen Bahn eingerichtet wurde, sich durch die Anlage heben, der Mietwert ihrer Wohnungen, der Verkaufswert ihrer Ländereien, die in der Nähe des neuen Verkehrsweges lagen, sich steigern würde oder mochten mehr ideale Gesichtspunkte (zB. Hebung des Gemeinwesens) maßgebend sein, dies waren nur die Beweggründe, und es blieb immer eine Zuwendung aus ihrem Vermögen und zwar eine unentgeltliche, denn man kann nicht die von einem Dritten herzustellende Anlage der Bahn als Gegenwert ansehen (vgl. hierzu den anders liegenden Fall im Recht 1907 Nr. 1097, wo das Reichsgericht als Entgelt für einen von einem Grundbesitzer abgetretenen Streifen Landes die Straßenanlage ansieht). Allein es war nicht die Meinung der Zeichner und ebensowenig der Gemeinde, daß hierdurch eine Bereicherung der Gemeinde, an die die Beiträge zu entrichten waren, herbeigeführt wurde. Sie sollte nicht das Geld behalten, um es für ihre Zwecke zu verwenden, sondern die Beiträge sollten einen Teil der Kosten darstellen, die aufzuwenden waren, um die Straßenbahngesellschaft zum Bau der Verlängerungsbahn zu veranlassen. Hier liegt die Sache besonders klar, weil zurzeit des Einsammelns der Unterschriften auf dem Sammelbogen ein Vertrag zwischen der Gemeinde und der Gesellschaft, die den Bau auf ihre Rechnung herzustellen hatte, noch nicht geschlossen war, also eine Verpflichtung der Gemeinde zur Tragung eines bestimmten Kostenbetrags, der dann durch die Verpflichtung der Zeichner gemindert wäre, nicht vorlag. Verhandelte die Gemeinde nach der Zeichnung mit der Gesellschaft und vereinbarte die Übernahme eines bestimmten Kostenbetrags ihrerseits gegen die Verpflichtung der Gesellschaft, den Bau herzustellen, so bildeten die gezeichneten Beträge für die Gemeinde nur einen Faktor für die Berechnung der Summe, die sie anzubieten in der Lage war. Sie gab also in dieser Weise die gezeichneten Gelder entsprechend ihrer Zweckbestimmung weiter, oder schoß diese Beträge, soweit deren Einzahlung erst später erfolgen sollte, im Vertrauen auf die eingegangene Verpflichtung, wie sie im Zeichnungsschein ausgesprochen ist, einstweilen vor, um sie später bei Fälligkeit von den ihr Verpflichteten wieder einzuziehen. Es entstand also ein fiduziarisches Rechtsgeschäft, dh. ein Recht der Gemeinde auf Einziehung des Geldes mit der Verpflichtung, das Geld einem Dritten auszuliefern, sobald dieser das Werk, dessen Förderung Zweck der Zeichnung war, hergestellt hatte, wie sie anderseits, sofern das Werk nicht zustande kam, zur Rückgabe der bereits geleisteten Zeichnungsbeiträge verpflichtet war. Es fehlt also für die Bereicherung an einem das Vermögen der Gemeinde verbessernden Akt (vgl. hierzu RG. 62 S. 386 und anderseits 71 S. 140).

Wie das RG. in der ersten Entscheidung ausführt, gibt es neben dem regelmäßigen Zweck eines Rechtsgeschäfts, der in der Zuwendung einer unentgeltlichen Bereicherung, in der Verpflichtung zu einer Gegenleistung oder in der Tilgung einer Schuldverbindlichkeit besteht, auch noch andere Zweckbestimmungen, die zur rechtsgeschäftlichen Begründung eines Rechtsverhältnisses führen können, zB. der Umstand, daß eine Bedingung zu erfüllen ist. Auch hier liegt ein kausales Rechtsgeschäft vor, wenn es auch nicht den Regelfällen unterstellt werden kann. Eine solche Zweckbestimmung, die also den Grund darstellt, aus dem es vorgenommen wird, kann auch dann angenommen werden, wenn die Errichtung eines gemeinnützigen, wohltätigen oder idealen Zweckes Gegenstand der rechtsgeschäftlichen Handlung ist, ohne daß ein gegenseitiger Vertrag oder eine Schenkung in Frage kommt. Dieser Ansicht ist bereits der hiesige 3. ZS. in einem ähnlich liegenden Falle gefolgt (Anzeigen 1916 S. 217) und es erscheint die Annahme eines derartigen kausalen Rechtsgeschäfts auch im vorliegenden Falle geeignet, der Sachlage und besonders der Absicht, wie sie die Gemeinde bei der Einsammlung und die Interessenten bei der Abgabe der Zeichnungserklärungen erkennbar hegten, zu entsprechen. Die Zweckbestimmung wird hier nach dem Willen der Kontrahenten Teil des Vertragsinhalts, so daß, wenn dieser Zweck hinfällig wird oder auf etwas Unmögliches oder Unsittliches gerichtet ist, daraus die Ungültigkeit der übernommenen Verpflichtung folgt (vgl. Enneccerus, Lehrbuch I. 1 § 139 I). In dem Zeichnungsschein ist diese Zweckbestimmung zum Ausdruck gebracht durch die nähere Bezeichnung, wofür die gezeichneten Beträge Verwendung finden sollen.

Aber auch wenn man den kausalen Rechtscharakter verneinen will und in der Vertragsurkunde trotz der Hervorhebung des Verwendungszweckes ein abstraktes Rechtsgeschäft sieht, in dem lediglich eine nähere Bezeichnung der Art der Leistung, die der Verpflichtete eingeht, enthalten ist, so ändert dies an der Rechtsbeständigkeit des Verpflichtungsaktes nichts, denn nach § 780 begründet das schriftliche Schuldversprechen, das in der Absicht abgegeben wird, hierdurch selbständig Rechte und Verbindlichkeiten zu erzeugen, einen gültigen Vertrag. Daß hier aber nach der Absicht der Gemeinde, die den Zeichnungsschein entworfen hatte und den Interessenten vorlegen ließ, wie nach dem Willen derjenigen, die sich zu einer Zeichnung verstanden und daher ihren Namen nebst der Höhe ihres Beitrages einzeichneten, durch die Eintragung die Rechtsverbindlichkeit begründet sein sollte, ist nicht zweifelhaft. Die vom Gesetz geforderte Schriftform ist gewahrt, die erschwerte Form des § 518 findet hier keine Anwendung, da es sich nicht um ein Schenkungsversprechen handelt...

Wenn in anderen Fällen angenommen ist, daß ein Gesellschaftsvertrag durch die Zeichnung begründet sei (vgl. Anz. 1915, 110), so liegt jedenfalls für ein solches Rechtsgebilde hier nichts vor, wo nicht von einem Zusammenschluß der Zeichner zur Erreichung eines gemeinsamen Zweckes die Rede ist, sondern die Gemeinde nur gesucht hat, einzelne Interessenten zur Hergabe von Geldmitteln zu bewegen, um ihre eigene Beitragspflicht entsprechend zu mindern. Es ist auch nicht ersichtlich, daß der einzelne Zeichner sich mit Rücksicht darauf, daß ein bestimmter Kreis von Interessenten sich zusammenschloß, beteiligt hat, sondern dies geschah, weil das persönliche Interesse des einzelnen ihm das Zustandekommen der Bahnanlage erwünscht erscheinen ließ...

Soweit sich der Beklagte auf mündliche Nebenabreden beruft, ist ihre Zulässigkeit nicht zu bezweifeln und zwar auch nicht bei der Annahme eines Schuldversprechens gemäß § 780 BGB. (vgl. Warn. 3 Nr. 277). Der Beklagte beruft sich darauf, daß hinsichtlich der Linienführung seine Zeichnung von Bedingungen abhängig gemacht sei. Wenn der Besitzer einer Wirtschaft vorbringt, die Verlängerung der Bahn bis zu seinem Gewese sei damals in Aussicht genommen, später aber die Bahn noch eine Strecke weiter geführt worden, so ist verständlich, wenn er hierin eine wesentliche Abänderung des Planes sieht, und da er offensichtlich ein Interesse daran hat, daß die Bahn bei seiner Wirtschaft endet, wodurch seinem Lokal Gäste zugeführt werden. Andere ähnliche Fälle mögen vorkommen, allein für den Beklagten trifft dies nicht zu. Er hat jetzt sogar durch die Weiterführung den Vorteil, daß die Bahn an seinem Hause vorbeiführt und dort in der Nähe eine Haltestelle ist.... SchlHA.

z) **Entsprechende Anwendung des BGB. § 810.**

OLG. Dresden, 5. ZS. Urteil v. 26. November 1917.

Der Annahme des LG., daß es sich um ein Auftragsverhältnis (§ 662) handele, kann nicht beigepflichtet werden. Indem der Beklagte die Kläger ersuchte, ihm ihre Kuxe zu einem bestimmten Preise bis 31. Juli 1916 fest anzustellen, forderte er sie zur Abgabe eines Kaufvertragsantrags auf. Dadurch, daß sie durch Unterzeichnung und Zusendung des Anstellungsschreibens seiner Aufforderung nachkamen und er ihr Angebot annahm, ist zwischen ihnen ein Kaufvertrag über die Kuxe zustande gekommen. Nach § 810 ist zwar der Verkäufer regelmäßig nicht berechtigt, von dem Käufer, der die Sache weiter verkauft hat, Vorlegung des mit dem Dritten abgeschlossenen Kaufvertrags zu verlangen, denn es liegt keiner der im § 810 aufgeführten Fälle vor. Der § 810 ist aber entsprechender Anwendung fähig (RGKomm. § 810[3]) und eine solche erscheint hier geboten. Das Geschäft, um das es sich handelt, bezweckte, die Kuxe aus dem Eigentum der bisherigen Inhaber in das der Aktiengesellschaft X. überzuführen; es wurde in der Weise erledigt, daß sich der Beklagte die Kuxe von ihren Eigentümern auf längere Zeit fest anstellen ließ, die Verhandlungen mit der X. führte, nach Erzielung einer Einigung auf Grund der Anstellung die Kuxe kaufte und sie dann zusammen im eigenen Namen an die Gesellschaft weiter verkaufte. Formell trat also der Beklagte im Verhältnisse zu den Klägern als Käufer und im Verhältnisse zu der Erwerberin der Kuxe als Verkäufer auf, materiell übte er aber die Tätigkeit eines Kommissionärs aus; es ist auch nach Lage der Sache anzunehmen, daß die Erwerberin davon Kenntnis gehabt hat. Unter solchen Umständen läßt sich sagen, daß die den Kaufvertrag mit X. enthaltende Urkunde im weiteren Sinne auch im Interesse der Kläger errichtet ist, und da die Einsicht der Urkunde auch geeignet ist, die Kläger in der Verfolgung ihres Rechtes gegenüber dem Beklagten zu fördern, die Kläger sonach ein rechtliches Interesse an der Einsicht haben, können sie die Vorlegung verlangen. Dazu sind sie auch deshalb berechtigt, weil der Beklagte in seinem Briefe für den Fall, daß er einen höheren Preis als je 950 Mark erzielen sollte, den Klägern versprochen hat, den Mehrerlös in voller Höhe an sie abzuführen.... Allerdings haben die Kläger diese Zusage nicht ausdrücklich angenommen. In ihrem Verhalten ist aber eine stillschweigende Annahme zu finden. Sie hatten zunächst gezögert, den Anstellungsschein zu unterschreiben, und bei ihm angefragt, ob nicht die Erzielung eines höheren Preises als 950 Mark möglich sei. Wenn sie sich dann auf seine Zusage wegen des Mehrerlöses dazu verstanden, ihm den Schein vollzogen zuzusenden, so sind sie dabei offensichtlich davon ausgegangen, daß sie seinem Versprechen gemäß bei Erzielung eines Mehrerlöses diesen zu beanspruchen hätten. Deshalb hat der Beklagte nach Treu und Glauben über die Höhe des erzielten Mehrerlöses durch Vorlegung des Kaufvertrags Auskunft zu erteilen. Das BGB. hat die Voraussetzung für die Auskunftspflicht nicht durch eine allgemeine Formel festgelegt, sondern nur in zahlreichen Einzelfällen ausgesprochen, so besonders beim Beauftragten (§ 666) und beim Geschäftsführer (§ 684). Aus diesen Einzelfällen ist der Grundsatz herzuleiten, daß auskunftspflichtig ist, wer fremde Angelegenheiten oder solche, die zugleich eigene und fremde sind, besorgt, und das letztere trifft insofern beim Beklagten zu, als er, eben mit Rücksicht auf seine Zusage, bei dem Verkaufe der Kuxe an X., wenn auch im eigenen Namen, so doch gewissermaßen auf Rechnung der Kläger handelte. —e—

7. Recht der Schuldverhältnisse.

a) Erfüllungsort: α) nach §§ 29, 32 ZPO. für die Rückzahlung des Kaufpreises nach Wandelung.

OLG. Dresden, 4. ZS. Urteil v. 19. September 1918.

Nach der herrschenden Meinung ist die aus der Wandelung sich ergebende Verbindlichkeit des Verkäufers zur Rückzahlung des Kaufpreises, die sich neben der Verbindlichkeit zur Rücknahme der Ware und zu sonstigen

Nebenleistungen als Hauptleistung kennzeichnet, an dem Orte zu erfüllen, wo sich die Ware zurzeit der Wandelung gemäß dem Vertrage befindet (Warn. 1918 Nr. 81). Allerdings ist der Verkäufer durch § 348 (s. § 467) nicht gehindert, dem Verlangen nach Erstattung des Kaufpreises auch ohne gleichzeitige Rückgewähr der Sache stattzugeben; auch hier hat Beklagter ein Rückhaltungsrecht nicht geltend gemacht. Allein hieraus folgt nicht, daß der Verkäufer an dem Orte zu zahlen hat, wo er sonst nach dem Gesetze Zahlungen zu leisten hat (§§ 269, 270); denn der Leistungsort für die Rückzahlung des Kaufpreises ist durch § 348 dahin geregelt, daß die beiderseitigen Verpflichtungen aus der Wandelung Zug um Zug und deshalb dort zu erfüllen sind, wo der Kläger die empfangene Ware zurückzugeben hat. Hier hat das in Ch. zu geschehen, wohin die vom Abnehmer des Klägers zurückgewiesene Ware auf dessen Veranlassung, also in Betätigung eines durch die Vertragswidrigkeit der Leistung gesetzlich gebotenen Verhaltens (§ 379 HGB.) gelangt ist. Dort kann der Kläger deshalb auch allein den Anspruch auf die Hauptleistung, die Rückzahlung des Kaufpreises, ohne Nebenleistungen, besonders auch die auf Rücknahme der Ware geltend machen.

Das angegangene LG. ist aber auch für die in zweiter Linie erhobene Klage auf Schadensersatz wegen Nichterfüllung zuständig. Der Kläger stützt diesen Anspruch auf arglistige Täuschung über die versprochene Beschaffenheit der gelieferten Ware, verlangt also auf Grund eines Tatbestandes, der sich als eine unerlaubte Handlung der §§ 823², 826 kennzeichnet, Rückgabe des Kaufpreises unter dem Gesichtspunkte des Ausgleichs des ihr hierdurch entstandenen Schadens (§ 249), nicht wegen bloß schuldrechtlicher Verletzung vertragsmäßiger Verbindlichkeiten (§ 463). Dieser Schaden ist dort eingetreten, wo sich der Kläger, veranlaßt durch die Täuschung, des Kaufpreises entäußert hat, also am Orte ihrer Handelsniederlassung; dort hat sich der Tatbestand verwirklicht, der den Beklagten zum Schadensersatz verpflichtet. Dort ist deshalb auch nach § 32 ZPO. ein Gerichtsstand für diese Klage begründet. Außerdem gehört zur Schadloshaltung des Klägers, daß er die Zahlung da zurückerhält, wo er die Handelsniederlassung hat. Hier ist jene Zahlung aus seinem Vermögen ausgeschieden worden. Zur Herstellung des früheren Zustandes gehört, daß es auch hier wieder seinem Vermögen zugeführt wird. —e—

β) **für den Versender beim Speditionsvertrage.**

OLG. Posen, 5. ZS. Urteil v. 25. April 1917.

Die Klage ist auf einen Speditionsvertrag gestützt. Aus diesem kann der Spediteur (Kläger) neben seiner Provision auch die erforderlichen Auslagen vom Versender verlangen. Zu solchen Auslagen ist auch der von der Steuerbehörde verlangte Zoll zu rechnen (Staub HGB.⁹ § 409⁷·⁸). Wo der Versender Provision und Zoll an den Spediteur zu zahlen hat, bestimmt § 269 BGB. Nach der von Staub § 407²⁴ und Förster-Kann ZPO. § 29 IX vertretenen Ansicht ist Erfüllungsort für den Versender dessen Wohnsitz zurzeit des Abschlusses des Speditionsvertrags. Dies mag im allgemeinen zutreffen. Häufig aber werden die Umstände des Falles mit sich bringen, den Ort, wo die Spedition auszuführen ist, als Erfüllungsort auch für die Verpflichtungen des Absenders anzunehmen, besonders wenn der Versender sofort Vorschüsse für Auslagen zu leisten hat, die bei Beginn der Beförderung entstehen. Hiernach hätte der Beklagte den Zoll, wenn ihn der Kläger bezahlt hätte, in S. zu entrichten gehabt, wo die Ware zum Versand gebracht wurde. Hier kommt noch hinzu, daß beide Parteien deutsches Recht angewendet wissen wollen, daß der Kläger ferner von der Behörde aufgefordert worden ist, den Zoll in S. (seinem Wohnsitz) zu zahlen und der Kläger vom Beklagten die Befreiung von dieser dort zu erfüllenden Verbindlichkeit begehrt. Hieraus folgt die Pflicht des Beklagten, die streitige Verbindlichkeit am Wohnsitz des Klägers zu erfüllen. PosMSchr.

b) α) **Beginn der Verjährung bei Garantiefristen.**

OLG. Posen, 2. ZS. Urteil v. 4. Juli 1918.

Der übliche Sinn der Garantiefrist ist der, daß Mängel, die sich innerhalb der vereinbarten Frist nach der Ablieferung zeigen, geltend gemacht werden können. Es können also Mängel der Sache nicht, wie sonst gemäß § 477 nur binnen 6 Monaten, sondern auch dann geltend gemacht werden, wenn sie sich innerhalb einer vertraglich festgesetzten Zeit nach der Ablieferung zeigen. Damit ist nur der Beginn der Verjährungsfrist des § 477 anders bestimmt und bis zu dem Zeitpunkte hinausgeschoben, wo der den Anspruch auf Wandelung, Minderung oder Schadensersatz begründende Mangel entdeckt wird. Es kann die Bedeutung einer Garantieleistung auch die sein, daß die in § 477 bestimmte Frist zur Geltendmachung von Ansprüchen erst vom Ablauf der Garantiefrist an laufen sollte (RG. 65 S. 121). Daß hier die Garantiefrist diesen Sinn hätte, dafür ist an sich aus der Bestimmung nichts zu entnehmen; auch sind keine Umstände erkennbar, die auf die Absicht der Parteien schließen lassen, ohne weiteres die zur Geltendmachung der erkannten Mängel hinreichende Frist von 6 Monaten weiter hinauszuschieben. Als Beginn der Verjährungsfrist kommt nicht schlechthin der Zeitpunkt der Mängelentdeckung, sondern der der Entstehung des Ersatzanspruchs in Betracht (RG. 65 S. 247). Gr.

β) **§ 477 bei Lieferung einer andern als der bestellten Ware.**

OLG. Rostock, 1. ZS. Urteil v. 20. Februar 1919.

Der Ausführung des LG., daß die Ware bereits am 13. Juni 1917 abgeliefert, die Klage aber erst nach Ablauf der Verjährung des § 477 erhoben sei, ist an sich beizutreten. Denn nachdem die ursprüngliche Abrede: Abnahme durch das Proviantamt P. auf Verlangen des Klägers (Militärfiskus) dahin abgeändert ist, daß die formelle Abnahme durch die Garnisonverwaltung R. erfolgen sollte, letztere aber unter Abstandnahme von einer Untersuchung die unmittelbare Versendung von S. aus angeordnet hatte, war mit der auf Grund des Frachtbriefs des Proviantamts P. erfolgten Verladung in S. die volle Verfügungsgewalt über die Ware auf den Käufer übergegangen und damit die Ablieferung erfolgt. Nichtsdestoweniger würde diese Erwägung nicht die Entscheidung tragen, wenn als Grund der Klage nicht ein Mangel der gelieferten Ware, sondern der Umstand anzusehen wäre, daß der Verkäufer eine andere als die gekaufte Ware, nämlich statt Aal Schellfisch oder eine andere geringwertige Fischsorte geliefert hätte. Mindestens entspricht es einer, wenn auch nicht unbestrittenen, Rechtsauffassung, daß bei Lieferung anderer als der bestellten Sachen der § 477 nicht Platz greift (vgl. Staudinger, § 477 I 2 b). Dabei erhebt sich freilich die Frage, inwieweit bereits ein bloßes Vermischen ordnungsmäßig gelieferter Ware mit Waren anderer, wiewohl ähnlicher Gattung als Lieferung einer „anderen Sache" und nicht als bloß fehlerhafte Lieferung anzusehen wäre. Es muß aber der Kläger schon deshalb abgewiesen werden, weil er, der unzweifelhaft die Lieferung zunächst als Erfüllung angenommen hat, seinerseits zu beweisen hat, daß Erfüllung nicht erfolgt sei, und diesen Beweis nicht erbringen kann....[1] Dr. Br.

γ) Kauf vorbehaltlich der Lieferungsmöglichkeit. Bahnsperre. Ausscheidung nach § 243 BGB.

OLG. Jena, 2. ZS. Urteil v. 21. Februar 1919.

Die Beklagte, die am 28. September 1917 Porzellanbecher „unter Vorbehalt der Lieferungsmöglichkeit, sowie eventueller späterer Preiserhöhung" verkauft hatte, verlud am 19. Dezember die Waren auf dem Bahnhof in K. und übersandte dem Kläger die Rechnung. Infolge der Gütersperre für Bayern konnte ihm aber der Wagen nicht zugesandt werden. Dies teilte ihm die Beklagte mit, „da wir annehmen, daß Ihnen die paar Tage Wagenstandgeld in Anbetracht des billigen Preises nichts ausmachen werden; andernfalls bitten wir um Depesche". Der Kläger antwortete darauf nicht. Trotzdem versandte die Beklagte, nachdem der Wagen fünf Tage in K. gestanden hatte, ihn an einen Großhändler im nicht gesperrten Gebiet. Die Klage auf Schadensersatz ist begründet.

Die Beklagte hat die Waren, die sie dem Kläger liefern wollte, aus ihren Lagerbeständen ausgeschieden und in den Bahnwagen Nr. 3966 zur Versendung an ihn verladen, ihm dies auch durch Übermittlung der Rechnung, die die Waren im einzelnen bezeichnete, und durch den späteren Brief mitgeteilt. Er hat den Brief unwidersprochen gelassen, und damit schlüssig dem Vorschlag zugestimmt. Unter diesen Umständen ist unbedenklich anzunehmen, daß die Parteien im gegenseitigen Einverständnis die Gegenstände des Kaufs im einzelnen bestimmt (individualisiert) und so den Leistungsinhalt, der im Vertrag nur der Gattung nach angegeben war, auf die im Bahnwagen verladenen einzelnen Waren beschränkt haben. Dem steht nicht entgegen, daß

[1] Schadensersatzansprüche des Käufers wegen Nichtlieferung verjähren, weil sie sich nicht auf Mängel der Lieferung, sondern auf Verzug gemäß § 326 stützen, nicht nach § 477, sondern in 30 Jahren (OLG. Kiel, 2. ZS. Urteil v. 26. Juni 1918; SchlHA. S. 214).

der Kläger die Waren nicht erst besichtigt hat. Denn er konnte die Waren auch unbesehen als speziellen Vertragsgegenstand gelten lassen, und das hat er getan (RG. 43 S. 184, 70 S. 426). Liegt danach aber ein Speziesкauf vor, so ist der Beklagten dadurch, daß sie anderweit über die Waren verfügte, die Leistung infolge eines Umstands unmöglich geworden, den sie vertreten muß. Demnach schuldet sie der Klägerin nach § 325[1] Schadensersatz wegen Nichterfüllung. Der Gesichtspunkt des § 249 ist im Fall der §§ 325/6 nicht verwertbar, da die Wiederherstellung des früheren Zustands (Naturalrestitution) wiederum zur Erfüllung führen müßte, und dies mit der Regel der §§ 325/6 unvereinbar ist (RG. 61 S. 353). Ohne Bedeutung ist hier, daß der Verkäufer nach Treu und Glauben auch beim Spezieskauf berechtigt sein kann, sich durch Leistung einer andern gleichartigen und gleichwertigen Sache zu befreien. Denn das setzt voraus, daß er sich auf den Boden des Vertrags stellt. Das tut aber hier die Verklagte nicht, sie will nicht Waren derselben Art und Güte zu den Vertragspreisen als Ersatz liefern, sondern nur zu erhöhten Preisen.

Aber auch, wenn man dem nicht folgen will, gelangt man auf anderem Wege zu demselben Ergebnis: Der Kläger hatte jedenfalls den Anspruch auf Erfüllung zu den Vertragsbedingungen, und die Beklagte konnte sich nur auf nachträgliche Unmöglichkeit zur Leistung berufen, die sie nicht zu vertreten habe (§ 275). Das vermag sie aber für die maßgebende Leistungszeit (19. Dezember) nicht geltend zu machen. Denn damals bestand für sie nur die — noch dazu bloß zeitweilige — Unmöglichkeit, die Waren zu versenden. Der Kläger konnte die Waren weiter verkaufen und Auftrag zum Versand nach einem nicht gesperrten Platz geben, er konnte auch die Waren einstweilen am Absendungsort einlagern und zu diesem Zweck mußte die Beklagte sie ihm zur Verfügung halten, zumal sie sich auf Grund des Briefes dahin geeinigt hatten, daß der Wagen einstweilen in K. stehen bleiben solle. Ohne die Weisung des Klägers abzuwarten, durfte sie daher nicht anderweit über die Waren verfügen, auch nicht deshalb, weil die Bahnsperre längere Zeit dauerte und so höhere Kosten an Wagenstandsgeldern erwuchsen; denn diese fielen nach dem Abkommen dem Kläger zur Last. Beklagte konnte daher trotz des Vorbehalts im Vertrage nicht den inzwischen gesteigerten Preis für die etwaige Nachlieferung verlangen. Denn dieser Vorbehalt ist nur dahin zu verstehen, daß die Unmöglichkeit der Herstellung der Ware und damit der Leistung sie von der Leistungspflicht entbinden sollte, nicht aber die bloße Versendungsunmöglichkeit, und daß die Preiserhöhung nur eintreten sollte, wenn sich die Erfüllung des Vertrags infolge ihrer zeitweiligen Leistungsunmöglichkeit oder auf Wunsch oder durch Schuld des Klägers hinausschob. Keiner dieser Fälle liegt hier vor. M. l.

δ) **Klage des Abzahlungsverkäufers, der ein Urteil auf Zahlung erwirkt hat, auf Herausgabe der Kaufsache.**

OLG. Karlsruhe, 1. ZS. Urteil v. 20. März 1918.

Das Rücktrittsrecht des § 5 AbzG. wird nicht allein durch die tatsächliche körperliche Zurücknahme der Sachen ausgeübt, sondern auch schon durch die Erhebung der Eigentumsklage und die Geltendmachung des Aussonderungsrechts im Konkurs des Käufers (vgl. PosMSchr. 6 S. 25; BraunschwZ. 1908 S. 113; Seuff. 55 S. 175; Hofmann-Wilke AbzG. S. 67; Aubele S. 80; Samter S. 79; Hörle Gruchot 55 S. 193). Der Rücktritt bringt das Abzahlungsgeschäft zum Erlöschen. Der zurücktretende Verkäufer kann deshalb nicht mehr den Kaufpreis verlangen. Da aber der unbedingte Anspruch auf Herausgabe der verkauften Sachen die Erklärung des Rücktritts enthält, ist bei Abzahlungsgeschäften ein Klagantrag auf Verurteilung zur Zahlung oder Herausgabe unzulässig (Staudinger BGB. § 346[6]; Förster-Kann ZPO. § 260[2]). Der Umstand, daß der Kläger früher auf den Kaufpreis geklagt und ein Anerkenntnisurteil erwirkt hatte, hindert ihn indessen nicht, jetzt von dem Beklagten, der nichts bezahlt hat, auf Grund des Eigentumsvorbehalts die Herausgabe der Sachen zu verlangen und damit sein Rücktrittsrecht auszuüben. Der Zweck des Eigentumsvorbehalts besteht darin, dem Verkäufer Sicherheit für den Fall zu gewähren, daß er den Kaufpreis nicht erhalten kann. Deshalb verliert der Verkäufer das Rücktrittsrecht nicht schon dadurch, daß er ein Urteil auf Zahlung des Kaufpreises erwirkt; denn hierdurch wird er mit dem Anspruch, zu dessen Sicherung der Eigentumsvorbehalt dienen soll, noch nicht befriedigt. Sch.

c) **Fristlose Kündigung der Pacht eines Kaffeehauses wegen Verkürzung der Polizeistunde.**[1]

OLG. Karlsruhe, 1. ZS. Urteil v. 30. Oktober 1918.

Die Entscheidung hängt nach der jetzt herrschenden Ansicht davon ab, ob der vertragsmäßige Gebrauch der verpachteten Wirtschaftsräume in deren Benutzung als Nachtcafé bestanden hat. In dieser Hinsicht kommt es aber nicht darauf an, ob nach dem Vertragsabschluß während längerer oder kürzerer Zeit der größere Teil der Einnahmen der Kaffeewirtschaft erst nach 11 Uhr abends (Zeit der Polizeistunde) erzielt worden ist. Maßgebend ist vielmehr, ob nach dem übereinstimmenden Willen der Parteien bei Vertragsschluß die Räume für den Nachtbetrieb bestimmt waren und ob gerade der Nachtbetrieb die alleinigen oder doch die hauptsächlichsten Einnahmen für den Pächter liefern sollte. Dies war hier zu verneinen. . . . Sch.

d) **Erzieher haben auch während der Ferien Anspruch auf freien Unterhalt.**

OLG. Rostock, 1. ZS. Urteil v. 17. Februar 1919.

Die Klägerin steht, da das LG. einen wichtigen Grund zur fristlosen Kündigung mit Recht verneint, Beklagter selbst den gegenteiligen Standpunkt auch nicht mehr aufrecht erhalten hat, nach § 622 genau so, als ob das

[1] Der Mieter (Pächter) der Wirtschaft einer vom 15. Mai bis 15. Okt. 1914 abgehaltenen Ausstellung kann keinen Mietnachlaß wegen der durch den Krieg verminderten Einnahmen verlangen (OLG. Kiel, 1. ZS. Urteil v. 10. Januar 1918; SchlHA. S. 124).

Dienstverhältnis noch bis 30. September 1917 fortgesetzt wäre. Es fragt sich also, ob sie genötigt werden konnte, während der Ferien ihre Dienststelle zu verlassen und sich selbst zu unterhalten. Da hierüber nichts vereinbart ist, hängt es davon ab, wie es bei einem Dienstverhältnis der hier fraglichen Art in diesem Punkte regelmäßig gehalten wird. Es entspricht aber durchaus der Regel, daß die Erzieherin während der Zeit, wo der Unterricht üblicherweise unterbrochen wird, nicht genötigt wird, die Häuslichkeit zu verlassen, sondern höchstens als hierzu berechtigt gilt. Diese Übung erscheint auch durchaus als natürlich und durch die Verhältnisse gegeben. Denn die Erzieherin braucht, da sie in die häusliche Gemeinschaft aufgenommen wird, keinen weiteren Wohnsitz und wird daher vielfach gar keine Gelegenheit haben, sich anderswohin zurückzuziehen. Die Sachlage wird auch hier dadurch nicht anders, daß die Klägerin bisher die Ferien immer auswärts verbracht hatte, ohne ein Kostgeld zu beziehen. Wenn ihr nach dem Vertrage ein Anspruch auf freie Verpflegung auch während der Ferien zustand, hat sie eben ihre Rechte nicht voll ausgenutzt. Ein Rückschluß darauf, daß der Vertragswille ein andrer gewesen sei, läßt sich aus der tatsächlichen Handhabung um so weniger ziehen, als es sich um einem kurzen Zeitraum vom 1. Oktober 1915 bis 1. Juni 1917 handelte und der freiwillige Verzicht auf die freie Verpflegung während kurzer Zeit auch nichts Auffallendes hat. **Dr. Br.**

e) **Gesellschaft:** *α*) **Unverhältnismäßige Aufwendungen des Geschäftsführers.**

OLG. Hamburg, 6. ZS. Urteil v. 28. September 1918.

Nach dem Gesellschaftsvertrage hatte der Kläger die Grundstücke zu erstehen und als Treuhänder zu handeln; er sollte die nötigen Gelder vorschießen, die Hypotheken eintragen und einen Verwalter bestellen. Demgegenüber treten die Pflichten der anderen Beteiligten erheblich zurück. Die Beklagte hat den Kläger auch stets als Geschäftsführer behandelt; sie hat mit ihm über die Lieferungen verhandelt, ihm die Rechnungen geschickt und ihn um Einberufung einer Versammlung gebeten. Als Geschäftsführer kann er Ersatz seiner Aufwendungen verlangen, soweit er sie den Umständen nach für erforderlich halten durfte (§ 713 mit § 670).

Die Parteien haben eine bürgerlich-rechtliche Gesellschaft geschlossen (§§ 705 ff.). Ihr Zweck war der Erwerb der beiden Grundstücke und deren bestmögliche Verwertung durch Vermietung oder Weiterverkauf. Die Pflichten der Gesellschafter sind genau bestimmt, die Beträge der einzelnen genau festgesetzt. Der Ausdruck „für gemeinschaftliche Rechnung" hat durch den Vertrag die Grenze von 9000 Mark erhalten. Die Parteien haben den Vertrag abgeschlossen, teils um ihre Gelder, die sie dem X. gegeben hatten, zu retten, teils um ein Entgelt für ihre Arbeiten zu erhalten. Da sie also schon Geld in die Häuser gesteckt hatten, muß die ausdrückliche Festsetzung der Höhe der noch aufzuwendenden Beträge zu der Auslegung führen, daß sie nicht wünschten, ihr Risiko darüber hinaus noch bedeutend zu vergrößern. Wenn der Kläger also 57 500 Mark statt der vorgesehenen 9000 Mark in das Grundstück hineinsteckte, so handelte er dem klaren Sinn des Vertrages zuwider. Zwar war man sich beim Vertragsschluß klar, daß die Aufwendungen nicht auf den Pfennig anzugeben seien, daher wählte man den Ausdruck „ca." 3000 Mark und „ca." 1500 Mark. Damit wurde aber nur ein kleiner Spielraum geschaffen. Zu bedeutender Überschreitung war der Geschäftsführer nicht berechtigt. Zeigte sich nach dem Erwerb der Grundstücke, daß es nicht möglich war, mit dem auszukommen, was für die Zahlung der Rückstände, Kosten und für die Fertigstellung der Häuser vorgesehen war, dann hatte er, bevor er weiteres Geld, als der Vertrag dies vorsah, ausgab, die Beteiligten zu fragen. Wären diese dann nicht mit einer Erhöhung ihres Risikos einverstanden, so hätte die Gesellschaft aufgelöst werden müssen, da die Erreichung des vereinbarten Zweckes dann unmöglich geworden wäre (§ 726). Der Umstand, daß die Schätzungen sämtlicher Beteiligten, also auch der Beklagten, sich als bedeutend zu niedrig herausstellten, berechtigte den Kläger keineswegs, das gemeinschaftliche Unternehmen eigenmächtig auf eine breitere Grundlage zu stellen. Der Kläger macht zwar geltend, die Beklagte habe sich so verhalten, daß er auf ihr Einverständnis zu seiner Verwaltungsführung habe schließen können, ihr jetziger Widerspruch sei nach Treu und Glauben nicht zu beachten, besonders weil sie absichtlich an den von ihm einberufenen Versammlungen nicht teilgenommen habe. Allein sie ist lediglich zu einer Versammlung zwecks „Rücksprache über die Eintragung der vorgesehenen Hypotheken" aufgefordert. Wenn sie in dieser Versammlung nicht erschienen ist, so konnte sie darüber eine Beratung für überflüssig halten, da der Vertrag über diesen Punkt Genaues bestimmt. Der Kläger hätte vielmehr angeben müssen, daß er mit den vorgesehenen Aufwendungen nicht auskomme, und deshalb zur Beratung dessen, was zu geschehen habe, die Zusammenkunft einberufe. M. M.

β) **Endigung einer Gesellschaft nach § 726.**

OLG. Hamburg, 6. ZS. Urteil v. 6. April 1918.

Der Vertrag der Parteien stellt sich als ein Gesellschaftsvertrag dar, der die Ausführung des dem X. auf Lieferung von Tornistern bereits erteilten oder in naher Aussicht stehenden Auftrags für gemeinschaftliche Rechnung bezweckte. In dem Zwecke dieses Vertrags, durch den verdient werden sollte, liegt es, daß der von der Militärverwaltung bewilligte Preis höher sein mußte, als der mit dem Kläger festgesetzte Herstellungspreis. Dieser Zweck ist jedoch für den damals in Aussicht genommenen Auftrag nicht zu erreichen; er ist damit unmöglich geworden, denn die Frage solcher Unmöglichkeit ist aus dem konkreten Inhalte des Vertrags zu beantworten und hängt nicht von absoluten allgemeineren Begriffen ab. Es ist selbstverständlich und im Vertrage durch die darin genannte Stückzahl der Tornister, durch den Hinweis auf den Auftrag und durch die Zeitbestimmung über die Kapitaleinzahlungen ausgedrückt, daß sich der Vertrag auf einen spätestens in den nächsten Monaten zu erlangenden Auftrag bezog. Es würde daher über den Vertragszweck hinausgehen, wenn man noch weiter abwarten wollte, ob nicht die Militärverwaltung die Preise mit der Zeit erhöhte. M. M.

f) **Bereicherung:** α) **Voraussetzungen nach §§ 812, 818.**

OLG. München, 3. ZS. Urteil v. 28. März 1916.

Die Beklagten, die ihr Anwesen an die Klägerin gegen eine Barzahlung von 7000 Mark verkauft hatten, haben, nachdem die Nichtigkeit des Kaufs rechtskräftig festgestellt war, das Haus zurückgenommen. Sie sind aber auch zur Rückgabe der Anzahlung nach § 812 verpflichtet, soweit sie durch diese Leistung des Klägers noch bereichert sind. Die Bereicherung wird aber nicht durch jede Entäußerung oder jeden Verbrauch der empfangenen Leistung gemindert oder beseitigt. Die Minderung muß den Leistungsgegenstand unmittelbar betreffen oder doch als rechtsgeschäftliche Gegenleistung für sie übernommen werden, oder endlich als Verwendung auf den erhaltenen Gegenstand gemacht worden sein. Mittelbare Vermögensverringerungen sind ausnahmsweise nur dann beachtlich, wenn sie mit dem Empfangenen dergestalt ursächlich zusammenhängen, daß die Aufwendungen ohne die Leistung nicht gemacht worden wären (RGKomm. § 818[6]). Keine dieser Voraussetzungen trifft für die Herausgabepflicht der Beklagten bezüglich ihrer Aufwendungen für die Verbriefungskosten und Mäklergebühren zu. Insbesondere wurden diese Aufwendungen nicht, wie dies in RG. 72 S. 1 zutraf, als Gegenleistungen für die Anzahlung vereinbarungsmäßig gemacht. Auch hängen sie nicht dergestalt mit der Anzahlung zusammen, daß sie eine notwendige Folge derselben gebildet hätten. Die Beklagten haben die Auslagen zwar aus Anlaß des nichtigen Kaufvertrags, nicht aber als Gegenleistung für die Anzahlung bezahlt und dadurch lediglich ihre eigene Schuld getilgt. Insoweit sie hierzu die Anzahlung verwendeten, haben sie sich von ihrer Schuld befreit und die dazu notwendigen Aufwendungen aus ihrem sonstigen Vermögen erspart; die Bezahlung eigener Verbindlichkeiten bildet keine Vermögensverminderung (RG. 72 S. 4, 68 S. 269). W.

β) **um den Anteil am Tilgungsfonds, wenn der Käufer die Hypothek in voller Höhe übernommen hat.**

OLG. Dresden, 3. ZS. Urteil v. 9. Oktober 1918.

Der Beklagte hat das Bauerngut des Klägers gekauft und auf den Kaufpreis die darauf für den Landw. Kreditverein eingetragenen Darlehnshypotheken von 20000 Mark in voller Höhe übernommen. Diese Hypotheken werden nach der Satzung allmählich in der Weise getilgt, daß ein Tilgungsfond gebildet wird. Zu diesem hat der Schuldner mit den Zinsen einen Zuschlag zu zahlen. Ihm fließen außerdem die durch die allmähliche Herabminderung ersparten Zinsen der Darlehen zu, die bis zur vollständigen Tilgung von der vollen Schuldsumme zu entrichten sind. Der Anteil der übernommenen Hypotheken an dem Tilgungsfond betrug zurzeit des Gutsverkaufs 6200 Mark. Der Kläger macht geltend, daß er ihm habe verbleiben sollen, und daß, da er rechtlich mit dem Grundstück übergegangen sei, der Beklagte ihm den Wert als Bereicherung erstatten müsse. Der Anspruch ist begründet.

Der Anteil am Tilgungsfond ist ein mit dem Grundstück verbundenes Recht (§ 96) und bildet, da der jeweilige Eigentümer über ihn gesondert nicht verfügen kann, einen wesentlichen Bestandteil der Grundstücke (ZentrBl. 7 S. 699; vgl. auch RG. 74 S. 401). Durch die Übereignung des Gutes ist demgemäß nach § 93 auch das Recht am Tilgungsfond auf den Beklagten mit übergegangen. Das entspricht aber nicht den im Kaufvertrag festgesetzten Gegenleistungen des Beklagten, durch die der vereinbarte Kaufpreis ziffernmäßig gedeckt ist. Dabei sind die Hypotheken mit ihrem vollen Betrag angesetzt. Hiernach sind die Parteien davon ausgegangen, daß der Beklagte für deren vollen Betrag aus seinen Mitteln werde aufzukommen haben. Es besteht kein Anhalt dafür, daß eine geminderte Leistung, wie sie bei Berücksichtigung der 6200 Mark zu erfolgen hat, dem Beklagten mit dem vollen Nennwert der Hypotheken sollte angerechnet werden. Daraus folgt aber, daß nach dem Willen der Parteien der Anteil am Tilgungsfond dem Kläger vorbehalten bleiben sollte.... Der Beklagte ist somit in Höhe jenes Anteils grundlos aus dem Vermögen des Klägers bereichert und zwar schon jetzt, nicht etwa erst dann, wenn der Anteil die volle Höhe der Hypotheken erreicht hat und daraufhin deren Löschung herbeigeführt wird. Der Anteil stellt, indem er den freien Wert der Grundstücke für den Beklagten vermehrt, schon jetzt einen Bestandteil von dessen Vermögen dar. Die Bereicherung wird auch nicht dadurch beeinträchtigt, daß der Beklagte in dem vollen Betrag der Hypotheken auch noch die dem Anteil entsprechende Summe mit verzinsen muß. Denn dadurch wird ein Ausgleich für die auch nach Höhe dieses Guthabens fortlaufende Verzinsung der Hypotheken geschaffen. Ebensowenig erscheint die Bereicherung dadurch gemindert, daß Beklagter Mitglied des Kreditvereins hat werden und dabei die entsprechenden Leistungen hat bewirken müssen. Das mußte er tun, damit ihm die Darlehen belassen wurden. Mit der Frage seiner Berechtigung am Tilgungsfond steht das außer Zusammenhang. —e—

γ) **Nichtigkeit eines Kaufs wegen nachträglichen Abgabeverbots. Bezahlung einer Nichtschuld.**

OLG. Hamburg, 2. ZS. Urteil v. 8. Juni 1918.

Auf die Verträge vom 24. März und 4. April 1916 fand die V. vom 18. April 1916 Anwendung, die am 19. April 1916, als am Tage ihrer Verkündung, in Kraft trat. An diesem Tage waren die Verträge noch nicht erfüllt. Nach § 4 durfte seitdem Seife an Wiederverkäufer nur insoweit abgegeben werden, als bereits vorher eine dauernde Geschäftsverbindung zwischen den Vertragsteilen bestanden hatte. Dies war nicht der Fall; die Beklagte durfte danach die verkaufte Seife nicht mehr liefern, und die Klägerin brauchte den Kaufpreis nicht zu zahlen. Die beiderseitigen Verpflichtungen der Parteien waren erloschen, so daß für eine Wandlung des Kaufs kein Raum mehr war. Aber die Zahlung des Preises am 25. April war die Bezahlung einer Nichtschuld und kann gemäß §§ 812, 813 zurückgefordert werden, es sei denn, daß der Leistende die V. vom 18. April 1916 und deren Tragweite und Wirkung kannte (§ 814). Ob zugleich der § 817 Anwendung finden würde, braucht nicht erörtert zu werden. Ein Verstoß gegen ein gesetzliches Verbot, das die Wirkung hätte, die Rückforderung auszuschließen, könnte nur dann angenommen werden, wenn der Leistende das Verbot, dh. hier die V. vom 18. April kannte. Denn es handelt sich bei ihr nicht um allgemein gültige Gesetze, für die allerdings das RG. (72 S. 48) das Bewußtsein, gegen das Gesetz zu verstoßen, nicht für erforderlich hält, sondern um eine wirtschaftliche Maßnahme, gegen die man nicht im Sinne des § 817 verstoßen kann, ohne sie zu kennen. Fehlte den Leistenden die Kenntnis der V., so blieb nichts übrig, als die Erfüllung eines Kaufvertrags normaler Art, also kein einem Gesetze widersprechender Tatbestand. Auch ist in dieser Hinsicht nicht zu unterscheiden, ob die Unkenntnis auf Fahrlässigkeit beruht, oder nicht; eine an sich harmlose Handlung, wie die Bezahlung einer Kaufpreisschuld, kann nicht zu einem Verstoß gegen ein Gesetz werden, wenn man fahrlässig die verbietende wirtschaftliche Anordnung, die das Gesetz bildet, nicht kennt.

Es kommt danach auf die Kenntnis des die Zahlung Leistenden von der VO. an. Die Person des Zahlenden, nicht die des persönlich haftenden Gesellschafters der Klägerin kommt zunächst in Betracht (§ 166[1]). Der Leistende war hier der Zeuge X. Zwar hat er nicht selbst die Banküberweisung, durch die die Zahlung bewirkt worden ist, unterschrieben, aber er hat auf die Faktura der Beklagten die Weisung geschrieben, daß gezahlt werden solle. Diese Weisung des Zeugen, als des Leiters einer Abteilung in dem klägerischen Geschäfte, wird regelmäßig befolgt, indem ein mit Bankvollmacht ausgestatteter Angestellter oder ein Direktor die Überweisung unterschreibt. Unter diesen Umständen erscheint X. als derjenige, welcher für die Zahlung die Verantwortung hatte. Er allein hatte auch im übrigen hier für das Kaufgeschäft die Verantwortung; er hatte es abgeschlossen und zu erledigen. Er bekundet aber, er habe zwar gewußt, daß die VO. erlassen sei, aber ihren Wortlaut noch nicht gekannt; er habe sich wohl gedacht, daß Beschränkungen darin enthalten wären, aber nicht angenommen, daß sich diese auf geschlossene Verträge beziehen könnten. Es liegt also der Fall nicht vor, daß X. in Kenntnis, daß der Kaufpreis nicht geschuldet wurde, die Anweisung gegeben hätte, oder daß er gegen die VO. in deren Kenntnis verstoßen hätte. M. M.

δ) **Aussaat auf fremden Acker. Auslegung des § 819.**

OLG. Dresden, 5. ZS. Urteil v. 12. November 1917.

Die Klägerin (GmbH.) hatte Felder bis 30. September 1914 erpachtet. Obwohl die Beklagte die Felder erworben und den Pachtvertrag nicht erneuert hatte, ließ die Klägerin die Felder nach 30. September 1914 bestellen und wollte im Sommer 1915 die Ernte für sich hereinbringen, die Beklagte verkaufte diese jedoch um 210 Mark. Die Klägerin verlangt den Ersatz ihrer Aufwendungen auf Grund des § 951 und hebt hervor, daß die Ernte nicht an einen Landwirt, sondern an einen Müller hätte verkauft werden müssen. Der von der Beklagten vertretenen Auffassung, daß sie nur den tatsächlich erzielten Erlös der Ernte herauszugeben hätte, steht der § 818³ zur Seite. Wenn das LG. gleichwohl zum Ersatze des Wertes der Ernte verurteilt hat, so ist es hierzu auf dem Wege gelangt, daß es der Beklagten die gesteigerte Haftung des § 819 deshalb angesonnen hat, weil sie den Mangel des rechtlichen Grundes der Bereicherung spätestens in dem Zeitpunkte gekannt habe, als sie der Klägerin das Abmähen der Roggenernte untersagte. Allein der § 819 setzt nicht bloß voraus, daß der Empfänger der Leistung den Mangel des Rechtsgrundes kennt, sondern auch, daß der Leistende ihn nicht kennt. Kennt dieser selbst den Mangel, so muß der Empfänger von der strengeren Haftung verschont bleiben. Der 1. Entw. § 741 hatte, um diesen Gedanken, dessen innere Berechtigung ohne weiteres klar ist, auszudrücken, die weitere Voraussetzung für die strengere Haftung aufgestellt, daß der Empfänger auch gewußt habe, daß der Leistende bei Vornahme der Leistung von dem Mangel des Rechtsgrundes nicht unterrichtet war. Die 2. Komm. hat diese Voraussetzung gestrichen, aber nur, um eine Änderung der Beweislast herbeizuführen. Der Empfänger kann die strengere Haftung ablehnen, wenn er dartut, daß der Leistende den Mangel des Rechtsgrundes ebenfalls kannte (Planck, Staudinger, RGKomm. zu § 819). Auf den Fall des § 946 und 951 übertragen, bedeutet dies, daß, wenn der Eigentümer selbst die Verbindung seiner beweglichen Sache mit dem Grundstück eines anderen vornimmt, die den Rechtsverlust für ihn zur Folge hat, er den anderen nicht in dem nach § 819 gesteigerten Maße haftbar machen kann (Recht 1907 Nr. 1654). Hier hat aber die Klägerin, als sie den Acker der Beklagten mit ihrer eigenen Aussaat bestellte, dies in voller Kenntnis des Umstandes getan, daß sie dazu weder verpflichtet noch etwa vermöge eines ihr die künftige Frucht gewährleistenden Pachtverhältnisses berechtigt war, daß sie also das Eigentum an der Aussaat zugunsten der Beklagten endgültig einbüßte. Hiernach waren diese von der strengeren Haftung des § 819 frei. Daß sie nicht etwa in einer Schenkungsabsicht handelte, sondern in der Meinung, es werde noch zum Abschlusse eines Pachtvertrags kommen, der ihr den Genuß der Ernte sichern würde, kann an der Rechtslage nichts ändern: es kann darin nur das rechtlich belanglose Motiv für die Handlungsweise der Klägerin gefunden werden; diese hätte sich aber vorher den Vertrag sichern sollen. . . . —e—

g) **Unerlaubte Handlung:** *α*) **Glätte des Fußbodens eines Gastzimmers.**

OLG. Rostock, 1. ZS. Urteil v. 18. Februar 1918.

Der Kläger, damals Gast in dem Gasthof der Beklagten, begab sich am Morgen des 6. August 1916 in das Speisezimmer und kam beim Eintritt in das Zimmer zu Fall, weil die darin neben der Türschwelle liegende Matte auf dem übermäßig glatten Fußboden beim Auftreten sofort wegrutschte und er hierdurch den Halt verlor. Er hat auf Feststellung geklagt, daß die Beklagte für diesen Unfall schadensersatzpflichtig sei. Das LG. hat abgewiesen, weil es unter Bezugnahme auf das Urteil (Rsp. 24 S. 312) annimmt, daß das Glätten des Fußbodens eine allgemein übliche, auf wirtschaftlichen und gesundheitlichen Rücksichten beruhende, an sich vernünftige Maßregel sei und daß das Publikum, das sich im allgemeinen längst hieran gewöhnt hat, die hierdurch herbeigeführte oder vergrößerte Möglichkeit eines Unfalls als unvermeidlichen Nachteil einer durch überwiegende Vorzüge empfohlenen Anordnung ertragen müsse. In dieser Allgemeinheit ist die Begründung unzulänglich. Insbesondere hat der Gastwirt, der für die Sicherheit der bei ihm verkehrenden Personen sowohl nach § 823 wie den von ihm aufgenommenen Gästen gegenüber auch vertragsmäßig einstehen muß, dafür zu sorgen, daß sie nicht durch eine übertriebene Glätte der für ihre Benutzung bestimmten Räume gefährdet werden (RG. in LeipzZ. 1917 S. 1065[7]). Ein Glätten des Fußbodens, das aus Unachtsamkeit oder etwa zur Erzielung eines möglichst vornehmen Eindrucks über das zur Erhaltung des Holzes und durch die Reinlichkeit und Ordnung gebotene Maß hinausgeht, kann daher sehr wohl ein Umstand sein, der die Haftung des Gasthofbesitzers begründet. Indessen kann hier nicht festgestellt werden, daß dieses Maß überschritten worden.... Der Augenschein hat ergeben, daß es sich nicht um Parkett, sondern um einen alten, aber nicht schadhaften Bretterfußboden handelt, der bei seiner Besichtigung keine besondere Glätte zeigte. Der Fußboden wurde bloß einmal im Jahr, und zwar im Herbst, wenn die Sommergäste fort waren, mit Bohnermasse eingerieben, im übrigen aber täglich oder fast täglich nur abgebürstet. Eine solche Behandlung kann schwerlich eine erhebliche Glätte erzeugen. Es kommt noch in Frage, ob etwa die an der Schwelle der Tür zurzeit des Unfalls liegende Matte eine Gefahr für die Eintretenden gebildet habe. Denn auch eine dünne und leichte Decke, die sich bei jeder Berührung verschiebt, kann unter Umständen die Ursache eines Ausgleitens sein. Die Decke selbst ist nicht mehr vorhanden, sondern in der Zwischenzeit verbraucht. Nach den Zeugenaussagen handelt es sich aber um eine gewöhnliche kleine Fußmatte, wie solche aus Gründen der Sauberkeit an den Zimmereingängen vielfach verwendet werden. Daß sie nach ihrer Beschaffenheit oder auf dem gebohnerten Fußboden besonders leicht rutschte, so daß schon an sich in ihrer Verwendung eine Unvorsichtigkeit zu finden wäre, kann nach den Beweisergebnissen nicht festgestellt werden und versteht sich nicht schon von selbst. Auch kann und muß ein Gast, der bei Tageslicht ein Wirtshauszimmer betritt, auf die vorhandenen Einrichtungen acht geben und sein Verhalten ihnen anpassen. Hiernach steht weder fest, daß der Unfall, der nach den Erfahrungen des täglichen Lebens sehr wohl auf eine eigene unvorsichtige oder ungeschickte Bewegung des Verunglückten zurückgeführt werden kann, durch die Beschaffenheit des Fußbodens oder der Matte verursacht ist, noch — wenn dies doch der Fall sein sollte —, daß der Beklagten oder ihren Angestellten ein Verschulden daran zur Last fällt. Denn sie konnte nicht voraussehen, daß die von ihr zur Instandhaltung der Gasträume getroffenen durchaus gebräuchlichen Maßnahmen die Sicherheit der Gäste gefährden würden. J. n.

β) **Verfügung über das Gut eines anderen Beladers.**

OLG. Hamburg, 3. ZS. Urteil v. 14. Oktober 1918.

Beide Parteien, die gewerbsmäßig den An- und Verkauf von Steckrüben betreiben, hatten Ende November 1916 vom Bahnhof in E. Steckrüben zu verladen. Dem Kläger war zu diesem Zweck bahnseitig der Wagen Nr. 342 angewiesen worden. Unstreitig hat Beklagter am 23. November den Wagen Nr. 342 expediert, in dem sich nach der Auskunft der Eisenbahn 208 Zentner Steckrüben befanden. Der Kläger behauptet, daß in diesem Wagen sechs von ihm am 23. November in zwei Abschnitten verladene Fuhren Steckrüben zu 30—35 Zentner enthalten gewesen wären. Der Beklagte will dagegen den Wagen Nr. 342 bereits am 21. November mit 80 Zentnern beladen haben. Allein nach dem Beweisergebnisse hat die Bahnverwaltung den Wagen Nr. 342 dem Kläger am Morgen des 23. November völlig leer überwiesen. Beklagter kann daher ihn nicht schon am 21. November mit eigenen Rüben beladen haben. . . . . Der Senat sieht daher als erwiesen an, daß Beklagter dem Kläger das Eigentum an sechs diesem gehörigen Fuhren Steckrüben, die mindestens 190 Zentner betragen haben, entzogen hat. Die im Wagen 342 verladen gewesenen Rüben hat unbestritten Beklagter an gutgläubige Dritte verkauft und zu Eigentum übertragen; er hat keine Möglichkeit ihrer Wiederbeschaffung. Er hat auch fahrlässig gehandelt. Als gewerbsmäßiger Händler mußte er seinen Leuten die richtige Nummer des Wagens, der ihm zur Verladung überwiesen war, aufgeben und darauf achten, daß diese auch den richtigen Wagen beluden. Er hat sich aber allem Anschein nach überhaupt nicht die Nummer des Wagens gemerkt, sonst könnte er nicht behaupten, daß ihm am 21. November die Nr. 342 angewiesen worden wäre. Sonach haftet er für den dem Kläger erwachsenen Schaden gemäß § 823. Die Voraussetzungen des § 992 sind gegeben: Beklagter hat sich den Besitz an den Rüben durch verbotene Eigenmacht, dh. ohne den Willen des Klägers (§ 858), verschafft.

Der Kläger will aber auch noch dafür entschädigt werden, daß ihm durch die Wegnahme des Wagens 342 unmöglich geworden ist, weitere 110 Zentner zu verladen. Diesen Schaden kann er aber nicht im Rahmen des § 823 erstattet verlangen. Es ist kein Schaden, der ihm durch den Verlust des Eigentums an den 190 Zentnern entstanden ist, sondern durch die unzulässige Benutzung des Wagens 342. Es liegt sonach keine Verletzung des Eigentums oder eines sonstigen Rechts im Sinne des § 823 vor. M. M.

γ) **Einstellung der Straßenbeleuchtung. Mitverschulden des Passanten, der nicht selbst für Beleuchtung gesorgt hat.**

OLG. Karlsruhe, 3. ZS. Urteil v. 9. Januar 1919.

Ein Befehl der Militärbehörde oder der Staatspolizei zu der Unterlassung der Beleuchtung bestand zurzeit des Unfalls des Klägers vom 14. August 1917 nicht. Danach hat die beklagte Stadt bei der am 2. Mai 1917 beschlossenen gänzlichen Einstellung der öffentlichen Beleuchtung unter eigener Verantwortung gehandelt. Es kommt also darauf an, ob die Beklagte dadurch, daß sie nicht für die gefährliche Unfallstelle vor dem Hause Nr. 11 eine Ausnahme machte, die im Verkehr erforderliche Sorgfalt außer acht gelassen hat. Das Maß dieser Sorgfalt bestimmt sich nach der Sachlage und den Umständen. Hier haben die bürgerlichen und militärischen Behörden in der Verdunkelung der Ortschaften ein Mittel zur Erschwerung der feindlichen Angriffe gesehen. Die Stadtverwaltung hat aber die militärischen Stellen in F., die damals die völlige Verdunkelung der Stadt von 10 Uhr ab für erforderlich hielten, in erster Reihe als sachverständig ansehen dürfen, so daß ihr aus der Befolgung dieser Ansicht kein Vorwurf gemacht werden kann... Allerdings hätte die Beklagte sicherlich keinen Widerstand bei den Militärbehörden gefunden, wenn sie für die abgeblendete Laterne vor der Unfallstelle eine Ausnahme gemacht und sie auch im Sommer für die Zeit von Eintritt der Dunkelheit bis zum Wiederhellwerden hätte brennen lassen. Die Beklagte durfte aber erwägen, daß in der Tat das Brennenlassen einzelner Laternen häufig Ängstlichkeit der Umwohner erregt hatte, und daß jede Ausnahme (die übrigens auch leicht andere Ausnahmen nach sich ziehen konnte) doch immerhin die Summe des Lichtes über das geringste Maß hinaus vermehrte.

Diese Bedenken konnten die Beklagte nicht verhindern, die gefährliche Stelle mit einer Schutzvorrichtung gegen das Hinunterstürzen zu versehen. Aber auch in dieser Unterlassung liegt keine Pflichtverletzung. Nachdem einmal die allgemeine Einstellung jeglicher Straßenbeleuchtung öffentlich verkündet und auch dem Kläger bekannt war, ergab sich daraus, daß jeder, der sich bei Dunkelheit auf Straßen und Plätzen der Stadt bewegen mußte oder wollte, sich selbst für die etwa erforderliche Beleuchtung sorgen mußte. Es ist gerichtskundig, daß dies in weitestem Umfang, und nicht nur in F., geschah. Die Stadtverwaltung durfte daher davon ausgehen, daß auch späte Besucher etwaiger gefährlichen Stellen selbst für die Beleuchtung ihres nächtlichen Weges sorgen würden. Insofern fehlte es an der Voraussehbarkeit eines Unfalles, da die Stadtverwaltung mit der Sorglosigkeit und Unachtsamkeit später Wanderer nicht zu rechnen brauchte; sie durfte die Sorglosigkeit und Unachtsamkeit als seltene Ausnahme von der Regel ansehen, und es war ihr daher nicht zuzumuten, auch für derartige Ausnahmefälle besondere Vorsichtsmaßregeln zu treffen.

Der Kläger legt Wert darauf, daß die Beleuchtung am 2. Mai 1917 gar nicht wegen der Fliegergefahr, sondern wegen des Kohlenmangels eingestellt worden sei. Nun ist nicht anzunehmen, daß die Stadtverwaltung eine Maßnahme, die sie schon 1916 ohne Kohlenmangel lediglich wegen der Fliegergefahr getroffen hatte, nicht auch 1917 bei Fortbestehen der Steigerung dieser Gefahr wieder getroffen hätte. Anderseits ist unbestreitbar, daß auch der Kohlenmangel ein Beweggrund für die Einstellung der Beleuchtung am 2. Mai 1917 war. Dies fällt aber für die Frage, ob die Stadtverwaltung durch diese Maßnahme die im Verkehr erforderliche Sorgfalt verletzte, nicht zu deren Nachteil ins Gewicht. Wie es Pflicht der Stadt war, zur Verminderung der Gefährdung ihrer Bewohner durch feindliche Flieger beizutragen, so war es auch ihre, durch die BRV. vom 11. Dezember 1916 ausdrücklich festgelegte Pflicht, zur Erhaltung von Brennstoffen und Beleuchtungsmitteln durch Sparsamkeit in der Beleuchtung von Straßen und Plätzen insoweit mitzuwirken, als die Aufrechterhaltung der öffentlichen Sicherheit dies gestattete. Bei der Abwägung, inwieweit die Beklagte ihre Pflicht, durch Beleuchtung Unfälle durch Sturz u. dgl. zu verhindern, zurückstellen durfte hinter der Pflicht, durch Unterlassung der Beleuchtung Fliegerangriffe zu verhindern, konnte die Pflicht, Brennstoffe zu sparen, nur in der Richtung der Unterlassung verstärkend wirken.

Selbst wenn man einen strengeren Maßstab anlegen wollte, etwa in der Beziehung, daß die Beklagte die nur bei Beleuchtung ungefährliche Stelle der Straße mit einer Schutzvorrichtung hätte versehen sollen, so würde doch die Einwendung aus § 254 durchgreifen. Der Kläger wußte, daß die Straßen nicht beleuchtet wurden, und er kannte als Bewohner des Hauses Nr. 11 seit mehreren Jahren die Gefährlichkeit der Unfallstelle. Er trug dem auch Rechnung durch Mitführen einer elektrischen Taschenlampe. Es kann ununtersucht bleiben, ob das Versagen dieser Taschenlampe auf einem Verschulden des Klägers beruhte. Denn jedenfalls durfte der Kläger, der auch die in der Laterne damals brennende Zündflamme offenbar nicht sah, wenn seine Taschenlampe versagte, nicht so gehen, wie er ging. Er handelte grob fahrlässig, wenn er in dunkler Regennacht von der Fahrbahn her auf die Freitreppe des Hauses Nr. 11 zuging, obgleich er wußte, daß wenige Meter weiter rechts hinter dem Randstein des Gehwegs der 64 cm tiefe Absatz lag, in den er stürzen konnte, wenn er in der Dunkelheit zu früh rechts abbog oder die Richtung verfehlte. K. m.

d) **Einleitung schädlicher Stoffe in einen Bach.**

OLG. Karlsruhe, 1. ZS. Urteil v. 30. Oktober 1918.

Die Schadensersatzklage der am M.Bache fischereiberechtigten Kläger ist begründet. Das Aneignungsrecht des Fischpächters ist als ein „sonstiges Recht" des § 823[1] anzusehen, dessen fahrlässige widerrechtliche Verletzung zum Schadensersatz verpflichtet (RG. 11. Oktober 1917 VI 245). Die beklagte Gasanstalt, auf die als GmbH. § 31 Anwendung findet (RG. 57 S. 92), hat aber das Fischaneignungsrecht der Kläger fahrlässig und widerrechtlich dadurch verletzt (§ 278¹), daß ihre verfassungsmäßig berufenen Vertreter nicht für Bereitstellung von Fässern oder anderen Behältern oder für Anlegung einer Sammelgrube zur Aufnahme des Ammoniakwassers im Falle der Überfüllung der Grube gesorgt haben.

Die Betriebsleitung hat den Schaden weiterhin nach § 823¹ dadurch verschuldet, daß sie auch sonst sich um den Betrieb nicht genügend gekümmert hat. Sie wußte, daß seit Frühjahr 1915 der gegen einen Taglohn von 3,20 Mark beschäftigte Maurer B. den Betrieb gewissermaßen allein besorgte; Frau Sch. hatte zwar eine Art Aufsicht über den Betrieb, aber ohne eigentliche Verantwortlichkeit, und der städtische Gasmeister sah nur alle 8—10 Tage einmal nach, jedoch in einer durchaus unzulänglichen Weise. Auch als Gasmeister Sch. 1916 zurückkam, machte er die Wahrnehmung, daß der Betrieb sich in sehr mangelhaftem Zustand befand, weil es an der sachkundigen Aufsicht während seiner Abwesenheit gefehlt hatte. Nach den Rechtsgrundsätzen des RG. hat der Geschäftsherr eine allgemeine fortlaufende Überwachungstätigkeit auszuüben, deren Maß und Umfang sich nach den Umständen richtet und die bald eine regelmäßige Kontrolle, bald nur ein gelegentliches Nachdemrechtensehen erheischt, aber niemals ganz entbehrt werden kann, und deren Versäumen den Aufsichtspflichtigen für den einzelnen Fall eines durch seine Leute angerichteten Schadens mittelbar verantwortlich macht, wenn anzunehmen ist, daß der Schaden bei ordnungsmäßiger Aufsicht vermieden worden wäre. Je nach den Umständen begreift die Aufsichtspflicht auch eine Pflicht der Unterweisung für die vorzunehmende Tätigkeit. In letzter Richtung hat die Beklagte ebenfalls gefehlt. Daß B. die Frage, ob er mit der Betriebseinrichtung vertraut sei, bejahte, genügte nicht; ein solches allgemeines Befragen kann nicht als pflichtmäßige Belehrung angesehen werden. Hätte die Beklagte pflichtmäßig gehandelt, so wären nicht die Schwierigkeiten mit dem Vollaufen der Grube entstanden, die Beklagte hätte gewußt, daß die Ammoniakwasserabnahme manchmal unzulänglich war, und für entsprechende Maßnahmen, besonders dafür gesorgt, daß bei stockender Abnahme das Ammoniakwasser mittels Pumpe in Fässer gefüllt und anderweit verkauft würde.

Die Beklagte haftet gemäß § 823² auch wegen Verstoßes gegen Art. 4 bad. Fischereiges., der inhaltlich übereinstimmt mit dem — als Schutzgesetz anerkannten (JW. 1915 S. 1428) — § 43¹ Pr. Fischereiges. vom 30. Mai 1874. Hier ist verboten, „in die Gewässer aus landwirtschaftlichen oder gewerblichen Betrieben Stoffe von solcher Beschaffenheit und in solchen Mengen einfließen zu lassen, daß dadurch fremde Fischereirechte geschädigt werden können" (RG. 52 S. 297). Sch.

ε) für Überfahren von Vieh durch die Kleinbahn. Bedeutung des § 831. Eigenes Verschulden des Vieheigentümers.

OLG. Kiel, 3. ZS. Urteil v. 7. Dezember 1918.

Am 17. Juni 1917 ist auf der Strecke der Kleinbahn ein Pferd des Klägers vom Zuge überfahren und getötet. Der Anspruch auf Schadensersatz ist unbegründet. Im Falle des § 831 kommt es auf ein Verschulden des Täters nicht an, sondern nur darauf, ob der Schaden widerrechtlich zugefügt worden ist. Es wird keine Haftung für fremde Schuld festgesetzt, sondern ein eigenes Verschulden des Geschäftsherrn und der ursächliche Zusammenhang zwischen dessen vermutetem Verschulden und dem Schaden vermutet. Es kommt also nur darauf an, ob der Lokomotivführer objektiv widerrechtlich gehandelt hat; das ist ohne weiteres zu bejahen, da er kein Recht hatte, das Pferd des Beklagten zu töten. Die Ersatzpflicht der Beklagten fällt aber wieder, weil sie bei der Auswahl die im Verkehr erforderliche Sorgfalt beobachtet hat. Der Kläger hat nun zur Führung des Gegenbeweises vorgebracht, der Lokomotivführer habe schon früher in 2 Fällen Tiere, das eine Mal 2 Starken, das andere Mal 2 Schafe durch Unachtsamkeit überfahren, und sich hierfür auf die Eigentümer der Tiere bezogen. Nähere Angaben, zu welcher Zeit und unter welchen Umständen diese Unfälle geschehen seien, hat er auf Befragen nicht zu machen vermocht; er hat besonders nicht behauptet, daß die Beklagte ihre Ersatzpflicht anerkannt habe. Unter diesen Umständen ist der angetretene Beweis unerheblich. Bei dem Betrieb von Kleinbahnen ist es unvermeidlich, daß manchmal auf den Bahnkörper gelangtes Vieh von den Zügen überfahren wird. In solchen Fällen sind die Eigentümer der Tiere stets geneigt, die Schuld auf den Lokomotivführer zu schieben, bei ihrem wesentlichen eigenen Interesse an der Sache würde ihrem Zeugnis allein keine Beweiskraft zuzuerkennen sein.

Auch die auf § 823 gestützte Klage entbehrt der Begründung. Hierzu würde der Nachweis gehören, daß das Pferd des Klägers durch das Hecktor auf Parzelle 55 auf den Bahnkörper gelangt ist, daß das Hecktor nicht schließbar war und daß der schlechte Zustand des Hecktors auf einem Verschulden der gesetzlichen Vertreter der Beklagten beruhte. Schon den Beweis für die erste Behauptung vermag der Kläger nicht zu erbringen. Niemand hat gesehen, wie das Pferd auf das Geleise gelangt ist. Die Möglichkeiten hierzu waren, wie die Handzeichnung ergibt, sehr mannigfaltig. Aus den Pferdespuren, die von Norden nach Süden geführt haben sollen, würde sich kein sicherer Schluß ziehen lassen. Ferner sind die Bahnmeister M. und N. nicht gesetzliche Vertreter, sondern untergeordnete Betriebsbeamte; verfassungsmäßiger Vertreter ist der Betriebsdirektor S. Es hätte also behauptet werden müssen, dieser oder ein anderer gesetzlicher Vertreter des Beklagten hätten den angeblichen Mangel des Hecktors gekannt, aber nicht abgestellt. Schließlich würde aber auch, wenn ein Verschulden des S. vorläge, ein überwiegendes Verschulden des Klägers anzunehmen sein. Er hatte in erster Linie für die Sicherheit seines weidenden Pferdes zu sorgen. Da er den Zustand kannte, hätte er den hindernden Grenzstein entfernen oder für Anbringung einer Vorrichtung an dem Hecktor sorgen müssen, die das Ausbrechen des Pferdes unmöglich machte. Der entstandene Schaden wäre vorwiegend von dem Kläger selbst verursacht worden. SchlHA.

Dazu: OLG. Hamburg, 4. ZS. Urteil v. 24. April 1918.

Das Füllen des Klägers ist über die Einfriedigung der Bahn gesprungen und dann vom Zuge erfaßt worden. Der Schadensfall hat sich auf hamburgischem Staatsgebiete ereignet. Für dieses mangelt es aber an irgendwelchen Sonderbestimmungen, so daß hier die §§ 823 ff. maßgebend sind, wobei auch § 254 anwendbar ist. Eine Haftung aus § 823[1] ist jedoch zu verneinen. Wie bereits die Urteile des OLG. (HansGZ. 1903 Nr. 69, 1910 Nr. 64) ausgesprochen haben, ist eine Rechtspflicht der Eisenbahnen zur Einfriedigung ihrer Geleise gegen Weideland, um Schädigungen des den Bahnkörper betretenden Viehes zu vermeiden, nicht anzuerkennen, vielmehr hat der Eigentümer des Viehs selbst dafür aufzukommen, daß es keinen Schaden nehme. An diesem Standpunkt ist festzuhalten. Bei dem mehr oder weniger häufigen Wechsel in der landwirtschaftlichen Ausnutzung des Bodens wären die Bahnverwaltungen im Laufe der Zeit genötigt, fast die gesamten an ihre Geleise grenzenden Ländereien zu dem gedachten Zweck einzufriedigen. Für Kleinvieh würde der dadurch erreichte Schutz überdies äußerst fragwürdig sein. Es muß danach jene Forderung als eine Überspannung der an die mit der Erlaubnis zum Bahnbetriebe ausgestatteten Verwaltungen billigerweise zu stellenden Anforderungen um so mehr angesehen werden, als es für die Anlieger ein verhältnismäßig Leichtes ist, je nach Bedarf ihr Gelände mit den wünschenswerten Schutzvorrichtungen selbst zu versehen.

Für eine Haftung aus § 823[2] kommt nur die Eisenbahnbau- und BetriebsO. vom 4. November 1904 (RGB. 387) § 18 Nr. 1: „Einfriedigungen zwischen der Bahn und ihrer Umgebung sind anzulegen, wo die Gestaltung der Bahn oder die gewöhnliche Bahnbewachung (§ 46 Nr. 5) nicht hinreichend erscheint, vom Betreten der Bahn abzuhalten" als Schutzgesetz in Frage. Denn wenn diese Vorschrift auch in erster Linie der Sicherheit des Bahntransports dient, so bezweckt sie doch daneben auch den Schutz des Publikums und seines Eigentums. Erwägt man aber, daß sich Tiere schwerlich allgemein gerade durch die Gestaltung der Bahn oder die gewöhnliche Bahnbewachung (der mit Handschranken versehenen Wegübergänge) vom Betreten der Bahn abhalten lassen, so ist schon deshalb nicht anzunehmen, daß jene Bestimmung auf das Betreten der Bahn durch Tiere Bezug haben sollte (vgl. auch die besondere Bestimmung des § 78 Nr. 8). Überdies ist angesichts der Fassung des § 18 Nr. 1 die Annahme berechtigt, daß der Bundesrat bei Erlaß dieser Bestimmung aus ähnlichen Gründen, wie sie oben dargelegt sind, gar nicht beabsichtigt hat, soweit es sich überhaupt um eine Schutzbestimmung handelt, eine solche zu schaffen, durch die dem Betreten der Bahn speziell durch Tiere begegnet wird. Anderseits muß der Schutz, der unter gewissen Umständen gegen unvorsichtiges Betreten der Bahn durch Personen gewährt wird, tatsächlich auch einen gewissen Schutz gegen das Betreten der Bahn durch Tiere nach sich ziehen, auf den sich daher die Anlieger der Bahn insoweit verlassen dürfen. Hier hat die Bahn tatsächlich eine Einfriedigung hergestellt. Sie ist an der niedrigsten Stelle, an der das Füllen sie übersprungen haben soll, nur 94 cm hoch; nach der Behauptung des Klägers ist der dahinter befindliche, an die Bahn angrenzende Teil der Rampe besonders hoch gelegen. Aber auch unter diesen Umständen ist die Einfriedigung als ein ausreichendes Hindernis anzusehen, um Menschen von dem Betreten der Bahn abzuhalten und wurde damit zugleich auch ein verhältnismäßiger Schutz für Tiere gewährt. Dieser Schutz brauchte aber im Verhältnis kein derartiger zu sein, daß er auch Tiere, wie das Füllen des Klägers, vom Überspringen auf den Bahnkörper abhielt. M. M.

h) **Haftung aus dem Kraftwagenbetriebe.**

α) OLG. Hamburg, 3. ZS. Urteil v. 11. Dezember 1917.

Die Beklagte kann nicht als Halterin des Kraftwagens zurzeit des streitigen Unfalls angesehen werden. Denn sie hat sich nur deshalb bei der zuständigen Polizeibehörde als Eigentümerin des Gefährts eintragen und führen lassen, weil sie Sicherheit für die von ihr dem Z., dem damaligen Bräutigam ihrer Tochter, für den Ankauf des Wagens dargeliehenen 170 Mark haben wollte. Im übrigen hat sie sich um das Fahrzeug überhaupt nicht gekümmert, insbesondere keine Unterhaltungskosten dafür entrichtet. Vielmehr ist Z. mit dem Wagen umher- und nach Kiel gefahren, wo er als Artist eine Anstellung anzutreten hatte. Er hat für Aufbewahrung und Unterhaltung des Fahrzeuges gesorgt, wie denn auch er und nicht die Beklagte von der Behörde den vorgesehenen Erlaubnisschein erhalten hat. M. M.

β) OLG. Hamm, 3. ZS. Urteil v. 1. Mai 1917.

Am 24. März 1916, abends 8 Uhr, wurde das von X. geleitete Fuhrwerk des Klägers auf der Landstraße von einem entgegenkommenden Kraftwagen der Beklagten, das der Wagenführer Krause leitete, angefahren und beschädigt. Diesen trifft ein erhebliches kausales Verschulden, denn er hatte nicht den genügenden Vorrat an Karbid mitgenommen, so daß die Wagenlaternen erloschen sind und er entgegen der Vorschrift mit dem unbeleuchteten Wagen weiterfahren mußte. Er handelte ferner insofern fahrlässig, als er nach dem Erlöschen der Laternen trotz der Warnung des Mitinsassen nicht so langsam weiter fuhr, daß er den Wagen auf die kürzeste Entfernung sofort zum Stehen bringen konnte. Den X. trifft aber gleichfalls ein ursächliches Verschulden, schon deshalb, weil er entgegen der Polizeivorschrift auf der linken Seite der Straße fuhr. Es war zwar ein Straßenbahnwagen fällig und X. handelte daher an sich recht, wenn er vom Bahngeleise mehr zur linken Seite der Straße herüberfuhr. Er hätte aber, da die Straße neben dem Geleise noch 6 m breit ist, nicht so weit nach links zu fahren brauchen, als er es getan. Wäre er auf der rechten Seite der Straße etwa 1 m vom Geleise weiter gefahren — seine Pferde scheuten nicht vor dem Straßenbahnwagen —, so hätte der entgegenkommende Kraftwagen hinreichend Platz gefunden, rechts am klägerischen Fuhrwerk vorbeizufahren. Schuldhaft handelte X. ferner, weil er keine brennende Laterne am Wagen angebracht hatte. Die Vorschrift der Beleuchtung der Fuhrwerke gilt, wie die Auskunft ergibt, auch während des Krieges, wenngleich sie wegen des Mangels an Petroleum nur milde gehandhabt wird. Hätte der Wagen des Klägers eine brennende Laterne geführt, so hätte der Führer des Kraftwagens, wie anzunehmen ist, den klägerischen Wagen so rechtzeitig wahrgenommen, daß er halten oder ausweichen konnte. Daß der Mangel an Petroleum den X. veranlaßt hat, das Fuhrwerk nicht zu beleuchten, hat er bei seiner Vernehmung nicht angeführt. Übrigens hätte er aber auch, wenn er aus diesem Grunde ohne Licht fuhr, dies auf eigene Verantwortung mit der Verpflichtung getan, für etwaige Folgen aufzukommen. F. N.

γ) OLG. Augsburg, 1. ZS. Urteil v. 9. Juli 1918.

Der Kläger trieb auf der Landstraße zwei nebeneinandergehende Kühe. Der Beklagte fuhr in einem Kraftwagen rasch nach und überfuhr den Kläger. Der Ersatzanspruch ist zur Hälfte begründet.

a) Das Verschulden des Beklagten besteht zunächst darin, daß er auf der **rechten** Seite der Straße gefahren ist; es besteht keine Vorschrift, daß man auf der rechten Seite einer Straße fahren muß. Nach § 20 der V. vom 3. Februar 1910 über den Verkehr mit Kraftfahrzeugen hat man entgegenkommenden Viehtransporten usw. rechts auszuweichen und an eingeholten Viehtransporten auf der linken Seite vorbeizufahren, während der § 17 den Führer zu besonderer Vorsicht in der Leitung des Autos verpflichtet. Aus beiden Bestimmungen ergibt sich, daß zur Vermeidung von Unfällen vor allem die dazu bestimmte **mittlere** Fahrbahn innegehalten werden muß. Ein Verschulden des Beklagten ist es ferner, daß er trotz der damals herrschenden Dunkelheit und des Regens zu **rasch** gefahren ist. „Der Wagen war im Augenblick vorbei." Er hätte bei einiger Aufmerksamkeit den Kläger und den Viehtransport um so eher wahrnehmen und ihnen rechtzeitig ausweichen müssen, als die Scheinwerfer seines Wagens bei der geraden Straße jene Gruppe mitbeleuchtet haben mußten, da er ja so weit auf der rechten Straßenseite, also in der Richtung des Klägers fuhr, daß sein Wagen auf den Kläger zugefahren ist.

b) Das Verschulden des Klägers ist darin zu finden, daß er, obwohl von seinem Begleiter auf das Kommen des Kraftwagens aufmerksam gemacht war, sich darauf beschränkte, den Viehtransport möglichst weit rechts ausstellen zu lassen, selbst aber links von den Kühen, d. i. neben ihnen seinen Weg fortsetzte. Zwei nebeneinandergehende Kühe nehmen einen etwa 2 m breiten Raum ein; der Kläger muß deshalb $2^1/_2$ m vom rechten Straßenrand entfernt gegangen sein. Selbst wenn die Straße 8 m breit ist, ging er damals zu weit gegen die Mitte der Straße zu; auch er hätte die damalige Dunkelheit, die an sich jedes Fuhrwerk und jeden Transport in die Gefahr eines Zusammenstoßes bringen kann, berücksichtigen und sich selbst gerade sowie sein Vieh möglichst in Sicherheit bringen müssen; das hätte er mühelos dadurch erreicht, daß er unmittelbar hinter den Kühen am rechten Straßenrand gegangen wäre. P.n.

δ) OLG. München, 3. ZS. Urteil v. 17. März 1917.

Am 5. Februar 1914, abends gegen 6 Uhr, wollte der Kläger mit seinem von ihm selbst gelenkten Kraftwagen von der W.Straße in die M.Straße stadtauswärts fahren. Vor der Ausfahrt hielt der Kläger seinen Wagen an, um einen stadteinwärts fahrenden Straßenbahnzug vorüber zu lassen. Sodann fuhr er langsam an, um nach Überqueren der Geleise der Straßenbahn nach Vorschrift den südlichen Fahrdamm der M.Straße zu erreichen. Ehe er die Geleise völlig überquert hatte, wurde sein Wagen von einem stadtauswärts fahrenden Straßenbahnwagen der Linie 4 erfaßt, zur Seite gestoßen und erheblich beschädigt. Seine Klage auf Ersatz des erlittenen Schadens ist unbegründet.

Nach den ortspolizeilichen Vorschriften vom 18. Februar/18. August 1911 darf der Betrieb der Straßenbahn von Passanten und Fuhrwerken jeder Art an und für sich nicht gehindert werden und hat in den von den Bahnen benützten Straßen jeder andere Verkehr gegenüber dem an feste Geleise gebundenen Bahnbetrieb zurückzutreten. Bei Straßenkreuzungen haben daher auch Fuhrwerke jeder Art zu warten und entgegenkommende Straßenbahnwagen vorüber zu lassen. Die Lenker von Kraftwagen haben bei Kreuzungen von Straßen besondere Sorgfalt walten zu lassen. Sie haben sorgfältige Umschau zu halten, ob die Straße frei und ob nicht etwa Wagen auf der Straße die Aussicht sperren. Diese Vorsicht, die jedem Wagenführer nach § 7 des KraftFahrG. zur Pflicht gemacht ist, hat der Kläger außer acht gelassen. Ihm war bekannt, daß in der M.Straße Straßenzüge nach beiden Richtungen verkehren. Er hat auch den stadteinwärts kommenden Straßenbahnwagen vorüber gelassen, sich aber vor dem Anfahren nicht hinreichend vergewissert, ob ihm beim Überqueren der Geleise nicht von einem aus der Stadt kommenden Wagen Gefahr drohe. Es kommt in Betracht, daß zurzeit des Unfalls die Straßen nur durch Lampenschein erhellt waren und der Kläger durch die Bauart seines Wagens und seinen Halteplatz keine freie Übersicht nach rechts hatte. Zudem sah er den stadteinwärts fahrenden Wagen an sich vorüber fahren und mußte bei nur einiger Umsicht erkennen, daß dieser Wagen, ehe er an seiner Haltestelle angelangt war, für ihn ein erhebliches Hindernis für einen freien Ausblick war. Hiernach bestand für den Kläger eine erhöhte Sorgfaltspflicht auf genauer und umfassender Umschau. Er hätte, um seiner Sorgfaltspflicht zu genügen, erst anfahren dürfen, wenn er sich überzeugt hatte, daß die ganze Straße nach rechts und links frei von Hindernissen für die nächste Zeit sei. Insbesondere mußte er damit rechnen, daß ein Straßenbahnwagen von der Stadt her ihm Gefahr bringen konnte.

Diese Außerachtlassung der gebotenen Vorsicht, wie sie nach dem Beweisergebnis festgestellt erscheint, stellt ein grobfahrlässiges Verhalten dar und ist die alleinige Ursache an dem Unfall (JW. 1915 S. 405, 588). Den

Führer des Straßenbahnwagens trifft keinerlei Verschulden. Er fuhr im normalen Tempo, gab auf seiner ganzen Fahrt häufig Glockenzeichen, bremste, als er den Kraftwagen in seiner nächsten Nähe die Geleise überqueren sah, seinen Wagen, konnte aber den Zusammenstoß nicht mehr verhindern. Wenn er auch von der Haltestelle aus den Wagen des Klägers an der W.Straße stehen sah, so mußte er damit rechnen, daß der Lenker ihn auf seiner Fahrt vorüber lassen werde, wie die bestehenden Vorschriften dies auch bestimmen. W.

i) **Entlastungsbeweis nach § 831 BGB.**

α) OLG. Hamm, 3/4. ZS. Urteil v. 25. Oktober 1918.

Die Fensterscheibe des Klägers ist dadurch zertrümmert worden, daß der Fuhrmann K., der auf dem ersten der beiden zusammengekuppelten Abfuhrwagen saß, die abfallende Webergasse hinuntergefahren ist, ohne ordentlich die Bremse anzuziehen. Das LG. meint, daß die beklagte Stadt, um sich aus der Haftung aus § 831 zu befreien, beweisen müsse, daß der Fuhrparkleiter X. bei der Auswahl des K. die erforderliche Sorgfalt beobachtet habe. Es legt hierbei mit Recht zugrunde, daß X. allgemein ermächtigt war, selbständig Fuhrleute anzustellen und daß der Fuhrparksbetrieb als ein Großbetrieb anzusehen ist, weil er 5 Aufseher, 18 Arbeiter, 8 Fuhrknechte beschäftigt und 14 Arbeitspferde hält. Der Rechtsauffassung des LG. kann aber nicht gefolgt werden. Es bezieht sich auf einen Aufsatz (ZivArch. 114 S. 114), wonach bei derartigen Betrieben der höhere Angestellte als Repräsentant, dh. als Generalvertreter, im Gegensatz zu der „zu einer Verrichtung" bestellten Person, bei der Auswahl der niederen Angestellten handele. Allein es ist kein Grund ersichtlich, weshalb nicht auch ein mit der Auswahl von Angestellten betrauter Generalvertreter im Sinne des § 831 zu einer „Verrichtung" bestellt sein sollte. Wenn der Verfasser weiter meint, es widerspreche dem Sinne des Gesetzes, wenn der Geschäftsherr sich immer von der Haftung dadurch befreien könne, daß er die sorgfältige Auswahl des „Repräsentanten" nachweise, möge dieser auch noch so viele Fehler machen, so übersieht er, daß das RG. von dem Geschäftsherrn verlangt, solche organisatorische Einrichtungen und Anordnungen zu treffen, die es ermöglichen und gewährleisten, die Tätigkeit des höheren Angestellten zuverlässig zu regeln und zu überwachen (vgl. RG. 73 S. 108, 79 S. 101, 87 S. 4). Die Beklagte hat also zu beweisen, daß sie bei der Auswahl des X. die erforderliche Sorgfalt angewendet hat. Sie hat aber weiter darzulegen, daß sie geeignete Maßregeln getroffen hat, die eine dauernde zuverlässige Überwachung des X., besonders bei der Auswahl des unteren Personals, gewährleisten. In letzterer Beziehung ist nur geltend gemacht, daß X. sich während seiner Amtstätigkeit als befähigt und zuverlässig bewiesen habe, was durch fortlaufende Beaufsichtigung und regelmäßige Revisionen ständig kontrolliert worden sei; ferner, daß der Bürgermeister ihn stets beaufsichtigt habe. Das genügt aber nicht. Es ist hieraus nicht ersichtlich, ob und welche Anordnungen die Beklagte darüber getroffen hat, wie X. bei der Annahme von Fuhrleuten verfahren müsse, ob zB. Probefahrten angeordnet sind, und ob Anordnungen getroffen sind, die ermöglichen, daß die Beklagte von gröberen Nachlässigkeiten des unteren Personals Kenntnis zu bekommen in der Lage ist. Die Beklagte hat auch nicht darzulegen vermocht, daß in jetziger Zeit die Leutenot derartig zwingend war, daß zur Abwendung öffentlicher Gefahren für die Gesundheit der Bürger der Fuhrparkleiter unbesehens und ohne weitere Prüfung jeden anzunehmen gezwungen war, der sich als erfahrener Fuhrmann ihm gegenüber ausgab. Der Fuhrmann ist dem X. von der Polizei zugeführt; X. hat ihn ohne weitere Prüfung und lediglich auf seine Angabe hin, daß er fahren könne und ein- und mehrspännig gefahren habe, eingestellt, weil ihm gerade ein Fuhrmann fehlte. Es wäre also auch ohne K., wie angenommen werden muß, noch weiter gegangen und eine Zwangslage, ihn anzunehmen, bestand nicht. F. N.

β) OLG. Rostock, 1. ZS. Urteil v. 10. Januar 1918.

Im November 1916 fuhr das von dem Hausdiener B. geleitete Schlachterfuhrwerk des Klägers nach eingetretener Dunkelheit vom Schlachthofe N. zurück. Es geriet neben dem städtischen Wasserwerk in einen Graben, der in einem Teil des Fahrdammes aufgeworfen war, wo die Arbeiter der städtischen Gasanstalt beschäftigt gewesen waren, Rohre zu legen, um das Wasserwerk an die Gasleitung anzuschließen. Der Kläger hält die Stadt, die für die Verkehrssicherheit der öffentlichen Wege aufzukommen habe, für verpflichtet, ihm den am Wagen und Pferd entstandenen Schaden zu ersetzen. Die Beklagte wendet ein, die Ausführung der Arbeiten habe dem Direktor X. des städtischen Gaswerkes, die der Erdarbeiten besonders dem hiermit beauftragten Dämmermeister S. obgelegen; beide seien tüchtige und zuverlässige Fachleute. Die Klage ist unbegründet.

1. Der Unfall ist dadurch verursacht, daß der von Arbeitern der städtischen Gasanstalt aufgeworfene Graben im Fahrdamm der Straße weder ausreichend bewehrt noch beleuchtet war. Diese Unterlassung von Vorsichtsmaßregeln zum Schutz und zur Warnung des Publikums verletzt an sich die bei solchen öffentlichen Arbeiten übliche Sorgfalt, so daß an sich die Schadensklage ausreichend begründet erscheint. Die Haftung der Beklagten ergibt sich zunächst daraus, daß sie Unternehmer der Gasanstalt ist, in deren Betrieb der gefahrbringende Graben hergerichtet wurde. Nach § 831 steht ihr jedoch der Entlastungsbeweis frei, daß sie bei der Auswahl der bestellten Person, der die Ausführung der Arbeiten oblag, die im Verkehr übliche Sorgfalt beobachtet hat. Dieser Beweis ist geführt. Nach dem mit X. abgeschlossenen „Privatdienstvertrag" liegt ihm die technische und geschäftliche Leitung der Gasanstalt ob, dergestalt, daß er zu allen Geschäften, die der Betrieb der Gasanstalt gewöhnlich mit sich bringt, ermächtigt ist. Hinsichtlich seiner Obliegenheiten heißt es dann: „er nimmt Anmeldungen zu neuen Gasanschlüssen entgegen, vereinbart das Erforderliche mit den Antragstellern, leitet die Aus-

führung und läßt die ausgeführten Arbeiten genau verzeichnen." Hiernach gehörte auch die Ausführung des Anschlusses des Wasserwerkes an die Gasleitung zu seinem Pflichtenkreis; die Vornahme der hierzu erforderlichen Arbeiten hatte nach seiner Anordnung und unter seiner Leitung zu geschehen. Er ist jedoch kein verfassungsmäßig berufener Vertreter der Stadt, so daß die letztere gemäß §§ 31, 89 schon an sich für ein ihm zur Last fallendes außervertragsmäßiges Verschulden ersatzpflichtig wäre. Er ist lediglich ein durch „Privatdienstvertrag" zur Leitung eines gewerblichen Unternehmens der Stadt angestellter Beamter. „Der Magistrat ist seine vorgesetzte Behörde, sein direkter Vorgesetzter der Dezernent in Sachen der Gasanstalt", heißt es im Vertrag (RG. 53 S. 279; 72 S. 22). Bei seiner Auswahl hat die Stadt nach jeder Richtung hin die im Verkehr erforderliche Sorgfalt beobachtet. X. besaß die für seinen Beruf erforderliche technische Ausbildung, er konnte sehr günstige Zeugnisse über seine frühere Tätigkeit vorlegen, er hatte bereits mit Erfolg eine gleiche Stelle bekleidet, der Magistrat hat über seine dortige Tätigkeit Erkundigungen eingezogen und ihn schließlich nach einwandfreiem Probedienst endgültig angestellt. Die Leitung der Gasanstalt und somit auch die der hier in Betracht kommenden Arbeiten war also sachverständigen Händen anvertraut.

2. Die Haftung der Stadt für die Verkehrssicherheit ihrer Straßen bestimmt sich nach § 823 und ist von der Haftung des Unternehmers grundsätzlich verschieden (Warn. 4 Nr. 180). Hier, wo die Stadt als Unternehmer einer Gasanstalt Erdarbeiten hat vornehmen lassen, bleibt neben der Verpflichtung aus den in solcher Veranlassung vorgenommenen Verrichtungen Dritter die allgemeine Fürsorgepflicht der Stadt für ungehinderten und gefahrlosen Verkehr auf den öffentlichen Straßen ungeschmälert bestehen. Die Verneinung der Haftung aus § 831 hat daher nicht schon an sich die Befreiung der Stadt wegen einer aus der Verletzung dieser Fürsorgepflicht sich ergebenden Verbindlichkeit zur Folge. Allein ein Verschulden der Stadt, dh. ihrer verfassungsmäßigen Vertreter, liegt hier nicht vor. Das Urteil (JW. 1905 S. 234[3]) steht nicht entgegen. Wenn auch sein Tatbestand dem hier vorliegenden sehr ähnlich erscheint — eine Stadt hatte auf der Straße stehende Bäume fällen lassen, ihre Verteidigung, sie habe die Arbeit dem sehr zuverlässigen Stadtgärtner übertragen, wird zurückgewiesen, weil es Sache der Stadt selbst, nicht des Stadtgärtners sei, die für die Sicherheit des Publikums erforderlichen Maßregeln zu treffen —, so verlangt doch auch in diesem Falle das RG. von der Stadt nur die Darlegung, daß sie alles getan habe, um die ihr obliegende Fürsorgepflicht zu erfüllen. Dieser Nachweis ist aber hier als erbracht anzusehen. Daß das stadtverfassungsmäßig mit der Überwachung derartiger Arbeiten betraute Magistratsmitglied persönlich die erforderlichen Anordnungen trifft, ist nach Lage der Sache ausgeschlossen. Der Magistrat muß die Ausführung und Beaufsichtigung im einzelnen Falle unteren Organen überlassen und er erfüllt seine Pflicht zur Sorgsamkeit,

wenn er die nötigen Anweisungen solchen Angestellten zur Pflicht macht, auf die er sich verlassen kann. Dies ist geschehen, indem nach dem Anstellungsvertrag der Gasanstaltsdirektor die Anschlußarbeiten anzuordnen und zu leiten hat. Er hat Arbeiter an der Hand, die in der Ausführung solcher Erdarbeiten geschult sind, und da er und seine Leute berufsmäßig vielfach solche Straßenarbeiten, wie hier, auszuführen haben, durfte das zuständige Magistratsmitglied auch darauf bauen, daß die Anlage unter Berücksichtigung aller erforderlichen Sicherheitsmaßregeln erfolgen werde. Die Ausführung lag eben in den sachverständigsten Händen, die der Stadt zur Verfügung standen. Daß unter solchen Verhältnissen die Vornahme technisch so einfacher Arbeiten vorher dem Stadtbauamt oder der Polizei mitgeteilt werden müsse, damit diese noch besondere Aufsicht eintreten lasse, liegt außerhalb des Rahmens einer sorgsamen Stadtverwaltung. Nach Lage der Sache durfte davon ausgegangen werden, daß diese Arbeiten ordnungsgemäß erledigt würden, die Unterlassung einer besonderen obrigkeitlichen Überwachung im einzelnen Falle kann als Fahrlässigkeit nicht angesehen werden. J.n.

γ) OLG. Augsburg, 1. ZS. Urteil v. 23. April 1918.

Das Pferd des Klägers wurde im Stalle des Gasthofs durch einen Hufschlag am linken Hinterbein von dem Pferde des Beklagten verletzt, das dieser durch seinen 16jährigen Fuhrknecht E. hatte einstellen lassen. Das Pferd des Beklagten, ein 16jähriges frommes, lenksames Tier, wurde nur im einspännigen Zug zur Beförderung der Gartenerzeugnisse vom Gute nach der Stadt verwendet. Man hatte nie Schwierigkeiten mit ihm. Zur Leitung eines so gutmütigen Tieres bei einspännigen leichten Frachtfahrten bedingte es deshalb keines besonders erfahrenen Lenkers. Auch mit dem Kutscherdienste berufsmäßig nicht befaßte Personen konnten mit ihm sehr wohl zurecht kommen. Die tägliche Erfahrung lehrt auch, daß Pferde dieser Art in leichtem einspännigen Zug selbst zu gewöhnlichen Zeiten jüngeren Leuten und Frauen unbedenklich anvertraut werden können. Beklagter durfte also auch, ohne gegen die ihm zuzumutenden Sorgfaltspflichten zu verstoßen, dem E. das Pferd anvertrauen, zumal er wußte, daß E. schon während seiner früheren Dienstzeit bei ihm mit dem Pferd umgegangen war. Beklagter hat insbesondere auch den Fuhrwerksleitern regelmäßig eingeschärft, vorsichtig zu verfahren, wie er dies auch bei Einstellung und Leitung von Dienstboten tat. Beklagter hatte selbst die Fahrt mitgemacht und nach Verlassen des Wagens den E. beauftragt, wie schon öfters, im Stalle des B. einzustellen. Daß in der besuchten Gastwirtschaft des B. ein Hausknecht nicht zur Stelle sein würde, konnte er nach seiner Erfahrung nicht annehmen, auch nicht damit rechnen, daß E. gegen die bestehende Gepflogenheit, ohne Hilfe eines tatsächlich erreichbaren Hausknechtes, das Pferd selbst einstellen werde. Er hatte also keine Veranlassung, ihm für diesen Fall genauere Anweisungen zu geben. P.n.

k) Haftung des Justizfiskus wegen unrichtigen Verfahrens des Zwangsversteigerungsrichters bei Anwendung des § 739 ZPO.

OLG. Kiel, 3. ZS. Urteil v. 5. Oktober 1918.

Auf den Antrag des X. wurde aus einem Vollstreckungsbefehle gegen die Ehefrau Helene S. das auf ihren Namen eingetragene Grundstück zur Zwangsversteigerung gestellt und dem Kläger A. für 1000 Mark zugeschlagen. Auf Beschwerde des X. wurde der Zuschlag aufgehoben, weil § 739 ZPO. nicht beobachtet sei und die Ausnahme des § 741 nicht vorliege; die weitere Beschwerde des A. blieb erfolglos. Nunmehr beansprucht A. vom Fiskus Ersatz seiner Anwalts- und seiner Beschwerdekosten, die nicht entstanden wären, wenn bei Einleitung des Verfahrens der vollstreckbare Titel geprüft worden wäre. Die Klage ist unbegründet. Allerdings hat der Versteigerungsrichter objektiv unrichtig gehandelt, als er einen Titel gegen die Frau S. zur Vollstreckung in das eingebrachte Gut für ausreichend erachtete. Denn nach den Ermittlungen im Beschwerdeverfahren ist positiv festzustellen, daß die Frau S. bei Einleitung der Zwangsvollstreckung 1913 kein Kohlengeschäft mehr betrieb. Die Frau hatte das Geschäft als nicht mehr lohnend im Herbst 1911 aufgegeben; seit der Zeit führte der Mann ein Kohlenkommissionsgeschäft für die Firma G. Das trat auch nach außen dadurch in die Erscheinung, daß die Rechnungen nicht mehr von H. S., sondern unmittelbar von der Firma G. den Kunden zugesandt wurden und an die Firma bezahlt wurden und daß im Kohlenschuppen ein entsprechendes Schild aufgestellt war. Die oberen Instanzen haben mit Recht dem Kläger den Zuschlag versagt, weil ein Titel gegen den S. auf Duldung der Zwangsvollstreckung nicht vorlag.

Allein dem Versteigerungsrichter fällt ein Verschulden nicht deshalb zur Last, weil er unrichtigerweise einen Vollstreckungstitel gegen die Frau als ausreichend erachtete. Als diese 1907 das Haus kaufte, erwarb sie, wie es im Kaufvertrag heißt, den Grundbesitz nebst dem darauf befindlichen Kohlengeschäft und Inventar sowie den Kohlenvorräten. Sie hat also mit dem Haus das Kohlengeschäft für sich erworben und dann als selbständiges Erwerbsgeschäft betrieben. Wenn auch der Mann mit seinem Namen das Geschäft zur Gewerbesteuer angemeldet hat, so ging es doch auf Rechnung der Frau, die es in eigenem Namen betrieb. Die Briefe wurden mit H. (Helene) S. unterschrieben und zwar auch, wenn der Mann die Briefe zeichnete. Am Haus war ein Schild „H. S.“ angebracht; der Kohlenwagen trug die Aufschrift „H. S.“ Die Frau führte die Kasse und rechnete mit dem Mann, der später ein Fuhrgeschäft für sich begonnen hatte, ab. Die Frau S. hatte die oberste Leitung des Kohlengeschäfts. Der Wille der Frau, ein selbständiges Erwerbsgeschäft zu betreiben, ist nach außen erkennbar hervorgetreten. Der Wechsel, der im Herbst 1911 eintrat, wurde nach außen nur in beschränktem Maße kenntlich; es unterblieb eine öffentliche Bekanntmachung; die Anschriften am Hause und am Kohlenwagen blieben unverändert; allgemein hielt man noch die Frau für die Inhaberin des Kohlengeschäfts. Unter diesen Umständen und besonders im Hinblick auf die Zeugenaussagen kann es dem Richter nicht als Mangel an der im Verkehr erforderlichen Sorgfalt ausgelegt werden, daß er unterließ, weitere Nachforschungen anzustellen und sich bei seiner Kenntnis der Verhältnisse beruhigte. Hinzu kommt noch, daß der mit den örtlichen Verhältnissen vertraute Gläubiger und sein rechtskundiger Beistand den Schuldtitel gegen die Frau als genügend angesehen und der Mann selbst keine Einwendung gegen die Zwangsvollstreckung erhoben hatte. Der Kläger hat ja auch selbst den jetzt von ihm bekämpften Standpunkt des Richters im Beschwerdeverfahren mit aller Entschiedenheit vertreten ... SchlHA.

l) **Schadensersatz wegen eines zukünftigen Unterhaltsanspruchs gegen den Getöteten.**

OLG. Düsseldorf, 4. ZS. Urteil v. 14. Februar 1916.

Die Kläger, deren 17jähriger Sohn durch den Kraftwagen des Beklagten getötet worden, beanspruchen auf Grund des § 10² Ges. v. 3. Mai 1909 a) Zahlung von 50 Mark monatlich bis zur Klagerhebung, b) Feststellung, daß der Beklagte sie insoweit schadlos zu halten hat, als der Getötete sie für den Fall einer (künftigen) Unterhaltsbedürftigkeit unterhalten mußte.

Für die Leistungsklage haben die Kläger darzutun, daß sie bereits vor Klagerhebung gegen ihren Sohn einen Unterhaltsanspruch hatten. Dieser setzt auf ihrer Seite Bedürftigkeit, also die Unmöglichkeit, sich selbst zu erhalten, voraus. Das Einkommen des Klägers reichte jedoch zu ihrem Unterhalt aus. Daß beide noch sechs minderjährige Kinder, die selbst noch nichts verdienten, zu unterhalten haben, kann hier nicht in Betracht kommen. Denn bei Feststellung der Bedürftigkeit eines Unterhaltsberechtigten ist lediglich zu prüfen, ob er zur Beschaffung seines *eigenen* Lebensunterhalts, nicht aber, ob er auch zur Ernährung derjenigen, deren Unterhalt ihm obliegt, außerstande ist. Dies ergibt die Fassung des § 1602 gegenüber dem § 1603¹ und ist auch früher von der Rechtsprechung angenommen worden (RheinArch. 83 S. 188); es würde sonst auch eine gesetzlich nicht bestehende Unterhaltspflicht des Getöteten gegenüber seinen Geschwistern, zu deren Unterhalt die Kläger noch verpflichtet sind, geschaffen werden. Es kommt auch nicht darauf an, was der Verunglückte bisher tatsächlich den Klägern von seinem Einkommen abgegeben hat, sondern was er kraft Gesetzes abgeben *mußte* (JW. 1907 S. 480¹⁴). Die Mitklägerin hatte ferner so lange keinen Unterhaltsanspruch gegen den Getöteten, als der Mitkläger sie unterhalten konnte (§ 1608). Auch war sie noch keineswegs so alt, daß sie selbst nicht mehr wie früher durch ihre Tätigkeit als Waschfrau ihren Unterhalt mitverdienen konnte, da sie 1913 erst 43 Jahre alt war.

Dagegen war der Feststellungsklage stattzugeben. Das LG. hält für wahrscheinlich, daß der Kläger sein Gehalt noch mindestens 10 Jahr weiter beziehen wird. Es ist indes nicht ausgeschlossen, daß er schon früher aus irgendwelchen Gründen sein Gehalt ganz oder teilweise verliert und daß er und die Mitklägerin dann unterhaltsbedürftig werden. Diese Möglichkeit, mag sie auch fern liegen, genügt in Verbindung mit den Verjährungsvorschriften des § 14 Ges. v. 3. Mai 1909 und § 852 BGB., um das Interesse der Kläger an der verlangten Feststellung zu bejahen und diese selbst zu begründen (Eger, Entsch. 26 S. 27, 451; JW. 1909 S. 314[12]; 1911 S. 153[9]). Erst bei Eintritt der Bedürftigkeit wird sich auch bestimmt entscheiden lassen, ob und wie lange der Getötete alsdann nach § 1603 unterhaltspflichtig gewesen wäre. J.

m) Anspruch des Mieters auf die Quartiergelder nach dem KrLG. v. 13. Juni 1873.

OLG. München, 2. ZS. Urteil v. 4. Mai 1918.

Die Quartiergelder, deren Herauszahlung der Beklagte (Verpächter) widerklagend begehrt, sind Vergütungen, die die Stadtgemeinde München nach §§ 6, 7, 9 KrLG. vom 13. Juni 1873 an die klagenden Pächter ausbezahlt hat. Der Anspruch ist in erster Linie auf den Vertrag gestützt. Dieser ist, da die seinen Gegenstand bildenden Räume teils zum Betrieb der Schank- und Speisewirtschaft, teils zur Abhaltung von Konzerten, Vorstellungen, Ausstellungen und zu Gesellschaftszwecken eingerichtet und mit Inventar ausgestattet sind, als Pachtvertrag anzusehen (RG. 81 S. 23, Warn. 6 Nr. 89). In dem Vertrag selbst ist eine Bestimmung, daß die Quartiergelder dem Beklagten zufallen sollen, nicht enthalten. Es kann sich daher nur darum handeln, ob der Anspruch nach § 581 und dem entsprechend anwendbaren § 546 begründet ist. Die Frage, ob die hier fragliche Last, die zwangsweise Belegung von Räumen mit Truppen, auf der verpachteten Sache ruht, ist nach dem KrLG. zu entscheiden. Nach § 3 sind dem Reich gegenüber zunächst die Gemeinden zu den in Nr. 1—6 bezeichneten Leistungen, unter Nr. 1 zur Gewährung des Naturalquartiers für die bewaffnete Macht, soweit Räumlichkeiten hierfür vorhanden sind, unter Nr. 4 zur Überweisung der für den Kriegsbedarf erforderlichen Grundstücke und vorhandenen Gebäude verpflichtet. Nach § 6 sind die Gemeinden berechtigt, zur Erfüllung der geforderten Leistungen die zur Teilnahme an den Gemeindelasten Verpflichteten sowie die sonst in der Gemeinde sich aufhaltenden oder Eigentum in ihr besitzenden Angehörigen des Reichs zu Naturalleistungen und Diensten aller Art heranzuziehen, besonders auch die in den Gemeindebezirken gelegenen Grundstücke und Gebäude, zu benutzen und sich nötigenfalls zwangsweise in deren Besitz zu setzen. Hier handelt es sich nicht darum, daß die Gemeinde das Anwesen benutzt oder sich zwangsweise in dessen Besitz gesetzt hat, sondern darum, daß die Gemeinde die Kläger zu einer Naturalleistung herangezogen hat, die darin besteht, daß sie die von ihnen innegehabten Räume zu Naturalquartier für Truppenteile zur Verfügung zu stellen haben. Die Kläger wurden als Inhaber und Besitzer der Räume, deren Gebrauch ihnen durch die Einquartierung entzogen ist, zu dieser Naturalleistung herangezogen.

Ein Quartierlastverteilungsbeschluß der Gemeinde kommt nicht in Frage, da die Gemeinde die Kläger als einzelne Personen zu dieser Naturalleistung herangezogen hat. Die Kläger gehören als Gewerbetreibende und hier wohnhafte Staats- und Reichsangehörige zweifellos zu den nach § 6 Pflichtigen. Die Gemeinde hat ihnen Vergütung nach §§ 7, 9, nicht nach § 14[2] zu gegewähren und gewährt. Hiernach ruht hier die Last nicht auf der verpachteten Sache, sondern sie trifft die Person des Pächters, der unmittelbar die Sache besitzt; § 546 ist deshalb nicht anwendbar. Es kann unentschieden bleiben, ob, wenn die Vorschrift zur Anwendung käme, sich daraus ein vertragsmäßiger Anspruch des Verpächters gegen den Pächter auf die für die Last gewährte Vergütung herleiten läßt.

Nach § 581 hat der Verpächter den Genuß der Früchte während der Pachtzeit zu gewähren. Was Früchte sind, bestimmt § 99. Wiewohl dort nicht ausdrücklich erwähnt, ist auch der aus einem Gewerbebetrieb fließende Ertrag zu den Früchten zu rechnen (RGKomm. § 99[2]). Als Früchte, deren Genuß der Verpächter zu gewähren hat, ist demnach hier der Ertrag anzusehen, den die Kläger durch ihren Gewerbebetrieb in den Pachträumen erzielen. Die Quartiergelder aber können nicht als Früchte angesehen werden. Denn sie hängen nicht mit dem Gewerbebetrieb, zu dem die Räume verpachtet sind, zusammen, sondern sind eine auf Gesetz beruhende Vergütung für Leistung von Naturalquartier. Der § 581 kann demnach auf die Quartiergelder überhaupt nicht angewandt werden und es kann nicht gesagt werden, daß sie Früchte sind, die nach den Regeln einer ordnungsmäßigen Wirtschaft nicht als Ertrag anzusehen sind und deshalb dem Verpächter zustehen. W.

n) **Vertragspflichten eines Heilpraktikers.**

OLG. München, 1. ZS. Urteil v. 22. Januar 1919.

Durch den Vertrag der Parteien, der als Dienstvertrag nach § 611 angesehen werden muß, verpflichtete sich der Kläger, die Heilbehandlung des Beklagten sachgemäß auszuführen; diese Verpflichtung hat er nicht erfüllt. Da der Beklagte aus Angst vor einem operativen Eingriffe den Kläger gerade deshalb, weil er nicht Arzt war, gerufen hatte, kann diesem kein Vorwurf daraus gemacht werden, daß er nicht solche Mittel anwendete, deren Verordnung den approbierten Ärzten vorbehalten ist. Es mußte aber von ihm erwartet werden, daß er die Behandlung in einer Erfolg versprechenden, der Krankheit angemessenen Weise vornehme und sie, sobald er sich überzeugt habe, daß die ihm zur Verfügung stehenden Mittel und die erworbenen Kenntnisse zu einer wirkungsvollen Bekämpfung der Krankheit nicht ausreichen, unter Darlegung der Gründe einstelle. Er hat aber bald, nachdem er zum Beklagten gerufen war, erkannt, daß er der ihm gestellten Aufgabe nicht gewachsen war. Nach seinen Äußerungen war er sich darüber klar, daß nicht chirurgische Kenntnisse ausreichen, sondern daß es besonderer Kenntnisse auf dem Gebiete der inneren Medizin und Pathologie bedürfe, über die er nach seiner Vorbildung und bisherigen Tätigkeit nicht verfügte.

Es bedurfte keiner besonderen Aufmerksamkeit und Sachkunde, um zu erkennen, daß das eiterige Geschwür an der Hand des Beklagten von einer inneren schweren Erkrankung herrührt, die nicht unter jene Leiden fällt, zu deren Behandlung der Kläger sich nach seinen Anpreisungen befähigt erachtete. Trotz dieser Erkenntnis hat er die von ihm als unnütz erkannte Heilbehandlung fortgesetzt, sich hierbei allerdings auf das ihm als vormaligem Bader nahe liegende Gebiet der Wundbehandlung beschränkt, sie aber auch in dieser Beschränkung nicht sachgemäß ausgeführt. Er kann nicht einwenden, daß auch die Ärzte, die demnächst den Beklagten behandelten, die Art seiner Erkrankung nicht zweifelsfrei feststellen konnten. Gerade der Umstand, daß die Natur der Erkrankung nicht leicht erkennbar war, erhöhte seine Pflicht, sich von der Alleinbehandlung fernzuhalten.... W.

---

8. Unlauterer Wettbewerb. Warenzeichenschutz.

a) Ankündigung eines Preisausschreibens durch den Gesellschafter einer GmbH.

OLG. Dresden, 3. ZS. Urteil v. 8. Mai 1918.

Die Beklagten, nämlich die GmbH. in Liqu. und ihr bisheriger Geschäftsführer, haben 1917 eine Ankündigung unter der Überschrift: „Preisausschreiben zugunsten Kriegsverletzter" in Zeitungen erlassen. Solche Ankündigungen werden von einem großen Teile der Leser, besonders von Frauen, nicht genau gelesen, sondern nur oberflächlich angesehen. Diesen prägen sich vornehmlich nur die durch großen Druck oder durch Unterstreichen hervorgehobenen Worte ein. Solche Leser müssen danach hier zu der Ansicht gelangen, daß die Beklagte den Kriegsverletzten eine Wohltat erweisen will, indem sie Preise von zusammen 30000 Mark lediglich für näher bezeichnete Arbeiten von Kriegsverletzten aussetzt, oder indem zum mindesten der Erfolg der Preisarbeiten ausschließlich Kriegsverletzten zugute kommen soll. Jene Leser werden sodann diese wohltätige Handlungsweise der Beklagten Dritten gegenüber rühmend hervorheben und dies wird zur Reklame im Interesse der Beklagten und zu einer Vergrößerung ihres Absatzes wesentlich beitragen. In Wahrheit erfolgte das Preisausschreiben jedoch nicht zugunsten Kriegsverletzter, an der ausgeschriebenen Arbeit kann sich vielmehr jedermann beteiligen, und da die Zahl der Kriegsverletzten nur einen geringen Bruchteil der Personen bildet, die an der Arbeit teilnehmen können, werden die Preise, wenn überhaupt, voraussichtlich nur zu einem ganz geringen Teile Kriegsverletzten zufallen. Aber auch der Erfolg der Arbeit — die Erfindung eines möglichst einfachen und praktischen Kleiderverschlusses — gereicht nicht bloß Kriegsverletzten, sondern jedermann zum Nutzen und vornehmlich ebenso denjenigen, die im Gebrauche ihrer Gliedmaßen, besonders der Hände, beschränkt sind, ohne Kriegsverletzte zu sein. Es fehlt auch jeder Anhalt dafür, daß die Beklagte Kriegsverletzten eine Wohltat erweisen wollte, denn nach dem übrigen Inhalte des Ausschreibens bezweckte sie offenbar, eine praktische Erfindung zu gewinnbringender geschäftlicher Verwertung zu erlangen. Durch die Ankündigung wird mithin in einem großen Teile der Leser ein Irrtum erregt. Dies hat der Mitbeklagte als Geschäftsführer eines großen kaufmännischen Unternehmens bei der Abfassung des Ausschreibens erkennen müssen und daher auch erkannt. Wenn die beiden Beklagten gleichwohl das Preisausschreiben veröffentlichten, so haben sie im geschäftlichen Verkehr zum Zwecke des Wettbewerbs trügerische Reklame gemacht, also gegen die guten Sitten verstoßen. Die Veröffentlichung der Ankündigung war daher durch einstw. Verfügung nach §§ 1, 13, 25 UWG. zu untersagen.

Der Umstand, daß hohe militärische Stellen das Ausschreiben als dankenswertes Unternehmen bezeichnet und der Beklagten besten Erfolg gewünscht haben u. dgl., vermag an der Sachlage nichts zu ändern. An jenen Stellen ist das Ausschreiben natürlich genau gelesen worden; sie hatten aber keinen Anlaß zu prüfen, ob man beim flüchtigen Lesen über den Inhalt getäuscht werden könnte. Da der gesuchte Kleiderverschluß voraussetzlich „auch" den Kriegsverletzten zum Vorteile gereichen würde, und da jene Stellen jedes Unternehmen begrüßen, das auch Kriegsverletzte zu einer geeigneten Tätigkeit anregt, bewiesen sie dem Preisausschreiben ihr Wohlwollen.

Mit Unrecht weist der Mitbeklagte darauf hin, daß er nicht in eigenem Namen, sondern nur als Vertreter der Gesellschaft gehandelt habe; denn bei einer GmbH. haftet der in Vertretung Handelnde auch persönlich (Rosenthal § 1[36]). Es besteht auch noch die Wiederholungsgefahr, obgleich die Beklagte 1915 in Liquidation getreten und der Mitbeklagte nicht mehr Geschäftsführer und auch nicht Liquidator ist. Mag auch die Beklagte den ganzen Fabrikbetrieb an die neugegründete Handelsgesellschaft A. verkauft haben, so ist, zumal im Hinblick auf die engen Beziehungen der Beklagten zu dieser (Inhaber sind der Mitbeklagte und sein Sohn, die beide Gesellschafter der Beklagten waren und von denen der letztere Liquidator der Beklagten ist) doch die Gefahr nicht ausgeschlossen, daß die Beklagte die Ankündigung, deren Zulässigkeit sie nachdrücklich vertritt, im Interesse der neuen Handelsgesellschaft wiederholen (Rsp. 30 S. 268). Reklame für die Beklagte kommt dem neuen Unternehmen zustatten, weil dies deren Betrieb fortsetzt und weil die Beklagte etwa eingehende Aufträge, wie nach Lage der Umstände ohne weiteres anzunehmen ist, der neuen Gesellschaft überweist. Auch der Umstand, daß ein Rechtsanwalt Liquidator der Beklagten ist, vermag hieran nichts zu ändern, denn auch dieser vertritt die Ansicht, daß die Ankündigung nicht zu beanstanden sei. Weiter ist im Hinblick auf diese Beziehungen und mit Rücksicht darauf, daß der Liquidator auswärts wohnt, davon auszugehen, daß dieser die Geschäfte der Beklagten wenigstens zum Teil durch den bisherigen Geschäftsführer der Beklagten besorgen läßt und deshalb besteht auch noch diesem gegenüber die Wiederholungsgefahr. —e—

b) **Ausverkauf. Deutliche Angabe des Grundes.**

Kammergericht, 7. ZS. Urteil v. 31. Mai 1918.

Die Beklagte, welche Kleidungsstücke nach eigenen Modellen herstellt, hat Ende 1916 und 1917 in Zeitungen den „Verkauf meiner Modelle 1916" angezeigt. Die Anzeige soll bedeuten, daß sie beabsichtigte, einen bestimmten Warenvorrat aus ihren Beständen, nämlich Modelle des Jahres 1916 zum Zweck der Räumung zu veräußern. Es liegt also eine ausverkaufsähnliche Ankündigung im Sinne der §§ 9, 7 vor. Ob die Preise besonders ermäßigt sind, kommt für den Begriff des Ausverkaufs nicht in Betracht. Die Beklagte war folglich nach § 7 gehalten, den Grund zu dem Ausverkauf in der Zeitung anzugeben. Das ist hier nicht der Fall, der Grund ist nicht klar und deutlich angegeben, er muß ein solcher sein, daß er nach der Anschauung des Verkehrs als unmittelbare Veranlassung zu einem Ausverkauf dienen kann. Die Anzeige hat sich nicht nur an die schon vorhandene Kundschaft der Beklagten, sondern an das gesamte Publikum gerichtet. Die Kundschaft mag nun aus der Bezeichnung 1916 entnommen haben, daß die Beklagte ihre alten nicht mehr verwendbaren Modelle abstoßen wollte, weil sie für 1917 andere Modelle anfertigen wollte oder angefertigt habe. Dieser Grund zum Ausverkauf ist aber nicht ausreichend ausgedrückt, wenigstens ein Teil des Publikums, und zwar ein nicht unerheblicher, wird auch bei einigermaßen aufmerksamem Lesen der Anzeige den Grund nicht ohne weiteres ersehen. So ist bereits angenommen worden, daß die Angaben „wegen vorgerückter Saison", „wegen allzu großer Auswahl" 2c keinen ausreichenden Grund im Sinne des § 7 darstellen. L.n.

c) **Vorwurf der Patentverletzung als „Tatsache". Verschulden.**

Kammergericht, 7. ZS. Urteil v. 1. Oktober 1918.

Der Schadensersatzanspruch aus § 14 UWG. ist allerdings begründet, auch ohne daß ein Verschulden des Beklagten vorliegt, sofern nur im übrigen die Voraussetzungen der Vorschrift gegeben sind. Wohl aber versagt der § 14 darum, weil im Schreiben des Beklagten keine „Tatsache" behauptet ist. Die bloße Behauptung der Patentverletzung ohne Beifügung tatsächlicher Angaben, die die Verletzung darstellen sollen, enthält keine Behauptung von Tatsachen (RG. 88 S. 437; JW. 1909 S. 367, 1917 S. 361). Hier hat aber der Verfasser des Schreibens nur das ihm zustehende Patent bezeichnet, ferner ganz allgemein der Klägerin vorgeworfen, daß sie die Tätigkeit ausübe, die dem Beklagten durch Patent geschützt sei, und daran anknüpfend den Vorwurf der Patentverletzung erhoben. Hierin kann keine Angabe der Handlungen, durch die das Patent im besonderen verletzt sein soll, gefunden werden. Es liegt vielmehr ein reines, auf Würdigung der vorangegangenen Angaben beruhendes Urteil vor. L.n.

d) **Verwechslungsgefahr bei Benutzung eines Gemeingut gewordenen Schlagwortes.**

Kammergericht, 7. ZS. Urteil v. 28. Mai 1918.

Die Klägerin führt die Firma „Germania Aktiengesellschaft für Verlag und Druckerei" und betreibt neben dem Verlage einer abgekürzt „Germania" bezeichneten Zeitung eine Druckerei zur Herstellung von Geschäftsvordrucken verschiedener Art. Die Beklagte führt die Firma „Otto S., Germania-Druckerei" und ist auch für Vordrucke von Geschäftspapieren tätig. Die Klage auf Unterlassung der Bezeichnung „Germania" ist unbegründet. Allerdings kommen in beiden Firmen die Worte „Germania" und „Druckerei" vor und sind nach der herrschenden Meinung auch einzelne Bestandteile einer Firma geschützt. Allein die Voraussetzung eines solchen Schutzanspruchs, daß gerade diese beiden Bestandteile im Verkehr zu einem Schlagwort vereinigt worden sind, ist hier nicht gegeben. Sie ergibt sich insbesondere nicht schon daraus, daß in Anschriften von Briefen, die an die Klägerin gerichtet sind, die hier fragliche Bezeichnung als Abkürzung vorkommt. Vielmehr hat nur für die Zeitung der Klägerin das Wort Germania — hier natürlich ohne die Verbindung mit „Druckerei" — die Bedeutung eines Schlagworts angenommen. Für ihre Druckerei gibt es ein entsprechendes Schlagwort mit der Bezeichnung „Germania-Druckerei" ebensowenig, als es etwa in der aus andern Firmenbestandteilen gebildeten Bezeichnung „Germania-Aktiengesellschaft" gefunden werden könnte.

Auch eine Verwechslungsgefahr besteht nicht. Im Geschäftsverkehr wird das Wort Germania so oft zur Firmenbezeichnung verwendet, daß es in gewissem Grade als Gemeingut und damit als Freiwort gelten muß und Unterscheidungskraft nur in sehr beschränktem Maße besitzt. Da der Beklagte dieser Bezeichnung seinen Namen Otto S. voranstellt, so tut er genug, um Verwechslungen vorzubeugen. Daß in einigen Fällen doch Verwechslungen vorgekommen sind, ist nicht ausschlaggebend; bei geringer Aufmerksamkeit hätten sie vermieden werden können. L.n.

e) **Berechtigung bei Theaterunternehmen zu Anträgen aus § 16.**
Kammergericht, 7. ZS. Urteil v. 14. Juni 1918.

Der Kläger, Testamentsvollstrecker des Kaufmanns A., verlangt, daß Beklagter unterlasse, sein Theater „Zentraltheater" zu nennen, weil das auf dem A.schen Grundstücke betriebene Theater bis 1908 gleichfalls als „Zentraltheater" betrieben worden ist. Die Störung, gegen die sich der § 16 wendet, liegt an sich vor. Seine Anwendung unterliegt aber insofern Bedenken, als das Recht an der Geschäftsbezeichnung dem Inhaber des Erwerbsgeschäfts zusteht (Finger § 16 N. 53) und demgemäß sachberechtigt für den Unterlassungsanspruch derjenige ist, der sich der Bezeichnung befugt für seinen Gewerbebetrieb bedient. Das ist hier der Inhaber des als Zentraltheater bezeichneten Theaterunternehmens. Das waren aber nicht die A.schen Erben noch ihr Rechtsvorgänger A. Sie haben niemals ein Theaterunternehmen betrieben, sondern immer nur als Eigentümer das Grundstück, auf dem sich das Zentraltheater befand, an andere verpachtet, die ihrerseits das Theaterunternehmen betrieben. Ob man unter diesen Umständen den A.schen Erben eine Art mittelbarer Inhaberschaft an dem Unternehmen zuerkennen will, oder die Verpachtung des Grundstücks zu Theaterzwecken selbst als einen durch den Namen „Zentraltheater" bezeichneten Gewerbebetrieb ansehen kann, ist mindestens zweifelhaft, das erstere besonders darum, weil die Erlaubnis zum Theaterbetrieb nie den A.schen Erben oder dem A. selbst, sondern immer nur den Pächtern erteilt worden ist. L.n.

f) **Benutzung von Beschaffenheitsangaben.**

OLG. Hamburg, 2. ZS. Urteil v. 13. Juli 1918.

Die Beklagte hat dem Kläger die Benutzung der Worte „(Amax) Mineral Rubber" zur Bezeichnung seiner Waren verboten, soweit diese in den Schutzbereich des WZ. Nr. 120 fallen. Das Verbot ist nicht begründet. Nach § 4 WZG. sind von der Eintragung solche Wörter ausgeschlossen, die an sich ihrem Wortsinn nach zu der Ware und ihren Eigenschaften als Benennung in Beziehung stehen. Ist ein solches Wort als Warenzeichen oder wie hier als dessen Bestandteil eingetragen, so ist niemand nach § 13 WZG. gehindert, diese Beschaffenheitsangabe auf Waren anzubringen und im Geschäftsverkehre zu gebrauchen. Das Patentamt hat aber festgestellt, daß die Wörter Mineral Rubber einen Kautschuk mit mineralischen Zusätzen oder ein in seinen Eigenschaften dem Rubber ähnliches Erzeugnis mineralischen Ursprungs bezeichnen und somit für Asphaltbitumen eine Beschaffenheitsangabe enthalten, indem sie besagen, daß diese Ware kautschukartige Eigenschaften besitzt. Die Beklagte selbst hat ausgeführt, daß ihre unter dem Zeichen Mineral Rubber angebotene Substanz aus weichem Asphaltbitumen großer Reinheit bestehe, das gestattet, einen großen Teil des Kautschuks aus der Gummimischung fortzulassen, die Gummiwaren säurefest zu machen und vor Oxydation zu schützen. Damit ist die Eigenschaft der Wörter als einer Beschaffenheitsangabe im Sinne § 4 WZG. einwandfrei gegeben, wobei es nichts verschlägt, ob es unmöglich ist, ein mineralisches Gummi im strengsten Wortsinne herzustellen, wie denn auch die Beschwerdeabteilung des Patentamts mit Recht die Eintragung der Wortzeichen „Krystallbier" (PatBl. 1896 S. 66), „Korkstein" (das. S. 68), „Goldkorn" (1897 S. 92) abgelehnt hat. War aber die Bezeichnung von vornherein eine Beschaffenheitsangabe, so konnte sie es auch nicht erst dadurch werden, daß die Beklagte sie seit 1905 in vielfachen Reklamen verwendete und daß sie erst nach der Eintragung des Warenzeichens vom Verkehre aufgenommen wurde (PatBl. 1908 S. 198). Es ist sehr wohl denkbar, daß jemand eine Beschaffenheitsangabe besonderer Art als erster benutzt, was bei neuen Erzeugnissen sogar sehr häufig der Fall sein wird, und daß der Verkehr sie alsdann ohne weiteres aufnimmt, weil sie die Ware sprachgemäß richtig bezeichnet.

Einen Ausstattungsschutz nach § 15 WZG. kann die Beklagte schon deshalb nicht beanspruchen, weil eine einfache Wortbezeichnung niemals als „Ausstattung" der Ware gelten kann (JW. 1902 S. 33[32]). Überdies könnte auch hier der Kläger das allgemeine Recht auf die Beschaffenheitsangaben nach § 13 WZG. entgegenhalten.

Ebensowenig ist § 16 UWG. anwendbar. Denn es ist nicht dargetan oder auch nur behauptet worden, daß die Wörter die besondere Bezeichnung des Erwerbsgeschäfts der Beklagten seien; auf die besondere Bezeichnung der Waren eines Erwerbsgeschäfts findet aber § 16 keine Anwendung, wie auch Abs. 3 besonders hervorhebt. Auch die Berufung auf § 1 UWG., § 826 BGB. muß versagen. Zwar ist anzuerkennen, daß auch § 13 WZG. nur den redlichen Geschäftsverkehr schützt und die Ausübung der formellen Berechtigung, die der § 13 gewährt, unzulässig wird, wenn sie zu Zwecken des Wettbewerbes vorgenommen wird und gegen die guten Sitten verstößt (§ 1 UWG.) oder darauf gerichtet ist, Schaden zuzufügen und solchen auch zufügt (§ 826 BGB.; vgl. JW. 1911 S. 112[50]; Rosenthal § 1[92]); hier ist aber nichts weiter bewiesen, als daß der Kläger seit 1911 Anzeigen von Mineral Amax Rubber erlassen hat, wozu die Beklagte behauptet, daß sie die Wörter Mineral Rubber seit 1905 durch Reklame eingebürgert habe. Der Kläger hat erkennbar die Wörter lediglich als Beschaffenheitsangabe und ohne Beziehung auf den Betrieb der Beklagten verwendet. Eine Unlauterkeit oder eine Schädigungsabsicht ist dabei nicht zutage getreten. Das grundsätzliche Recht der Allgemeinheit auf Benutzung von Beschaffenheitsangaben kann aber nicht dadurch vereitelt werden, daß ein anderer sie für sich usurpiert und den anderweitigen Gebrauch als ohne weiteres unlauter verfolgt. Wer solche Angaben für seine Waren wählt, wird immer der Gefahr ausgesetzt sein, daß auch andere sich ihrer bedienen und nur bei besonderen Veranstaltungen der Konkurrenz, die sich als unlauter darstellen, wird § 1 UWG. ihm zur Seite stehen können. M. M.

g) Freiwerden des ungültig abgetretenen Warenzeichens.

OLG. Hamburg, 2. ZS. Urteil v. 26. März 1918.

Der § 7 WZG. ist dahin auszulegen, daß das Warenzeichen mit dem Geschäftsbetriebe, zu dem es gehört, auch dann übergeht, wenn eine deutlich erkennbare Trennung verschiedener Betriebsabteilungen in einem Geschäfte durchgeführt ist, das Zeichen für eine solche selbständige Abteilung eingetragen ist und diese im ganzen mit den zugehörigen Warenzeichen übertragen wird. Immer jedoch muß zur Verhinderung eines Handels mit Warenzeichen dessen Zubehöreigenschaft gewahrt bleiben. Deshalb ist nicht zulässig, aus dem allgemeinen Betrieb einzelne Waren loszulösen und deren Vertrieb mit einem nicht hierfür besonders angemeldeten und eingetragenen Warenzeichen an einen anderen abzugeben (RG. 51 S. 263; Recht 1911 Nr. 1995; SchlHA. 1916 S. 116). Dahingestellt mag bleiben, ob hier die Firma W. lediglich den Vertrieb von Dachpappe oder den ganzen für das Warenzeichen Paroid angemeldeten Aus- und Einfuhrbetrieb auf die Beklagte übertragen wollte. Denn jenes Warenzeichen war nicht für Dachpappe allein, sondern für einige hundert Warensorten, wie sie das Aus- und Einfuhrgeschäft W. führen wollte, eingetragen, und ferner hat ein besonders eingerichteter Geschäftsbetrieb für Dachpappe bei der veräußernden Firma niemals bestanden. Danach war die Übertragung des Warenzeichens 653 auf die Beklagte nach § 7 unwirksam (RG. 51 S. 263, 56 S. 370). Damit hat zugleich das Warenzeichen auch für die Firma W., die es aufgegeben hat, seinen rechtlichen Bestand verloren (RG. 56 S. 370). Daraus folgt weiter das Recht des Klägers, die Eintragung des von ihm angemeldeten Zeichens zu verlangen und gemäß § 6² WZG. das weitere Recht, diesen Anspruch gegen die widersprechende Beklagte einzuklagen.

Dagegen steht ihm ein Anspruch auf Löschung des für die Beklagte eingetragenen Warenzeichens nach § 9 nicht zu. Zwar kann jeder Dritte die Löschung gegen den Eingetragenen verfolgen, wenn dieser den Geschäftsbetrieb, dessen Annex das Warenzeichen ist, nicht fortsetzt (oder überhaupt nicht begonnen hat RG. 65 S. 369, 67 S. 351); doch ist dafür das Bestehen eines rechtsgültig eingetragenen Zeichens notwendige Voraussetzung, die hier nicht gegeben ist. Ob das Urteil (JW. 1904 S. 123) die Löschungsklage auch für einen solchen Fall hat geben wollen, ist nicht sicher zu ersehen. Das WZG. hat sie nicht vorgesehen; das rechtsunwirksam eingetragene Zeichen könnte nur von Amtswegen gemäß § 8² WZG. gelöscht werden.

Ob durch die Eintragung des Warenzeichens Paroid die Firma W. mit Kenntnis der Beklagten gegen § 1 UWG. oder § 826 BGB. verstoßen hat, indem dadurch eine unlautere Aneignung des im Auslande geschützten und allgemein eingeführten Zeichens der Firma X. bewirkt worden wäre, kann dahinstehen; die daraus sich für die X. ergebenden Rechte könnten nur von dieser, nicht aber von dem dadurch nicht betroffenen Kläger geltend gemacht werden. M. M.

h) **Löschung wegen Verwechslungsfähigkeit. Gleichartigkeit im Sinne des § 9 WZG.**

OLG. Dresden, 3. ZS. Urteil v. 3. Januar 1917.

Für den Kläger ist 1911 das Warenzeichen Nr. 1553 eingetragen; dabei ist als Geschäftsbetrieb „Chemisch-pharmazeutische und Essenzfabrik" angegeben; das Warenverzeichnis lautet: „Chemisch-pharmazeutische Präparate, ätherische Öle und Essenzen." Für den Beklagten ist seit 1913 das Warenzeichen Nr. 1756 eingetragen, wobei die Geschäftsbezeichnung „Brauerei" angegeben ist, während das Warenverzeichnis neben „Hefe, Trockentrebern und Malzkeimen" noch „Bier und alkoholfreie Getränke" aufführt. Beide Bildzeichen besitzen in ihrer Gestaltung eine weitgehende Ähnlichkeit und sind deshalb verwechslungsfähig. Als 1914 der Kläger als Warenzeichen ein Etikett anmeldete, das das unter Nr. 1553 geschützte Warenzeichen enthält, hat auf den Widerspruch des Beklagten das Patentamt die Eintragung für Frucht- und Kräuteressenzen, Essenzen und Grundstoffe für alkoholfreie Getränke, Fruchtsäfte und Fruchtäther, Brauselimonaden, alkoholfreie und alkoholarme Getränke versagt, weil diese Waren den Waren „Bier und alkoholfreie Getränke" des Zeichens Nr. 1756 teils gleich, teils gleichartig seien. Die Beschwerde hiergegen ist zurückgewiesen worden. Nunmehr fordert der Kläger die Verurteilung des Beklagten zur Löschung ihres Zeichens wegen der Waren Bier und alkoholfreie Getränke, weil diese den Waren seines Zeichens Nr. 1553 gleichartig seien. Der Anspruch ist nur hinsichtlich der Essenzen begründet.

Bei der Eintragung des Warenzeichens 1553 hat das Patentamt — anders als bei der Anmeldung von 1914 — die Bezeichnung „Essenzen" im Warenverzeichnis als hinreichend bestimmt erachtet. Es braucht nicht erörtert zu werden, ob das richtig war. Ein Verstoß des Patentamts gegen die in dieser Hinsicht zu beachtenden Grundsätze beeinträchtigt nicht die Rechtsbeständigkeit der Eintragung. Die Wirkung des Warenzeichens ist gemäß der Eintragung zu beurteilen, mag diese immerhin in der fraglichen Beziehung unzulässig erfolgt sein. Es läßt sich aber auch nicht sagen, daß die Warenbezeichnung so allgemein und unbestimmt wäre, daß sie bei der Umgrenzung des Schutzumfanges des Zeichens auf der durch die Eintragung geschaffenen Grundlage nicht zu verwerten wäre. Unter Essenz versteht man im allgemeinen eine Flüssigkeit von konzentrierter Beschaffenheit, die bestimmt ist, einer größeren Menge Stoff, besonders Flüssigkeit, beigemischt zu werden und die dem Gemisch dann seine Eigenart in Geschmack, Geruch, Aussehen oder Wirkung gibt. Nach den Bestandteilen, die sie enthalten und den Wirkungen, die sie dementsprechend ausüben, sind die Essenzen sehr verschiedenartig. Ihr gemeinsames Kennzeichen aber ist die konzentrierte Darstellungsform und ihre oben bezeichnete Verwendungs- und Wirkungsweise. Dadurch erscheinen sie für die Auffassung des Verkehrs zu einer besonderen Warengruppe von bestimmter Eigenart zusammengeschlossen, und unter diesem Gesichtspunkt muß die Bezeichnung für die Beurteilung des Geltungsbereichs des Warenzeichens des Klägers herangezogen werden. Ist mithin davon auszugehen, daß die Eintragung diesem die Befugnis gibt, das Zeichen unter anderem für Essenzen jeder Art, also auch für Essenzen zur Bereitung alkoholfreier Getränke zu verwenden, so steht ihm auch das ausschließliche Recht zur Verwendung des Warenzeichens für alkoholfreie Getränke zu.

Der Schutzbereich des Zeichens umfaßt nicht nur dessen Verwendung für die im Warenverzeichnis genannten Waren, die in dem angegebenen Geschäftsbetrieb hergestellt werden, sondern auch die Verwendung für Waren, die diesen gleichartig sind. Nach der Auffassung des Verkehrs sind als gleichartig anzusehen Waren, die in den gleichen Geschäften an denselben Kundenkreis vertrieben zu werden pflegen, und das wieder trifft zu bei Waren, die zu denselben oder doch verwandten Zwecken verwendet werden und die gleiche Herstellungsstätte zu haben pflegen. Wie bei völlig gleichen Waren besteht auch bei diesen, wenn für sie das Zeichen oder ein ihm nach § 20 gleichzusetzendes benutzt wird, wiewohl sie nicht aus dem Geschäftsbetrieb stammen, für den das geschützte Zeichen bestimmt ist, die Möglichkeit einer Täuschung im Verkehr (RG. 67 S. 37, 72 S. 146; JW. 1912 S. 480). Nun sind aber Essenzen für alkoholfreie Getränke ein Mittel, um rasch und in einfacher Weise derartige Getränke herzustellen. Das läßt sie für die Auffassung des Publikums mit den aus ihnen bereiteten Getränken nahe verwandt erscheinen und legt überdies die Erwägung nahe, daß ein Betrieb, der die Essenzen herstellt, auch die aus ihnen bereiteten Getränke führt. Daraus ergibt sich als nahe liegende Möglichkeit, daß alkoholfreie Getränke, die unter dem Warenzeichen des Klägers vertrieben werden, im Verkehr irrigerweise als Erzeugnisse des klägerischen Betriebs betrachtet werden. Demgemäß muß auf Grund des ihr wegen ihres Warenzeichens zustehenden Schutzes auch dessen Verwendung für alkoholfreie Getränke ausschließlich dem Kläger vorbehalten bleiben.

Dagegen muß für Bier die behauptete Gleichartigkeit verneint werden. Das hat ohne weiteres zu gelten, wenn man die Essenzen als solche und Bier einander gegenüberstellt. Ebenso aber liegt die Sache, wenn man von den aus den Essenzen bereiteten Getränken ausgeht. Bier ist für die Auffassung des Verkehrs ein Getränk von einer ganz bestimmten Eigenart, die es besonders alkoholfreien Getränken gegenüber als etwas durchaus anderes erscheinen läßt. Vor allem verbindet sich mit ihm ohne weiteres die Vorstellung, daß das damit bezeichnete Getränk durch den dem Bier eigentümlichen Brauprozeß gewonnen und demgemäß in einer für diesen besonders eingerichteten Erzeugungsstätte, der Brauerei, hergestellt ist. Es muß als ausgeschlossen gelten, daß jemand damit rechne, daß Bier, ähnlich wie das bei alkoholfreien Getränken nach dem Obigen angängig ist, aus einer Essenz hergestellt werden könnte, und daß die Herstellung von Bier in einer mit der Bereitung solcher Essenzen und ähnlicher chemischer Produkte sich befassenden Fabrik erfolge. Es ist dabei ohne wesentliche Bedeutung, daß mitunter, wie auch die Preislisten des Klägers und die von ihm vorgelegten Etiketten ergeben, für die alkoholfreien Getränke von den Herstellern Benennungen, wie alkoholfreies Bier, Biererſatz, Malzbrause, Pilsener Edelbrause, Champagner-Weiße, gewählt werden, die von Biersorten hergenommen sind, oder auf eine bierähnliche Beschaffenheit hindeuten. Bei der tatsächlichen Verschiedenheit dieser Getränke vom Bier bleibt trotzdem für die Verbraucher das Bewußtsein bestehen, daß sie es mit etwas ganz anderem zu tun haben. Ebenso wird die Auffassung des Verkehrs nicht wesentlich dadurch beeinflußt, daß vielfach in Schankstätten neben dem Bier alkoholfreie Getränke verabreicht werden und Brauereien sich zum Teil auch mit der Herstellung solcher befassen. In Schankwirtschaften werden alkoholfreie Getränke gerade deshalb mit angeboten, weil auch den Bedürfnissen und dem Geschmack von Personenkreisen Rechnung getragen werden soll, die Bier in seiner Eigenschaft als alkoholisches Getränk meiden. Es tritt also hier der Gegensatz zwischen beiden für die Abnehmerkreise besonders hervor. Wenn aber Brauereien auch mitunter alkoholfreie Getränke herstellen, so kennzeichnet sich das offensichtlich als ein dem Brauereibetrieb ohne innere Verwandtschaft angegliederter Nebenzweig, so daß auch dadurch sich für die Auffassung des Verkehrs an der Verschiedenheit beider Erzeugnisse nichts ändert. Auch für alkoholarme

Getränke besteht nach der Auffassung des Verkehrs im Verhältnis zum Bier eine ausgeprägte Verschiedenheit. Indem durch die Bezeichnung solcher als alkoholarme auf ihren geringen Gehalt an Alkohol als besonderen Vorzug hingewiesen wird, wird für den Verbraucher betont, daß sie in ihrer Eigenart sich wesentlich auch vom Bier unterscheiden, bei dem der Alkohol einen wesentlichen, seine Natur bedingenden Bestandteil ausmacht. Das Publikum wird deshalb auch Bier und alkoholarme Getränke nicht im oben besprochenen Sinne einander gleich achten. —e—

i) **Zur Anwendung der §§ 15, 20 WZG.**

OLG. München, 1. ZS. Urteil v. 11. Juli 1917.

1. Der Antrag, Beklagter solle unterlassen, die von ihm hergestellten Sensen mit dem Zeichen HS. zu versehen, war damit begründet, daß für den Kläger als Hersteller von Sensen und Sicheln 4 Warenzeichen eingetragen seien, deren wesentlicher Bestandteil die Zusammensetzung „H & S" seien; im Geschäftsleben sei auch üblich, die Sensen (Sicheln) des Klägers einfach als H—S-Sensen (Sicheln) zu bezeichnen. Der Beklagte versehe seine Sensen nun ebenfalls mit „HS" und zwar in jener bezeichnenden Weise, in der auch die Kläger das besonders für ihn geschützte Zeichen gebrauche. Der Anspruch ist unbegründet.

Daß der Beklagte die Warenzeichen des Klägers gerade so, wie sie eingetragen sind, benütze, ist nicht behauptet. Es kann also nicht § 14 in Frage kommen; der § 20 ist aber unanwendbar, wenn sich die Wiedergabe auf diejenigen Bestandteile eines zusammengesetzten Warenzeichens beschränkt, die als solche nicht zeichenschutzfähig wären, wie insbesondere ausschließliche Buchstabenzusammenstellungen. Es würde sonst das Verbot des Schutzes solcher Zusammenstellungen (§ 4 WZG.) auf dem Umweg über § 20 wertlos gemacht werden (Freund-Magnus WZG. S. 234). Man kann dies auch so ausdrücken, daß, wer solche nichtschutzfähige Zusammenstellungen für Zeichennachahmungen hält, sich zufolge grober Gesetzesunkenntnis nur selbst und zum eigenen Schaden täuscht. In solchen Fällen ist gesetzlich unmöglich, daß die Buchstaben den Hauptbestandteil bilden (Markensch. u. Wettb. 14 S. 54); denn die Schutzfähigkeit wird erst durch anderweite Beigaben, zB. eine figürliche Umrahmung, überhaupt ermöglicht, also muß diese zeichenrechtlich die Hauptsache sein. Die Zulässigkeit der Eintragung einfacher Zierleisten ist allerdings nicht unbestritten (aO.); jedenfalls ist die Schutzkraft derartiger, einmal eingetragener Zeichen sehr gering, weil schon jede andere Form der Umrahmung regelmäßig ein neues Zeichen bildet, zB. der Kreis statt eines rautenförmigen Schiefecks (vgl. Kent WZG. S. 531). Es kann also unter diesen besonderen Umständen der Kläger sich nicht auf den sonst freilich bei zusammengesetzten Warenzeichen geltenden Grundsatz berufen, daß der Gesamteindruck unter besonderer Berücksichtigung des Hauptbestandteils entscheide. Mit dem Fehlen der Umrahmung in irgend einer Form fehlt hier dem Stempel des Beklagten die Hauptsache des Zeichens des Klägers schlechthin. Übrigens wäre nach dem Augenschein das Adlerzeichen des Klägers mit der Inschrift „H & S" gegenüber dem einfachen Stempel „HS" nicht verwechslungsfähig. Denn hier ist schon rein bildlich der Adler die Hauptsache. — Daß die Verbindung „H & S" ein gemein übliches, aus Abkürzungen gebildetes Wort sei (wie zB. „Delag" = DLG.) ist eine offenbar unbegründete Behauptung des Klägers; denn es kann „Ha- und Es-", „Hunds" oder „Hets" gesprochen werden, wäre also von vornherein unklar. Es ist auch nicht als Wortzeichen eingetragen (PatBl. 12 S. 310). Es kann also dahingestellt bleiben, ob die Zusammenstellung „AEG" ein „Wort", dh. eine sprechbare Lauteinheit geworden ist (Markensch. u. Wettb. 14 S. 88). Im übrigen wäre gerade bei solchen sprachlichen Zusammenziehungen schon ein geringer Unterschied genügend, um eine Verwechslungsgefahr auszuschließen (aO. 16 S. 209). Das LG. hat allerdings nicht erörtert, ob hier die Schutzversagung nach § 4 für „H & S" etwa deshalb fortfällt, weil die beiden Buchstaben durch ein „&"-Zeichen verbunden sind, also nicht ausschließlich „Buchstaben" und Zahlen darstellen (vgl. PatBl. 1906 S. 11). Es mag dahingestellt bleiben, ob das Zeichen „&" nicht viel eher einem Buchstaben als einem Wort gleichzuachten ist, zumal es keinerlei selbständige Bedeutung hat, sondern nur eine in den Buchstaben steckende Mehrheit ausdrückt, also wie ein Interpunktionszeichen wirkt, das auch keinerlei Schutzwirkung hat. Selbst wenn man aber mit PatBl. 1907 S. 39 das Zeichen „&" im Gegensatz zum Worte „und" für genügend zur Herbeiführung der Schutzfähigkeit erachtet, so würde, da hiernach die Ermöglichung des Schutzes in diesem „&"-Zeichen allein liegt, wiederum der Satz durchgreifen, daß die Weglassung dieser Hauptsache die Verwechslungsfähigkeit schon begriffsmäßig ausschlösse; denn was übrig bleibt, ist gesetzlich als Warenzeichen nicht möglich.

2. Mit Recht läßt das LG. für die Buchstaben „H & S", losgelöst von jeder Umrahmung und damit vom Zeichenschutz grundsätzlich den Ausstattungsschutz im Sinne des § 15 zu. Daß daneben auf neuen Sensen Papieretiketten aufgeklebt sind, die bildlich wiederum geschützte Darstellungen enthalten, ändert hieran nichts. Beim Gebrauche fallen diese Etiketten ab und jedenfalls können die Buchstabenstempel, auch solange die Etiketten haften bleiben, einen nicht unerheblichen Teil der gesamten Ausstattung bilden, auf den nach der Beweiserhebung auch tatsächlich von einem Teile der Landwirte als Sensenkäufer Gewicht gelegt wird, während allerdings die Händler den Ursprung aus den Rechnungen ersehen, also nicht auf Buchstabenstempel für Herkunftsermittlung angewiesen sind. Ein Teil der Zeugen aus den Händlerkreisen hat freilich anch schlechthin verneint, daß die Bauern gerade auf den Stempel „H & S" schauen. Es könnte hiernach allerdings zweifelhaft sein, ob auch nur für eine bestimmte Gegend und für eine bestimmte Interessenklasse feststellbar ist, daß sie sich auf „H & S" allein als Herkunftsbezeichnung zu verlassen pflegt. Dabei kommt in Betracht, daß der Kläger nicht „H & S" als alleinigen und ausschließlichen Stempel führt,

sondern auch eine große Anzahl anderer davon ganz verschiedener Stempel. Jedenfalls ist, selbst wenn man für „H & S" den Charakter als Ausstattung unterstellt, eine Täuschungsabsicht nicht nachgewiesen. Mit Recht nimmt das LG. hierbei an, daß die Gesetzesworte „zum Zwecke der Täuschung" nicht nur Fahrlässigkeit, sondern auch bloßen bedingten Vorsatz ausschließen (Finger WZG. S. 374; Freund-Magnus WZG. S. 207). W.

9. Enteignung. Pr. EisenbahnGes.

a) **Berücksichtigung der Wertzuwachssteuer.**

OLG. Düsseldorf, 4. ZS. Urteil v. 19. Juni 1916.

Der Kläger verlangt Ersatz von 900 Mark Wertzuwachssteuer, die er von der ihm zukommenden Enteignungsentschädigung entrichten müsse. Ein solcher Anspruch ist im allgemeinen unbegründet (RG. 80 S. 329). Die Gutachter halten ihn aber für gerechtfertigt, weil der Kläger in der Lage sein müsse, sich aus dem Reinerlöse, also nach Abzug der Zuwachssteuer ein gleichwertiges Grundstück zu verschaffen. Dieser Gesichtspunkt darf indes nur in bestimmten, hier nicht vorliegenden Fällen maßgebend sein. Wohl aber ergibt sich aus dem Gutachten, daß in M. allgemein der Verkäufer nach den Verhältnissen des Grundstückmarkts die Zuwachssteuer ganz oder doch zum Teil auf den Ankäufer abschiebt, indem er den Kaufpreis entsprechend höher ansetzt und gezahlt erhält. Dies ist besonders für Grundstücke in der Lage des klägerischen und für die Enteignungszeit festgestellt. Es folgt daraus, daß auch der Verkaufswert der Vergleichsstücke, den die Sachverständigen ohne Berücksichtigung dieses Gesichtspunktes bestimmt haben, höher gewesen sein muß, als sie angenommen haben, und daß sich daher der allgemeine Verkaufs- und Verkehrswert des klägerischen Besitztums ebenfalls höher stellt. Der Betrag dieser Erhöhung läßt sich bei der Unmöglichkeit, die Höhe der Zuwachssteuer und der Abwälzungsquote im einzelnen festzulegen, nicht genau bestimmen. Der Senat hält daher aus diesem Gesichtspunkt eine angemessene Erhöhung der bisher gefundenen Entschädigung auf ... Mark für geboten und für ausreichend. F.

b) **Werdendes Bauland. Berücksichtigung der gegenwärtigen Benutzungsart.**

OLG. Frankfurt, 1. ZS. Urteil v. 19. Juni 1916.

Das dem Kläger enteignete Gärtnereigrundstück war mit Mahonien, einem langlebigen, hauptsächlich zur Gewinnung von Schnittgrün für Kränze bestimmten Zierstrauche bepflanzt. In dem Entschädigungsbeschlusse vom 16. Juli 1913 sind für den Grund und Boden 3320 Mark (8 Mark für den qm) und für die Sträucher 300 Mark festgesetzt worden, wobei das Grundstück als „werdendes Bauland" angesehen wurde. Der Kläger erachtet die Entschädigung für die Sträucher als zu niedrig und verlangt weitere 1180 Mark. Der Anspruch ist begründet. Bäume und Sträucher, die sich auf dem Grundstück befinden, sind, solange sie im Boden wurzeln, weder

Zubehörungen noch Früchte, sondern wesentliche Bestandteile des Grundstücks. Sie teilen als solche das rechtliche Schicksal des Grundstücks und werden somit im Falle der Enteignung ohne weiteres mitenteignet und von der Entschädigung mitumfaßt. Ist der Wert eines Grundstücks zu bestimmen, das solche Bestandteile besitzt, so kommt es darauf an, ob und inwieweit er durch das Vorhandensein der Bestandteile beeinflußt wird.

Handelt es sich um ein Grundstück, bei dem nur eine landwirtschaftliche Nutzung in Frage kommt, so ist es zweifellos mit Bäumen oder nutzbringenden Sträuchern in der Regel höher zu bewerten, als ein im übrigen gleichwertiges Grundstück ohne solche Bestandteile. Denn da das erstere seinem Eigentümer, wenigstens der Regel nach, einen höheren Ertrag gewährt, so wird ihm vom Verkehr mit Recht auch ein entsprechend höherer Ertrags- und Verkaufswert beigemessen. Im Enteignungsverfahren ist daher seinem Eigentümer eine höhere Entschädigung zu gewähren.

Fraglich kann dagegen sein, ob diese Grundsätze auch dann anzuwenden sind, wenn der Wert des Grundstücks nach Lage des Falles nicht nach der gegenwärtigen Benutzungsart, besonders nach seinem landwirtschaftlichen Ertrage, sondern nach der höheren Benutzungs**fähigkeit** zu bemessen ist. Wie es in dieser Hinsicht mit fertigem Bauland zu halten ist, kann dahingestellt bleiben. Denn das Grundstück des Klägers war nur werdendes Bauland; es sah bei seiner Lage zur Bebauungsgrenze und weil für jene Gegend bereits seit einigen Jahren ein Fluchtlinienplan bestand, in absehbarer Zeit seiner baulichen Verwertung entgegen. Grundstücke dieser Art haben im Verkehr einen höheren Wert als der dermaligen Nutzung entspricht. Deshalb ist im Falle ihrer Enteignung jener höhere Wert zugrunde zu legen. Daneben kann aber nicht noch der Wert vergütet werden, der dem Grundstücke vermöge seiner derzeitigen Benutzungsart innewohnt; sonst würde der Kläger für die Entziehung seines Eigentums doppelt entschädigt. Aber damit ist keineswegs gesagt, daß bei einem Grundstück, das als werdendes Bauland zu vergüten ist, die Berücksichtigung der gegenwärtigen Benutzungsart grundsätzlich ausgeschlossen sei. Jene Eigenschaft ist im Grunde lediglich ein auf der Möglichkeit einer künftigen Verwendung zu Bauzwecken beruhender werterhöhender Umstand, der regelmäßig nur bei einer Veräußerung in Gestalt des Verkaufspreises zum Ausdrucke kommt. Daß auch noch sonstige Eigenschaften des Grundstücks bei der Bemessung des Verkaufspreises in Betracht kommen können, ist nicht zweifelhaft. Hier ist aber anzunehmen, daß dem Grundstück des Klägers mit Rücksicht auf die Mahonienpflanzungen ein höherer Verkaufswert beigemessen wurde. Wenn auch in der maßgebenden Zeit Grundstücke gleicher Lage und Beschaffenheit nicht verkauft sind, so kann doch nicht bezweifelt werden, daß für ein solches am Rande der Großstadt gelegenes, in vollem Ertrage stehendes Gärtnereigrundstück unschwer ein Kaufliebhaber zu finden gewesen wäre, der einen über den Wert als werdendes Bauland hinausgehenden Preis gezahlt hätte. Die Verwendung des Grundstückes zu Bauzwecken stand noch in weiter Ferne. Für die Grundstücke jener Gegend kommt daher noch für lange Zeit nur eine landwirtschaftliche oder gärtnerische Ausnutzung in Frage. Die Mahonien des Klägers gewährleisteten noch auf lange Jahre einen sehr ansehnlichen, fast mühelosen Ertrag. Ein leeres Grundstück gleicher Lage hätte einen ähnlichen Ertrag, wenn überhaupt, nur nach geraumer Zeit und gegen beträchtliche Aufwendungen an Geld, Mühe und Arbeitskraft liefern können. Wenn aber die Sachverständigen der Ansicht sind, daß Kläger bei günstiger Verkaufsgelegenheit einen Preis von 5267,77 Mark hätte erzielen können, so stehen sie offensichtlich unter dem Einflusse der irrigen Anschauung, daß sich der Wert des Grundstücks aus dem Bodenwert und dem Wert der Kulturen zusammensetze. Daß ein Käufer für das Grundstück einen Preis von 5200 Mark bis 5300 Mark gezahlt hätte, ist trotz des beträchtlichen Wertes der Kulturen nicht anzunehmen. Denn dafür war die künftige Gestaltung der Verhältnisse, besonders der Zeitpunkt der Verwertbarkeit als Baustelle und in Verbindung damit die Gestaltung des Bodenpreises doch zu ungewiß. Dagegen wäre für das Grundstück im ganzen ein Preis von 4500 Mark zu erzielen gewesen. B.d.

c) **Bewertung als Bauland. Einfluß des AnsiedlungsGes. vom 10. August 1904 und der städtischen BauPO.**

OLG. Stettin, 1. ZS. Urteil v. 5. Mai 1917.

Der Kläger, dem die Beklagte (Stadt Stettin) eine tiefmoorige, noch im Überschwemmungsgebiete liegende Wiese enteignet hat, verlangt ihre höhere Bewertung als Bauland. Die städtische BauPO. v. 21. März 1912 stehe nicht entgegen; denn sie könne nicht etwa die ganze Gemarkung nach Belieben unter ihre Bestimmungen stellen und greife mit solchen hier auch in den Bereich des AnsiedlungsGes. über. Nach letzterem aber sei die Genehmigung nur dann zu versagen, „wenn der Platz, auf welchem die Ansiedlung gegründet werden soll, durch einen jederzeit offenen fahrbaren Weg zugänglich, oder daß die Beschaffung eines solchen Weges gesichert ist". Ein öffentlicher Weg, wie nach der BauPO., sei also nicht gefordert; und wenn der Kläger allerdings bisher nur ein auf Herkommen gegründetes Abfuhrrecht für sein Heu besitze, so stehe ihm doch ein Recht auf den Notweg zu, und zwar auf einen ständigen fahrbaren Weg, wie er der bereits weiter zu Bauland entwickelten Benutzbarkeit des Geländes entspreche. Der Anspruch ist unbegründet. Wo die Grenze zwischen der gültig erlassenen BauPO. und dem AnsiedlungsGes. liegt, mag unentschieden bleiben, zumal das Bestehen eines einschlägigen Baufluchtlinienplanes streitig ist. Sieht man auf den § 13[1] Ges. v. 1904, so liegt der Schluß nahe, daß es Platz greifen solle und eine von der Ortspolizei des Stadtkreises zu erteilende Ansiedlungsgenehmigung vorschreibe, wenn es sich wie hier in erster Linie um Wohnhäuser handele, die „außerhalb einer im Zusammenhang gebauten Ortschaft" und, nach Abs. 2, angeblich auch außerhalb eines nach dem Fluchtliniengesetze „festgestellten Bebauungsplanes errichtet werden sollen". Dadurch würde sich das Bedenken erledigen, daß die Wirkung der BauPO. auf Gelände erstreckt sein soll, die noch gänzlich außerhalb eines Bebauungsplanes lägen; und ebenso der Zweifel, ob nicht § 8 Nr. 4 BauPO. („Ist weder Baufluchtlinie noch bebaute Straßengrenze vorhanden, so müssen neue Gebäude von der Wegegrenze 5 m entfernt bleiben") tatsächlich in den Bereich des AnsiedlungsGes. übergriffe.

Ist die BauPO. anwendbar, so wäre der Anspruch des Klägers einfach dadurch erledigt, daß ihm die zu jedem Bau nach § 8[1, 2] erforderliche öffentliche Verbindungsfläche nach der Straße zu fehlt, und zwar nach der nächsten öffentlichen Straße zu ebenso, wie nach dem öffentlichen Wasserwege. Eine solche Verbindungsfläche kann auch durch Erwerb des rein privaten Notwegs auf Grund des § 917 BGB. nicht erzielt werden. — Ist dagegen das AnsiedlungsGes. anzuwenden, so müßte zur Genehmigung eines Wohnhausbaus wenigstens ein „jederzeit offener fahrbarer Weg" als Zugang vorhanden oder dessen Beschaffung gesichert sein. Der Kläger würde sich freilich schlimmstenfalls mit der Benutzungsmöglichkeit seines Grundstücks als eines Lagerplatzes mit Lagerschuppen darauf zufrieden erklären; behauptet auch, daß selbst bei eigentlichen Fabrikgebäuden irgendwelche Wohnräume, zB. für Wächter, überflüssig seien. Wollte er aber ein Wohnhaus bauen, so könnte er sich in Hinblick auf das AnsiedlungsGes. gleichfalls nicht darauf berufen, daß ihm ein diesem Gesetz entsprechender Weg als Zugang zur Verfügung stehe. Denn er hat nur das auf Herkommen beruhende Recht, sein Heu von dort über die Grundstücke der Nachbarn wegzufahren, wobei an die Benutzung eines fahrbaren Weges, wie er nach §§ 13, 14 vorausgesetzt ist, nicht zu denken ist. Man darf auch nicht sagen, daß dessen Beschaffung zurzeit des Entschädigungsbeschlusses „gesichert" gewesen sei. Denn die bloße Berufung auf ein nach § 917 BGB. möglicherweise in Jahr und Tag durchzuführendes und erst nach weiterer geraumer Zeit durch den Wegeausbau in die Wirklichkeit umzusetzendes Recht kann dieser Voraussetzung nicht genügen, mag man dabei den § 917, wie es allerdings geschehen ist (D. JZ. 1914 S. 698; Rsp. 12 S. 124; Prot. der 2. Komm. 3 S. 153), noch so weitherzig auslegen, nämlich, daß unter der „ordnungsmäßigen Benutzung" auch die durch Entwicklung der allgemeinen Verhältnisse des Geländes gegebene bessere, gesteigerte Benutzungsmöglichkeit zu verstehen sei, nicht nur die bisherige, bei welch ersterer dann allerdings der Schaden der durch den Notweg belasteten Nachbarn dadurch ausgeglichen wird, daß für den ihnen mehr oder weniger genommenen, teureren Geländestreifen eine um so höhere Rente gezahlt werden muß. Jedenfalls aber spielen dabei so unsichere Bewertungsumstände mit, daß der Enteignungsrichter darauf und auf diesen doch völlig in ungewisser Zukunft liegenden Wert keine Rücksicht nehmen kann, zumal gerade hier bei der Zweifelhaftigkeit der Sache ein erheblicher Widerstand der Nachbarn gegen das Zugeständnis des Notwegs und daher ein längerer Streit darüber vor Gericht zu erwarten wäre.

Sollte der Kläger aber von der Errichtung eines Wohngebäudes absehen wollen, so scheint allerdings für die eines gewerblichen Unternehmens ohne Wohnräume, also zB. auch für die Aufstellung bloßer Lagerschuppen, keinerlei Genehmigung, weder nach der BauO., noch nach dem Ansiedlungs-Ges., vorgeschrieben zu sein. Der rechtliche Zwang, einen fahrbaren Weg zu haben, fiele dann fort; aber damit nicht die tatsächliche Notwendigkeit. Denn ohne einen solchen Weg wäre ein derartiges Unternehmen, wäre selbst ein bloßer Lagerplatz wegen der hin und her zu bringenden Lasten nicht durchführbar und brauchbar. Deshalb könnte sich der Kläger wiederum nicht darauf berufen, daß für ihn doch wenigstens die Möglichkeit, sich einen Notweg als ausreichenden Zugang zu beschaffen, nach den Worten des Gesetzes bestanden habe. Es kommt dagegen im wesentlichen das vorher Ausgeführte über die nicht absehbaren Schwierigkeiten bei dessen wirklicher Beschaffung in Betracht. Damit erledigt sich zugleich der Punkt, ob eine Erhöhung über den Spiegel der Flußüberschwemmung gestattet sei oder nicht. Übrig bleibt dagegen die Frage, ob nicht doch — trotz aller, der Entwicklung des Geländes zur Verwertung für Gewerbeunternehmungen sich entgegenstellenden Widerstände — ein gewisser Zukunftswert anzunehmen sei, den der Kläger als „merkantilen" Baulandswert bezeichnet. Dafür macht er noch zweierlei geltend, nämlich, daß die verschiedenen nachbarlichen Besitzer bei Zusammenhalt unter sich einen gewissen Druck auf den Verkaufspreis ihrer Grundstücke auszuüben vermöchten; und daß bei den am Flußufer dort bereits angesiedelten Unternehmungen mit der Zeit ein Ausdehnungsbedürfnis auf hinterliegende Grundstücke, also auch auf das des Klägers und zu dessen Wertsteigerung eintreten würde. Jener Zusammenschluß, dessen Wirkung und Bedeutung überhaupt recht zweifelhaft erscheinen muß, war aber zurzeit des Entschädigungsbeschlusses jedenfalls noch nicht zustande gekommen und konnte daher damals nicht wertbestimmend sein. In der zweiten Hinsicht aber ist zu erwägen, daß die Beklagte durch ihren Besitz an Ort und Stelle jederzeit in der Lage ist, alle Ankaufsmöglichkeiten zu verhindern (RG. 84 S. 256), wenngleich an sich eine derartige Gelegenheit und Möglichkeit des Austauschs und Verkaufs zu berücksichtigen ist (JW. 1900 S. 327). Wenn es ferner auch richtig ist, daß die etwaige Preisentwicklung, wie der Kläger betont, schon 1905 mit dem Kgl. Erlasse die Enteignung betr. eingesetzt habe, so ist doch auf Grund der unstreitigen Vergleichspreise nicht zu der Überzeugung zu gelangen, daß wirklich eine Wertsteigerung eingetreten sei, die über das Maß, wie es der Entschädigungsbeschluß angewandt hat, hinausgehe. Die jetzt weiter vom Kläger angeführten Vergleichspreise hat das LG. mit Recht als nicht maßgeblich erachtet; die Vorführung von Vergleichspreisen kann überhaupt nur bei nachweislich gleich oder sehr ähnlich liegenden Verhältnissen bei den verschiedenen Grundstücken Eindruck machen. Das ist hier offenbar nicht der Fall; vielmehr zeigt sich, daß selbst für ein Gutachten, das eine Wertsteigerung der Wiese über ihren landwirtschaftlichen Wert annehmen wollte, nicht nur jegliche Anhaltspunkte fehlen, sondern auch, daß ihm eine Reihe von Umständer, die aus der mißlichen Belegenheit des Grundstücks hervorgehen, geradezu entgegenstehen. Es könnte sich dabei im Grunde nur um eine gänzlich haltlose Annahme handeln, die mit vielen Wenn und Aber zu begleiten wäre (JW. 1901 S. 94). Danach kann die Bildung eines allgemeinen höheren Verkaufswertes nicht angenommen werden, möchte auch der eine oder der andere weitausschauende und kapitalkräftige Spekulant schon zur maßgeblichen Zeit das streitige Grundstück höher zu bewerten geneigt gewesen sein. Schn.

d) **Ermittlung der Entschädigung bei Rechtsunsicherheit der Naturalentschädigung.**

OLG. Hamm, 5. ZS. Urteil v. 7. November 1917.

Die klagende Ziegeleigesellschaft hatte ihr von der Betriebsstätte etwas entferntes Lehmlager mit dieser durch eine Feldbahn verbunden, die auf einem ihr auch gehörigen schmalen Streifen Landes lief. Über diesen Streifen legte der Eisenbahnfiskus eine neue Bahnstrecke und enteignete deshalb einen Teil des Streifens. Im Planfeststellungsbeschlusse war für die Feldbahn ein Planübergang über das Staatsbahngleise vorgesehen, der Übergang beruhte also auf einer Anordnung nach § 14. Wegen der durch diese Kreuzung mit der Staatsbahn hervorgerufenen Belästigungen hatte das OLG. eine nur geringe Entschädigung zugebilligt, das RG. (71 S. 203) hatte jedoch das Urteil aufgehoben und dabei hervorgehoben, daß die Klägerin auf den Fortbestand des Planüberganges keinen privatrechtlichen Anspruch gegen den Fiskus habe, die Bahnverwaltung vielmehr jederzeit den Wegfall des Überganges verlangen könne, ohne daß die Klägerin nunmehr für diesen Wegfall eine Entschädigung beanspruchen könne.

Das OLG. hat darauf die Kosten ermittelt, die erforderlich seien, um den Lehm auf einem längeren öffentlichen Wege von dem Lehmlager zur Betriebsstätte zu schaffen. Das RG. hat wiederum aufgehoben, weil das Urteil nur die rechtliche Unsicherheit berücksichtigt, nicht aber den der Wirklichkeit entsprechenden Sachverhalt, wonach der Planübergang auch weiter jahrelang benutzt worden ist und eventuell auch noch weiter benutzt werden wird. „Es sei unbillig, wenn die Rechtsunsicherheit rein abstrakt und ohne Berücksichtigung der aus den tatsächlichen Verhältnissen sich ergebenden Schätzungsfaktoren beurteilt werde (Urteil vom 9. Januar 1914 VII 280/13). Für die richterliche Ermittlung der Entschädigung seien 2 Faktoren zu berücksichtigen: a) die Nachteile, die dem Ziegeleibetriebe aus dem Planübergang erwachsen seien; b) die Wertminderung, die dem Grundstücke durch die Unsicherheit darüber erwachse, ob der Übergang bestehen beibe.

Das OLG. hat nunmehr den ersten Faktor berechnet. Zu b) hat es zu ergründen gesucht, wie sich ein vernünftig und billig denkender ernstlicher Kauflustiger, dem die Grundsätze des ersten RG.Urteils bekannt waren, den Abzug errechnet hätte, den er wegen der Kreuzungsanlage mit allen ihren Folgen von dem sonst angemessenen Kaufpreise der Ziegelei verlangen sollte und könnte. Er hätte dabei berücksichtigt, daß die von der Landespolizei angeordnete Kreuzungsanlage eine Quelle von Betriebsstörungen sein, insbesondere vielfach Entgleisungen der Lehmwagen hervorrufen würde; daß ferner der Beklagte zwar nicht die Pflicht habe, die im Enteignungsverfahren angeordnete und angelegte Art zu ändern und zu verbessern, daß er sich aber als verständige Staatsbehörde, die zur Hebung von Handel und Verkehr berufen ist, einfacheren und kleineren Änderungen nicht widersetzen, sie sogar auf eigene Kosten machen würde, wenn er sich von der Mangelhaftigkeit des zuerst angelegten Zustandes überzeugt hat. Er hätte aber auch erwogen, daß der Beklagte aus betriebstechnischen und -polizeilichen Rücksichten die Kreuzung ohne Entschädigungspflicht einmal verbieten könne, daß er das aber allerdings als staatliche und zur Hebung des Verkehrs berufene Behörde nicht aus Willkür oder leichthin, sondern nur aus jenen besonderen Gründen tun werde. — Die Ausgestaltung der Strecke als Vollbahn hätte er nicht oder in nur ganz unbedeutendem Maße nach den hier obwaltenden Umständen als solchen Grund angesprochen. Aber zwei andere Gründe des Verbots der Weiterbenutzung der Kreuzung hätte er damals mit Recht erwogen: Der eine ist der, daß die Zahl und Schnelligkeit der Züge sich mit der Zeit so vermehren würde, daß die Kreuzung in gleicher Höhe mit der Staatsbahn sich doch einmal als unzweckmäßig erweisen würde. Der andere, viel gewichtigere, ist die Möglichkeit, daß an dieser oder einer andern gleichartigen Kreuzung sich doch einmal ein Unglück ereignen könnte und die Bahnpolizei, vielleicht unter dem Drucke der dadurch hervorgerufenen Besorgnis des Publikums, sich veranlaßt sehen würde, diese an und für sich nicht gefährliche Kreuzungsanlage zu verbieten. Der Kauflustige mußte also mit der Notwendigkeit eines Ersatzes für die Geländekreuzung rechnen. Wann dieses Verbot erlassen werden würde, war für ihn allerdings schwer zu überblicken, er wäre daher für diese Frage lediglich auf Mutmaßungen angewiesen gewesen.

Von den im Gutachten erörterten vier Möglichkeiten, der Ziegelei zu helfen, erscheint als zweckmäßigste der Ersatz des Planüberganges durch eine Unterführung. Daß eine solche hier möglich ist, hat der Gutachter bejaht, ebenso die Frage, ob etwa das Grundwasser einer Benutzung der Unterführung hinderlich wäre. Die Erklärung des Beklagten ergibt, daß die Bahnverwaltung die Unterführung auch unwiderruflich genehmigt hätte. Fraglich erscheint dagegen die Annahme des Gutachters, daß die Bahn selbst auf ihre Kosten die Unterführung angelegt hätte. Nach dem ersten RG.Urteile war sie in der Lage, die Kreuzung aus Betriebsgründen ohne Entschädigung zu verbieten. Da sie als staatliche Einrichtung auch das Interesse der Staatskasse neben den eigentlichen Verkehrsinteressen wahrnehmen muß (RG. 3. März 1914 VII 452/13), ist nicht anzunehmen, daß sie einen Ersatz für die Kreuzung aus eigenen Mitteln beschafft hätte, wenn sie dazu nicht verpflichtet gewesen wäre. Solche lediglich auf Anstandsrücksichten zurückzuführende Leistungen liegen nicht in dem Kreise der oben erwähnten Rücksichten auf Hebung des

Handels und Verkehrs. Der Kauflustige hätte also damit rechnen müssen, daß er die Unterführung auf eigene Kosten einmal werde herstellen müssen. Jedenfalls kann die Klägerin beanspruchen, daß ihr der Minderwert ihres Restgrundstücks in Geld gezahlt werde; sie braucht sich nicht statt dessen auf die Erstellung der Unterführung durch den Beklagten einzulassen.

Für die Höhe dieser Kosten bietet die vom Gutachter als richtig anerkannte Angabe des Beklagten, daß sie ihm auf 8000 Mark zu stehen käme, einen Anhalt. Dieser Betrag ist offenbar sehr niedrig gehalten, denn der Beklagte hat sowieso Handwerker, Arbeiter und Material hierzu zur Verfügung, kann also billiger arbeiten, als der Kauflustige, der sich einen Unternehmer hierzu suchen muß. Es war auch damit zu rechnen, daß von dem Verbote der Kreuzungsbenutzung bis zur fertigen Herstellung und Benutzung der Unterführung geraume Zeit vergehen und der Betrieb dadurch empfindlich gestört werden würde. Anderseits hätte der Kauflustige auch berücksichtigt, daß diese Schäden und Auslagen ihm erst in späterer Zeit entstehen würden, er aber die Minderung des Kaufpreises dafür schon 1902 erreichen wollte. Dieser Gedanke macht sich auch für die hier zu errechnende Entschädigung ebenso bemerkbar, insofern als sie nicht von dem anzunehmenden späteren Zeitpunkte der Notwendigkeit der Unterführung, sondern nach § 36 schon von der Enteignung an zu verzinsen ist (RG. 75 S. 16). Der Kauflustige hätte sich also von den Kosten der Unterführung einen Abzug gemacht, der auf 12000 Mark geschätzt worden ist. Er stellt also den Minderwert der Ziegelei infolge der Rechtsunsicherheit des Fortbestandes der Kreuzung dar.[1] G—e.

e) **Gültigkeit eines nach § 26 aufgenommenen, von den Beteiligten nicht unterzeichneten Protokolls.**

OLG. Frankfurt, 1. ZS. Urteil v. 18. Mai 1917.

Die unterschriftliche Vollziehung eines gemäß § 26 aufgenommenen Protokolls fordern zwar Seydel ohne jegliche Begründung und Eger lediglich unter Berufung auf RG. 52 S. 433. Im letzteren Falle lagen jedoch die Unterschriften der Beteiligten vor; der Streit drehte sich vielmehr darum, ob die Vereinbarung schon mit der Einigung und Unterzeichnung oder erst mit der Vollziehung des Protokolls durch den Kommissar wirksam werde. Das Urteil führt hierzu aus, das Wesen eines die Gültigkeit eines Vertrags bedingenden gesetzlichen Formerfordernisses liege darin, daß vor seiner Erfüllung der erklärte Wille nicht bindend sei und nur der im Augenblicke der Erfüllung vorhandene Wille entscheide, so daß es bei der Form der Beurkundung zu Protokoll auf den bei der Vollziehung des Protokolls vorhandenen, nicht auf den etwa vorher vorhandenen und erklärten Willen ankomme. Wenn das RG. in diesem Zusammenhange sagt: „Die Formerfordernisse des § 26 sind insofern strenger als die der Schriftlichkeit, als nach ihnen die Vollendung der Form erst mit der Vollziehung des Protokolls durch den Enteignungs-

[1] Diese Erwägungen hat das RG. am 4. Juni 1918 (VII 19) voll gebilligt.

kommissar erfüllt ist", so hat es dabei lediglich die Bedeutung im Auge gehabt, die es einesteils bei der Schriftform der Vollziehung der Unterschrift, anderntteils bei der Beurkundungsform des § 26 der Vollziehung der Urkunde durch den Urkundsbeamten beimißt. Keineswegs aber hat es dabei ausgesprochen, daß ein solches Protokoll zu seiner Gültigkeit der Unterschrift der Beteiligten bedürfe. Der Kläger kann sich hierfür auch nicht auf § 177 FrGG. berufen, weil sich diese Vorschriften lediglich auf gerichtliche und notarielle Urkunden beziehen. Andere Vorschriften darüber, was unter einem Protokoll zu verstehen ist, enthält das Reichsrecht nicht. Die Streitfrage ist daher aus dem Landesrecht zu entscheiden, das zurzeit der Aufnahme des Protokolls und am Orte seiner Errichtung gegolten hat. Das neuere preuß. Recht enthält jedoch keine allgemeinen Vorschriften über Protokolle überhaupt, sondern nur solche über die gerichtlichen und notariellen Protokolle (Pr. FrG. 54/55); ebensowenig gibt das Enteignungsgesetz selbst oder seine Vorarbeiten darüber Aufschluß, was der § 26 EG. unter einem Protokoll versteht. Ist deshalb davon auszugehen, daß das Gesetz den Begriff und die Erfordernis eines Protokolls als im Rechtsverkehr durch Herkommen und Üblichkeit feststehend vorausgesetzt hat, so kann die unterschriftliche Vollziehung des Protokolls durch die Beteiligten als ein wesentliches Formerfordernis nicht anerkannt werden. Wo in Preußen die Unterschrift der Beteiligten gefordert wird oder vorgeschrieben ist, wie zB. für die Gebietsteile des Gemeinen Rechts oder im § 45 II 2 AGO., handelt es sich durchweg um gerichtliche Protokolle. Über Protokolle anderer Art finden sich im Landesrecht keinerlei Vorschriften allgemeiner Natur, obwohl im Verkehr von jeher zahlreiche Protokolle vorkommen, die nicht von den Gerichten aufgenommen sind. Deshalb darf für ein außergerichtliches Protokoll mehr nicht gefordert werden als eine unter Angabe von Zeit und Ort von einer Amtsperson in der hergebrachten Darstellungsform aufgenommene und durch Unterschrift vollzogene schriftliche Wiedergabe eines Vorgangs, der sich vor der beurkundenden Amtsperson zugetragen hat (Wellstein FrGG. § 11[5]). Der Vorlesung, Genehmigung und der Unterschrift der Beteiligten bedarf ein außergerichtliches Protokoll nicht und auch ein gerichtliches nur da, wo es, wie bei den gerichtlichen Urkunden über Rechtsgeschäfte, ausdrücklich vorgeschrieben ist (Schlegelberger FrGG. § 11 N. 19c), wenn es auch ratsam und wünschenswert ist, daß die Amtsperson auch solche Protokolle von sämtlichen beteiligten Personen, selbst wenn es sich um eine große Zahl solcher handelt, zum Zeichen der Anerkennung der Richtigkeit und Vollständigkeit unterzeichnen läßt. Dr. M.r.

f) **Vertragsmäßige Regelung der Abtretungsfrage.**

OLG. München, 4. ZS. Urteil v. 7. Juli 1915.

Nach XVIII des Bay. Zwangsenteignungsgeś. und Art. 17 AG. zur ZPO. und KO. gehört zur Zuständigkeit der Verwaltungsbehörden die Entscheidung über Abtretungsfragen, während die Gerichte die Entscheidung über den „Betrag der Entschädigung" zu entscheiden haben. Trotz dieser Fassung läßt sich nicht bezweifeln, daß die Gerichte auch darüber zu befinden haben, ob im einzelnen Falle aus Gründen des bürgerlichen Rechtes überhaupt eine Entschädigung zu gewähren ist, weil das Gesetz dem Sinne nach grundsätzlich nur die Abtretungsfrage als öffentlich-rechtliche behandelt. Das im Art. 17 vorgesehene Einigungsverfahren vor der Verwaltungsbehörde ist eine Art öffentlicher freiwilliger Rechtspflege; kommt es zum Rechtsstreite, so haben diesen im ganzen Umfange der Entschädigungsfrage die Gerichte zu erledigen.

Die zum notariellen Vertrage vom 2. November 1909, geschlossen zwischen A. und S., getroffene mündliche Abrede, wonach der Unternehmer M. berechtigt sein soll, den zum Bahnbau erforderlichen Grund aus der Pl. Nr. 245 von S. kostenlos oder doch zu keinem höheren als dem Erwerbspreis abgetreten zu verlangen, ist ein Vertrag zugunsten des M., aus dem für M. unmittelbar jenes Recht begründet werden sollte. Die Nebenabrede hat nur dann einen Sinn und einen Wert, wenn diese Folge beabsichtigt war. Nicht A., sondern M. war es, der den Bahnbau unternahm. Dem A. war aber am Zustandekommen des Bahnbaues erheblich gelegen, weshalb es ohne weiteres begreiflich erscheint, wenn er dem Unternehmer solche Rechte einräumen wollte. Auch S. konnte hierüber nicht im Zweifel sein, weil der Zweck der Abrede vollkommen klar zutage trat. Diese Nebenabrede bedurfte zwar als Bestandteil des Vertrags der notariellen Form (§ 313); der Mangel wurde aber durch die Auflassung und Eintragung am 1. Juni 1910 geheilt.

Der „Revers" vom 20. Januar 1910 entbehrt der Gültigkeit. Dabei war es dem M. nicht bloß darum zu tun, einen Verzicht auf die Entschädigung zu erhalten, sondern auch die Abtretung sicherzustellen. Es sollte damit offensichtlich auch eine unmittelbare vertragsmäßige Beziehung zwischen ihm und S. geschaffen werden. Freilich war M. berechtigt, auch nach dem Enteignungsgesetze die Abtretung zu verlangen. Dies schließt aber nicht aus, daß die Parteien, um das öffentlich-rechtliche Enteignungsverfahren zu vermeiden, die Abtretung vertragsmäßig regeln. Der angeführte Art. 17 nimmt auf diesen Fall ausdrücklich Bezug. Nach § 313 S. 1 BGB. bedurfte dann aber der Revers der notariellen Form; der Formmangel ist nicht geheilt worden. Diese Nichtigkeit beeinflußt aber nicht den Vertrag vom 2. November 1909, der nicht zwischen S. und M., sondern zwischen S. und A. geschlossen worden ist und demzufolge mit ihm kein einheitliches Ganzes zu bilden vermag.

Nach Art. V ZEG. umfaßt die Entschädigung den gemeinen Wert des Grundstücks und die Vergütung für die sonstigen Nachteile, besonders auch die Wertminderung, die dem übrigen Grundbesitze desselben Eigentümers zugeht. Wenn sich aber S. in dem mündlichen Abkommen von 1909 verpflichtete, den zum Bahnbau erforderlichen Grundstreifen zum Höchstpreise von 9 Mark für die Dezimale abzutreten, so hat er damit auf eine Vergütung des Minderwerts, der durch den Bahnbau für den Rest seines Grundstücks durch Störung der Ruhe in seinem Landhause und die geringere Verwertbarkeit des Grundstücks eintrat (unmittelbarer Schaden, der im voraus erkennbar war) verzichtet. ... Anders liegt nur die Sache bei demjenigen Schaden, der erst durch die besondere, nicht vorauszusehende Art der Bahnbauführung auf und neben dem abgetretenen Grundstreifen entstand, und erst erkannt werden konnte, wenn die Bauführung vollkommen beendet war. Um solchen Schaden auszuschließen, hätte es einer deutlicheren Fassung der Abrede bedurft. Zu ihm gehören die Nachteile, die nach den Gutachten durch die Feuchtigkeitsverhältnisse eingetreten und darauf zurückzuführen sind, daß der Uferdamm des Bachs verbreitert werden mußte, nicht für entsprechende Durchlässe gesorgt und ein unter dem Bahndamm nach dem Bache führender Kanal unzulänglich angelegt wurde. Sollen diese Mißstände beseitigt werden, so muß hierfür S. 600 Mark aufwenden. Die Mißstände können aber beseitigt und damit die Feuchtigkeitsverhältnisse, soweit sie auf der Bahnführung beruhen, ausreichend behoben werden. ... P.n.

g) **„Unabwendbarer äußerer Zufall." Ges. v. 3. Nov. 1838 § 25.**
OLG. Hamm, 3. (4.) ZS. Urteil v. 21. März 1916.

Die beklagte Eisenbahngesellschaft haftet für den dem Kläger durch das Überfahren des Pferdes entstandenen Schaden, auch wenn ihr kein Verschulden zur Last fällt. Voraussetzung für die Haftung des Unternehmers aus § 25 Ges. vom 3. November 1838 ist nicht die Möglichkeit, die Gefährlichkeit des Bahnbetriebes durch geeignete Maßnahmen auszuschließen; er haftet vielmehr grundsätzlich auch für den zufällig beim Betriebe verursachten Schaden und befreit sich nur durch den Nachweis, daß der Schaden entweder durch die eigene Schuld des Beschädigten[1] oder durch einen unabwendbaren äußeren Zufall bewirkt worden ist (RG. 71 S. 209). Ein Verschulden des Klägers ist nicht behauptet. Einen unabwendbaren äußeren Zufall oder, was dasselbe ist, eine höhere Gewalt als Schadensursache hat das LG. mit Recht verneint. Der nach dem Gesetze zur Begründung der Entschädigungspflicht allein erforderte Zusammenhang zwischen dem Bahnbetriebe und einem dabei entstandenen Schaden ist — von eigenem Verschulden des Beschädigten abgesehen — nur dann unterbrochen, wenn der Unfall auf das Dazwischentreten eines Ereignisses zurückzuführen ist, das kraft seiner Ungewöhnlichkeit nach menschlicher Voraussicht nicht in den Kreis der Berechnung aufgenommen zu werden brauchte und auf dessen Vorkommen der Unternehmer nach den bisherigen Erfahrungen nicht gefaßt sein konnte (RG. 44 S. 28). Hier liegt eine derartige zwingende, durch menschliche Voraussicht, Kraft und Vorsicht nicht zu beseitigende äußere Übergewalt als letzter Grund des Schadens nicht vor. In der Gegend, in der der Unfall sich zutrug, wird überall Vieh in

[1] Im Rahmen des § 25 ist der § 254 BGB. nicht anwendbar; hat also überhaupt ein Verschulden des Klägers mitgewirkt, wäre zB. sein Hund bei gehöriger Aufsicht nicht an die Unfallstelle gelangt, so ist seine Klage abzuweisen (RG., 9. ZS. Urteil v. 20. Febr. 1914). Für Hamburg besteht keine dem § 25 entsprechende Vorschrift (OLG. Hamburg, 5. ZS. Urteil v. 26. Januar 1917).

Weidekämpen gehalten. In unmittelbarer Nähe der Unfallstelle liegen die Viehweiden der Kolonen A. und S. Es ist nicht etwas ungewöhnlich Seltenes, daß aus solchen Weiden durch Unachtsamkeit in der Beaufsichtigung, Schadhaftwerden der Einfriedigung oder infolge äußerer Einwirkungen Vieh ausbricht und sich weithin verläuft. Mit der Möglichkeit, daß entwichenes Vieh auf die Bahnstrecke gerät, hat in dieser Gegend jeder Bahnunternehmer zu rechnen. Die Unmöglichkeit von Maßnahmen, die das Übertreten von Vieh auf den Bahnkörper verhindern würden, ist nicht anzuerkennen. Hier hat demnach die Tötung des Pferdes ihren Grund in der gefährdenden Eigenart des Bahnunternehmens ohne ein Dazwischentreten höherer Gewalt. Dieser Auffassung steht das Urteil des RG. vom 24. November 1904 (EisenbE. 21 S. 282) nicht entgegen. Denn es hält die Annahme eines unabwendbaren Zufalles nur deshalb für zulässig, weil in der betr. Gegend das Ausbrechen von Pferden nicht voraussehbar gewesen sei, indem dort Weidetiere überhaupt nicht oder nur unter Aufsicht frei umher liefen. Auch dem Urteile (JW. 1907 S. 58[23]) liegt ein abweichender Tatbestand zugrunde, der dazu führte, einen ungewöhnlichen, einem elementaren Ereignisse gleichkommenden, auf den Betrieb von außen einwirkenden und mit der gefährdenden Natur des Unternehmens nicht zusammenhängenden Vorgang als höhere Gewalt zu bewerten. N. t.

---

10. Handelsrecht.

a) Begriff der Firma im Sinne des § 18[1] HGB.

Kammergericht, ZS. 1a. Beschluß v. 1. Februar 1918.

Gustav Schmidt meldete die Firma „G. W. Schmidt, Inhaber Gustav Schmidt" zum Handelsregister an. Mit Recht gehen die Vorinstanzen davon aus, daß nach § 18 Firma im eigentlichen Sinne hier nur die Bezeichnung „G. W. Schmidt" und die ihr nachfolgende Inhaberangabe ein Firmenzusatz ist. Dieser kommt aber hier nicht in Betracht; wesentlich ist vielmehr lediglich die die eigentliche Firma bildende Namenangabe, die für sich allein schon die gesetzlich vorgeschriebenen Bestandteile enthalten muß. Der § 18[1] ist eine Zwangsvorschrift, die unter allen Umständen zu erfüllen ist, auch dann, wenn ein nach Abs. 2 zulässiger Zusatz beigefügt wird. Ob ein solcher Zusatz gewählt oder davon abgesehen wird, ist gegenüber dem Abs. 1 ohne Belang, denn das ist dem Einzelkaufmanne lediglich freigestellt, indem das Gesetz sagt: er dürfe es, es sei ihm gestattet — während für den gesetzlich notwendigen Hauptteil der Firma die bindende Vorschrift „hat zu führen" gegeben ist (so auch Staub § 18[3], RJA. 9 S. 91). Dieser Auslegung steht auch die Erwägung nicht entgegen, daß der Zusatz „Aktiengesellschaft" oder „GmbH." bei rechtmäßiger Beurteilung der Firmen solcher Gesellschaften notwendig in Betracht zu ziehen ist, denn das beruht auf den für diese Fälle gegebenen Sonderbestimmungen. Derartige Bezeichnungen sind rechtlich als gesetzlich notwendige Bestandteile der Firma, nicht als Zusätze im Sinne des § 18[2] Satz 2 zu bewerten. RJA.

b) **Wettbewerbsklausel beim Weiterverkauf eines Geschäfts.**

OLG. Rostock, 1. ZS. Urteil v. 28. Januar 1918.

Die Klägerin hat durch den Weiterverkauf ihres Geschäfts, zu dessen Gunsten das Wettbewerbsverbot ausgemacht war, die Aktivlegitimation verloren. Sie hätte sich zwar trotz Weiterverkaufs des Geschäfts an St. die Rechte aus jenem Verbot erhalten können (RG. 47 S. 240); im Zweifel gehen jedoch mit dem Geschäfte die Rechte aus der Wettbewerbsklausel auf den Erwerber über; die Klägerin hätte daher behaupten müssen, daß ihr Vertrag mit St. keinen Zweifel darüber lasse, daß die Wettbewerbsklausel nicht auf den Erwerber mit übergehen solle. Dahingehende Behauptungen hat sie nicht aufgestellt. Allerdings hat sie jetzt behauptet, daß der jetzige Inhaber des Geschäfts von vornherein damit einverstanden gewesen sei, daß sie den gegenwärtigen Prozeß führe. Diese Behauptung stellt sich jedoch, wenn man sie auch an sich mit RG. (73 S. 306) für eine hinreichende Stütze der Klage halten will, als eine nachträgliche Klagänderung dar, die beim Widerspruche des Gegners nach § 529 ZPO. nicht zulässig ist. Sie kann nicht anders behandelt werden als die nachträgliche Berufung auf eine Rückabtretung des geltend gemachten Anspruchs, die stets als Klagänderung anzusehen ist. Dr. Br.

c) **Persönliche oder Geschäftsschuld.**

OLG. Hamburg, 6. ZS. Urteil v. 3. Oktober 1918.

Die Klägerin hat sich damit einverstanden erklärt, daß die von Oskar F. ihr gegenüber in Anlage I übernommene Verpflichtung als eine nur seine Person und nicht sein künftiges Handelsgeschäft betreffende Schuld behandelt werde. Es folgt das zunächst aus der Entstehung der Schuld. Sie war aus einer geschäftlichen Forderung gegen die GmbH. erwachsen, für die der Geschäftsführer F. nicht persönlich haftete. Wenn dann F. 1911 für diese Schuld die selbstschuldige Bürgschaft übernahm und dafür eine Sicherheitshypothek in seine Grundstücke eintragen ließ, so waren das persönliche Schulden von F. Dieser Charakter wurde dadurch nicht verändert, daß die Bürgschaft durch Anlage I in ein Darlehn und die Sicherheits- in eine Verkehrshypothek verändert wurde. Es wurde damals die auf Grund der Bürgschaft bestehende Schuld ziffermäßig auf 44969 Mark festgestellt und vereinbart, daß F. diese Schuld persönlich übernahm, und davon 4969 Mark durch 12 Akzepte und den Rest von 40000 Mark als persönliche Darlehnsschuld nebst Hypotheksicherung weiterschuldete. Für den persönlichen Charakter der letzteren Schuld spricht auch der Umstand, daß F. die Hypothek an seinem, nicht zum Geschäftsvermögen gehörenden Privatwohnhause bestellte. Die Klägerin würde den übrigen Gläubigern von F. gegenüber auch nicht korrekt verfahren sein, wenn sie diese Schuld als das Geschäftsvermögen des F. belastende Schuld angesehen hätte. Denn die Gläubiger durften davon ausgehen, daß F. sein im eigenen Namen begründetes Geschäft zwar mit den von ihm erworbenen Aktiven der GmbH., nicht aber mit deren Schulden belastet begann. Auf den privaten Charakter der Schuld deutet auch die sich aus dem Briefwechsel ergebende Tatsache, daß die Klägerin sich vom 1. Oktober 1913 an gefallen ließ, daß die von dem Geschäfte verdiente Umsatzprovision nicht mehr mit den von F. persönlich geschuldeten Hypothekzinsen verrechnet wurde. Als Beklagter das Geschäft mit Außenständen und Schulden übernahm, bemerkte er auf Anlage H, daß sich der von ihm übernommene Passivposten auf 3714 Mark belaufe. Unstreitig stellte das den Gegenwert für Waren dar, die die Firma F. seit ihrer Begründung neu von der Klägerin bezogen hatte. Diese hat dagegen nichts eingewandt. Die Bedeutung dieses Schweigens hängt nicht von der Auffassung des Prokuristen F., sondern von Treu und Glauben, sowie davon ab, wie der Beklagte dieses Schweigen auffassen durfte. Beklagter wollte aber damit erkennbar den Betrag der von ihm übernommenen Schuld feststellen und konnte das Schweigen der — dies auch erkennenden — Klägerin nicht anders als Zustimmung auffassen. Er haftet hiernach nicht für die reine Privatschuld des F. nach § 28.

Die Klage wäre aber auch deshalb unbegründet, weil die von F., einem Nichtkaufmann übernommene Verpflichtung kein Vorbereitungsgeschäft für die Begründung der Firma F. war. Es fehlt der unmittelbare Zusammenhang zwischen dieser Schuld und der Neubegründung des Geschäftes. Die Klägerin findet ihn darin, daß bei ihrem Widerstreben gegen den Akkord der GmbH. nicht anders, als durch diese Neuordnung der Rechtsbeziehungen zu F. möglich gewesen wäre, die Aktiva der GmbH. auf den Einzelkaufmann F. zu übertragen. Es mag dahingestellt bleiben, ob das tatsächlich zutreffend ist. Denn Klägerin würde durch ein schroffes Vorgehen gegen die HmbG. die sofortige Überweisung von 43% in Frage gestellt haben; und da sie die Deckung durch die Bürgschaft hatte, so ist es keineswegs sicher, ob nicht andere Wege möglich gewesen wären, um auch ohne die Eingehung der Anlage I die Übernahme des Geschäftes durch F. zu erreichen. Der erste Zweck der Anlage I war aber, die bereits bestehende Verpflichtung des F. ziffernmäßig klarzustellen. Sein Vermögen wurde dadurch nicht erheblich mehr belastet, als es schon vorher war. Wenn daneben als fernerer Erfolg erreicht wurde, daß das junge Geschäft beginnen konnte, so war das nicht ein unmittelbar durch Eingehung neuer Verpflichtungen erzielter Erfolg. Durch die Anlage I wurden dem neuen Geschäfte keine Mittel zugeführt. Das geschah vielmehr durch den mit dem Liquidator abgeschlossenen Vertrag auf Überlassung der Aktiva; und für diesen Vertrag war die Anlage I ein Hilfsgeschäft, das also mit der neuen Firma nur mittelbar zusammenhing und deshalb nicht als Vorbereitungsgeschäft für die neue Firma anzusehen ist. . . . M. M.

d) **Verhältnis der Hauptniederlassung zu einer Zweigniederlassung nach deren Umwandlung in eine Hauptniederlassung.**

OLG. Karlsruhe, 2. ZS. Urteil v. 30. November 1917.

Die offene HG. E. & E. in London, deren Teilhaber Eugen und Emil waren, hatte eine Zweigniederlassung in Hamburg, die unter der Firma

E. & E. 1912 in das dortige Handelsregister eingetragen und im Mai 1914 in eine Hauptniederlassung umgewandelt wurde, in die der Kaufmann J. in Hamburg als weiterer Gesellschafter eintrat. Der Beklagte stand mit der Londoner und Hamburger Firma derart in Geschäftsverbindung, daß er von ihnen als Selbstkäufer und Wiederverkäufer Maschinen bezog und unmittelbar an die Abnehmer liefern ließ. Die Hamburger Firma klagt nun den Kaufpreis einer 1912 von der Londoner Firma gelieferten Maschine ein. Der Anspruch ist somit für eine offene HG., die ihren Sitz in England hatte, vor 31. Juli 1914 entstanden. Ansprüche solcher Art gelten aber nach § 2 Bek. vom 30. September 1914 bis auf weiteres als gestundet. Eine Ausnahme wäre nur dann begründet, wenn die Klägerin den Anspruch schon vorher erworben hätte. Sie stützt sich in erster Linie auf ihre im Mai 1914 erfolgte Umwandlung in eine Hauptniederlassung. Allein selbst wenn dadurch das Londoner Geschäft eine Zweigniederlassung der Klägerin geworden wäre, so könnte daraus nicht entnommen werden, daß damit auch das Vermögen des Londoner Geschäfts einschließlich der hier streitigen Forderung auf die Klägerin übergegangen sei. Das Londoner Geschäft wurde, wie sich aus dem Briefwechsel ergibt, auch nach der Umwandlung weitergeführt. Wenn nun auch die Inhaber nach Ausbruch des Krieges die Geschäftsräume in London aufgegeben und das Personal entlassen haben, so ergibt sich daraus nichts für das Schicksal des Vermögens der Londoner Firma. Ebensowenig kann aber auch aus einem etwaigen Auftrag der Londoner Firma an die Klägerin, die hier streitige Forderung einzuklagen, auf eine Übertragung der Forderung geschlossen werden. Bei der Lage der Verhältnisse liegt es nahe, daß die Einklagung nur auf Rechnung der Londoner Firma hätte erfolgen sollen. . . . B.

e) **Umfang der Handelsvollmacht nach § 54.**

OLG. Kiel, 2. ZS. Urteil v. 19. Dezember 1916.

Die auf Miete beklagte Firma hatte in dem Hause, dessen Eigentümer der Kläger ist, eine Zweigniederlassung, die der Geschäftsführer A. leitete. A. mietete in demselben Hause eine Privatwohnung, schloß aber den Vertrag im Namen der Beklagten ab. Die Ansicht des LG., daß A. dazu gesetzlich ermächtigt gewesen sei, findet in § 54 keine Stütze. Das Mieten einer Privatwohnung für den Geschäftsführer im Hause der Geschäftsniederlassung gehört nicht zum Betriebe des Handelsgewerbes noch zu den Geschäften, die der Geschäftsbetrieb gewöhnlich mit sich bringt. Vielmehr handelt es sich dabei regelmäßig um eine rein persönliche Angelegenheit des Geschäftsführers. Nur ausnahmsweise wird das nicht der Fall sein. Die Befugnis des A., den Vertrag im Namen der Beklagten abzuschließen, könnte deshalb, da A. keine Prokura hatte, nur aus einer ihm besonders erteilten Vollmacht hergeleitet werden. Eine solche ist nicht nachgewiesen. B.

f) **Wichtiger Kündigungsgrund nach § 70 HGB.**

OLG. München, 1. ZS. Urteil v. 31. Mai 1918.

Das Dienstverhältnis eines Handlungsgehilfen kann auch aus wichtigen

Gründen gekündigt werden, die sich in der Person des Kündigenden ereignen, doch wird es in solchem Falle der Billigkeit mehr entsprechen, daß nicht für sofort, sondern erst für einen späteren Zeitpunkt gekündigt wird. Als einen Grund erachtet der Beklagte den Umstand, daß der Kläger seinerzeit als Gehilfe in ein Tuchversandgeschäft aufgenommen worden ist, in diesem Geschäft auch nach dem Vertrage vom Juni 1912 tätig sein und seine Kraft hauptsächlich dem Wareneinkauf und dem Musterbetrieb widmen sollte, daß Beklagter aber inzwischen „seinem Geschäft einen völlig anderen Charakter geben mußte" und daher von der „Führung eines Tuchversandgeschäftes, auf welches die Dienstleistung und Mitwirkung des Klägers bestimmt war, nicht mehr gesprochen werden könne" und zwar nicht nur gegenwärtig, sondern, wie bestimmt vorauszusehen sei, auch für die folgenden Jahre. Der Umsatz des Geschäftes habe sich ganz erheblich gegenüber der Friedenszeit vermindert, auch sei 1917 wie in den Vorjahren mit Verlust gearbeitet worden und die Beschaffung von Waren außerordentlich erschwert gewesen. Allein diese Umwandelung des Charakters des Geschäfts gehört bereits der Vergangenheit an. Die Einkäufe und der Umsatz im Geschäft hatten bereits 1915 nach den vom Beklagten angegebenen Ziffern ihren Tiefstand erreicht; ja „der gesamte Geschäftsbetrieb, soweit er die Herstellung und den Vertrieb der Muster anlangt, ist schon kurz nach Ausbruch des Krieges weggefallen", da der Musterbetrieb aber die Grundlage des Versandgeschäftes bildete, war schon in jenem Zeitpunkt auch von einem Tuchversandgeschäft nicht mehr die Rede. Gleichwohl hat Beklagter den Kläger als Handlungsgehilfen und als Prokuristen bis zum Jahre 1918 beibehalten und er mußte ihn auch angesichts des Vertrags beibehalten. Denn er konnte ihn auch in dem Geschäft, wie er es gleich von Anfang des Krieges an betrieben, recht wohl weiter gebrauchen und seine Dienste verwerten. Eine derartige Anpassung von Geschäften an die durch den Krieg neu geschaffenen Verhältnisse gehört zu den täglichen Erscheinungen der letzten Jahre, so daß eine derartige Änderung nicht dem Dienstherrn das Recht geben kann, sich über die Anstellungsverträge hinwegzusetzen. Es ist keine Rede davon, daß die Dienste des Klägers überhaupt oder gar nicht im Geschäfte des Beklagten, sowie es eben jetzt weiter geführt werden kann, unmöglich geworden wären und daß Beklagter nicht mehr in der Lage wäre, sie zu benützen. Letzteres ist durch die Tatsache widerlegt, daß die Dienste des Klägers trotz der längst erfolgten Änderung des Geschäftes weiter benutzt worden sind. Es ist also nicht an dem, daß eine mit dem Vertragszweck unvereinbare Beeinträchtigung des Beklagten einträte, wenn er trotz der veränderten Umstände zur Fortsetzung des Vertragsverhältnisses gezwungen wäre (JW. 1913 S. 1914[3]). Der Beklagte hat die Dienste des Klägers bisher, allerdings in veränderter Form, gebraucht und sich zu Nutzen machen können, und er kann dies um so mehr jetzt, da Umsätze und Einkäufe sich seit 1915 wieder erheblich gehoben haben und Waren zur Fortführung des Geschäfts auf geraume Zeit vorhanden sind.

In zweiter Linie beruft sich Beklagter auf die Unrentabilität des Geschäftes. Allein es ist regelmäßig kein wichtiger Grund gemäß § 70, wenn der Betrieb, in dem der Handlungsgehilfe angestellt ist, nicht mehr lohnend ist. Der Dienstberechtigte hat insoweit die wirtschaftliche Gefahr zu tragen (RG. 1916 S. 401). Ein solcher wichtiger Grund ist auch dann nicht gegeben, wenn die unter Einwirkung des Krieges entstandene wirtschaftliche Lage den Betrieb, für den der Dienstverpflichtete vertragsmäßig tätig zu sein hat, nicht mehr lohnend erscheinen läßt. Das geltende Recht bietet keine Handhabe, zur Milderung der Härten des Krieges einen Ausgleich zwischen den Vertragsteilen zu schaffen (RG. 86 S. 397). Ein wichtiger Grund ist nur dann anzuerkennen, wenn die Weiterführung des Betriebes mit Rücksicht auf die Folgezustände des Krieges unmöglich erscheint. Diese Unmöglichkeit ist nur dann gegeben, wenn nach den tatsächlichen Verhältnissen vernünftigerweise und nach Treu und Glauben dem Dienstberechtigten die Weiterführung unter keinen Umständen zugemutet werden kann (RG. 87 S. 349; JW. 1916 S. 261[8]). Der Beklagte betreibt aber sein Geschäft tatsächlich, wenn auch in veränderter Form weiter und hat die Dienste des Klägers bis zum 1. April 1918 benützt, ohne etwas dafür beizubringen, warum sie seitdem für ihn nutzlos geworden sein sollen. Allerdings ist der Umsatz des Geschäftes im Verhältnis zu dem vor Kriegsbeginn erheblich zurückgegangen. Allein der Beklagte hat gerade in jenen Jahren den höchsten Umsatz nur mit erheblichem Verlust erreicht und schon 1912 zu einem Vergleich mit den Gläubigern, bei welchem diese erhebliche Verluste erleiden mußten, sich veranlaßt gesehen. Das schlechte Geschäftsergebnis muß also auf anderen Gründen beruhen. Erfahrungsgemäß kann auch mit einem geringeren Umsatz ein größerer Gewinn verbunden sein als umgekehrt. Der Umsatz hat sich auch, nachdem er bereits 1915 seinen Tiefstand mit angeblich 303000 Mark erreicht hatte, bis 1917 wieder auf 529000 Mark gehoben; sollte also der Umsatz für die Kündigung maßgebend sein, so hätte sie schon 1915 erfolgen müssen. Ebenso sind die Einkäufe seit 1915 von angeblich 133000 Mark auf 340000 Mark gestiegen. Daß das Personal vermindert wurde, dient nur zur Erleichterung des Geschäfts; denn damit sind auch die Auslagen vermindert worden, die auch aus anderen Gründen erheblich zurückgegangen sein müssen. Von gewisser Bedeutung könnte nur die Frage sein, mit welchem finanziellen Ergebnis unter den durch den Krieg veränderten Verhältnissen gearbeitet wurde. In dieser Beziehung war davon auszugehen, daß trotz verminderter Umsätze, geringerer Warenbestände und verminderter Einkäufe wegen der erheblichen Steigerung nicht nur der Einkaufs-, sondern auch der Verkaufspreise noch immer ganz erhebliche Gewinne gemacht werden können und gemacht werden, wie dann auch die Erfahrung weiter lehrt, daß gerade auch in diesem Geschäftszweig die Zahl der Geschäfte sich nicht wesentlich vermindert hat; sie müssen also alle ihr Auskommen finden. Dem kann nicht entgegengehalten werden, „daß wegen der gesetzlichen Vorschriften nicht wie im Frieden prozentual gleich hoch kalkuliert werden dürfe, daß vielmehr nur ein mäßiger Gewinn gestattet sei". Es genügt, auf den Kampf auch des soliden Handels gegen die bezügliche Rechtsprechung hinzuweisen, der vielfach entgegengehandelt wird, und daß gleichwohl vielfach erhebliche Gewinne tatsächlich gemacht werden.... Insbesondere ist die Tatsache, wie das Geschäft 1917 verlief, an sich nicht ausschlaggebend. Während des ganzen Jahres stand Beklagter unter Geschäftsaufsicht und war dadurch naturgemäß in der freien Entwicklung und Betätigung gehemmt; jedenfalls sind die Verhältnisse jetzt nach Aufhebung der Geschäftsaufsicht und besonders nach neuerlicher Abschüttlung der Gläubiger ganz andere, insofern für das Geschäft aussichtsreicher geworden. Aus dem Nachweis eines Verlustes für 1917 würde nicht ohne weiteres folgen, daß das Geschäft, so wie es jetzt geführt werden kann, unrentabel ist und zwar in dem Maße, daß dem durch Beiseiteschiebung der Verträge mit den Angestellten sollte abgeholfen werden dürfen.

Aus dem in tatsächlicher Beziehung Ausgeführten ergibt sich aber auch, daß auch ein Grund zur Auflösung einer etwa bestehenden Gesellschaft nicht gegeben wäre. W.

g) **Kann auch einem Agenten, der nur für eine Firma vermittelt, nach § 92 gekündigt werden?**

OLG. Kiel, 1. ZS. Urteil v. 29. März 1917.

Der Kläger war vom Beklagten ständig damit betraut, den Verkauf der Fabrikerzeugnisse in Berlin und den Vororten gegen feste Provision zu vermitteln. Daß er Handlungsgehilfe des Beklagten oder in ähnlicher Stellung gewesen sein sollte, ist nach dem Vertrage zu verneinen und wäre auch dann nicht anders zu beurteilen, wenn der Kläger nur für den Beklagten Geschäfte vermittelt hätte. Wenn auch ein Agent häufig für mehrere Firmen gleichzeitig tätig ist, während ein Handlungsgehilfe zumeist nur im Dienst eines Geschäftsherrn steht, so ist ein Agenturverhältnis keineswegs schon dann ohne weiteres zu verneinen, wenn die Vermittlertätigkeit nur einer einzigen Firma geleistet wird.

Demgemäß konnte der Beklagte wegen eines wichtigen Grundes das Vertragsverhältnis fristlos kündigen. Die Wichtigkeit des Kündigungsgrundes ergab sich aber ganz von selbst daraus, daß er seine Fabrik verkauft hatte, daß er also in Zukunft für die Dienste des Klägers keine weitere Verwendung mehr haben konnte, daß es aber einem Geschäftsherrn nicht zugemutet werden kann, des Agenten wegen seinen Geschäftsbetrieb fortzusetzen.

Die hiervon verschiedene Frage, ob der Agent, dem fristlos gemäß § 92[3] gekündigt ist, Schadensersatz verlangen kann, hat das RG. (31 S. 61) dann verneint, wenn der Vertrag wegen der Unmöglichkeit eines lohnenden Fortbetriebes des Geschäfts aufgelöst worden sei. An dieser Auffassung hat es auch für das neue Recht festgehalten (RG. 63 S. 71; JW 1912 S. 250). Hier ist aber der Fabrikbetrieb nach Kriegsausbruch völlig eingestellt worden und es ist gerichtsbekannt, daß gerade das Tapetengewerbe infolge der durch den Krieg verursachten wesentlichen Einschränkung der Bautätigkeit und der Mietwohnungsausbesserungen schwer geschädigt worden ist. Selbst wenn der Beklagte bereits vor Februar 1915 eine Reihe von Lieferungsaufträgen wieder übernommen haben sollte, so hätten solche vereinzelte Aufträge für eine große, kostspielige Fabrik wie die des Beklagten nicht genügt, um den Betrieb des ganzen Unternehmens, das nur bei fortlaufenden, großen und zahlreichen Aufträgen auf die Dauer mit Erfolg arbeiten kann, lohnend zu machen. Wenn der Kläger die ungünstige Geschäftslage damit in Zusammenhang bringt, daß der Beklagte seinen früheren Teilhaber aus dem Geschäfte verdrängt und hierdurch das Geschäft geschädigt habe, so wäre hierin kein Verschulden gegenüber dem Kläger zu finden, da der Beklagte seines Agenten wegen nicht verpflichtet war, mit seinem Teilhaber zusammen zu arbeiten und seine Interessen in dieser Hinsicht dem wirtschaftlichen Vorteile seines Agenten hintenanzustellen (vgl. hierzu LZ. 1909 S. 552). Auch der Umstand, daß der Beklagte ein vielfacher Millionär sein soll, der an sich imstande gewesen wäre, eine rückläufige Markt- und Geschäftslage durchzuhalten, hätte den Beklagten nicht dem Kläger gegenüber verpflichtet, gerade die Tapetenfabrik weiter zu führen, sofern dieses Unternehmen nicht mehr lohnend war. Wenn dann aber der Beklagte die sich ihm bietende günstige Verkaufsgelegenheit ausnutzte und das Geschäft vorteilhaft verkaufte, so läge auch hierin nichts, was der Kläger ihm unter den obwaltenden, für den Geschäftsgang im allgemeinen ungünstigen Verhältnissen vorwerfen könnte. Daß der Beklagte in schuldhafter Vertragsverletzung das Geschäft veräußert hätte, erhellt nach alledem in keiner Weise. SchlHA.

b) Stellung des Handelsmäklers, dem die Ware „netto“ an die Hand gegeben ist.

OLG. Hamburg, 4. ZS. Urteil v. 21. Mai 1918.

Wenn wie hier einem Makler die Ware „netto“ an die Hand gegeben ist, er also gezwungen ist, seinen Verdienst durch einen Aufschlag zum Preise zu schaffen, so sind, wie die Sachverständigen bekunden, zwei Fälle zu unterscheiden. Entweder macht er den Überpreis nur in der Höhe der üblichen Courtage, und dann hat er seinem Auftraggeber gegenüber einen von der Abwicklung des Geschäftes unabhängigen Anspruch auf Vergütung des Überpreises — oder er macht einen höheren Überpreis, dann ist er am Gewinn beteiligt und sein Anspruch ist von der Erzielung des Gewinnes abhängig. Die Praxis, dem Makler in dieser Weise Ware „netto“ an die Hand zu geben, hat sich im wesentlichen erst im Laufe des Krieges gebildet; sie hat ihre Ursache in der völligen Verschiebung der Interessentengruppen und der Unberechenbarkeit der zu erzielenden Preise, und die verschiedene Behandlung der Fälle findet ihren Grund darin, daß der Makler, der einen höheren Aufschlag als die übliche Provision macht, mit dem größeren Risiko, nicht zum Abschluß zu kommen, auch die Aussicht eines entsprechend größeren Gewinnes hat, während der Makler, der sich in den Bahnen des regulären

Geschäftes bewegt und nur den Betrag der üblichen Provision aufschlägt, unter keinen Umständen umsonst arbeiten soll und will. Das Gericht schließt sich dieser wohl verständlichen Auffassung an und stellt daher als verkehrsüblichen Sinn der Vereinbarung, daß einem Makler Ware „netto" an die Hand gegeben wird, fest, daß der von ihm erzielte Überpreis rechtlich den Charakter der Provision dann hat, wenn der Überpreis der Höhe der üblichen Provision entspricht. Da das hier der Fall ist, ist der Anspruch der Klägerin infolge des Vertragsabschlusses begründet.

Der Umstand, daß die Geschäfte nicht abgewickelt sind, berührt den Anspruch nicht, im besonderen ist auch gleichgültig, daß die Abwicklung des Sahnegeschäftes infolge des Verbotes, ausländische Sahne in den Verkehr zu bringen, unmöglich geworden sein soll. Wie der Senat (Bf. 165/15) im Hinblick auf die ganze Art der Erwerbstätigkeit des Maklers ausgeführt hat, wird der Provisionsanspruch eines Maklers nicht einmal dann beseitigt, wenn in dem Abschlusse ein ausländisches Ausfuhrverbot vorbehalten und die Ausführung dann tatsächlich infolge solchen Verbotes unterblieben war. Diese Ausführungen treffen erst recht hier zu, wo der die Ausführung verhindernde Umstand, nämlich die V. vom 3. Oktober 1916, ein nachträgliches, von den Parteien überhaupt nicht in Rechnung gezogenes Ereignis darstellt, denn die Arbeit des Maklers erschöpft sich in der Einigung der Parteien und beschränkt sich darauf. Für diese Arbeit erhält er seinen Lohn und der Erfolg seiner nur darauf gerichteten Tätigkeit kann ihm nicht im Hinblick auf Ereignisse entzogen werden, die mit seiner Arbeitstätigkeit in keinerlei Zusammenhang stehen. M. M.

i) Grund zur Kündigung der offenen HG.

α) Kammergericht, 7. ZS. Urteil v. 11. Oktober 1918.

Der Kläger verlangt den Ausschluß des Beklagten aus der offenen HG. und die Übernahme des Geschäfts nach § 142, weil wichtige Gründe dafür in dem Verhalten des Beklagten gegen die weiblichen Angestellten lägen. Der Beklagte hat mehrfach weibliche Angestellte zärtlich umgefaßt. Ein solches Verhalten den abhängigen Mädchen gegenüber ist sicherlich unpassend, kann aber, zumal nicht behauptet ist, daß Beklagter vom Kläger in dieser Beziehung verwarnt worden ist, und trotzdem sein unpassendes Benehmen fortgesetzt hat, nicht als wichtiger Kündigungsgrund gelten. Unzüchtige Angriffe, wie Berührung der Brust oder der Geschlechtsteile der Mädchen wären dagegen anders zu beurteilen und würden eine Kündigung rechtfertigen. Sie sind aber nicht erwiesen. L. n.

β) Keine Klage auf Auflösung nach beendigter Gesellschaft.

OLG. Hamburg, 4. ZS. Urteil v. 12. Juli 1918.

Der Kläger ist, selbst wenn in dem Schreiben des Beklagten ein wichtiger Grund gesehen werden müßte, zurzeit nicht mehr berechtigt, die Auflösung der offenen HG. durch gerichtliche Entscheidung zu verlangen. Ein solches Recht besteht nur, solange der die Auflösung fordernde Gesellschafter

Mitglied der Gesellschaft ist. Es endet in dem Augenblick, da die zwischen ihm und seinen Teilhabern begründete Gesellschaft aufhört, zu bestehen. Denn das auf Grund von § 133 ergehende Urteil hat nicht rückwirkende Kraft; die Auflösung tritt erst ein mit der Rechtskraft des Urteils. Besteht in diesem Zeitpunkt die Gesellschaft nicht mehr, so kann auch ihre Auflösung nicht erfolgen. Dem Kläger war aber das Vertragsverhältnis im April auf Ende 1917 aufgekündigt; mit dem Eintritt dieses Termins erlosch daher sein etwaiges Recht auf Auflösung der Gesellschaft. M. M.

k) **Aktiengesellschaft.** α) **Zusammenlegung der Aktien, die gegen besondere Leistungen im Einzelfalle unterbleiben soll.**

OLG. Dresden, 6. ZS. Beschluß v. 2. März 1918.

Zur Eintragung angemeldet ist der Beschluß der Generalversammlung über die Herabsetzung des Grundkapitals. Der Meinung der Vorinstanzen, daß ein solcher Beschluß überhaupt nicht gefaßt sei, läßt sich nicht beipflichten. Der Beschluß besagt: „Die Aktien werden im Verhältnisse von drei zu eins zur Beseitigung der Unterbilanz für 1917 und zu etwa noch erforderlichen Abschreibungen und Rückstellungen zusammengelegt." Dies enthält eine Herabsetzung des sich auf 2700000 Mark belaufenden Grundkapitals auf 900000 Mark. Durch die nachfolgenden Bestimmungen wird hieran nichts geändert. Danach soll die Zusammenlegung von je drei Aktien zu einer nicht nur im Falle der Zuzahlung von $66^2/_3$% des Nennbetrags dreier Aktien, d. i. von 2000 Mark, sondern auch insoweit unterbleiben, als die Aktionäre $^2/_3$ des Nennbetrags ihrer Aktien der Gesellschaft in Aktien ohne Entgelt zur Verfügung stellen. Diese ihr überlassenen Aktien sind, wie es im Beschlusse weiter heißt, nicht ungültig zu machen, vielmehr von der Gesellschaft zur möglichsten Erhaltung des Aktienkapitals auf der jetzigen Höhe unter Ausschluß des Bezugsrechts der Aktionäre anderweitig zu verwerten. So wenig klar diese Bestimmungen gefaßt sein mögen, so lassen sie doch sicher erkennen, daß neben der Herabsetzung des Grundkapitals auf 900000 Mark eine Wiedererhöhung dieses Kapitals bis 2700000 Mark einhergehen soll. Die Zulässigkeit einer derartigen Verbindung der Beschlüsse ist nicht zu bezweifeln. Nicht entgegen steht auch, daß beabsichtigt ist, aus Anlaß der Kapitalerhöhung keine neuen Aktienurkunden auszugeben, vielmehr als Träger der neuen Aktienrechte alte, mit einem Aufdruck über die fortdauernde Gültigkeit zu versehende Aktien zu verwenden. Diese werden durch den Aufdruck ihrem Inhalt nach neue Urkunden und unterliegen als solche der Stempelpflicht (RG. 70 S. 237).

Nicht gerechtfertigt ist auch die Meinung der Vorinstanzen, daß die beschlossene Zusammenlegung der Aktien unzulässig sei, weil die Aktionäre dadurch veranlaßt werden sollten, Zuzahlungen auf ihre Aktien zu entrichten und damit Leistungen zu bewirken, die über die im § 211 bestimmten Verpflichtungen hinausgingen. Das Urteil (RG. 52 S. 287) betrifft einen Fall, wo die zuzahlenden Aktionäre Vorzugsaktien erhalten sollten; nur dies wird vom

Reichsgericht wegen der grundsätzlichen Gleichheit der Rechte der Aktionäre für unstatthaft erklärt (vgl. RG. 80 S. 81). Ein solcher Fall liegt hier nicht vor. Abgesehen hiervon ist innerhalb der Monatsfrist, binnen deren der Beschluß nach § 271 angefochten werden konnte, keine Anfechtungsklage eingegangen. Die Folge ist, daß ein etwaiger Verstoß gegen die Interessen der Aktionäre als geheilt gilt und der Eintragung des Beschlusses nicht mehr entgegensteht (KGJ. 34 S. 140, 39 S. 122).

Nichtsdestoweniger konnte das Rechtsmittel keinen Erfolg haben. Der Beschluß bildet ein einheitliches Ganzes und kann als solches nur in seiner Gesamtheit eingetragen werden; hierauf ist die Anmeldung auch gerichtet. Beschlossen ist nun aber nicht lediglich eine — bedingte — Herabsetzung des Grundkapitals, wie die Beschwerde meint; vielmehr geht der Beschluß auf die — unbedingte — Herabsetzung des Kapitals auf 900000 Mark in Verbindung mit einer Erhöhung des herabgesetzten Kapitals bis 2700000 Mark. Der Beschluß auf Herabsetzung kann daher nicht für sich allein, sondern nur zusammen mit dem Beschlusse über die Wiedererhöhung des herabgesetzten Kapitals eingetragen werden. Die Eintragung des letzteren Beschlusses ist jedoch unzulässig, solange nicht die für den Beschluß erforderliche staatliche Genehmigung eingeholt und die Erteilung der Genehmigung durch Vorlegung der Genehmigungsurkunde nachgewiesen ist (§ 1 Nr. 2, § 2[2] Bek. vom 2. November 1917, RGBl. S. 987). M.

β) **Generalversammlung auf Verlangen von Aktionären. An welchen Ort ist sie zu berufen?**

Kammergericht, ZS. 1a. Beschluß v. 5. April 1918.

Der Beschwerdeführer, Aktionär der Aktiengesellschaft mit dem Sitze in A., suchte unter Bezugnahme darauf, daß seine Anteile $^1/_{20}$ des Grundkapitals ausmachen, und mit der Angabe, daß seinem Verlangen auf Berufung einer Generalversammlung weder der Vorstand noch der Aufsichtsrat entsprochen habe, die Ermächtigung nach, eine Generalversammlung mit der von ihm angegebenen Tagesordnung zu berufen. Das Amtsgericht A. erteilte ihm die Ermächtigung und bestimmte, daß die Generalversammlung spätestens am 10. März 1918 stattfinden und wer in ihr den Vorsitz führen solle. Die sofortige Beschwerde des Vorstandes sowie dreier Mitglieder des aus vier Personen bestehenden Aufsichtsrats hatte Erfolg. Die weitere Beschwerde ist begründet.

Das LG. ist davon ausgegangen, daß dem Antrage des Beschwerdeführers durch Einberufung der auf den 4. März 1918 anberaumten Generalversammlung, deren Tagesordnung auch die damals begehrte Tagesordnung umfasse, entsprochen worden sei. Diese Auffassung bekämpft der Beschwerdeführer, weil weder der Vorstand noch der Aufsichtsrat die Generalversammlung zum 4. März 1918 einberufen habe, sondern lediglich der Vorsitzende des Aufsichtsrats. Dieses Vorbringen geht jedoch insofern rechtlich fehl, als es hier einer besonderen Beschlußfassung des Aufsichtsrats nicht notwendig bedurfte; der Vorsitzende konnte vielmehr allein und ohne vorherige Anhörung der übrigen Aufsichtsratsmitglieder die verlangte Generalversammlung anberaumen, da der Betrieb der vom Aufsichtsrate vorzunehmenden Geschäfte von ihm ausgehen durfte und im Hinblick auf § 254 die vorliegende Berufung einer Generalversammlung als ein solches Geschäft erscheinen konnte (KGJ. 40 S. 87, Makower § 243 IIIa). War er aber hierzu befugt, so konnte er in gleicher Weise auch deren Tagesordnung festsetzen. Satzungsbestimmungen oder sonstige Umstände, die hier gegen diese Rechtsauffassung sprechen könnten, sind nicht ersichtlich, und der gegenteilige Standpunkt der Beschwerde beruht lediglich auf einer Verkennung der Befugnisse, die dem Aufsichtsratsvorsitzenden insoweit zustehen.

Die Beschwerde beanstandet ferner, daß die auf den 4. März anberaumte Generalversammlung nicht nach A., dem Sitze der Gesellschaft, sondern nach B. einberufen worden ist. Mangels einer einschlägigen Satzungsbestimmung und da auch sonstige zu einer anderen Auslegung führende Momente nicht ersichtlich sind, ist davon auszugehen, daß die Generalversammlung an demjenigen Orte stattfinden muß, an welchem die Aktiengesellschaft ihren Sitz hat (RG. 44 S. 8, 75 S. 320). Die Generalversammlung nach B. einzuberufen, war also ungerechtfertigt und genügte nicht dem Verlangen des Beschwerdeführers, der darauf Anspruch hat, daß eine ordnungsmäßige, am Gesellschaftssitze stattfindende Generalversammlung abgehalten wird. B.

γ) Bestimmte Angabe des Gegenstandes des Unternehmens.

OLG. Dresden, 6. ZS. Beschluß v. 13. April 1918.

Gegenstand des Unternehmens ist nach § 2 des Gesellschaftsvertrags „der Betrieb der Bierbrauerei und damit im Zusammenhange stehender Geschäfte". Die Bestimmung soll nach einem Beschlusse der Generalversammlung folgenden Zusatz erhalten: „sowie den Betrieb von Fabrikations- und kaufmännischen Geschäften jeder Art, die unter § 1² HGB. fallen". Die Vorinstanzen haben die Eintragung des Beschlusses mit Recht abgelehnt. Gegenstand eines kaufmännischen Unternehmens sind die von dem Kaufmann betriebenen Geschäfte. Ihn können Geschäfte mannigfacher Art bilden. Bei einer Aktiengesellschaft müssen sie im Gesellschaftsvertrage bestimmt werden. Ausgeschlossen ist an sich nicht, daß eine Aktiengesellschaft Geschäfte aller der in § 1² bezeichneten Arten betreibt. In Wirklichkeit wird dies aber kaum je vorkommen und es ist, wie gerichtskundig, bei der Beschwerdeführerin nicht der Fall, wird von ihr auch nicht behauptet. Ebenso darf unbedenklich angenommen werden, daß sie eine solche Ausdehnung ihres Unternehmens gar nicht plant, vielmehr nur den verwaltenden Gesellschaftsorganen die Möglichkeit offenhalten will, bei sich bietender Gelegenheit noch diese oder jene Art von anderen als den jetzigen Geschäften zu betreiben. Die beschlossene Bezeichnung des Gegenstandes des Unternehmens entspricht sonach nicht den tatsächlichen Verhältnissen. Dazu tritt, daß nach der allgemeinen Fassung des Beschlusses die Gesellschaft auch genehmigungspflichtige Gewerbe betreiben könnte, solche Gewerbe aber nach § 195² Nr. 6 bei der Anmeldung unter Beibringung der Genehmigungsurkunde bestimmt zu bezeichnen sind. Die bezeichnete Vorschrift ergibt zugleich mit voller Deutlichkeit, daß zu dem Gegenstande des Unternehmens nur solche Geschäfte bestimmter Art zu rechnen sind, auf deren Betrieb das Unternehmen wirklich gerichtet ist, nicht aber Geschäfte, die die Gesellschaft zunächst überhaupt nicht zu betreiben beabsichtigt, sondern auf die sie nur möglicherweise in ungewisser Zukunft einmal ihren Betrieb erstrecken könnte (so auch KGJ. 34 S. 149; Staub Anm. 15 im Gegensatze zu den früheren Auflagen). M.

δ) **Verjährung der Ansprüche aus HGB. § 241.**

OLG. Hamburg, 6. ZS. Urteil v. 4. Juni 1918.

Die klagende Schiffahrtsgesellschaft fordert die Herauszahlung der von den Werften dem Beklagten bewilligten Rückkommissionen oder Provisionen. Das LG. hat die Verjährungseinrede allgemein verworfen, weil es sich nicht um Schadensansprüche, sondern um Herauszahlung des bei Geschäftsabschlüssen Erlangten handle. Dem kann nicht beigetreten werden. Der § 241⁵ bezieht sich auf alle Fälle, in denen ein Vorstand der Aktiengesellschaft seine Obliegenheiten verletzt. Ob diese rein aktienrechtlicher Natur oder durch sonstige Vorschriften des Handels- oder bürgerlichen Rechts begründet sind, kann grundsätzlich keinen Unterschied machen. Verletzt zB. ein Vorstandsmitglied die §§ 675, 667 BGB., wonach das aus der Geschäftsbesorgung Erlangte dem Dienstherrn herauszugeben ist, so verjährt der daraus der Gesellschaft erwachsende Anspruch nicht minder nach § 241⁵ (Staub § 241¹⁸). Ob hier Beklagter die Rückkommissionen aus der Geschäftsbesorgung erhalten hat, muß überdies zweifelhaft erscheinen. Er hat sich die Kommissionen nicht als Vorstand der Gesellschaft ausbedungen, sondern er hat sich persönlich durch ein besonderes, anläßlich der Kaufabschlüsse getroffenes Abkommen Vergütungen zahlen lassen. Da ihm der Anstellungsvertrag erlaubte, eigene Geschäfte zu betreiben, so wird man nicht ohne weiteres sagen können, daß er sich die Provisionen als abschließender Vorstand hat bewilligen lassen. Wie dem aber auch sei, die persönliche Ausbedingung dieser Kommissionen und die Belastung der Gesellschaft mit dem vollen Kaufpreise bedeutete eine Verletzung der Obliegenheiten, die seine Stellung als Vorstand ihm auferlegte. Er war selbstverständlich verpflichtet, für seine Gesellschaft einen möglichst günstigen Kaufpreis herauszuarbeiten. Waren die Werften bereit, Rückvergütungen von 1 % zu gewähren, so heißt das nichts anderes, als daß sie mit einem um 1 % niedrigeren Kaufpreise zufrieden waren. Es liegt nicht das Geringste dafür vor, daß die Werften die Vergütungen nicht auch der Gesellschaft als der Käuferin selbst gewährt hätten. In dem einen Falle steht im Gegenteil fest, daß die Vergütung der Firma X., die die Schiffe für eigene Rechnung bestellt hatte, bewilligt worden ist. Die Verteidigung des Beklagten, daß er wie ein Makler habe gestellt sein sollen und daher berechtigt gewesen sei, auch von der andern Seite eine Vergütung zu empfangen, geht fehl und verstößt gegen Treu und Glauben. Bei Schiffsankäufen hatte der Beklagte lediglich das Interesse der von ihm vertretenen Gesellschaft wahrzunehmen und das eigene zurückzusetzen. Dafür erhielt er die ihm in § 4 des Vertrags ausgesetzte Vergütung. Hiernach sind die Klagansprüche, soweit sie sich auf die Zeit vor 1904 beziehen, an sich verjährt, wenn die Pflichtverletzungen des Beklagten nicht gleichzeitig den Tatbestand der unerlaubten Handlung ausmachen. In diesem Falle würde § 852 BGB. Platz greifen. M. M.

l) **Genossenschaft:** *α*) **§ 16 GenG. und abändernde Satzung.**

OLG. Hamburg, 3. ZS. Urteil v. 11. Juni 1918.

Nachdem die Generalversammlung des Bauvereins eGmbH. am 6. Juni 1916 unter Abänderung des § 12 der Satzung die Anteile und die Haftsummen um je 50 Mark erhöht hatte, fordert der Verein vom Beklagten die auf seine 16 Anteile entfallenden 800 Mark. Der Beklagte beantragt Klagabweisung, weil der Abänderungsbeschluß entgegen dem § 51 der Satzung nicht mit Stimmenmehrheit sämtlicher 17 Genossen gefaßt und deshalb ebenso wie ein voraufgehender Beschluß vom 23. Mai 1916, durch den der § 51 gestrichen ist, nichtig sei. Der Anspruch ist unbegründet.

Die Satzung bestimmt im § 50 allgemein, daß bei Abstimmungen Stimmenmehrheit der anwesenden Mitglieder entscheidet. Der § 51 enthält Ausnahmen; nach Nr. 1 kann die Abänderung der Satzung und des Gegenstandes des Unternehmens nur mit einer Stimmenmehrheit von $^3/_4$ der erschienenen Genossen beschlossen werden; jedoch werden hier wieder ausgenommen die §§ 2^1, 12 der Satzung und für eine Abänderung dieser Bestimmungen die Stimmeneinheit sämtlicher Genossen gefordert. Die Beschlußfassung über die Abänderung anderer Satzungsbestimmungen wird im § 51^2 ferner davon abhängig gemacht, daß mindestens $^2/_3$ aller Genossen anwesend sind. Danach ist zunächst klar, daß satzungsgemäß — in Abweichung vom § 16^2 GenG. — eine Erhöhung der im § 12 festgesetzten Geschäftsanteile nur mit Stimmeneinheit sämtlicher Genossen beschlossen werden konnte. Daß es gesetzlich zulässig war, in der Satzung jenes Erfordernis aufzustellen, ist nicht zweifelhaft (RG. 76 S. 172). Ebensowenig kann aber nach dem Zusammenhange der Bestimmung bezweifelt werden, daß auch die — an sich sehr wohl zulässige — Aufhebung jener Bestimmung satzungsgemäß nur mit Stimmeneinheit sämtlicher Genossen erfolgen konnte. Auch bei ihr handelt es sich um eine den § 12 betreffende Abänderung der Satzung, nämlich um eine Abänderung der auf § 12 bezüglichen Nr. 1 § 51, die so auszulegen ist, daß sie auch die Fälle der Abänderung des § 51 selbst und des in diesem festgesetzten Stimmenverhältnisses umfaßt. Hiernach war der Beschluß vom 23. Mai 1916, durch den der ganze § 51 und mit ihm die angeführte Bestimmung gestrichen wurden, nichtig, weil er entgegen der Satzung nicht mit Stimmeneinheit sämtlicher Genossen gefaßt war. Daraus ergab sich ohne weiteres auch die Nichtigkeit des Beschlusses von 6. Juni 1916.

Galt der § 51 unverändert, so war eine Generalversammlung, in der nicht alle Genossen anwesend waren, für die Beschlußfassung über Erhöhung der Anteile nicht zuständig. Einer Anfechtung der Beschlüsse bedurfte es nicht (RG. 75 S. 239). M. M.

β) **Eintragung der Veränderung des Wohnsitzes eines Genossen.**[1]

Kammergericht, ZS. 1a. Beschluß v. 23. März 1917.

In die bei Gericht zu führende Liste sind die Genossen nach Familien-, Vornamen, Beruf und Wohnort einzutragen. Bestimmungen darüber, ob und wann dort eine nachträglich eingetretene Veränderung dieser Merkmale nachzutragen sei, sind weder in der Bek. v. 1. Juli 1899, noch in der AVf. vom 8. November 1899 (JMBl. S. 334) enthalten, noch aus dem Gesetze zu entnehmen. Hieraus ergibt sich, daß das Gesetz hier wie auch schon anderwärts (vgl. KGJ. Bd. 29 S. 219) gewisse Angaben zwar für die erste Eintragung fordert, die Nachtragung bezüglich Änderungen aber nicht verlangt. Daß dem so ist, erhellt auch daraus, daß zwar in der erwähnten AVf. und in der das Handelsregister betreffenden keine einschlägige Bestimmung getroffen, daß aber in den §§ 28, 40 der AVf. über die Führung der Schiffsregister (JMBl. 1899 S. 753) vorgeschrieben ist, daß Änderungen des Namens und des Wohnorts eines Reeders in einer besonderen Spalte nachzutragen sind. Daher ist an der Rechtsansicht (KGJ. 29 S. 22) festzuhalten, daß für die Schiffsregister weitergehende Eintragungsvorschriften gegeben sind, die nicht ohne weiteres auf andere Register und Listen entsprechende Anwendung finden.

Allerdings vertritt Crüger[8] S. 158 Nr. 12 im Anschluß an eine in den BlGenossw. 1894 S. 145 veröffentlichte Entscheidung die Ansicht, eine nachträgliche Verheiratung einer Genossin sei in die Liste einzutragen, da der Name der Genossin sich ändere und der richtige Name in der Liste enthalten sein müsse. Im Anschluß hieran hält die Beschwerde Entsprechendes auch für die gleichfalls zur Kennzeichnung der Genossen vorgeschriebene Standesbezeichnung und Wohnortsangabe für geboten. Dem ist jedoch nicht beizutreten. Es bedarf hier nicht der Prüfung, ob die oben wiedergegebene Anführung jener Entscheidung in vollem Umfange zutreffend ist. Hier genügt es, zu erwägen, daß einerseits die Nachtragung einschlägiger Veränderungen nicht vorgeschrieben und daß es anderseits nicht erkennbar rechtsirrtümlich ist, wenn das LG. annimmt, auch bei Nichteintragung der Wohnsitzveränderung sei hier die Identität des Genossen ohne beachtliche Schwierigkeit feststellbar. Dem Erfordernis, daß aus der Liste die Persönlichkeit des Genossen feststellbar sei, ist also genügt. Die Anforderung der Beschwerde, daß die Eintragung der Genossen ständig so beschaffen sein müsse, daß sie stets den je-

[1] Scheidet nach § 70[2] der kündigende Genosse „infolge der Eintragung" aus der Genossenschaft aus, so ist eine spätere, dieser Eintragung nachfolgende Rücknahme der Kündigung auch im Einverständnisse mit der Genossenschaft nicht mehr zulässig; RG. 49 S. 32 vertritt keine abweichende Rechtsansicht (Beschluß desselben ZS. v. 21. Sept. 1917; KGJ. 50 S. 120).

weiligen tatsächlichen Verhältnissen entspreche und Verwechselungen sowie Schwierigkeiten ausschließe, läßt sich auch aus § 30 nicht herleiten. Denn wenn danach der Vorstand das Verzeichnis der Genossen in Übereinstimmung mit der gerichtlich geführten Liste zu halten hat, so besagt das für die hier in Betracht kommende Frage nur, daß keine Verschiedenheit der Person unterlaufen darf. M.

γ) **Vorläufige Enthebung und Bestellung eines Liquidators im Konkurs.**

Kammergericht, 3S. 1a. Beschluß v. 10. Mai 1918.

Die Genossenschaft, seit 1916 in Liquidation, geriet am 6. Februar 1918 in Konkurs; Liquidatoren waren damals L, R. und S. Am 18. Februar 1918 beschloß der Aufsichtsrat, die Liquidatoren L. und R. vorläufig, dh. bis zur Entscheidung der Generalversammlung, von ihren Geschäften zu entheben und zur einstweiligen Fortführung der Geschäfte A. und O. zu bestellen. A. und O. meldeten diese Änderung zum Genossenschaftsregister an. Das Amtsgericht lehnte am 22. Februar 1918 die Eintragung ab, weil der Aufsichtsrat zu der Abberufung von Liquidatoren nicht befugt gewesen sei und weil jedenfalls die Anmeldung auch von dem Liquidator S. hätte miterklärt werden müssen. Hiergegen legten A., O. und S. sofortige Beschwerde ein. Inzwischen hatte aber auch die Generalversammlung (anstelle von L. und R.) die vorgenannten A. und O. zu Liquidatoren gewählt. Den daraufhin von A., O. und S. gestellten Eintragungsantrag hat das Amtsgericht durch Zwischenverfügung beanstandet, weil die Ordnungsmäßigkeit der Einberufung der Generalversammlung nicht nachgewiesen sei. Nunmehr verwarf das LG. die Beschwerde gegen den Beschluß vom 22. Februar, weil sie durch die neue Anmeldung gegenstandslos geworden und weil sie auch unbegründet sei, da der Aufsichtsrat zur Amtsenthebung nicht befugt gewesen. Die von den Liquidatoren A., O. und S. eingelegte sofortige weitere Beschwerde ist zulässig (§ 83^3 GenG., §§ 148, 146, 26, 27, 29 FrGG.) und keineswegs im Hinblick auf die zweite Anmeldung gegenstandslos, denn diese hat zu keiner Eintragung geführt. Die Beschwerdeführer sind zur Einlegung des Rechtsmittels befugt; A. und O., weil ihr Recht als Liquidatoren nach außen in die Erscheinung zu treten, beeinträchtigt ist, und S., weil er wissen muß, welches denn seine Mitliquidatoren sind.

Das Rechtsmittel ist auch begründet. Nach § 40 Ges. ist der Aufsichtsrat befugt, Mitglieder des Vorstandes bis zur Entscheidung der Generalversammlung von ihren Geschäften zu entheben. Nach § 89 haben die Liquidatoren die Rechte und Pflichten des Vorstandes und unterliegen gleich diesem der Überwachung des Aufsichtsrats. Daraus ergibt sich, daß der Aufsichtsrat auch befugt ist, die Liquidatoren vorläufig ihres Amtes zu entheben (Parisius Crüger §§ 89^5, 87^1). Der vom LG. herangezogene § 83 steht einer vorläufigen Amtsenthebung durch den Aufsichtsrat gemäß §§ 40, 89 nicht entgegen; ebensowenig berührt § 104 die Befugnis des Aufsichtsrats, bis zur Entscheidung der Generalversammlung seines Amtes zu walten und den Vorstand oder die Liquidatoren vorläufig ihres Amtes zu entheben. Waren hiernach L. und R. ihres Amtes zulässig enthoben und statthaft an ihrer Stelle A. und O. neben S. einstweilig bestellt worden, so hätte ihrem Eintragungsantrage nähergetreten werden sollen, als sie auf Grund des Generalversammlungsbeschlusses ihn stellten, denn dieser Antrag ist von allen Dreien unterschrieben, und nimmt auf die erste Anmeldung Bezug. Dies hat das LG. nicht berücksichtigt, obwohl es nach § 23 FrGG. denjenigen Sachverhalt zugrunde zu legen hatte, der bei Erlaß seiner Entscheidung obwaltete. Das Amtsgericht konnte allerdings, da nach § 146 FrGG. eine sofortige Beschwerde in Betracht kam, nach § 18² das. seinen Beschluß nicht ändern, obwohl er nachträglich nicht mehr gerechtfertigt war. RJA.

δ) **Beteiligung der Einzelgenossenschaften an weiteren Geschäftsanteilen je nach dem Wachstum ihrer eigenen Mitgliederzahl.**

Kammergericht, ZS. 1a. Beschluß v. 3. Mai 1918.

Die Generalversammlung der Zentraleinkaufsstelle Deutscher Schneider-Rohstoff-Genossenschaften eGmbH. hatte beschlossen, in ihre Satzung aufzunehmen: „Die höchste Zahl der Geschäftsanteile, auf die sich eine Genossenschaft beteiligen kann, beträgt 10 bis einschließlich 50 Mitglieder. Für jede weiteren und angefangenen 20 Miglieder kann ein weiterer Geschäftsanteil erworben werden." Die Vorinstanzen haben die Eintragung abgelehnt, weil der Beschluß mit § 134 unvereinbar sei, denn er lasse die Höchstzahl der Geschäftsanteile, die der Genosse — hier die als Mitglied in Betracht kommende Einzelgenossenschaft — besitzen dürfe, unbestimmt und auch die Höchstzahl der Geschäftsanteile, die der Genosse besitzen dürfe, sei nicht für alle Genossen gleichmäßig bestimmt. Demgegenüber macht die weitere Beschwerde geltend: Durch die Satzungsbestimmung, daß eine Genossenschaft bis einschließlich 50 Mitgliedern sich höchstens mit 10 Geschäftsanteilen beteiligen dürfe, sei die Gefahr kapitalistischer Mißwirtschaft, deren Hintanhaltung § 134 bezwecke, ausgeschaltet. Das weiterhin zugebilligte Recht, entsprechend einer größeren Mitgliederzahl auch eine größere Anzahl von Anteilen zu übernehmen, entspreche nicht der — hier möglichst auszuschaltenden — Kapitalkraft der betr. Genossenschaften, sondern der Zahl ihrer Mitglieder.

Das ist als zutreffend nicht anzuerkennen. Das Gesetz bestimmt ausdrücklich, daß in der Satzung die höchste Zahl der Geschäftsanteile festzusetzen sei, auf die sich ein Genosse beteiligen kann. Diese Zahl ist eine feste Grenze, deren Erweiterung dem Genossen unter allen Umständen verschlossen ist. Das ist die Absicht des Gesetzes, das auch an dieser Stelle eine übermäßige Verschiedenheit der einzelnen Genossen verhindern will (Parisius-Crüger[8] S. 526). So hat den § 134 auch das RG. (62 S. 309) aufgefaßt, das eine die Übernahme mehrerer Geschäftsanteile behandelnde Satzungsbestimmung u. a. deshalb für zulässig erklärte, weil die Höchstzahl der etwa zu übernehmenden Beteiligungen durch die Satzung zahlenmäßig fest begrenzt war. Eine andere

Auffassung ist auch weder in der Rechtsprechung noch im Schrifttum hervorgetreten und auch nicht aus der Entstehungsgeschichte des Gesetzes herzuleiten. Gegen § 134 verstößt die hier beschlossene Fassung, denn danach kann eine der Beschwerdeführerin als Mitglied angehörende Einzelgenossenschaft je nach dem Wachstum ihrer eigenen Mitgliederzahl eine satzungsmäßig nicht begrenzte Anzahl weiterer Geschäftsanteile erwerben.... M.

ε) **Der Beitritt kann nicht mit der Erklärung über die Beteiligung auf weitere Geschäftsanteile verbunden werden.**

Kammergericht, 3S. 1a. Beschluß v. 11. Mai 1917.

Nach § 137 hat der Genosse, der auf einen weiteren Geschäftsanteil beteiligt sein will, „darüber", nämlich über diese seine Beteiligung eine Erklärung abzugeben. Daß diese mit der Beitrittserklärung verbunden und einheitlich mit der letzteren abgegeben werden kann, ist im Gesetze weder vorgesehen noch ausdrücklich untersagt. Indessen ergibt sich ein solches Verbot aus der Sonderregelung, die die Frage jener Beteiligung gefunden hat. Nach §§ 119, 126, 134 ist eine solche Beteiligung nur bei Genossenschaften mbH. gestattet, und da weder vorgeschrieben noch dem Gesetze zu entnehmen ist, daß durch diese Ausnahmebestimmung die übrigen Vorschriften geändert sind, so treten die einschlägigen Sondervorschriften lediglich neben die übrigen Bestimmungen, und gegebenenfalls sind beide nebeneinander zu beobachten. Wer also Mitglied werden und sich zugleich auf mehrere Geschäftsanteile beteiligen will, hat die beiden Erklärungen abzugeben, nämlich diejenige gemäß § 15, in der er unbedingt seinen Beitritt erklärt, und diejenige, in der er weiterhin unbedingt erklärt, auf die von ihm genannte Zahl weiterer Geschäftsanteile beteiligt sein zu wollen. Dieser Inhalt der beiden Erklärungen ist im Gesetz ausdrücklich vorgeschrieben, und da die erstere allgemein, die letztere nur für den fraglichen Sonderfall vorgesehen ist, so läßt sich dem Gesetz entnehmen, daß in solchem Ausnahmefalle die beiden Erklärungen nebeneinander und voneinander gesondert abgegeben werden sollen. Es soll insbesondere sofort und zweifelsfrei ersichtlich sein, wieviel weitere Geschäftsanteile in Frage kommen, ohne daß es einer — wenn auch noch so einfachen — Berechnung bedarf. Dem entspricht auch die Einrichtung des Genossenschaftsregisters, das besondere Spalten zur Eintragung der „weiteren" Geschäftsanteile vorsieht, die Eintragung des ersten Geschäftsanteils aber ausschließt. Auch hier hat der Gedanke des Gesetzes Ausdruck gefunden, daß die Übernahme weiterer Geschäftsanteile scharf und augenfällig von dem Beitritt und der sich aus ihr ergebenden Beteiligung zu scheiden ist. Allerdings sind die oben angeführten Registervorschriften hier nicht maßgebend, sondern das Gesetz. Unbedenklich aber darf in dem Maße, wie oben geschehen, auf diese Bestimmungen hier Bezug genommen werden. Die Anführung „daß auch öffentlichrechtliche Erklärungen gemäß §§ 133, 157 BGB. auszulegen sind, sofern nicht eine ausdrücklich entgegengesetzte Gesetzesbestimmung vorliegt", geht fehl. Ist einmal eine Formvorschrift gegeben, so ist

sie zu beobachten, und die Unterscheidung, ob und wann etwa sie als ausdrücklich gegeben oder nur aus dem Gesetze herzuleiten und dementsprechend rechtlich verschieden zu bewerten sei, findet keine gesetzliche Stütze. B.

m) **GmbH.: α) § 3 Nr. 4 bei Neufassung der Satzung.**

Kammergericht, ZS. 1a. Beschluß v. 2. März 1917.

In der Gesellschafterversammlung wurde beschlossen: „Der Gesellschaftsvertrag erhält diejenige Fassung, welche in dem hiermit als Anlage überreichten Schriftstück enthalten ist.“ Die Vorinstanzen beanstandeten, daß eine dem § 3 Nr. 4 entsprechende Angabe in dem „geänderten Gesellschaftsvertrag“ nicht enthalten sei. Nun schreibt aber das Gesetz vor, daß der Gesellschaftsvertrag eine solche Bestimmung enthalten muß. Diese Anordnung gilt für die ganze Dauer des Bestandes einer GmbH. Aus dem Umstande, daß diese Bestimmung im ersten, die Errichtung der Gesellschaft regelnden Abschnitte enthalten ist, läßt sich nicht folgern, daß nur der ursprüngliche Gesellschaftsvertrag dieser zwingenden Vorschrift entsprechen, später aufgenommene Satzungen von ihr aber befreit sein sollen. Zweck und Sinn der Vorschrift lassen allein die Deutung zu, daß jede Satzung, die sich eine GmbH. gibt, dieser Vorschrift genügen muß. Damit ist nicht gesagt, daß in eine jede Satzungsänderung eine dem § 3 Nr. 4 entsprechende Bestimmung aufzunehmen ist. Wenn aber die Gesellschaft ihre Beschlußfassung nicht auf die Abänderung von Einzelheiten des im übrigen fortbestehenden Gesellschaftsvertrags beschränkt, sondern eine gänzliche Neufassung eintreten läßt, so muß die neue Satzung allen gesetzlichen Erfordernissen, auch dem § 3 Nr. 4 entsprechen. Daß sie alsdann auch denjenigen des § 4 Nr. 1 bis 3 zu genügen hat, ist unabweisbar, und die Beschwerdeführerin hat bei der vorliegenden Neufassung dem auch selbst Rechnung getragen.

Das Vorbringen der Beschwerde, daß eine dem Gesetz entsprechende, im ursprünglichen Gesellschaftsvertrag abgegebene Erklärung deshalb niemals zu wiederholen sei, weil es nur einen Gesellschaftsvertrag im Sinne des Gesetzes gebe, ist nicht schlüssig. Gewiß gibt es stets nur einen jeweilig maßgebenden Gesellschaftsvertrag, aber dieser Vertrag muß jederzeit allen gesetzlichen Erfordernissen entsprechen. Genügt ihnen der ursprüngliche Vertrag und liegen lediglich Abänderungen, Zusätze usw. vor und können sie eingefügt werden, so daß die Gesamtheit einen einzigen und einheitlichen Gesellschaftsvertrag bildet, so wird es einer Wiederholung der fraglichen Angaben im Einzelfalle grundsätzlich nicht bedürfen. Liegt aber eine völlige Neufassung des Gesellschaftsvertrags vor, so ist die ursprüngliche Satzung durch sie überholt und nur noch die nunmehrige maßgebend, die dann auch allen gesetzlichen Erfordernissen zu entsprechen haben wird. Wann der eine oder der andere Fall gegeben ist, wird sich weniger nach allgemeinen Gesichtspunkten als nach Sinn und Fassung der jeweilig vorliegenden Verträge und Beschlüsse bestimmen lassen. Daß hier ein Fall für gegeben erachtet worden ist, der eine Angabe gemäß § 3 Nr. 4 erheischt, ist nach der vorstehenden Darstellung nicht rechtsirrig. M.

β) Aufnahme von Rückstellungen (Abschreibungen) in die Bilanz. Außergewöhnlicher Gewinn.

Kammergericht, 7. ZS. Urteil v. 26. April 1918.

Die beklagte GmbH., deren Gesellschafter der Kläger ist, hat 1915 einen Reingewinn von 111197 Mark erzielt und davon 111000 Mark als „Sonder-Abschreibungs-Konto" auf der Sollseite in die Bilanz eingestellt, so daß nur ein Überschuß von 197 Mark verblieb und kein Gewinn verteilt werden sollte. Diese Bilanz ist trotz des Widerspruchs des Klägers in der Generalversammlung genehmigt worden. Die Anfechtung dieses Beschlusses ist begründet.

Die Beklagte macht geltend, daß für ihr Hauptaktivum, die Kraftdroschken, nach dem Kriege die Anschaffung neuer Gummireifen für wenigstens 60000 Mark und bei der starken Abnutzung mindestens 30000 Mark Ausbesserungskosten erforderlich seien, nach dem Kriege auch die Werkstätteneinrichtung, namentlich die Werkzeugmaschinen erneuert werden müßten. Allerdings mögen Zweckmäßigkeitsgründe dafür sprechen, bei Aufstellung der Bilanz für 1915 den für die Zukunft zu erwartenden erhöhten Ausgaben und Unkosten Rechnung zu tragen, um spätere Verluste zu vermeiden. Es mag auch sein, daß sich ein vorsichtiger Kaufmann in Anbetracht der für die Überleitung in die Friedenswirtschaft voraussichtlich erwachsenden erheblichen Unkosten zu Rückstellungen, wie sie die Beklagte vorgenommen hat, veranlaßt sehen wird. Daraus folgt aber nicht, daß solche Rückstellungen auch in die Bilanz einer GmbH. aufgenommen werden dürfen. Das wäre nur dann gestattet, wenn der Gesellschaftsvertrag dies zuließe oder den Gewinn zur Verfügung der Gesellschafter stellte und diese zu beschließen hätten, was mit dem Gewinn geschehen solle. Ohne solche hier fehlende Bestimmung der Satzung kann die Gesellschafterversammlung nicht aus eigner Machtvollkommenheit einen Teil des Reingewinns der Verteilung darum entziehen, weil das den Zwecken der Gesellschaft förderlich wäre (Hachenburg § 42[61], § 29[4]). Hieran wird auch dadurch nichts geändert, daß es sich bei den 111000 Mark um einen außergewöhnlichen Gewinn handelt, der dadurch entstanden ist, daß eine andere Gesellschaft die Beklagte für Übertragung von Kriegslieferungsaufträgen wegen des hieraus zu erwartenden Gewinns entschädigt hat. Auch außergewöhnliche Gewinne, deren Wiederholung nicht in Aussicht steht, müssen nach § 29 unter die Gesellschafter verteilt werden. Nur dann, wenn die Rückstellung erforderlich gewesen wäre, um als Abschreibung auf die in die Bilanz eingestellten Aktivposten diese auf ihren wahren Wert zurückzuführen, wäre sie für zulässig zu erachten. L.n.

γ) Darf der Aufsichtsrat ermächtigt werden, einem einzelnen von mehreren zur Gesamtvertretung berufenen Geschäftsführern die Vertretung der Gesellschaft zu übertragen?

Kammergericht, ZS. 1a. Beschluß v. 8. März 1918.

Im Handelsregister ist eingetragen, daß die AGmbH. durch die Geschäftsführer R. und H. vertreten werde. Dies entsprach dem § 6 des Gesellschaftsvertrags: „Zu Willenserklärungen, besonders zur Zeichnung der Gesellschaft, bedarf es der Mitwirkung zweier Geschäftsführer". Diese Bestimmung wurde in der Gesellschafterversammlung vom 1. Mai durch folgenden Zusatz abgeändert: „Der Aufsichtsrat ist befugt, einzelnen Geschäftsführern die Befugnis zur alleinigen Zeichnung und Vertretung der Gesellschaft zu erteilen." Unter Vorlage des Protokolles der Gesellschafterversammlung und einer auf ihn ausgestellten Vollmacht meldete der Geschäftsführer R. die Satzungsänderung und seine Befugnis, die Gesellschaft allein zu vertreten, zur Eintragung ins Handelsregister an. Die Vorinstanzen haben mit Recht die Eintragung abgelehnt. Nach Maßgabe des angeführten § 6 und der §§ 35, 78 GmbHG. reicht die vorliegende Anmeldung durch R. allein nicht aus (KGJ. 48 S. 131), wofern der § 6 nicht rechtswirksam abgeändert sein sollte. Das ist indessen nicht geschehen, denn der oben erwähnte Beschluß vom 1. Mai ist gesetzlich unzulässig. Die Vertretungsbefugnis der Geschäftsführer muß nämlich, wie § 35 des Ges. klar ergibt, entweder dem Gesellschaftsvertrage oder dem Gesetze zu entnehmen sein. Infolgedessen kann weder im Gesellschaftsvertrage selbst noch nachträglich durch Satzungsänderung rechtswirksam beschlossen werden, daß die gesetzlich dem Gesellschaftsvertrage vorbehaltene Bestimmung anderweit — etwa, wie hier, durch den Aufsichtsrat oder etwa durch die jeweilige Gesellschaftsversammlung (Recht 1901 S. 473 Nr. 1994) — getroffen werden kann. Soll in diesem Punkte nachträglich von der im Gesellschaftsvertrage getroffenen Regelung abgegangen werden, so mag diese geändert und die neue Verteilung der Vertretungs- und Zeichnungsbefugnis der Geschäftsführer in der Neufassung jenes Vertrags dergestalt niedergelegt werden, daß sie wiederum unmittelbar aus diesem selbst erhellt.

Diesem rechtlichen Standpunkt entspricht die angefochtene Entscheidung, die mit der im Schrifttum überwiegenden Rechtsansicht übereinstimmt. Die ohne nähere Begründung vom LG. Hamburg ausgesprochene (LZ. 1907 S. 927) und von Esser übernommene Ansicht, daß durch Gesellschafterbeschluß einem der Gesellschaftsorgane diese der Satzung und dem Gesetze vorbehaltene Regelung überlassen werden könne, findet weder im Gesetze selbst noch in allgemeinen Rechtsgrundsätzen eine ausreichende Stütze. Als eine auf gegenteiliger Rechtsansicht fußende Entscheidung ist der Beschluß (Rsp. 34 S. 359) nicht anzusehen, da sich dieser lediglich darüber verhält, daß durch den Gesellschaftsvertrag zu bestimmen sei, ob die Befugnis zur Ernennung der Geschäftsführer und zur Festsetzung ihrer Zahl einem einzelnen Gesellschafter übertragen werden könne. RJA.

δ) **Der Anmeldung des Ausscheidens des Geschäftsführers sind die Urkunden darüber beizufügen.**

OLG. Dresden, 6. ZS. Beschluß v. 29. September 1917.

Der Geschäftsführer M. hat ohne jede nähere Angabe das „Ausscheiden" des anderen Geschäftsführers K. zum Handelsregister angemeldet. Das LG. billigt die Zurückweisung des Antrags, weil nach dem Gesellschaftsvertrage zwei Geschäftsführer bestellt seien und die Abberufung des einen von ihnen daher eine Abänderung eines Vertrags enthalte, das Vorhandensein der dafür in § 53 GmbHG. bestimmten Voraussetzungen aber nicht dargetan sei. Dieser Begründung ist allerdings nicht beizupflichten. Angemeldet war lediglich das Ausscheiden eines der Geschäftsführer und nicht auch eine Abänderung des Gesellschaftsvertrags. Das Ausscheiden aber enthält, auch wenn es auf der Abberufung des Geschäftsführers durch einen Beschluß der Gesellschafter beruht (§ 46 Nr. 5), für sich allein keine Abänderung des Gesellschaftsvertrags.

Im Ergebnis stellt sich die Entscheidung des LG. jedoch als gerechtfertigt dar, weil die Anmeldung nicht den gesetzlichen Erfordernissen entspricht. Einmal fehlt es an einer Angabe darüber, worauf das „Ausscheiden" des K., d. i. das Erlöschen seines Amtes, beruht, ob er seinerseits gekündigt hat oder ob er von der Gesellschaft entlassen worden ist. Das Beschwerdevorbringen der Gesellschaft, wonach K. durch einen Gesellschafterbeschluß abberufen sein soll, kann die hierüber in der Anmeldung fehlende Angabe nicht ersetzen. Weiter kommt in Betracht, daß mit dem Ausscheiden eines Geschäftsführers dessen Vertretungsbefugnis endigt und daß deshalb nach § 39^2 Satz 1 GmbHG. der Anmeldung die Urkunden über das Erlöschen seines Amtes beizufügen gewesen wären. Wenn Staub-Hachenburg unter Bezugnahme auf den Beschluß des KG. vom 2. November 1896 (KGJ. 16 S. 23) die gegenteilige Meinung äußern, so ist nicht berücksichtigt, daß der § 39^2 Satz 1 erst durch Art. 11 Punkt X EGHGB. vom 10. Mai 1897 in das Gesetz eingefügt worden ist. So teilt denn auch das KG. nach dem Beschlusse vom 20. Mai 1910 (RJA. 10 S. 262ff.) für das Gesetz in seiner jetzigen Fassung den gegenteiligen, von Parisius-Crüger und Förtsch vertretenen Standpunkt, vgl. auch KGJ. 25 S. 255. Ann.

e) **Auslegung und Form eines Vergleichs, in welchem der Geschäftsführer gegen einmalige Abfindung als Gesellschafter ausscheidet.**

OLG. Königsberg, 1. ZS. Urteil v. 16. April 1918.

Die Parteien streiten zunächst über den tatsächlichen Inhalt des Vergleichs: nach der Behauptung des Klägers hat Beklagter gegen Zahlung der Abfindung auf seinen Geschäftsanteil im Nennwerte von 10000 Mark verzichtet; dagegen will der Beklagte die 5000 Mark lediglich für sein Ausscheiden als Gesellschafter und Geschäftsführer als solches bekommen und daneben seinen Anspruch auf Auszahlung des Geschäftsanteils von 10000 Mark behalten haben. Anlangend die rechtliche Bedeutung des Vergleichs, sehen beide Parteien eine Verpflichtung des Beklagten zur Abtretung seines Geschäftsanteils darin vereinbart; während aber der Kläger meint, daß der Geschäftsanteil an ihn als an den anderen Gesellschafter abzutreten sei, hält sich der Beklagte für befugt, den Anteil abzutreten, an wen er wolle. Gemäß

§§ 133, 157 BGB. ist jedoch die vom Kläger vertretene Auslegung als zutreffend anzuerkennen. (Dies wird mit Rücksicht darauf, daß der Beklagte wegen seiner sämtlichen namentlich aufgeführten Ansprüche abgefunden sein sollte, daß von dem Geschäftsanteil sonst nichts erwähnt ist, ferner mit Rücksicht auf die Bedeutung des Wortes „Abfindung" und den Zusatz „als Gesellschafter" näher ausgeführt).

Bezüglich der rechtlichen Durchführung des Vergleichs gehen die Parteien davon aus, daß das Ausscheiden des Beklagten sich dadurch vollziehen sollte, daß der Beklagte seinen Anteil abtrat. Nach § 15⁴ GmbHG. bedarf aber auch eine solche Vereinbarung der gerichtlichen (notariellen) Form. Dies gilt grundsätzlich auch für eine Verpflichtung, die in einem Vergleich übernommen wird. Der Vergleich nach § 779 BGB. ist zwar an sich formlos; die Formlosigkeit des Vergleichs entbindet indes nicht von der Einhaltung der sonst vorgeschriebenen Form, wenn die darin übernommenen Verpflichtungen eine solche erfordern (Gruch 50 S. 662). Daraus folgt, daß der Vergleich wegen Formmangels nichtig ist, soweit er die Verpflichtung des Beklagten zur Abtretung seines Anteils begründen sollte. Aus § 139 BGB. ergibt sich aber hier die Nichtigkeit des ganzen Vergleichs (wird näher ausgeführt). Das LG. kommt gleichwohl zur Verurteilung, indem es in dem Vergleich eine Auflösung der zwischen den Parteien begründeten GmbH. durch Beschluß gemäß § 60 Nr. 2 sieht. Allerdings bedarf ein solcher Beschluß keiner besonderen Form. Nach dem Sachverhalt hat jedoch keine der Parteien durch den Vergleich einen Beschluß fassen wollen, durch den die Gesellschaft aufgelöst werden sollte. Beide Parteien waren vielmehr offenbar darüber einig, daß die Gesellschaft fortbestehen und daß besonders der Kläger das Geschäft als GmbH. und unter der alten Firma weiter betreiben sollte. Wenn ein Teil „ausscheiden" soll, so ist damit gerade gesagt, daß die Gesellschaft als solche weiter fortbestehen soll. Die Parteien haben auch gar nicht daran gedacht, nunmehr wegen des Ausscheidens des Beklagten eine Liquidation vorzunehmen, die laufenden Geschäfte zu beenden, und noch viel weniger sollte der Beklagte zum Liquidator werden (§ 67); er sollte vielmehr aus der weiterbestehenden Gesellschaft ausscheiden.

Der Vergleich wäre allerdings (vgl. RG. 82 S. 350, 89 S. 193) von der Form des § 15⁴ befreit, wenn die Verpflichtung zur Abtretung nicht den wesentlichen Inhalt des Vertrags ausmachte, sondern sein Hauptziel in anderer Richtung läge und die Abtretungsverpflichtung nur als eine gesetzliche Nebenwirkung des Vertrags sich darstellt, wie dies zB. beim Auftrag zum Erwerb eines Geschäftsanteils bezüglich der Verpflichtung des Beauftragten, den erworbenen Geschäftsanteil an den Auftraggeber abzutreten, der Fall ist (RG. 50 S. 45). In derartigen Fällen ist selbst eine ausdrücklich im Vertrag aufgenommene Verpflichtung des Beauftragten zur Abtretung des Geschäftsanteils lediglich als ein überflüssiger und deshalb einem Formzwange nicht unterliegender Beisatz zu erachten (RG. 80 S. 101, 82 S. 334).

Ein solcher Fall liegt jedoch hier nicht vor. Der Hauptinhalt des Vergleichs geht dahin, daß der Beklagte aus der Gesellschaft ausscheiden solle. Nach den Vorverhandlungen sollte dies in der Weise geschehen, daß der Beklagte gegen eine Abfindung seinen Anteil an die GmbH. abtrat. Bei einem solchen Geschäftsinhalt stellt die Abtretungsverpflichtung keine gesetzliche Nebenwirkung des in der Hauptsache auf ein anderes Ziel gerichteten Vertrags dar. Es gibt keine Rechtsnorm, die an das Ausscheiden eines Gesellschafters als gesetzliche Nebenwirkung die Verpflichtung anknüpft, seinen Geschäftsanteil an die GmbH. abzutreten, sowie etwa § 667 BGB. den Beauftragten verpflichtet, das aus der Geschäftsführung Erlangte an den Auftraggeber herauszugeben. Vor allem trifft hier aber auch der Gesichtspunkt nicht zu, daß die Abtretungsverpflichtung nur ein nebensächlicher Teil des im übrigen mit einem anderen Hauptinhalt ausgestatteten Vergleichs bildet. Die Verpflichtung zur Abtretung erscheint im Gegenteil hier gerade als die Hauptsache. Das erstrebte Ausscheiden des Beklagten sollte durch die Abtretung des Geschäftsanteils an den Kläger erfolgen. Die Parteien haben also, statt das von ihnen gewählte Mittel in den Vertrag aufzunehmen, den durch das Mittel zu erzielenden Erfolg zum Gegenstand der vertraglichen Erklärung gemacht. Ist dem aber so, so handelt es sich um die in Form eines Vergleichs gekleidete Übertragungsverpflichtung, für die das Ausscheiden des Beklagten der Beweggrund war. Th.

ζ) **Wiederaufnahme der Liquidation wegen Rückgriffsansprüche.**

Kammergericht, ZS. 1a. Beschluß v. 15. Juni 1917.

A. und B. waren Gesellschafter, D. war Geschäftsführer und L. Liquidator der GmbH. Am 8. Mai 1915 ist die Liquidation beendet und das Vermögen verteilt, worauf im Handelsregister die Firma gelöscht und die Beendigung der Liquidation eingetragen worden ist. Nach der Behauptung des A. haben B., D. und L. pflichtwidrig gehandelt, indem die von B. einzuzahlenden Beträge, soweit schon gezahlt, zurückgegeben, im übrigen aber nicht eingefordert worden seien. Infolgedessen seien die Gebühren für die von ihm selbst eingebrachten Patente nicht bezahlt worden und verfallen, wodurch der Gesellschaft und ihm Schaden entstanden sei. Sein Gesuch, ihm zur Verfolgung des eigenen Ersatzanspruchs das Armenrecht zu bewilligen, ist abgelehnt worden, da solche Ansprüche höchstens der Gesellschaft zustehen könnten. Er hat nun, damit die Gesellschaft in die Lage komme den ihr erwachsenen Ersatzanspruch geltend zu machen, die Wiedereröffnung der Liquidation und die Bestellung eines neuen Liquidators beantragt. Nachdem er auf die Aufforderung des Amtsgerichts, zur Bildung einer Liquidationsmasse 300 Mark einzuzahlen, nur 30 Mark gezahlt hatte, wurde sein Antrag und demnächst seine Beschwerde zurückgewiesen, weil der behauptete Ersatzanspruch kein vorhandenes und verteilbares Gesellschaftsvermögen sei. Später hat er die 300 Mark eingezahlt und seinen Antrag wiederholt. Das Amtsgericht lehnte wiederum ab, da verteilbares Vermögen nicht vorhanden und durch den eingezahlten Betrag eine Liquidationsmasse nicht geschaffen worden sei. Das LG. billigte diese Entscheidung; im übrigen stelle sich das jetzige Vorbringen lediglich als eine Wiederholung des früheren, durch Amts- und Landgericht bereits abgelehnten Vortrags dar; es sei aber unzulässig, erneute Beschlußfassung auf Grund desselben Sachverhalts zu verlangen... Die weitere Beschwerde ist begründet.

Das LG. geht grundsätzlich davon aus, daß sein in dieser Angelegenheit bereits erlassener Beschluß in gewisser Hinsicht eine materielle Rechtskraft erlangt habe. Das ist jedenfalls hier rechtlich nicht zutreffend. Der Beschwerdeführer hat zudem inzwischen die 300 Mark eingezahlt und Anspruch darauf, eine Entscheidung darüber zu erhalten, wie sich infolgedessen die Rechtslage für ihn gestaltet hat. Sein Antrag kann aber nur dann berücksichtigt werden, wenn noch verteilbares Vermögen der Gesellschaft vorhanden ist. Als solches kommt nur dasjenige Vermögen in Betracht, über das mangels vorzeitiger Beendigung der Liquidation der Liquidator zu verfügen hätte (KGJ. 31 S. 270, 41 S. 139). Dazu kann die infolge der Einzahlung von 300 Mark vermeintlich gebildete Liquidationsmasse, wie sich von selbst ergibt, nicht gehören. Zudem hat nicht die Gesellschaft, sondern die Gerichtskasse jene Einzahlung erhalten und es bestand für die Kasse oder das Amtsgericht bei obwaltender Sachlage keine rechtliche Möglichkeit, aus dem eingezahlten Betrag einen Vermögensbestandteil der Gesellschaft zu bilden.

Es bleibt also zu prüfen, ob der angebliche Ersatzanspruch zu dem verteilungsfähigen Vermögen der Gesellschaft zu rechnen ist. Soweit er sich nicht gegen letztere richtet, kommt er hier überhaupt nicht in Betracht. Nur soweit er gegen sie gerichtet ist, hätte er, falls begründet, die Folge, daß dann die Gesellschaft einen Ersatzanspruch gegen B., D. und L. hätte. Die Vorinstanzen haben nun unter Bezugnahme auf RJA. 14 S. 59 angenommen, dieser Ersatzanspruch könne als verteilungsfähiges Vermögen der Gesellschaft rechtlich nicht angesehen werden, weil er zurzeit noch nicht vorhanden sei, vielmehr erst dann entstehe, wenn die Forderung des Beschwerdeführers sich als berechtigt erwiesen haben werde. Dieser Rechtsstandpunkt ist jedoch nicht haltbar, denn wenn B., D. und L. so verfahren sein sollten, daß sie der Gesellschaft ersatzpflichtig wären, so wäre, wie eine neuere Entscheidung (RJA. 15 S. 57) bereits ausgeführt hat, ein noch zu verwertender, also zu verteilender Vermögenswert der Gesellschaft noch vorhanden. Nun genügt allerdings nicht, daß der Beschwerdeführer dahingehende Behauptungen aufstellt, vielmehr müssen, ehe seinem Antrage näher getreten werden kann, die Tatsachen selbst feststehen, denn sonst könnte, wie das Ob.LG. (RJA. 12 S. 218) zutreffend ausführt, unter den nichtigsten Vorwänden Wiederaufnahme der Liquidation beansprucht, es brauchte nur irgend eine Pflichtwidrigkeit des Liquidators behauptet zu werden. Auch ist nicht nur dann, wenn die behauptete Ersatzforderung rechtlich unbegründet ist, sondern auch in dem Falle, daß die Aussichtslosigkeit der Rechtsverfolgung feststeht, verteilbares Vermögen nicht vorhanden, denn ein wertloses Vermögensstück ist kein der Verteilung unterliegendes Vermögen. Demgemäß hätte es der Prüfung des Vorbringens des Beschwerdeführers bedurft, besonders also, ob die Nichtzahlung der Gebühren und der Verfall seiner Schutzrechte von der Gesellschaft und dieser gegenüber von B., D. und J. zu vertreten ist. RJA.

n) **Inhalt der Ankündigung nach HGB. § 274.**

OLG. Hamburg, 3. ZS. Urteil v. 8. Februar 1919.

Die Beklagte hat dem § 274² nicht genügt. Angekündigt war lediglich die beabsichtigte Änderung der Bezüge des Aufsichtsrats und deren Berechnung. Es mußte aber zum Ausdruck kommen, nach welcher Richtung hin die Bezüge geändert werden sollten. Es hätte gesagt werden müssen, daß man die Bezüge erhöhen wollte, was mit zwei Worten geschehen konnte. Aus der Ankündigung selbst muß klar hervorgehen, um was es sich bei der beabsichtigten Beschlußfassung handelt. Die Umstände, unter denen die Ankündigung erfolgt, können und brauchen auch nicht jedem Aktionär bekannt zu sein. Der § 274² soll gerade diejenigen Aktionäre schützen, die über die Geschäftslage der Gesellschaft und die Absichten ihrer Organe nicht unterrichtet sind. In Bremen mag jeder Kaufmann, ja jede im Geschäftsleben stehende Person aus der Ankündigung ohne weiteres gefolgert haben, man wolle die Bezüge des Aufsichtsrats erhöhen. Denkbar ist aber, daß ein außerhalb Bremen lebender, dem Geschäftsleben fern stehender Aktionär dies aus der Ankündigung nicht geschlossen hat. M. M.

o) **Stille Gesellschaft. Voraussetzungen des § 338. Anfechtung des Gesellschaftsvertrags.**

Bayer. Oberstes Landesgericht, 1. ZS. Beschluß v. 21. Juni 1918.

Am 1. November 1913 schloß die Firma A. mit dem Baumeister L. einen Werkvertrag über die Herstellung der Fabrikgebäude um 100000 Mark. Gleichzeitig schlossen sie einen „Gesellschaftsvertrag" dahin: „Die Firma A., — Inhaber Eduard A. und Max M. — nimmt den L. als stillen Teilhaber auf. L. läßt als Einlage die Bausumme von 100000 Mark 10 Jahre lang unverzinslich stehen und hat Anteil auf $^1/_3$ des Reingewinns der Firma." Unter der Behauptung, daß die Fabrik seit 1916 betrieben werde und daß seinem Ersuchen um Mitteilung der Bilanzen nicht entsprochen worden sei, hat L. eine Anordnung, daß der Firmeninhaber ihm innerhalb 2 Wochen die Bilanzen mitzuteilen und die Bücher nebst Papieren zur Einsicht unter Zuziehung eines Bücherrevisors vorzulegen habe, beantragt und erwirkt. Die weitere Beschwerde des A. ist unbegründet.

Wer sich als stiller Gesellschafter beteiligt, hat nach § 335 die Einlage so zu leisten, daß sie in das Vermögen des Inhabers des Handelsgeschäftes übergeht. Als Einlage des L. sind die Fabrikgebäude zu erachten, die er nach dem Bauvertrag auf dem Grundbesitze des Beschwerdeführers zu errichten hatte und die nach § 946 BGB. in dessen Eigentum übergingen. Die Gestehungskosten dieser Bauten sollten die Einlage des L. darstellen. Mit

Unrecht bestreitet der Beschwerdeführer das Bestehen eines Gesellschaftsverhältnisses. Bedeutungslos ist, daß nach dem Vertrage vom 1. November 1913 Eduard A. und Max M. die Errichtung einer offenen HG. planten und daß L. sich an dieser beteiligen wollte. Da die beabsichtigte Errichtung jener Gesellschaft nicht zustande kam, sondern A. die Fabrik allein betrieb und L., wie bedungen war, die Fabrikgebäude erbaute, ist L. tatsächlich zu A. als dem Inhaber der Firma Eduard A. in das Verhältnis eines stillen Teilhabers getreten. Daß auch der Wille der Beteiligten auf die Begründung eines solchen Gesellschaftsverhältnisses gerichtet war, hat das LG. aus der Bautätigkeit des L. für den Firmeninhaber gefolgert. Rechtliche Bedenken gegen diese Annahme bestehen nicht, weil der Eintritt eines stillen Gesellschafters keiner Form bedarf, der schriftliche Gesellschaftsvertrag also jederzeit durch eine ausdrücklich erklärte oder aus den Umständen zu folgernde anderweite Übereinkunft der Vertragsteile abgeändert werden konnte.

Unrichtig ist die Ansicht des Beschwerdeführers, L. sei auch aus dem Grunde nicht stiller Teilhaber geworden, weil die Forderung zu 100000 Mark nicht vollständig entstanden sei. Allein der Gesellschafter ist zur Ausübung der ihm in § 338 eingeräumten Kontrollrechte auch dann befugt, wenn er seine eigenen Verpflichtungen nicht oder nicht vollständig erfüllt hat, und kann ihm die Einrede des nicht erfüllten Vertrags nicht entgegengehalten werden (Staub § 383 3). Anders läge die Sache, wenn anzunehmen wäre, daß die Gesellschaft aufgelöst war, als L. die Mitteilung der Bilanzen forderte, denn Antragstellung nach § 338 3 ist nur während des Bestehens der Gesellschaft möglich. Nach deren Beendigung ist nur der Prozeßweg zulässig und die Zuständigkeit des Amtsgerichts nach § 145 1 FGG. nicht mehr gegeben. Die Behauptung, daß das Vertragsverhältnis alsbald nach dessen Eingehung durch Anfechtung des Gesellschaftsvertrags wegen arglistiger Täuschung oder infolge Kündigung aus einem wichtigen Grunde gemäß § 339 1 HGB. und § 723 BGB. aufgelöst worden ist, hat das LG. mit Grund zurückgewiesen. Die Anfechtung hätte wie die Kündigung ohne weiteres die Gesellschaft aufgelöst (§ 123 1 BGB.; Staub HGB. § 339 23). Allein das Vorbringen der Beschwerdeschrift rechtfertigt den Einwand nicht. K.

p) **Gewohnheiten und Gebräuche des § 346: α) Klausel „höhere Gewalt". Beschlagnahme von Rohstoffen.**

Kammergericht, 7. ZS. Urteil v. 14. Juni 1918.

Durch die Klausel ist die Beklagte seit der VO. vom 24. Februar 1916 von der Lieferpflicht befreit. Die höhere Gewalt liegt nicht in dem Kriege mit seinen wirtschaftlichen Folgen, der schon vor dem Vertragsschlusse bestand, sondern in der durch jene VO. angeordneten Beschlagnahme von Rohstoffen, die für die Herstellung der Ware erforderlich waren. Die Beklagte war seitdem nicht in der Lage, Leimleder, das aus dem Inland oder aus den besetzten Gebieten stammt, im freien Handel anzukaufen. Die VO. stellte sonach für ihren Betrieb ein von außen kommendes

Ereignis übermächtiger Art dar und fällt deshalb unter „höhere Gewalt" (JW. 1916 S. 1408). Die Tatsache, daß es noch möglich war, ausländisches Leimleder anzukaufen, und die Beklagte daher bei einer wesentlichen Erhöhung der Selbstkosten in der Lage blieb, wenn auch mit großen Schwierigkeiten, die Lieferung auszuführen, genügt nicht zur Ausschließung der Klausel (RG. 87 S. 92, JW. 1917 S. 355). Die Frage, ob überhaupt und unter welchen Bedingungen diese Schwierigkeiten noch zu überwinden waren, fält in das Gebiet der inneren geschäftlichen Handhabung, auf deren Erörterung sich die Beklagte im Hinblick auf die Klausel nicht einzulassen brauchte. Anders konnte der Kläger die Klausel bei Unterzeichnung der Vertrags auch nicht verstehen, er mußte sich besonders darüber klar sein, daß der Krieg, der damals schon bestand, nicht alle Ereignisse deckt, die zwar aus Veranlassung des Krieges später eintraten, aber eine weitere Erschwerung der Vertragserfüllung mit sich brachten, die ohne das betreffende Ereignis durch den Krieg allein nicht entstanden wäre. Dazu gehörte die Rohstoffbeschlagnahme. L.n.

β) **Vorbehalt der Lieferungsmöglichkeit.**

OLG. Hamburg, 5. ZS. Urteil v. 25. April 1917.

Die Beklagte hat am 27. September 1916 600 Kisten holländischer Vollmilch, die sie am Tage vorher von X. gekauft hatte, mit geringem Nutzen dem Kläger weiterverkauft und dabei bedungen: „Lieferungsmöglichkeit vorbehalten, neue Regierungsmaßnahmen zu Käufers Lasten, ohne Schadens- und Nachlieferungsansprüche". Daß sie von der Lieferung nicht nur dann befreit sein wollte, wenn sie subjektiv zur Leistung unvermögend wurde, folgt schon aus dem zweiten Teil des Vorbehalts. Sie erklärt darin, zur Lieferung nicht verpflichtet zu sein, wenn durch irgendwelche Regierungsmaßnahmen, sei es Ein- oder Ausfuhrverbote oder Beschlagnahme die hier gehandelte Ware betroffen wird, ohne Rücksicht darauf, daß für sie ein Unvermögen zur Leistung vorliegt oder nicht. Der dritte Teil des Vorbehalts läßt es aber unzweifelhaft erscheinen, daß sich die Beklagte hinsichtlich der Lieferung völlige Bewegungsfreiheit vorbehalten hat und daß die Worte „Lieferungsmöglichkeit vorbehalten" nicht in dem Sinne aufzufassen sind, daß sie befreit sein wollte, wenn ein Unvermögen zur Leistung im Rechtssinne vorlag, sondern dahin auszulegen sind, daß die Beklagte aus dem Vertrage schon dann nicht belangt werden wollte, wenn die Lieferung aus irgendeinem Grunde tatsächlich unterblieb. Sie hat sonach unter allen Umständen befreit sein wollen, wenn sie ihrerseits, wie unstreitig ist, von ihrem Lieferer X. im Stiche gelassen wurde, wodurch ihr die Leistung, wenn auch die Möglichkeit bestand, anderweitig die hier gehandelte Ware zu beschaffen, zweifellos erschwert wurde. Die Erfahrung im Kriege hat gezeigt, daß ein Kaufmann heute nicht sicher damit rechnen kann, daß ihm gegenüber eingegangene Verpflichtungen, die ihm selbst erst wieder die Leistung ermöglichen, wirklich erfüllt werden. Unter fernerer Berücksichtigung der enormen Preissteigerung aller Waren, zumal der Lebensmittel, im Laufe des Krieges wird sich in heutiger Zeit ein vorsichtiger Kaufmann in Lieferungsverträgen völlige Bewegungsfreiheit vorbehalten, und zwar nicht nur für den Fall, daß ihm die Leistung subjektiv unmöglich oder wesentlich erschwert werden sollte. M. M.

Dazu: OLG. München, 1. ZS. Urteil v. 26. April 1918.

Zwischen den Parteien war am 30. Oktober 1916 ein Vertrag auf sofortige Lieferung von 400 Kisten Waschpulver zustande gekommen. Demgemäß hat die Beklagte auch Absendung der Ware für den 2. November in Aussicht gestellt. Wenn sie sich gleichzeitig, obwohl der Kläger P. schon durch Telegramm vom 31. Oktober angeordnet hatte, daß der Waggon an die V.Bank Würzburg rollen solle, woraus sich ergibt, daß er selbst schon weiter über die Ware verfügt hatte, die „Lieferungsmöglichkeit" vorbehielt, so hat sich der Kläger darauf nicht einlassen wollen und können; er brauchte gar nicht ausdrücklich zu widersprechen. Im übrigen hat er dadurch, daß er am 6. November nochmals prompte Abrollung des Wagens nach Würzburg verfügte, genügend ausgedrückt, daß ihn der Vorbehalt der Beklagten nicht berührt. Diese hatte offensichtlich eine ihr noch nicht gehörende oder noch nicht versandbereite Ware verkauft. In solchem Fall übernahm er die Haftung dafür, daß er auch in der Lage ist, die Ware zu liefern und darin durch Rechte Dritter — die er eben durch rechtzeitigen eignen Erwerb beseitigen muß — nicht behindert wird; er kann sich deshalb auf das schon bei Begründung des Schuldverhältnisses bestehende subjektive Unvermögen zur Leistung nicht berufen. An dieser Sachlage wird durch die Klausel „Lieferungsmöglichkeit vorbehalten" nichts geändert. Diese kann nur den Vorbehalt bedeuten, daß nicht etwa eine Lieferung überhaupt unmöglich werden würde (RG. 69 S. 357; LZ 1916 S. 748 Nr. 7). Eine objektive Unmöglichkeit (§ 275[1] BGB.) vor dem Verzugseintritt kommt hier aber überhaupt nicht in Frage. . . . W.

γ) **Verkauf von Auslandsware „Ankunft vorbehalten".**

OLG. Hamburg, 3. ZS. Urteil v. 30. April 1918.

Die Beklagte glaubt sich ihrer Lieferpflicht deshalb überhoben, weil sie die Ware (dänische Fischklöße) mit dem Beding verkauft hat: „Ankunft vorbehalten". Dem Wortsinne nach setzt diese Bedingung voraus, daß die verkaufte Ware wenigstens abgeladen sein muß. So faßt sie auch das mit sachkundigen Beisitzern besetzte LG. auf. Nun hat die Beklagte vorgetragen, die Ware sei auch tatsächlich verladen worden, man habe sie aber behördlicherseits alsbald angehalten, weil die Verpackung den erlassenen Vorschriften nicht entsprochen habe. Es genügt jedoch nicht, daß der Verkäufer seinen Vertragsgegner lediglich auf irgendeine angeblich zur Erfüllung benutzte Partie verweist. Vielmehr muß er ein übriges getan und dem Käufer angezeigt oder überhaupt in irgendeiner Weise erkennbar gemacht haben, daß er seine Verpflichtung gerade mit einer speziellen Ware erfüllen wolle

(§ 243² BGB.). Erst dann kann es von Bedeutung sein, ob die Ware hier angekommen ist oder nicht.... M. M.

Dazu: **„Glückliche Ankunft vorbehalten" im Binnenverkehr.**

OLG. Hamburg, 3. ZS. Urteil v. 22. Oktober 1918.

Die Beklagte, die 1917 Zigarren dem Kläger verkauft, aber nicht geliefert hat, will den Vorbehalt „glücklicher Ankunft" vereinbart haben und danach von der Lieferpflicht befreit sein, wenn ihr Lieferer aus irgendeinem Grund ihr keine Ware liefert. Allein angesichts des klaren Wortlauts der Klausel hat sich im Laufe des Krieges ein ihrem Wortlaut völlig zuwiderlaufender Handelsbrauch nicht entwickeln können. Die Klausel ist aus dem Seegeschäft übernommen und kann, auf eine Lieferung aus dem Binnenland übertragen, nur den Sinn haben, daß der Verkäufer die Gefahr des Transportes ablehnt. Hier ist aber die Ware überhaupt nicht zum Versand gebracht. Die Klausel kann sonach die Beklagte ebensowenig von der Lieferpflicht befreien wie der Umstand, daß ihr Lieferer die Zigarren deshalb nicht geliefert hat, weil die Fabrik, in der sie hergestellt werden sollten, keinen Tabak infolge einer Beschlagnahme durch die Militärbehörden zur Verfügung gehabt hätte. Daß kein Tabak in Deutschland mehr vorhanden war, um die Zigarren der hier fraglichen Beschaffenheit herzustellen, hat Beklagte nicht behauptet; ebensowenig, daß solche Zigarren nicht mehr aufzutreiben waren. Sie hat sonach nicht dargetan, daß die Lieferung der Zigarren nach Abschluß des Vertrags aus Gründen, die sie nicht zu vertreten hätte, unmöglich geworden wäre.... M. M.

δ) **Freizeichnungsklausel im Kohlenhandel.**

OLG. Dresden, 3. ZS. Urteil v. 9. Oktober 1918.

Nach dem Vertrag hat der Kläger seine Kalkofenanlage zu betreiben und dabei Braunkohle als Brennmaterial zu verwenden, diese aber, und zwar jährlich mindestens 30000 hl Förderkohle, von der Beklagten zu beziehen, die sie ihm zum Preise von je 19 Pfg. liefern muß. Dabei ist bestimmt, daß Betriebsstörungen in den Anlagen einer der Parteien von der Verpflichtung zur Lieferung bez. zur Abnahme befreien. Diese Befreiung ist nicht so aufzufassen, daß sie nur für den Fall von Störungen in Ansehung der dem Betrieb dienenden Baulichkeiten und Maschinen gelten soll. Entsprechend dem offensichtlichen Bedürfnis beider Teile, in weiterem Maße gegen eine unzeitgemäße Inanspruchnahme geschützt zu sein, muß man vielmehr unter „Anlage" die durch die geschäftliche Organisation zusammengefaßte Gesamtheit ihrer Unternehmungen verstehen und als Betriebsstörungen demgemäß jeden außergewöhnlichen Umstand, der den ordnungsmäßigen Gang des Unternehmens wesentlich beeinträchtigt, also auch die durch den Krieg verursachte Umgestaltung der Produktionsbedingungen und der Absatzverhältnisse gelten zu lassen.

In ersterer Beziehung handelt es sich vor allem um die Beschaffung der erforderlichen Arbeitskräfte. Sie hat sich im Laufe des Krieges durch die immer weitergreifenden Einberufungen fortgesetzt schwieriger gestaltet. Eine fernere wesentliche Erschwerung aber hat sie seit Ende 1916 durch das Hilfsdienstgesetz erfahren. Die Verwendung von Kriegsgefangenen stellt sich erfahrungsgemäß als ein unvollkommenes Aushilfsmittel dar. Die Beschaffung der Arbeiter hängt demgemäß für einen Betrieb, wie den der Beklagten, zu einem wesentlichen Teil davon ab, inwieweit für dessen Zwecke die Freigabe Militärpflichtiger von den Militärbehörden zu erlangen ist und anderseits die Tätigkeit in dem Betrieb als Hilfsdienst anerkannt wird. Beides aber wird wiederum dadurch bedingt, daß der Betrieb unmittelbar oder mittelbar dem Kriegsbedarf oder der im Rahmen der Kriegswirtschaft anerkannten Versorgung der bürgerlichen Bevölkerung dient. Dementsprechend haben sich aber auch die Absatzverhältnisse derartiger Betriebe umgestaltet. Als ihre Abnehmer kommen vorwiegend militärische Stellen und die Betriebe der Kriegsindustrie in Betracht. Für den sonstigen Bedarf können sie nur in beschränktem Maße liefern. Überdies hat ja auch die VO. vom 24. Februar 1917 über die Regelung des Verkehrs mit Kohle zur Folge, daß die Reichskohlenstelle und die ihr nachgeordneten Organe die betroffenen Betriebe unmittelbar zur Lieferung an bestimmte Abnehmer anweisen können, anderseits aber die Betriebe an ihre Besteller nur liefern dürfen, soweit die Besteller ihre Berechtigung zum Bezug durch einen Ausweis der zuständigen Stelle nachweisen. Ohne weiteres ist davon auszugehen, daß der Betrieb der Beklagten in weitgehendem Maße unter dem Einfluß dieser Verhältnisse steht. Um die so geschaffene Lage der Dinge handelt es sich, wenn die Beklagte gegenüber dem Anspruch des Klägers auf die durch den Krieg hervorgerufene Umgestaltung der wirtschaftlichen Verhältnisse hinweist, und es ist zuzugeben, daß ihr nach dem Sinn des Vertrags, solange diese Verhältnisse bestehen, die Erfüllung ihrer Lieferungsverpflichtung nicht angesonnen werden kann . . . —e—

ε) **Klausel: „freibleibend".**

OLG. München, 1. ZS. Urteil v. 8. November 1918.

Im Schreiben vom 22. Februar 1917 hatte die Beklagte 50 hl Himbeermuttersaft freibleibend zu je 1,20 Mark dem Kläger angeboten. Dieser war damit einverstanden, ging aber dabei von der Annahme aus, daß es sich um Ware aus 1916 handle. Die Beklagte berichtigte diesen Irrtum und machte zur Bedingung, daß ihr der bei einer früheren Geschäftsverbindung erlittene Verlust vergütet werde. Der Kläger bot am 1. März 1917 300 Mark zur Ausgleichung dieses Verlustes an und bezog sich dabei ausdrücklich auf den Brief der Beklagten vom 22. Februar. Am 3. März telegraphierte die Beklagte, sie verlange 10 Mark für hl als Vergütung für ihren früheren Verlust; ihr gesamter Vorrat sei 120 hl Himbeersaft. Der enge Zusammenhang, in welchem alle späteren Verhandlungen mit dem Angebot vom 22. Februar standen, und die Kürze der Zeitspanne, über die sich die gesamten Verhandlungen erstreckt haben, läßt nicht die Annahme des LG. zu, als habe die

Beklagte die Entschlußfreiheit, die sie sich durch die Klausel „freibleibend“ zunächst vorbehalten hatte, gelegentlich des späteren Brief- und Telegrammwechsels aufgegeben; auch der Kläger konnte dies nicht annehmen. Daß die Klausel in jedem späteren Brief und Telegramm wiederholt werde, war zur Fortdauer ihrer Wirksamkeit nicht erforderlich; sie blieb vielmehr, da sie nicht zurückgenommen wurde, von selbst auch für die späteren Verhandlungen maßgebend und bestand auch am 3. März 1917 noch rechtswirksam fort (Rsp. 32 S. 353).

Wie der Wortlaut ergibt, bedeutet die Klausel „freibleibend“, daß der Anbietende, sei es hinsichtlich des ganzen Inhalts, sei es hinsichtlich einzelner Punkte seines Angebots, nicht gebunden sein will (vgl. Staub, Goldmann, Brand zu HGB. § 346; Staudinger, BGB. § 145 I[6], Recht 1916 Nr. 1255; Apt, Gutachten 2 S. 166 Nr. 166 ff.). Hier hat sich die Beklagte die Entschlußfreiheit hinsichtlich des ganzen Inhalts ihres Angebots (nicht etwa nur hinsichtlich der Menge oder des Preises) vorbehalten wollen. Bestritten ist, ob dem Angebot die strengere Bedeutung beizumessen ist, daß der Anbietende gebunden wird, falls er nicht sein Angebot bis zum Eintreffen der Annahme des Gegners zurückgenommen hat, oder die mildere, daß der Vertrag durch die Annahme zustande kommt, falls der Antragende nicht wenigstens sofort nach dem Eintreffen der Annahme erklärt, daß er den Vertrag nicht mehr wolle. Der Senat entscheidet sich für die letztere Auffassung (ebenso Staub Exkurs zu § 361[16], Hamburg LZ. 1916 S. 1329). Da die Beklagte, nachdem am 3. März die Annahmeerklärung bei ihr eingetroffen war, sofort telegraphisch mitteilte, sie habe die Fruchtsäfte inzwischen anderweitig verkauft, ist ein Vertrag nicht zustande gekommen und der Schadensanspruch des Klägers nicht gerechtfertigt.

Das Schicksal der Klage wäre aber auch kein anderes, wenn man das Vorbringen des Klägers, er habe das Angebot vom 3. März als bindend erachtet und als solches angenommen, für glaubhaft hält. Unzutreffend ist allerdings die Annahme des LG., daß in diesem Falle ein anfechtbares Rechtsgeschäft zustande gekommen sei, das infolge der Anfechtung als nichtig zu erachten sei; vielmehr hat in einem wesentlichen Punkte die erforderliche Willensübereinstimmung der Parteien nicht vorgelegen. Die Beklagte wollte freibleibend anbieten, der Kläger ein festes Angebot annehmen (versteckter Dissens). W.

ζ) **Verkauf „auf Abruf“. Unmöglichkeit der Leistung.**

OLG. Rostock, 1. ZS. Urteil v. 7. Oktober 1918.

Die Beklagte hatte auf Grund des Abschlusses vom 31. Juli 1914 600 Zentner Malz zu liefern. Die Herstellung wurde am 12. März 1915 durch die Beschlagnahme der Gerste verboten; damit trat die Unmöglichkeit der Leistung ein. Der Kläger meint aber, die Beklagte habe rechtzeitig dafür sorgen müssen, daß sie die verkaufte Menge jederzeit nach Bedarf abzuliefern in der Lage sei. Auch bedeute der Zusatz „nach Bedarf“ nicht etwa den

Nachweis, daß der Käufer ein Bedürfnis, besonders für die Zwecke seiner Kornbrennerei, tatsächlich habe, sondern stelle es in sein freies Ermessen, wann er von der versprochenen Leistung Gebrauch machen wolle. Hiernach sei er jederzeit berechtigt gewesen, die ganze Lieferung zu fordern. Diese Auslegung entspricht jedoch nicht dem Sinne und Inhalte des Vertrags. Richtig ist, daß der Verkäufer nicht zu fragen hat, wozu der Käufer die zu liefernde Ware verwenden will, und daß der Kläger, als er das Malz nicht mehr zur Herstellung von Branntwein verwenden durfte, es anderweitig besonders an Bierbrauereien zu verkaufen befugt war. Aber ein Recht, nach Willkür entweder einen beliebig großen Teil oder aber die Gesamtlieferung auf einmal abzurufen, sollte ihm nicht gewährt sein. Ein solches Recht kann bei Lieferungen, die als Sukzessivlieferungen vereinbart sind, mindestens dann nicht angenommen werden, wenn der Vertrag selbst Anhaltspunkte dafür bietet, daß nur in mehr oder minder regelmäßigen Zwischenräumen und Raten erfüllt werden soll. Das ist aber hier der Fall. Wenn der Kläger auch nicht die Pflicht hatte, das Malz für seine Kornbrennerei zu verwenden, so sollte doch nach dem Briefwechsel das Malz zur Verarbeitung in jener Brennerei benutzt werden. Schon dieser Zweck ergab, daß der Käufer es nur in Teilbeträgen verwenden konnte. Hierauf weist auch die Bezugnahme des Briefwechsels auf die bevorstehende Kampagne und die Erstreckung der Lieferung auf ein Jahr hin. Dem streitigen Abschlusse war aber auch bereits ein anderer Abschluß für 1913/14 vorausgegangen, bei dem stets sämtliche Leistungen in der Menge von je 200 Zentner erfolgten. Dazu kommt, daß die Beklagte, wie auch dem Kläger bekannt war, das Malz selbst herstellt und nicht etwa schlechthin mit Malz handelt. Auch ist es nach dem Gutachten durchaus nicht üblich, daß Mälzereien sich bei anderen Malzfabriken für ihre Lieferungen eindecken. Demgemäß entsprach es dem Willen der Vertragschließenden, daß der Verkäufer das zu liefernde Malz in der eigenen Fabrik herstellte. Hiernach war die Lieferung auf einmal nicht vorgesehen (vgl. Staub, Exkurs zu § 374 N. 135; RG. 33 S. 56). Die voraufgegangene $1^1/_2$ jährige Geschäftsübung unter den Parteien berechtigte vielmehr die Beklagte zu der Annahme, daß der Kläger auch für den noch nicht erfüllten Teil nicht mehr als 200 Zentner und auch nur in Zwischenräumen von 1 bis 2 Monaten abrufen würde. Als er am 22. Februar 1915 wieder abrief, bestand hiernach für die Beklagte nur die Vertragspflicht, 200 Zentner Malz zu liefern. Auf mehr brauchte er sich im voraus nicht einzurichten. Zum Schadensersatz wegen Nichtlieferung dieser Wagenladung ist Beklagte vom LG. verurteilt worden. Bevor nach den durch die bisherige Übung festgelegten Vertragsgrundsätzen eine neue Lieferung fällig werden konnte, trat das staatliche Verbot des Mälzens und damit die Unmöglichkeit der weiteren Erfüllung ein. Dr. Br.

Dazu: OLG. Karlsruhe, 2. ZS. Urteil v. 14. Dezember 1918.

Der Kläger, der Ende 1913 drei Wagen Malz, lieferbar auf Abruf, gekauft und erhalten hatte, kaufte im Februar 1914 weitere vier Wagen

Malz unter den gleichen Bedingungen. Seine wegen Nichtlieferung dieser vier Wagen erhobene Schadensklage hat das LG. abgewiesen, weil nach dem Vertrage die Beklagte Malz aus der Kampagne 1913/14 hätte liefern sollen, am Schlusse dieser am 1. Oktober 1914 beendigten Kampagne aber solches Malz nicht mehr vorhanden gewesen sei und dem Kläger, indem er bis zu diesem Zeitpunkt nicht abrief, zu erkennen gegeben habe, daß er auf die Erfüllung des Vertrags keinen Wert mehr lege. Diesen Ausführungen kann nicht beigepflichtet werden. Nach dem Vertrage hatte Beklagter „auf Abruf" zu liefern; sonst ist über die Zeit des Abrufs nichts angegeben. Da der erste Vertrag Ende 1913 geschlossen war, ist ohne weiteres anzunehmen, daß Malz aus der Kampagne 1913/14 zu liefern war. Aber daraus folgt nicht, daß, wenn der Käufer während dieser Kampagne nicht abrief, der Vertrag von selbst hinfällig wurde. Es ergibt sich dies nicht aus den Bestätigungsschreiben als Wille der Parteien und würde auch nicht aus der von der Beklagten behaupteten Tatsache folgen, daß die Malzkampagne jeweils am 1. Oktober zu Ende geht. Auch in diesem Falle konnte sich vielmehr die Beklagte nur auf dem durch § 326 BGB. vorgeschriebenen Wege von der Lieferpflicht befreien. Da sie dies unterließ, konnte der Käufer noch am 20. Oktober, also nur wenige Wochen nach dem 1. Oktober, die Lieferung der vier Wagen Malz verlangen. . . . B.

η) **Klausel: „transito fob Hamburg".**

OLG. Braunschweig, 2. ZS. Urteil v. 2. Mai 1916.

Der Kläger hat 2000 Sack Weizenmehl abzunehmen Februar bis Dezember 1914 „transito fob Hamburg" verkauft und Teilleistungen gesandt. Als jedoch die Beklagte am 25. Juli 1914 eine weitere Rate abrief, erhielt sie die Antwort, daß wegen des Ausfuhrverbots der deutschen Regierung einstweilen nichts verladen werden könne, worauf sie Lieferung nach ihrem Wohnsitz Frankfurt unter Berücksichtigung der Fracht- und Zollunterschiede erfolglos verlangte. Ihre Widerklage auf Ersatz des dadurch entstandenen Schadens ist unbegründet.

Grundsätzlich besteht allerdings die Bestimmung darüber, wie und wohin die verkaufte Ware zu versenden ist, dem Käufer zu, durch dessen Verhältnisse die Versendung bedingt wird. Er darf daher auch nach dem Vertragsschluß abändernde Anordnungen über die Versendung treffen, sofern dadurch nicht die Lage des Verkäufers wesentlich erschwert wird. Anders ist aber das vorliegende Geschäft zu beurteilen. Nach den Aussagen der Sachverständigen betreiben die Handelsmühlen großen Umfangs, zu denen das Werk des Klägers gehört, Ausfuhr, um die über den Inlandsbedarf hinaus erzeugten Überschüsse im Auslande abzusetzen. In der Regel erfordert dieser Absatz zunächst, bis die Ware im Auslande bekannt ist, Preiseinbuße, während später die Marktlage des Auslandes maßgebend ist; jedoch ist im ganzen als feststehend zu erachten, daß der Verkaufspreis für das Ausland sich unter der Parität der Inlandspreise hält. Wie besonders der Sachverständige M.

näher ausführt, ist es als eine Unbilligkeit zu bezeichnen, einer Mühle aufzuerlegen, die zur Ausfuhr verkaufte Ware unter Ersatz des Preisunterschieds im Inlande zu liefern. Dadurch würde die Preis- und Verteilungspolitik der Mühle völlig durchkreuzt werden. Die ausführenden Mühlen haben deshalb in der Regel abgelehnt, auf die für Ausfuhr geschlossenen Verträge im Inlande zu liefern und umgekehrt, so daß sich in Hamburg der Brauch ausgebildet hat, daß Käufer, die sich die Möglichkeit der Verwendung der Ware sowohl im Auslande als auch im Inlande haben sichern wollen, dies ausdrücklich unter Festsetzung zweier Preise ausbedungen haben. Nach Ansicht dieses Sachverständigen kann selbst bei Verkauf für das Inland die Lieferung nach einem anderen Orte des Inlandes abgelehnt werden, weil infolge der Gewohnheiten des Konsums, der Konkurrenzverhältnisse zu der Einführung die großen Mühlen nicht in allen Bezirken für ihre Fabrikate gleiche Preise haben und es die ganze Lage des Großbetriebes umstieße, wenn dem Käufer ohne weiteres gestattet wäre, die für einen gewissen Bezirk gekauften Waren anderswohin zu leiten und der Mühle hier vielleicht den Preis zu verderben oder anderen Abnehmern unliebsamen Wettbewerb zu machen. Aus den Gutachten geht hervor, daß die Klausel nicht lediglich eine Nebenbestimmung zugunsten der Beklagten, sondern ein auch im wirtschaftlichen Interesse des Klägers liegender wesentlicher Bestandteil des Vertrags ist, den die Beklagte nicht einseitig ändern konnte. W. n.

ϑ) **Kasse gegen Lieferschein.**

OLG. Hamburg, 3. ZS. Urteil v. 12. Februar 1918.

Nach der Schlußnote hatte die hiesige Beklagte die Ware von dem hiesigen Kläger mit der Klausel „Kasse gegen Lieferschein" gekauft. Lieferscheine werden aber zur Erleichterung des Verkehrs, zur Ersparung von Kosten ausgestellt. Nur durch die Ausstellung eines auf einen Dritten (Lagerhalter) lautenden Lieferscheins erfüllt daher der Verkäufer seine Verpflichtung, dem Käufer die Möglichkeit zu gewähren, die ihm verkaufte Ware in seine Verfügungsgewalt zu bringen. Denn auf Grund des ordnungsmäßig ausgestellten Lieferscheins ist der Käufer in der Lage, über die bei dem Dritten lagernde Ware zu verfügen. Ein Lieferschein „auf sich selbst" ist begrifflich überhaupt kein Lieferschein, die Übersendung eines solchen Scheins hat rechtlich keine andere Bedeutung als die Erklärung, daß die Ware nicht bei einem Dritten lagere, sondern noch bei dem Verkäufer und daß von seinem Lager aus die Ware von dem Käufer entgegenzunehmen wäre. Der Kläger hat daher zu Unrecht gefordert, daß die Beklagte gegen den ihr übersandten Lieferschein den Kaufpreis zahlen müßte.... M. M.

ι) **Bedeutung des Wortes „bis".**

Kammergericht, 7. ZS. Urteil v. 11. Juni 1918.

Streitig ist, wie die Vertragsbestimmung „Lieferung von ein bis 2 Bahnwagen" (Kalilauge) auszulegen ist, ob der Käufer nur einen Wagen oder auf Verlangen des Verkäufers 2 Wagen abzunehmen hat. Die Handelsgutachten stimmen nicht überein (Dove-Apt 1 S. 242 Nr. 1, S. 349 Nr. 3; 2 S. 505 Nr. 10; 3 S. 163 Nr. 2, S. 199 Nr. 2, S. 338 Nr. 78). Die meisten Gutachten sprechen jedoch aus, daß das Bestimmungsrecht über die die Menge der zu liefernden Ware innerhalb der bezeichneten Grenzen dem Verkäufer zusteht, und dieser Auffassung ist beizutreten. L.n.

ϰ) **Binnenländisches Abladegeschäft.**

OLG. Hamburg, 3. ZS. Urteil v. 18. Januar 1917.

Verkauft ist mit der Abrede: „prompte Verladung von Böhmen, Parität Tetschen, Kasse gegen Dokumente". Die Klausel „Parität Tetschen" hat lediglich Bedeutung für die Frachtberechnung und besagt, daß der Verkäufer in jedem Falle einen der Fracht vom Versendungsorte bis Tetschen gleichkommenden Betrag zu tragen hat, ein etwaiges Weniger dem Käufer erstatten, ein etwaiges Mehr hingegen von diesem vergütet erhalten solle. Die Klausel weist daher schon an sich darauf hin, daß die Ware nicht notwendig in Tetschen verladen werden solle. Der Kläger wäre daher berechtigt gewesen, die Ware an irgendeinem Orte Böhmens unmittelbar an den Käufer nach Hamburg zu verladen und von ihm gegen Aushändigung der Frachtbriefe Zahlung zu verlangen, vorausgesetzt, daß die Verladung „prompt" erfolgt wäre.

Unstreitig hat die Beklagte durch den Makler noch am Tage des Abschlusses ersucht, die Ware „sofort via Tetschen mit gewöhnlichem direkten Schlepper an den Käufer zu verladen". Dieser Weisung hat der Kläger entsprochen und die Ware danach nicht unmittelbar nach Hamburg, sondern nach Tetschen verladen, wo die Umladung in den Dampfer erfolgt ist. Maßgebend für die Frage, ob „prompt" verladen ist, kann daher nach wie vor nur der Zeitpunkt der Verladung am Absendungsorte sein. Das LG. stellt aus eigener Sachkunde gemäß § 118 GVG. fest, daß unter „prompter Verladung" eine solche binnen 15 Tagen zu verstehen sei; das entspricht auch der Behauptung der Beklagten. Der Kläger hat aber innerhalb dieser Frist, mithin rechtzeitig, verladen und befand sich sonach, als er der Beklagten die Ladescheine über die auftragsgemäß in Tetschen abgeladene Ware andiente und um Zahlung ersuchte, nicht in Verzug. Beklagte kann sich nicht darüber beklagen, daß aus jenen Scheinen nicht zu ersehen war, ob „prompt" verladen war. Das war die natürliche Folge ihrer Anweisung, die Ware via Tetschen zu verladen. Überdies muß die Klausel „Kasse gegen Dokumente" hier, wo es sich um ein binnenländisches Abladegeschäft handelt, nicht notwendig im Zusammenhange mit der Klausel: „prompte Verladung von Böhmen" verstanden werden. Wies die Beklagte ihren Verkäufer an, die Ware nicht mit der Bahn, sondern über Tetschen mit Dampfer zu versenden, so genügte, daß der Kläger die Ware innerhalb der 15 Tage nach Tetschen auf den Weg brachte, während er anderseits Zahlung gegen Aushändigung der über die Abladung in Tetschen ausgestellten Ladescheine beanspruchen konnte. Sein Schadensanspruch ist sonach begründet, weil die Beklagte in Zahlungsverzug geraten ist.

Zu demselben Ergebnisse führt die Erwägung, daß auf ein binnenländisches Abladegeschäft grundsätzlich nicht die Regeln entsprechend anzuwenden sind, die sich beim überseeischen Abladegeschäft herausgebildet haben. Die Verhältnisse, die bei diesem dazu geführt haben, der Abladung binnen bestimmter bedungener Zeit so wesentliche Bedeutung zuzusprechen, daß die Nichteinhaltung als Nichterfüllung anzusehen ist, liegen jedenfalls bei dem hier fr. binnenländischen Abladegeschäfte so völlig anders, daß sich hier die Anwendung jener Grundsätze verbietet. Alsdann durfte Beklagte aber nicht ohne weiteres zurücktreten, sondern mußte gemäß § 326 BGB. verfahren, was sie nicht getan hat. M. M.

λ) **Probefahrten im Kraftwagenhandel.**

OLG. Breslau, 7. ZS. Urteil v. 27. April 1917.

Der Kläger hat den Kraftwagen nach Beendigung der ihm aufgetragenen Ausbesserung Anfang 1915 angeboten, die Beklagte hat sich aber geweigert, den Wagen abzunehmen und den Werklohn zu zahlen, weil damals unstreitig eine Probefahrt infolge militärischen Verbots nicht möglich war. Nachdem Anfang 1917 eine Probefahrt ausgeführt worden war, hat Beklagte den eingeklagten Werklohn bezahlt, lehnt aber Zahlung von Verzugszinsen und von Prozeßkosten ab, weil der Kläger auf Grund einer im Kraftwagenhandel herrschenden Verkehrssitte zu einer Probefahrt verpflichtet gewesen sei. Eine solche Verkehrssitte ist indes nicht erwiesen. Der Sachverständige F. kennt sie nicht und die allgemeinen Bedingungen des Deutschen Automobil-Händler-Verbandes lauten: „Vor Übernahme eines reparierten Wagens steht dem Besteller das Recht zu, die Reparatur zu prüfen und auf eigene Kosten und Verantwortung eine Probefahrt zu machen. Verzichtet er auf die Probe ausdrücklich oder stillschweigend, so gilt der Gegenstand als ordnungsmäßig geliefert. Bei einer etwaigen Probefahrt ist der reparierte Wagen von einem Beauftragten der ausführenden Firma zu steuern." Diese Bedingungen besagen also nur, daß der Besteller das Recht habe, eine Probefahrt zu machen, und sagen dies, nachdem sie unmittelbar zuvor erklärt haben, daß der Besteller das Recht habe, die Ausbesserungen vor der Rücknahme des Wagens zu prüfen. Sie haben daher dem Besteller mit dem Recht auf eine Probefahrt nur einen Behelf geben wollen, die Prüfung der Ausbesserungen mit möglichster Gründlichkeit vorzunehmen. Sie haben aber damit nicht dem Unternehmer neben der Pflicht der Ausführung der aufgetragenen Ausbesserungen auch noch die weitere Pflicht der Ausführung einer Probefahrt auferlegen, sondern nur klarstellen wollen, daß der Unternehmer sich einer Probefahrt, falls sie verlangt werden sollte, nicht widersetzen dürfe. Deshalb heißt es auch, daß sich die Probefahrt auf Gefahr und Kosten des Bestellers vollziehe. Allerdings sagen die Bedingungen auch, daß der Wagen bei einer Probefahrt von einem Beauftragten des Unternehmers zu steuern sei. Aber auch hiermit haben sie keineswegs ausdrücken wollen, daß es sich bei der Probefahrt um eine Leistung des Unternehmers handle. Sie haben vielmehr nur dem Umstande Rechnung tragen wollen, daß es dem Unternehmer angesichts des ihm an dem Wagen nach § 647 BGB. zustehenden Pfandrechts nicht zugemutet werden könne, den Wagen für die Probefahrt ganz aus der Hand zu geben. Sonach war die Beklagte nicht erst nach der Probefahrt, sondern schon in dem Zeitpunkt zur Annahme verpflichtet, als der Beklagte ihr den Wagen nach der Ausbesserung anbot. Die Beklagte ist damals dadurch, daß sie sich geweigert hat, den Wagen abzunehmen, in Verzug geraten. Allerdings trifft sie kein Verschulden daran, daß sie ihr Recht, vor der Abnahme eine Probefahrt zu unternehmen, nicht ausüben konnte. Aber das ist unerheblich. Denn der Gläubiger gerät mit der Abnahme auch dann in Verzug, wenn ihm kein Verschulden zur Last fällt. Wgr.

q) **Mündliche Erstreckung einer schriftlichen Bürgschaft.**

OLG. Hamburg, 3. ZS. Urteil v. 21. Januar 1919.

Geklagt ist gegen den selbstschuldnerischen Bürgen aus dem schriftlichen Vertrage vom 3. Mai 1909, nach welchem die Bürgschaft erlischt, falls am 1. September 1911 die Gesamtschuld des X. von 26000 Mark nicht beglichen wäre. Tatsächlich ist die Schuld nur zum Teil getilgt worden. Da der Termin nach dem Inhalt der Klausel und des übrigen Vertrags die Verpflichtung des Bürgen selbst zeitlich beschränken sollte und die Meinung des Klägers, diese Befristung habe nur zwischen Schuldner und Bürgen, nicht zwischen diesem und dem Gläubiger gelten sollen, als unrichtig zurückzuweisen ist, so ist der Beklagte nach § 777 Satz 2 BGB. seiner Bürgenhaftung mit 1. September 1911 ledig geworden, es sei denn, daß der Kläger die dort vorgesehene Anzeige unverzüglich, dh. ohne schuldhaftes Zögern nach Ablauf der Frist (Prot. 2 S. 485), erstattet hat. Das ist nicht geschehen. Der Kläger behauptet aber, die Parteien hätten noch vor 1. September 1911 eine Stundungsvereinbarung bis zur Beendigung des 1910 über den Schuldner eröffneten Konkurses geschlossen. Diese Behauptung ist an sich erheblich, da der Beklagte dann die zeitliche Begrenzung seiner Haftung aufgegeben hätte (Staub HGB. § 349, 29; JW. 1903 Nr. 252, S. 115). Allein die Vereinbarung wie auch ihre spätere Bestätigung sind lediglich mündlich erfolgt; Nebenabreden, die den Inhalt des Bürgschaftsvertrags zuungunsten des Bürgen nachträglich ändern, bedürfen aber der in § 766 BGB. geforderten Schriftform zu ihrer Gültigkeit (RG. 71 Nr. 102). Eine Ausnahme hätte nur zu gelten beim Vorliegen der Voraussetzungen des § 350 HGB. Der Beklagte ist Malermeister. Daß er Waren für andere im Großbetriebe zu bearbeiten oder verarbeiten übernehme, ist nicht behauptet. M. M.

r) **Handelskauf:** *α*) **Lieferung vermischter Ware. Erfüllungsbereitschaft des Selbsthilfeverkäufers.**

OLG. Hamburg, 6. ZS. Urteil v. 13. Juli 1918.

Der Kläger verlangt den vereinbarten Kaufpreis, indem er sich den beim Selbsthilfeverkauf erzielten Erlös absetzt, also Erfüllung des Vertrags. Da er diese aber nicht verlangen kann, bevor er selbst erfüllt hat, so muß er nicht nur nachweisen, was verkauft ist, ob Winterkohl schlechthin oder mit etwas Septemberkohl gemischt, sondern auch, daß er, als er den Beklagten zur Angabe des Bestimmungsorts aufforderte, eine Ware verladen hatte, die dem Vertrage nach Art und Menge entsprach. Die erstere Frage kann auf sich beruhen, da der Kläger selbst, wenn seine Behauptung, es sei Winterkohl mit etwas Septemberkohl gemischt, verkauft, als richtig unterstellt wird, den Vertrag nicht erfüllt hat. Er selbst hat zugegeben, daß er einen Wagen nur mit Septemberkohl und nur zwei Wagen mit Winterkohl, der etwas mit Septemberkohl gemischt war, beladen hatte und diese dann auch hat versteigern lassen. Nun mag sich der Beklagte nicht darüber beschweren können, daß aus dem für ihn bestimmten Kohl der Kläger zum großen Teil den Septemberkohl hatte aussuchen und in einen besonderen Wagen verladen lassen, da er damit dem Beklagten wie jedem anderen Käufer die weitere Verwertung erleichtert hat, obwohl nicht zu erkennen ist, warum er dann nicht den Septemberkohl ganz ausgesondert hat. Das ändert an der Sache nichts. Denn der Kläger hat trotz der Aussonderung alle drei Wagen zusammen dem Beklagten angeboten, sie auch zusammen zur Versteigerung gebracht. Diese gesamte Ware war aber zweifellos nicht Winterkohl mit „etwas" Septemberkohl gemischt, sondern Ware, die jedenfalls annähernd zur Hälfte aus Septemberkohl bestand. Eine solche Ware in ihrer Gesamtheit brauchte Beklagter nicht anzunehmen, selbst wenn er Winterkohl mit etwas Septemberkohl gemischt gekauft hatte. Es handelt sich dabei um eine keineswegs unerhebliche Abweichung zwischen Bestellung und Lieferung, mag man nun dabei dem Kläger glauben, daß damals schon Winterkohl 1 Mark für 100 Pfund höher im Preise stand als Septemberkohl, oder dem Beklagten darin folgen, daß er dem Kläger für die gleichzeitig verkauften 5 Wagen Septemberkohl nur deshalb einen höheren Preis bewilligt hat, weil er zugleich die drei anderen Wagen mit Winterkohl für nur 3,50 Mark versprochen erhalten habe. Die Sache lag also nicht so, daß der Kläger die beiden, je in sich dem Vertrag entsprechenden Wagen als Teilerfüllung angeboten hätte, wozu er auch nach § 266 BGB. gar nicht berechtigt gewesen wäre, sondern wollte sie gleichzeitig mit dem nur Septemberkohl enthaltenden Wagen als Gesamterfüllung, also nicht ohne diesen liefern.... M. M.

β) **Untersuchung der Verpackung der Ware.**

OLG. Hamburg, 3. ZS. Urteil v. 30. April 1918.

Die Untersuchungspflicht des Klägers hatte sich nach den besonderen Umständen des Falles auf die Verpackung zu erstrecken. Es handelt sich um Fischsülze und Muschelfleisch in Gläsern; diese waren für sich allein nicht versandfähig. Beide Parteien wußten aber, daß die Ware von Hamburg, wo sie lagerte, nach Breslau, der Handelsniederlassung des Klägers, verschickt werden sollte. Überdies war ausdrücklich vereinbart, daß die Ware vom Lager Hamburg in Kisten mit Sägespänen verpackt zu liefern sei. Es war also eine besondere Art der Verpackung beredet und die Kisten, in denen die Ware verpackt verkauft worden, waren damit auch als solche Gegenstand des Handelskaufs geworden. Die Untersuchung der Ware selbst mußte notgedrungen etwaige Mängel der Verpackung und jedenfalls deren festgestellte Fehler offenbaren. Sie waren ihrer Natur nach — zu geringes Ausstopfen der Zwischenräume mit Makulatur — so augenfällig, daß ein ordentlicher Kaufmann sie bei Aufwendung der im Handelsverkehr gebotenen Sorgfalt entdecken mußte. Wenn daher der Kläger von der Ablieferung (15. Dezember 1916) bis 8. Januar 1917 schwieg, und erst dann Mängel der Verpackung rügte, so hat er auch, abgesehen vom § 377, nach allgemeinen Anschauungen des Handelsverkehrs zu erkennen gegeben, daß er Ware und Verpackung nicht beanstanden wolle; dies selbst dann, wenn eine Untersuchung nach ordnungsmäßigem Geschäftsgang erst in Breslau, wo die Ware am 28. Dezember 1916 angekommen ist, möglich war und erwartet werden konnte, und selbst wenn man die in die Zeit bis zum 8. Januar 1917 fallenden Feiertage mit berücksichtigt. Die Aufnahme der alljährlich im Januar stattfindenden Inventur konnte so wenig wie die Einziehung des Lagerhalters des Klägers einen ausreichenden Hinderungsgrund abgeben. M. M.

γ) **Zum Begriff der Ware „anderer" Art.**

Kammergericht, 7. ZS. Urteil v. 2. Juli 1918.

Der Beklagte, dem der Kläger Speisekartoffeln verkauft hatte, hat eingewendet, es seien ihm Futterkartoffeln geliefert, da sie klein und mit Schmutz und faulen Knollen vermischt gewesen seien. Seiner Auffassung, daß eine „andere" Ware geliefert worden, ist nicht beizutreten. Der Schmutz und die faulen Stücke, die sich in der Sendung befanden, sind für jene Unterscheidung ohne Belang; sie können bei allen Arten von Kartoffeln vorkommen und machen diese nicht zu einer Ware anderer Art. Die Grenze zwischen Speise- und Futterkartoffeln ist sehr schwankend und fließend. In manchen Gegenden werden Kartoffeln zu Eßzwecken verwendet, die die Leute in anderen Gegenden nicht essen mögen. Jetzt, während des Krieges, wird vielfach kein Unterschied gemacht, wenn die Kartoffeln knapp sind. Hier werden die Kartoffeln auch nur darum als Futterkartoffeln bezeichnet, weil es meistens kleine, nämlich beim Sieben durch das Sieb gefallene, waren. Die größeren Kartoffeln der Sendung waren also auch nach Ansicht des Sachverständigen Speisekartoffeln, und die gelieferten Kartoffeln sind nicht etwa ihres Geschmacks, sondern ihrer geringen Größe wegen zum Füttern mehr geeignet gewesen. Solche kleine Kartoffeln werden aber vielfach auch zum Essen benutzt. Es handelt sich mithin um dieselbe Ware, wie die bedungene, nur war sie minderwertig und mangelhaft, und die Voraussetzungen des Nebensatzes des § 378 sind nicht vorhanden. L. n.

δ) **Anzeige über das Fehlen ganzer Stücke. Gefahrübergang bei Lieferschein.**

OLG. Hamburg, 6. ZS. Urteil v. 7. Mai 1918.

Die Einrede, daß der Kläger durch nicht rechtzeitige Mängelrüge sein

Recht wegen der fehlenden Dosen verloren hat, ist nicht begründet. Es waren 1400 Weißblechdosen zu 1050 g dänische Fischklöße verkauft. Dabei mag vielleicht die in jeder Dose vorhandene Menge als Beschaffenheit der Ware erscheinen. Das Fehlen ganzer Dosen ist aber reiner Quantitätsmangel und der § 378 wird durch die Größe des behaupteten Fehlbetrags (360 von 1400 Dosen) ausgeschlossen; denn Beklagte konnte nicht annehmen, daß der Kläger ein derartiges Manko tragen wollte. Der Kläger hat hiernach keine Pflicht, die Ware in bezug auf dieses Manko sofort zu untersuchen und ist in seinem Recht auf Zurückforderung des für die fehlenden Dosen gezahlten Kaufpreises durch eine etwa verspätete Rüge nicht gehindert.

Die Beklagte meint ferner, daß die Ware von Hingabe des Lieferscheins (23. März 1917) an bei dem Spediteur X. auf Gefahr des Klägers gelagert habe. Die Gefahr geht aber auf den Käufer nicht mit der Ablieferung über, sondern mit der Übergabe, die hier nicht erfolgt ist. Der Lieferschein ermächtigte den Kläger nur, die Ware zu besichtigen, zu prüfen und abzunehmen. Er hat die Ware erst im Februar 1918 abgenommen und sie bis dahin, weil die Beschaffenheit ihm nicht genügte, zur Verfügung gestellt. Beklagte hätte sich ein derartig langes Hinziehen der Abnahme nicht gefallen zu lassen brauchen, hat aber Schritte dagegen nicht unternommen und deshalb ist es zu einem Gefahrsübergange nicht gekommen. Die Beweisaufnahme ist daher darauf zu richten, ob und welche Mengen Dosen bei der Abnahme gefehlt haben. Sollten seit dem 23. März 1917 Dosen bei dem Spediteur abhanden gekommen sein, so würde solcher Verlust — vorbehältlich des Rückgriffs gegen den Spediteur — die Beklagte treffen. M. M.

s) α) **Hat der Spediteur die Höhe der Zollgebühren zu prüfen?**

OLG. Posen, 2. ZS. Urteil v. 20. Januar 1919.

1916 sandte die Beklagte 2 Wagen Klebemasse nach Lodz über die Grenzstation S., wo das Zollamt für den Verwaltungschef bei dem Generalgouvernement Warschau von dem klagenden Eisenbahnfiskus 3000 Mark Zoll erhob. Der Anspruch auf Erstattung dieser Beträge ist begründet. Für die Frage, welche Auslagen der Spediteur vom Absender erstattet verlangen kann, ist der § 670 BGB. maßgebend. Wenn aber die Beförderung einer Ware aus einem Land in ein anderes einer Verzollung unterliegt, so ist sie nur möglich, wenn dieser Zoll entrichtet wird. Die Verzollung bedingt also die Einfuhr der Ware in den fremden Staat und die Entrichtung des Zolles ist daher für die Beförderung der Ware nach ihrem im Auslande belegenen Bestimmungsort erforderlich. Wenn der Kläger den Zoll für die Klebemasse entrichtete, so handelte er in Erfüllung seines ihm gewordenen Auftrags. Anderseits hat der Spediteur die Richtigkeit und Notwendigkeit der erhobenen Zollgebühren der Steuerbehörde gegenüber nicht zu prüfen. Dies ist aus der Natur des Frachtgeschäfts schon ohne weiteres zu entnehmen, das lediglich die Beförderung von Gegenständen bezweckt. Wollte man dem Spediteur und der Eisenbahn eine solche Verpflichtung auferlegen, dann würde hierdurch ein Stocken des Verkehrs und des Abfertigungsgeschäfts an der Grenze herbeigeführt werden. Denn die Eisenbahn besitzt naturgemäß keine Beamten, die mit zolltechnischen Fragen vertraut sind. Das ist lediglich Aufgabe der Zollbeamten. Nur von letzteren kann verlangt werden, daß sie über Fragen, ob diese oder jene Waren der Verzollung unterliegen, unterrichtet sind. Die Bahnbeamten können nicht gleichzeitig Zollbeamte sein. Weiter ist darauf hinzuweisen, daß nach § 65 des Gütertarifs I A Nr. 1 die Bahn nicht verpflichtet ist, die Zollpapiere auf ihre Vollständigkeit zu prüfen. Daraus folgt schon, daß die Erledigung von Zollfragen nicht Sache der Bahn ist; haftet ihr doch der Absender für alle Folgen, die aus dem Mangel der Zollpapiere entstehen. Eine solche Prüfung an der Grenze aber erst vorzunehmen, würde Rückfragen beim Absender notwendig machen, wodurch dem letzteren Unkosten an Porto, Fernsprech- oder Telegrammgebühren und Standgeldern erwachsen würden. Endlich hätte die Bahn, falls die Zollbehörde an der Grenze entgegen den maßgebenden Bestimmungen dennoch auf Entrichtung des Zolles bestände, entweder den auch zu Unrecht verlangten Zoll zu entrichten, um ihren Auftrag zu erfüllen, oder aber die Ware an der Grenze zurückzuhalten, bis die Zollfragen entschieden wären, wodurch dem Absender Kosten erwüchsen (vgl. ROHG. 2 S. 315, RG. 29 S. 48). Unerheblich ist daher der Einwand der Beklagten, der Deklarationsbevollmächtigte des Klägers habe grob fahrlässig gehandelt, als er den Zoll bezahlte, obwohl es sich um eine zollfreie Ware gehandelt habe. Denn die Beklagte begründet das grobe Verschulden jenes Beamten lediglich damit, daß er nicht genügend geprüft habe, ob ein Zoll zu erheben war oder nicht und ihn bezahlt habe. Das war aber nicht seine Pflicht. Erheblich wäre allein die Behauptung gewesen, daß jener Beamte in Kenntnis des Umstandes, daß die Voraussetzung für eine Verzollung nicht gegeben gewesen sei, den Zoll bezahlt habe. Gr.

β) Speditionsauftrag an den Lagerhalter.

OLG. Dresden, 1. ZS. Urteil v. 12. April 1917.

Der Kläger hatte von A. in Leipzig 4500 Fehfelle als Pfand übergeben erhalten und bei der Beklagten mit dem Ersuchen eingelagert, sie zu seiner Verfügung zu halten, jedoch dem A. die Besichtigung zu gestatten. Am 9. September 1912 ersuchte der Kläger, zu seiner Verfügung von jenen Fellen 2000 Stück an X in Berlin zu senden; die Beklagte bestätigte diesen Auftrag tags darauf. Sie hat die Felle an X. übersendet und zwar mittels Frachtbriefs, auf dessen Rückseite vermerkt war „zur Verfügung des Klägers hier". Eine weitere Mitteilung hat sie an X. nicht gerichtet. X. hat die Felle erhalten und sie am 5. November 1912 auf Verlangen des A., der sie ihm zum kommissionsweisen Verkauf angestellt hatte, an diesen nach Leipzig geschickt. Der Schadensanspruch des Klägers ist begründet.

Der Auftrag vom 9. September ist kein reiner Speditionsauftrag (§ 407 f.). Die Beklagte sollte nicht bloß (für Rechnung des Klägers in eigenem Namen) die Felle versenden, sondern so versenden, daß X. die Felle nach Empfang als Besitzmittler zur Verfügung des Klägers hielt. Damit hatte dieser die Absicht ausgedrückt, daß er mit X. in das gleiche Rechtsverhältnis treten wollte, wie bisher mit der Beklagten. X. sollte fortan die Felle als unmittelbarer Besitzer für die Klägerin als mittelbaren Besitzer verwahren; das sollte die Beklagte vermitteln. Die Beklagte hat sich mithin durch die Annahme des Auftrags verpflichtet, mit X. über die 2000 Felle im Auftrage des Klägers und für diesen einen Vertrag des Inhalts abzuschließen, daß X. die Felle für den Kläger und zu dessen Verfügung in Verwahrung nehme. Den Beweis, diesen Auftrag mit der Sorgfalt eines ordentlichen Kaufmanns ausgeführt zu haben (RG. 11 S. 133) hat sie jedoch nicht geführt. Unstreitig hat sie sich mit dem auf der Rückseite des Frachtbriefs gesetzten Vermerk begnügt. Der Frachtbrief beurkundete aber als solcher lediglich den Inhalt des zwischen der Beklagten und dem Frachtführer abgeschlossenen Frachtvertrags. Wollte man aber im Anschluß an § 56, 8 EVO. annehmen, daß der Vermerk als Nachricht für den Empfänger angebracht und die Rückseite des Frachtbriefs in der Erwartung, daß sie vom Empfänger gelesen werde, zu einer geschäftlichen Mitteilung an diesen benutzt worden sei, so brachte diese Mitteilung doch lediglich zum Ausdruck, daß die Beklagte den X. anwies, die Felle zur Verfügung des Klägers zu halten. Es fehlte, worauf es für das Zustandekommen eines Verwahrungsvertrags zwischen dem Kläger und X. gerade ankam, jeder Hinweis darauf, daß die Beklagte diese Anweisung im Auftrage des Klägers erteilte. Dieser ist dadurch in ein Vertragsverhältnis, das ihm gegenüber X. auf Zeit zum Besitze berechtigte und verpflichtete, nicht gelangt, und hierdurch ist das Pfandrecht an den Fellen erloschen. Dieser Verlust hängt mit dem Verschulden der Beklagten ursächlich zusammen. Hätte sie dem X. ausdrücklich mitgeteilt, daß sie ihm die Felle im Auftrage und zur Verfügung des Klägers übersende, so hätte er dieses Vertragsangebot zwar durch Zurückweisung der Sendung ablehnen können. Durch deren vorbehaltlose Annahme wäre aber der Verwahrungsvertrag mit dem angegebenen Inhalte zustande gekommen und X. für den Kläger unmittelbarer Besitzer der Felle geworden. Wäre ihm das Verfügungsrecht des Klägers etwa mit Rücksicht auf das ihm bekannte Eigentum des A. zweifelhaft geblieben, so hätte er als erfahrener Geschäftsmann schon zu seiner eigenen Entlastung zweifellos vor der Rückgabe der Felle sich näher nach dem Sachverhalt erkundigt und dadurch den Kläger in die Lage versetzt, soweit nötig gemäß § 861 BGB. oder sonst seine Rechte daran zu wahren. —e—

t) **Frachtgeschäft: α) Sorgfalt eines ordentlichen Frachtführers.**

OLG. Kiel, 1. ZS. Urteil v. 17. Oktober 1918.

Die Beklagte hat als Frachtführerin zur Beförderung auf ihrem Dampfer nach G. ein Paket mit Waren für den Kläger als Empfänger erhalten. Diese Sachen sind in G., wo sie in einem verschlossenen Schuppen untergebracht sind, mittels Einbruchs gestohlen worden. Der Anspruch des Klägers als des durch Frachtbrief ausgewiesenen Empfängers der Waren auf Ersatz ihres Wertes ist begründet. Auf § 12 ihrer Beförderungsbedingungen kann die Beklagte ihre Zahlungsweigerung nicht stützen, weil sie nicht die Waren nach ihrer Ankunft in G. einem Spediteur zur Ablieferung an den Kläger übergeben hat. Ebensowenig findet der § 19 mit § 24 hier Anwendung, weil es in G. keinen besonderen Brückeninhaber, der durch seine Tätigkeit für sie selbständige Pflichten gegen den Empfänger von Frachtgütern begründen kann, gibt, sondern sie den Wirt H. nur zum Brückenwärter für sich bestellt hat, der also im Verhältnisse zu ihr als Angestellter anzusehen ist. Sie ist deshalb auch nicht durch die Übergabe des Gutes an H. von ihrer Haftpflicht frei geworden. Vielmehr wurde sie dies nur dann, wenn der Verlust des Gutes durch Umstände herbeigeführt war, die durch die Sorgfalt eines ordentlichen Frachtführers nicht abgewendet werden konnten. Diesen Beweis hat sie aber, mag in den Schuppen schon vor 2. November 1917 eingebrochen sein und mochte dieser Schuppen damals bereits außer dem Vorhängeschlosse noch ein eingebautes Schloß gehabt haben und beide verschlossen gewesen sein oder nicht, nicht erbracht. Denn sie hat durch die nächtliche Lagerung der Waren in einem außerhalb einer bebauten Ortschaft einsam und ohne Aufsicht belegenen Schuppen nicht alle Sorgfalt angewendet, um einen Diebstahl an diesen Waren zumal in einer Zeit, wo nach über 3jähriger Dauer des Weltkriegs bereits allgemein unsichere Zustände im Güterverkehr herrschten, zu verhindern. Zur Erreichung dieses Zweckes hätte es entweder der Bewachung des Schuppens durch einen besonderen Wächter bedurft oder der Brückenwärter H. hätte die Ankunft der Waren dem Kläger durch Fernspruch mitteilen müssen, was, da diese Ankunft bereits zwischen 5 und $5^1/_2$ Uhr nachmittags stattgefunden hat, sogar noch während der üblichen Geschäftszeit möglich gewesen wäre. SchlHA.

β) **Filmabzug als Kostbarkeit der §§ 429, 456.**

OLG. Kiel, 1. ZS. Urteil v. 31. Oktober 1918.

Bei Kostbarkeiten im Sinne des Beförderungsvertrags handelt es sich um Sachen, die im Verhältnis zum Umfang und Gewicht der Sendung anderen Sendungen gegenüber einen das gewöhnliche Maß übersteigenden Wert haben, wo also ein Mißverhältnis zwischen dem Wert der Sendung und dem von dem Paket eingenommenen Raum und seiner Schwere vorliegt, ohne daß eine Beschränkung auf Gegenstände besonderer Art, wie aus Edelmetall hergestellte Sachen oder Schmuck- und Zierstücke, stattfindet (RG. 75 S. 191, Staub § 429[20]). Hiernach ist der Inhalt der hier verloren gegangenen Sendung, die als Expreßgut ohne Inhalts- und Wertangabe aufgegeben war, als Kostbarkeit aufzufassen. Wenn auch der Umfang des Pakets nicht näher feststeht, so ist aus dem Umstand, daß es sich um eine Rolle handelt, die in eine genau passende Kiste hineingelegt ist, zu folgern, daß das Paket keinen großen Wert gehabt hat, wozu das geringe Gewicht von 9 kg kommt, dem der Wert des Inhalts der Sendung — 1162 Mark Herstellungspreis —

gegenübersteht. Nicht haltbar ist die Ausführung des Klägers, daß in der EVO. § 54 nur besonders wertvolle Spitzen als Kostbarkeiten bezeichnet sind, wogegen wertvolle Spitzen schlechthin nicht dazu zählen, und daß man in einer 9 kg schweren Kiste einen viel höheren Wert an wertvollen Spitzen verschicken könne als im Werte von 1200 Mark. Besonders wertvolle Spitzen sind nach der ausdrücklichen Feststellung der EVO. Kostbarkeiten. Damit ist aber keineswegs gesagt, daß andere Spitzen niemals als Kostbarkeit anzusehen sind, vielmehr sind die allgemeinen Grundsätze anzuwenden, aus denen der Begriff Kostbarkeit abzuleiten ist, so daß auch nichts entgegenstehen wird, gegebenenfalls eine größere Menge wertvoller Spitzen, die an sich nicht besonders wertvoll sind und die in einem kleinen, leichten Paket versendet werden, als Kostbarkeit anzusehen.

Der Hinweis des Klägers, daß die Bahnverwaltung aus der Art der Verpackung den wertvollen Inhalt der Sendung habe erkennen können und daß derartige Sendungen auch regelmäßig mit besonderer Sorgfalt behandelt seien, ist rechtlich ebenso belanglos, wie die fernere Behauptung, daß die Bahn sich in anderen Fällen, wo es sich um Entschädigung für den Verlust eines Filmpakets gehandelt habe, auf die Nichtachtung der bahnamtlichen Vorschriften nicht berufen habe. Dadurch, daß möglicherweise einzelne Betriebsverwaltungen in Kenntnis des Inhalts von Filmsendungen diese besonders sorgsam verwahrt haben, kann irgendein Verzicht oder auch die Ausbildung einer Verkehrssitte nicht gefunden werden. Die verkehrstechnischen Bestimmungen über die Beförderung von Gütern, die auf gesetzlicher Vorschrift beruhen und allgemein für alle dem öffentlichen Verkehr dienenden Haupt- und Nebeneisenbahnen Deutschlands gelten, können hierdurch nicht berührt oder gar aufgehoben werden. Es mag noch darauf hingewiesen werden, daß die in Betracht kommenden Personenkreise hierüber gar nicht im Zweifel sein konnten, denn auf der vom Absender auszufüllenden Eisenbahnpaketadresse für Expreßgut ist betont, daß die Annahme und Beförderung auf Grund der Bestimmungen des Tarifs erfolgt und ferner „zur Beachtung" ausdrücklich vermerkt: „Die Wertangabe ist nur zulässig und erforderlich, wenn die im § 54 Abs. 2 B. 1 EVO. angeführten Gegenstände zB. Geld, Wertpapiere, Dokumente, Edelsteine und andere Kostbarkeiten, sowie Kunstgegenstände zur Beförderung kommen. Dann ist auch der Inhalt der Sendungen anzugeben. Wird für Sendungen dieser Art der Wert oder das Interesse an der Lieferung auf mehr als 500 Mark angegeben, so werden sie zur Expreßgutbeförderung nicht angenommen." Es ist also ausdrücklich auf die maßgebende Bestimmung der EVO. sowie die Deklarierungspflicht hinsichtlich Inhalt und Wert der Sendung hingewiesen. Es konnte daher der Absender nicht darüber in Zweifel sein, daß diese Bestimmungen einen Teil des Beförderungsvertrages bildeten. SchlHA.

γ) **Ablösung des Pfandrechts durch Hinterlegung. Lagergeld.**

OLG. Kiel, 2. ZS. Urteil v. 15. Oktober 1918.

Der Beklagte hat, da ihm bisher auf seine Forderung nur ein Teilbetrag bezahlt ist, mit Recht das ihm nach § 440 zustehende Pfandrecht des Frachtführers an dem ihm zur Beförderung übergebenen Flügel ausgeübt. Allerdings hat sich der Kläger zur Hinterlegung des zwischen den Parteien noch streitigen Betrags erboten. Allein der Beklagte war berechtigt, die Zahlung der ihm geschuldeten Vergütung zu verlangen, und handelte nicht rechtswidrig oder schikanös, wenn er die Herausgabe des Flügels gegen Hinterlegung des Betrags zurückwies. Ein Fall des § 1218 BGB., in welchem dem Pfandschuldner, wenn er durch den Besitz des Pfandgläubigers am eigenen wirksamen Schutze seiner Sache gehindert ist, diese gegen anderweite Sicherheit zurückverlangen darf, liegt nicht vor. Unberechtigt ist aber, wenn der Beklagte für die Lagerung des zum Pfande behaltenen Flügels ein Lagergeld verlangt, und auch von dessen Bezahlung die Herausgabe abhängig macht. Denn nach § 354 kann nur dann der Kaufmann, der in Ausübung seines Handelsgewerbes eine Lagerung vorgenommen hat, auch ohne Vereinbarung das übliche Lagergeld beanspruchen, wenn er sie im Interesse des anderen vorgenommen hat. Beklagter hat aber den Flügel nur in der Ausübung seines Pfandrechtes im eigenen Interesse gemäß der ihm nach § 1215 BGB. obliegenden Pflicht in seinen Lagerräumen verwahrt. Eine Verwendung auf das Pfand hat der Beklagte mit dieser Verwahrung nicht gemacht. SchlHA.

δ) **Haftung der Eisenbahn nach § 456.**

OLG. München, 1. ZS. Urteil v. 18. Oktober 1918.

Auf Grund des Frachtvertrags war die Eisenbahn gemäß §§ 76 EVO., 435 HGB. verpflichtet, die frischen Eier, die der Kläger ihr zur Beförderung übergeben hatte, nach ihrer Ankunft an der Bestimmungsstation (Berlin) gegen Zahlung der durch den Frachtvertrag begründeten Forderungen an den Empfänger abzuliefern und diesem den Frachtbrief zu übergeben; bis dahin konnte der Kläger als Absender die Bahn anweisen, die Eier an einen Dritten abzuliefern. Nach §§ 84 EVO., 456 HGB. haftet die Bahn für den Schaden, der durch den Verlust der Eier in der Zeit von der Annahme bis zur Ablieferung entstanden ist, es sei denn, daß der Schaden durch ein Verschulden oder eine Anweisung des Verfügungsberechtigten verursacht worden ist. Sie haftet sonach, wenn sie nicht diesen Entschuldigungsgrund zu beweisen vermag, im Falle des Verlustes der Eier ohne weiteres, auch wenn sie kein Verschulden trifft. Hier sind die Eier vor ihrer Ablieferung verloren gegangen, es ist jedoch nicht bewiesen, daß der Verlust durch ein Verschulden (Anweisung) des Verfügungsberechtigten oder durch Personen, deren er sich zur Erfüllung seiner Verbindlichkeiten bedient hat, verursacht worden sei. Der Kläger hatte die Eier an X., nicht an die Nationalbank verkauft und sie nur zu seiner Sicherheit, um den Kaufpreis durch die Bank einziehen zu lassen, an deren Adresse verladen lassen unter der Vereinbarung, daß nach Zahlung des Kaufpreises die Eier an X. abzuliefern seien. Zu diesem Zwecke hat der Kläger das ihm ausgestellte Frachtbriefduplikat, von dessen Besitz nach §§ 73, 74 EVO. ein Teil des Verfügungsrechtes des Absenders, besonders auch die Auslieferung des Frachtguts an eine andere Person als den im Frachtbrief bezeichneten Empfänger abhängig gemacht wird, an die Bank gesandt, die es nach Einlösung des Kaufpreises dem X. zur Abnahme der Eier aushändigte. Diese Übergabe hat unter den gegebenen Umständen und nach dem Parteiwillen zweifellos die Bedeutung gehabt, daß damit der Anspruch der Bank und des Absenders auf Herausgabe der Eier nach § 931 BGB. auf X. übertragen wurde, daß sowohl der Absender als die Bank auf ihr Verfügungsrecht über die Eier verzichtet haben und alle Rechte aus dem Frachtvertrag auf X. übergegangen sind. Der Bahn gegenüber wurde X. durch die Vorlegung des Frachtbriefduplikats als Käufer und Empfänger der Eier legitimiert und der Beweis geliefert, daß der Absender und Adressat mit der Auslieferung an X. einverstanden waren. Über diese Bedeutung des Besitzes des Frachtbriefduplikates konnte auch die Bestimmungsstation nicht in Zweifel sein, da unbestritten täglich dort ähnliche Sendungen unter der Adresse der Nationalbank, die nicht von dieser, sondern von den Käufern der Waren gegen die quittierten Frachtbriefduplikate in Empfang genommen werden, ankommen und die Bahn in solchen Fällen lediglich auf das Vorzeigen des Duplikats hin die Eiersendungen abzuliefern pflegt. Das Verfügungsrecht über die Eiersendung stand sohin nach der Aushändigung des Frachtbriefduplikates nicht der Bank, sondern dem X. zu. Deshalb kann der entstandene Schaden nicht durch ein Verschulden des Verfügungsberechtigten verursacht worden sein. X., der nicht Erfüllungsgehilfe der Bank oder einer anderen Person war, trifft unter keinen Umständen ein Verschulden und es hat, was übrigens hier ohne Belang wäre, bei Entstehung des Schadens auch kein Verschulden der Bank mitgewirkt; vielmehr ist die Sendung infolge einer Verwechslung durch die Bahnbeamten einem Unberechtigten ausgeliefert und von diesem nicht mehr zurückgegeben worden. W.

ε) **Besondere Gefahr außergewöhnlicher Leckage.**

OLG. Kiel, 1. ZS. Urteil v. 10. Oktober 1918.

Um außergewöhnliche Leckage (§ 459 Nr. 4) handelt es sich hier, wo aus dem 560 Liter enthaltenden Faß Wein etwa 180 Liter ausgelaufen sind. In solchen Fällen ist nicht entscheidend, ob die Beschädigung unter gewöhnlichen Verhältnissen nicht eintreten konnte, sondern lediglich, ob die Gefahren des Transportes, wozu zB. auch außergewöhnlich heftige Rangierstöße gehören, wie sie beim Bahnbetrieb erfahrungsgemäß vorkommen können, auch ohne daß ein Verschulden des Personals anzunehmen ist, die Möglichkeit der Entstehung des Schadens an den leicht verletzlichen Gütern begründen. In allen diesen Fällen wird die Entstehung des Schadens vermutet aus der besonderen Gefahr, die in der leichten Verletzlichkeit des Gutes liegt. Zu solchen infolge ihrer eigentümlichen besonderen Beschaffenheit leicht verletzlichen Gütern sind auch die mit Flüssigkeit wie Wein gefüllten Holzfässer zu rechnen, die infolge von Erschütterungen — auch bei ordnungsmäßiger Verstauung — leicht in einzelnen Fugen aufspringen und dann die Flüssigkeit durchlassen. Anders liegt die Sache dann, wenn ein ursächliches Verschulden der Bahnverwaltung oder ihrer Angestellten vorliegt, allein hierfür hat der beweispflichtige Kläger, der selbst nicht weiß, auf welche Weise die Beschädigung herbeigeführt ist, keinerlei Tatsachen angeführt. Er folgert lediglich aus der sorgfältigen Verstauung einwandfreier Fässer, daß nur eine unsachmäßige Ausführung des Transports als Ursache der Beschädigung anzusehen sei. Allein, da das Leckspringen durch außergewöhnlich starke Stöße beim Rangieren der Eisenbahnwagen entstanden sein kann, derartige Umstände aber auch, wie die Erfahrung lehrt, ohne schuldhaftes Verhalten des Personals vorkommen und nicht immer bei der Fortbewegung der Güterwagen zu vermeiden sind, ist für ein von der Bahn zu vertretendes Verschulden kein ausreichender Beweis angeboten. SchlHA.

Dazu: OLG. Frankfurt, 3. ZS. Urteil v. 15. November 1918.

Der Beklagte beruft sich auf die Vermutung des § 459² und es ist anzuerkennen, daß die Glasflaschen, die als Behälter der versandten, nicht konzentrierten Salpetersäure dienten, der besonderen Bruchgefahr ausgesetzt waren und daß diese Gefahr auch nicht durch die Art der Verpackung (Einsetzen der Flaschen in Bandeisen oder Weidenkörbe und Ausfüllung des Zwischenraums durch Stroh) beseitigt wurde. Es ist deshalb Sache des Klägers, nachzuweisen, daß der eingetretene Schaden (Zerbrechen und Auslaufen der Säureflaschen) nicht auf der Bruchgefahr, sondern auf anderen Ursachen beruht. Dieser Nachweis ist geführt. Die Sachverständigen sind zu der Ansicht gekommen, daß die Zertrümmerung der Glasflaschen und das Auslaufen der Säure nur durch außergewöhnlich starke Rangierstöße verursacht sein könne. In diesem Falle aber haftet die Bahn ohne weiteres. — Ebensowenig steht der § 467 dem Beklagten zur Seite. Zwar gehört Salpetersäure zu den nur bedingungsweise zur Beförderung zugelassenen Gegenständen § 54 EVO. und Anlage CV dazu. Für Glasgefäße mit nichtkonzentrierter Salpetersäure ist aber als Sicherheitsmaßregel nur vorgeschrieben, daß sie unter Verwendung geeigneter Verpackungsstoffe in starke Übergefäße fest einzusetzen seien und daß diese mit guten Handhaben versehen sein müssen. Der Beklagte meint, daß die hier verwendeten Verpackungsstoffe nicht geeignet gewesen seien und hat zunächst geltend gemacht, daß statt gewöhnlichen (brennbaren) Strohes imprägniertes Stroh zum Schutz gegen Feuersgefahr hätte angewendet werden müssen. Nach dem Gutachten hätte aber die Imprägnierung das Auftreten eines Brandes wohl verzögern, nicht aber ganz verhindern können, so daß auch die Imprägnierung keinen wirksamen Schutz gegenüber dem gewöhnlichen Stroh bieten konnte, ihre Unterlassung also ohne Bedeutung war. Sodann hat der Beklagte behauptet, daß Stroh überhaupt kein geeigneter Stoff zur Verpackung von Salpetersäure sei, mit Rücksicht auf die Möglichkeit der Entzündung dieser Säure und auf die Gefährlichkeit der aus ihr entstehenden Gase.

Allein wäre das Stroh für Fälle der vorliegenden Art kein geeignetes Packmaterial, so hätte es sich hier um einen äußerlich erkennbaren Mangel der Verpackung gehandelt, der im Frachtbriefe nicht anerkannt war. Der Beklagte ist aber in solchem Falle nach § 62 EVO. von der Haftung nur dann befreit, wenn dem Absender Arglist zur Last fällt. Dr. K.r.

ζ) Haftung der ersten Bahn bei Haftungsausschluß der zweiten.

OLG. Hamburg, 4. ZS. Urteil v. 10. Mai 1918.

Aus dem Umstande, daß die Beschädigung des in Cöln verladenen Fasses erst bei Ankunft des Wagens in Brüssel bemerkt wurde, kann kein irgendwie zwingender Schluß darauf gezogen werden, daß sie erst auf der Militärbahn eingetreten sei. Auch jetzt wird nicht behauptet, daß die Fässer oder das Innere des Wagens untersucht seien, sondern lediglich, daß an dem Wagen nichts „Verdächtiges" bemerkt sei. Äußere Spuren der Leckage können aber zurzeit der Übernahme des Wagens sowohl gefehlt haben, als bei einer nicht gerade darauf hinzielenden Untersuchung des Wagens übersehen sein.

Wenn Beklagter sodann ausführt, daß — weil die Militärbahn keinerlei Haftung übernahm — die Übergabe des Gutes an diese einer Ablieferung an den Empfänger gleichgeachtet werden müsse, so scheint er damit den Beweis, daß das Faß bereits vor der Übernahme durch die Militärbahn beschädigt worden sei, dem Kläger aufbürden zu wollen; denn wäre die Übergabe an die Militärbahn der Ablieferung gleichzustellen, so hätte der Kläger zu beweisen, daß sich die Beschädigung bereits vorher ereignet habe. Jene Übergabe steht aber nicht der Ablieferung gleich. Beklagter hat jede nähere Darlegung unterlassen, aus welchen Rechtsgründen trotz § 469 er als erste Bahn den Haftungsausschluß der Militärbahn für sich geltend machen kann; aber auch wenn er dazu berechtigt ist, so bedeutet das nichts anderes, als daß er bezüglich eines bestimmten Teiles der Transportstrecke von der an sich ihm obliegenden Haftung frei ist. Der der Regelung durch § 469 unterliegende Tatbestand, daß die Beförderung auf Grund desselben Frachtbriefes durch mehrere aufeinander folgende Eisenbahnen bewirkt wird, bleibt aber bestehen und es fehlt jeglicher Anlaß für die Annahme, daß die Beförderung mit der Übernahme durch die Militärbahn endete. Diese Annahme wäre notwendig, wenn man, wie Beklagter es will, die Übergabe an die Militärbahn der Ablieferung an den Empfänger gleichzustellen hätte. M. M.

η) Haftung aus § 38⁴ EVO. für das einem Gepäckträger zur Verwahrung und Beförderung übergebene Gepäck.

OLG. Kiel, 1. ZS. Urteil v. 7. Februar 1918.

Die Haftung aus § 38⁴ EVO. setzt voraus, daß der Gepäckträger die Beförderung des Reise- und Handgepäcks innerhalb des Bahnhofsbereichs nach der vom Reisenden bestimmten Stelle übernommen hat. Die Bahn haftet danach grundsätzlich nur für das dem Gepäckträger zur Beförderung, nicht für das ihm zur Aufbewahrung übergebene Gepäck; für die Verwahrung sind vielmehr besondere Aufbewahrungsstellen eingerichtet. Nur bei Übergabe des Gepäcks an die letzteren haftet die Bahn als Verwahrer. Hier hat der Kläger mit dem Gepäckträger vereinbart, daß dieser das Gepäck an den um 4 Uhr nach Berlin abfahrenden Zug bringen und das Gepäck bis dahin in Verwahrung behalten sollte. Der Koffer ist dann entwendet worden, als der Gepäckträger ihn in den bereits eingelaufenen Berliner Zug hineinreichen wollte. Bei dieser Sachlage war der Vertrag kein reiner Verwahrungsvertrag, sondern ging auch auf Beförderung des Gepäcks von einem Zuge zum andern. Ob diese Beförderung, wie das LG. annimmt, die Hauptsache war und die Aufbewahrung auf die Dauer von etwa 1 Stunde demgegenüber als Nebenleistung erscheint, kann zweifelhaft sein und bedarf nicht der Entscheidung. Jedenfalls war die Beförderung auch eine wesentliche dem Gepäckträger obliegende Leistung, die nicht als Nebenleistung angesehen werden kann. Darauf, daß das Gepäck zur rechten Zeit zum Berliner Zuge befördert wurde, kam es dem Reisenden nach dem Zweck des Vertrags besonders an. Es liegt daher, wenn nicht ein Beförderungsvertrag mit Nebenleistung, so mindestens ein gemischter, auf Beförderung und Verwahrung gerichteter Vertrag vor. Wäre bei derartigen Verträgen der § 38⁴ nicht anzuwenden, weil sie einen anderen Inhalt hätten, als die reinen Beförderungsverträge, so würde man den Zwecken der Vorschrift nicht gerecht werden und zu sachlich unangemessenen Ergebnissen gelangen. Ein gewisses Maß von Aufbewahrungspflicht ist mit jeder Beförderung schon an sich verbunden, aber gerade im Verkehr mit den Gepäckträgern erfordert das praktische Bedürfnis sehr oft, daß neben der Beförderung ihnen eine Aufbewahrung für eine gewisse kürzere Zeit zur Pflicht gemacht wird. Wäre schon der Umstand allein, daß ihnen neben der Beförderung eine Aufbewahrung oblag, geeignet, die Haftung der Bahn auch für Verluste bei der Beförderung auszuschließen, so würde dem § 38⁴ ein Anwendungsgebiet genommen werden, das ihm nach Sinn und Zweck der Vorschrift zustehen sollte. Vielmehr muß die Bahn in solchen Fällen dann für haftbar erachtet werden, wenn der Verlust des Gepäcks nicht bei der Aufbewahrung, sondern bei der Beförderung eintrat, und wenn weiter anzunehmen ist, daß die Gefahr bei der Beförderung durch das Hinzutreten der Aufbewahrungspflicht nicht erhöht worden ist. In solchen Fällen kann die mitvereinbarte Aufbewahrung als ein Umstand angesehen werden, der für den Eintritt des Verlustes des Gepäcks nicht ursächlich war und daher auszuscheiden hat. Die Haftung der Bahn bleibt alsdann, wie § 38⁴ es vorsieht, auf die Beförderung durch den Gepäckträger beschränkt.

Hier ist der Koffer zu einem Zeitpunkt verloren gegangen, als die Aufbewahrung bis zum Heranbringen an den Berliner Zug beendet war und die Beförderungstätigkeit des Gepäckträgers sich vollzog. Daß dieser den Koffer 1 Stunde vorher für den Kläger hatte aufbewahren sollen, kann nicht mehr in Betracht kommen. Denn die Aufbewahrung gehörte, als der Verlust eintrat, der Vergangenheit an, und bei ihr war ein Schaden nicht eingetreten. Es ist auch nicht anzunehmen, daß durch diese bereits abgeschlossene Aufbewahrung nun die Gefahr für die Beförderungstätigkeit erhöht wäre. Der Diebstahl ist ersichtlich unter Benutzung der für den Dieb günstigen augenblicklichen Lage, die sich beim Einlaufen des Zuges und Andrängen der Fahrgäste ergab, vorgenommen; das zeitlich Vorangegangene war, wie anzunehmen ist, hierauf ohne Einfluß. Zwar wäre der Diebstahl vielleicht nicht eingetreten, wenn der Kläger, der sich selbst nach dem Dammtor-Bahnhof begeben hatte, um dort schon vorher einzusteigen und sich einen Sitzplatz im Zuge zu sichern, den Transport durch den Gepäckträger persönlich überwacht und im Auge behalten hätte. Aber auf die Vornahme einer solchen Überwachung durch den Reisenden hat die Bahn auch bei den Beförderungsverträgen innerhalb des Bahnhofsbereichs gemäß § 38[1] keinen Anspruch, und es wird auch bei solchen Verträgen im Verkehre sehr vielfach von den Reisenden von einer Überwachung des Trägers abgesehen; insbesondere wird bei der Ankunft des Zuges sich der Reisende durchweg zunächst einen Sitzplatz suchen und dann erst nach dem Gepäckträger und dem Gepäck sich wieder umsehen. Der Beklagte macht weiter geltend, daß durch die gleichzeitig vereinbarte Aufbewahrung das Risiko für die Eisenbahn insofern größer werde, als der Gepäckträger, dem für die Verwahrung eine besondere Gebühr nicht zustehe, hierdurch veranlaßt werde, seine Zeit noch anderweitig auszunutzen und neue Aufträge anzunehmen; auch hier habe er noch anderes Gepäck mit übernommen, bei dessen Hineinbringen in den Zug der klägerische Koffer entwendet worden sei. Erwägt man aber, daß der Vorfall sich während der Kriegszeit (Ende 1916) ereignete und daß bei der geringen Zahl der zur Verfügung stehenden Gepäckträger diese jetzt durchweg zu besetzten Zügen mehrere Aufträge gleichzeitig übernehmen, so ist nicht anzunehmen, daß gerade die Tatsache, daß eine vorherige Aufbewahrung des Gepäcks vereinbart und erfolgt war, den Grund für die Übernahme eines zweiten Auftrags durch den Gepäckträger abgegeben hat. Der zweite Auftrag wäre vielmehr, wie anzunehmen ist, auch sonst übernommen. SchlHA.

ϑ) **„Billigster Notstandstarif." Haftung der Bahn, wenn durch den von ihr gewählten Frachtweg Mehrkosten erwachsen?**

OLG. Dresden, 3. ZS. Urteil v. 30. Januar 1918.

Im Januar 1916 schickte der Kläger aus Rumänien 5 Wagen Maismehl nach Dresden und bemerkte auf jedem der Frachtbriefe unter der Spalte der anzuwendenden Tarife die Worte „Billigster Notstandstarif". Die Wagen wurden zunächst über die rumänisch-ungarische Grenze bis Orsova geleitet und daselbst ordnungsgemäß anderweit abgefertigt (umkartiert), und zwar nun unmittelbar bis Dresden, da ein unmittelbarer Frachtsatz Orsova-Dresden besteht. Während dieser Frachtsatz für 10000 kg 621 Mark beträgt, hätte die Fracht, sofern eine weitere Umkartierung in Preßburg erfolgt wäre, nur 205 + 211 = 416 Mark betragen. Da der Kläger jenen höheren Frachtsatz hat bezahlen müssen, verlangt er den Unterschied von dem Beklagten (sächs.

Staatsfiskus) zurück. Der Anspruch ist unbegründet. Unstreitig sind die tatsächlichen Voraussetzungen des J.Ü. vom 14. Oktober 1890 gegeben. Nach Art. 61 hat die Bahn dann, wenn keine Angabe über den Transportweg gemacht ist, den für den Absender zweckmäßigsten zu wählen. Diese Vorschrift ist sinngemäß auch dann anzuwenden, wenn für denselben Schienenweg verschiedene Normaltarife in Betracht kommen. (RG. 42 S. 27). Es haftet mithin die Bahn auch in solchem Falle für die Folgen ihrer Wahl nur, wenn ihr hierbei ein grobes Verschulden zur Last fällt (Art. 61 Abs. 2 Satz 2).

Unterstellt man zunächst, daß der Kläger keine Anweisung über die anzuwendenden Tarife erteilt hat, so hat die Bahn die im Verkehr erforderliche Sorgfalt keinesfalls in ungewöhnlich grobem Maße verletzt, also nicht grob fahrlässig gehandelt (JW. 1911 S. 36, 1909 S. 108), wenn sie ohne weitere Prüfung der für den Schienenweg etwa sonst noch in Betracht kommenden gebrochenen Tarife den direkten Verbandstarif Orsova-Dresden wählte, denn dieser Tarif ist doch gerade für Transporte der in Frage kommenden Art geschaffen worden und besitzt überdies den Vorzug, die infolge einer Umkartierung notwendig eintretende Verzögerung des Transports zu verhüten. Dieser Vorzug fiel übrigens im Januar 1916, als der Transport stattfand, um so mehr ins Gewicht, als damals gewaltige Mengen rumänischen Getreides und Mehles über Orsova nach Dresden und Berlin befördert wurden und durch eine allgemeine Umkartierung der Sendungen in Preßburg daselbst eine Verstopfung der Station und damit eine völlige Unterbindung des Verkehrs herbeigeführt werden konnte. Dazu kommt, daß die Versandstation bei der zumeist großen Anzahl konkurrierender Tarife im internationalen Verkehre gar nicht bei jeder Sendung zu übersehen vermag, welche der gebrochenen Tarife die dem Absender vorteilhaftesten sind (Gerstner JÜ. S. 214).

Allerdings meint der Kläger, er habe doch ausdrücklich „billigsten Notstandstarif" und mithin die Anwendung jener gebrochenen Tarife verlangt. Allein Notstandstarife sind solche, die im Falle eines allgemeinen Notstands, wie einer Hungersnot, erlassen werden, um dem in der Notlage befindlichen Bezirke Hilfe und Erleichterung zu gewähren (Blume J.Ü. S. 83). Solche Tarife kommen aber hier gar nicht in Frage. Der Kläger beschwert sich vielmehr, weil die Normaltarife Orsova-Preßburg und Preßburg-Dresden nicht angewendet worden seien. Daraus, daß er gerade nur „billigsten Notstandstarif" vorgeschrieben hatte, mußte die Bahn entnehmen, daß er ihr im übrigen die Auswahl der Tarife überlassen wolle, und konnte weiter ohne grobes Verschulden folgern, daß er nur den etwa vorhandenen billigsten Notstandstarif, nicht aber auch sonst die billigsten Tarife, mit denen notwendig eine ein- oder mehrmalige Umkartierung verknüpft war, angewendet wissen wolle.

Aber selbst wenn der Bahnverwaltung zu Orsova anzusinnen gewesen wäre, zu prüfen, ob und welche gebrochenen Tarife für den Kläger am zweckmäßigsten seien, hätte sie einerseits zu berücksichtigen gehabt, daß sich die Fracht bei jenen gebrochenen Tarifen um 1/3, also ganz erheblich verringert hätte. Anderseits kam in Betracht, daß die Umkartierung in Preßburg sehr leicht zu einer wesentlichen Transportverzögerung führen und daß dadurch der Kläger, der mit der Ware nach Befinden eine bestimmte Lieferzeit einzuhalten hatte, bedeutenden Schaden erleiden konnte, daß ferner bei den außerordentlich hohen Preisen, die im Januar 1916 für rumänisches Getreide und Mehl in Deutschland gezahlt wurden, eine Verteuerung der Fracht, selbst um 50 %, eine verhältnismäßig untergeordnete Rolle spielte, und daß der Kläger nur „billigsten Notstandstarif", mit dem nicht notwendig eine Umkartierung verbunden sein mußte, verlangt hatte. Der Umstand, daß die Wagen bereits in Orsova umkartiert worden waren, beweist nicht, daß der Kläger auch mit einer weiteren Umkartierung einverstanden war, denn eine Umkartierung in Orsova ließ sich für Waren, die aus Rumänien kamen, gar nicht vermeiden. Hiernach handelte die Bahn sicherlich nicht grobfahrlässig. —e—

u) **Bedeutung „cirka" und „Waggon" im Holzhandel.**

Kammergericht, 7. ZS. Urteil v. 19. November 1918.

Die Beklagte hat dem Kläger die im Schreiben vom 21. April 1914 aufgeführten Nutzhölzer, unter andern „cirka 40 cbm Zapfbretter, cirka 20 cbm Zapffußbodenbretter und cirka 100 cbm schmale Zapfbretter" verkauft. Das Wort „cirka" hat die Bedeutung, daß auch etwas mehr, als ziffermäßig angegeben, abgenommen werden muß, und daß auch etwas weniger als Erfüllung gilt. Das Mehr oder Weniger bestimmt sich nach der geschäftsüblichen Auffassung und nach der Verkehrssitte. Die hiesige Handelskammer hat beauskunftet, daß nach den Gebräuchen im Holzhandel der Ausdruck „cirka" dahin, daß bis 10 % mehr oder weniger als die verkaufte Menge zu dem vereinbarten Einheitspreise geliefert werden darf, zu verstehen ist, sowie daß beim Verkauf von Nutzholz die Vertragsbestimmung „Waggon" allgemein die Möglichkeit bedeutet, einen Eisenbahnwagen von 10000 bis 15000 kg zu verladen. L.n.

v) **Ablieferung, wenn die Ware an einen Abnehmer des Käufers weiter versandt ist. Übergabe des Frachtbriefes.**

Kammergericht, 7. ZS. Urteil v. 5. November 1918.

Nach der Vereinbarung sollte der Beklagte die dem Kläger verkauften Säcke nach dessen Wohnort (Rostock) senden. Tatsächlich sind sie aber nach Halle an den weiteren Abnehmer, und zwar durch den Kläger selbst gesandt worden. Es fragt sich, ob die für die Rügefrist maßgebende Ablieferung in Berlin am 22. März durch die Herausgabe des Frachtbriefs an den Kläger, oder erst durch die Aushändigung an den Abnehmer in Halle am 27. März bewirkt worden ist. Durch die Übergabe des Frachtbriefs wurde der Kläger allerdings in die Lage versetzt, sich von der Bahnverwaltung die Sendung herausgeben zu lassen, so daß er selbst die Untersuchung vornehmen konnte. Er hatte aber dem Beklagten erklärt, er wolle den Wagen nicht nach Rostock haben, sondern wo anders hinsenden. Beklagte ersah daraus, daß jener den Posten weiter verkauft hatte und den Wagen gleich an den Abnehmer gesandt haben wollte. Sie wußte daher auch, daß die Säcke erst beim Eintreffen am dritten Orte durch den Abnehmer untersucht werden konnte. Wenn sie unter diesen Umständen den Frachtbrief ohne weitere Erklärung herausgab, so erklärte sie damit ihr Einverständnis, die Ablieferung solle derart geregelt werden, daß die Ware durch den Abnehmer am dritten Orte untersucht werde (vgl. Staub § 377[20]). Sie konnte also nicht in der Unterlassung der Untersuchung in Berlin eine Genehmigung der Ware erblicken; unverzüglich nach der Ablieferung an den Abnehmer ist aber nach § 377 verfahren worden. L. n.

w) **Haftung für den vorgeschobenen Inhaber der Firma.**

OLG. Hamburg, 2. ZS. Urteil v. 7. November 1918.

Der Kläger, der gegen die Firma G. K. eine Forderung erstritten hatte, fordert jetzt Bezahlung von dem Sohne des eingetragenen Firmeninhabers Gerhard K. Nach dem Beweisergebnisse steht fest, daß dieser nur vorgeschobene Person war und von den Prokuristen besoldet wurde, daß dieser zwar allein den Gläubigern der Firma gemäß der Eintragung in das Handelsregister haftete, daß aber die wirklichen Inhaber des Geschäfts der Beklagte und X. waren, die, als Prokuristen der Firma eingetragen, alle Geschäfte abschlossen, über die Einkünfte der Firma allein verfügten und dem eingetragenen Inhaber nur eine Vergütung zahlten; daß die Firma nur die Geschäfte erfüllte, bei denen sie verdiente; ferner, daß Gerhard K. nicht lange nach seiner Verurteilung den Offenbarungseid geleistet hat. Hiernach haben Beklagter und X. diese Einrichtung getroffen, um den Gläubigern der Firma den mittellosen Gerhard K. unterzuschieben und um selbst für Schulden der Firma nicht haften zu müssen, wodurch dann in der Tat nicht nur der Kläger, sondern auch andere Gläubiger geschädigt worden sind, was denn auch dem Willen des Beklagten entsprach. Eine solche Handlungsweise verstößt auf das gröblichste gegen die guten Sitten des Handelsverkehrs, indem sie das Vertrauen der Geschäftswelt mißbraucht (RG. 74 S. 224). Es kann deshalb dahingestellt bleiben, ob Beklagter als materieller Firmeninhaber dem Kläger aus dem abgeschlossenen Geschäft unmittelbar haftet. M. M.

11. Zwangsvollstreckung und Arrest.

a) **Keine Anordnung einer Versteigerung der Pfandstücke und Hinterlegung des Erlöses auf Grund des § 769.**[1]

Kammergericht, 8. ZS. Beschluß v. 17. Februar 1917.

Auch auf Grund der §§ 771, 769 kann die vom Kläger beantragte An-

[1] Wenngleich der § 769 die Hinterlegung des Erlöses nicht ausdrücklich vorsieht, so läßt sich doch, da das Recht aus § 771 auch den Erlös kraft des Grundsatzes der Surrogation umfaßt, die entsprechende Anwendung des § 805 rechtfertigen (OLG. Posen, 2. ZS. Beschluß v. 19. Nov. 1918). Gr.

ordnung nicht getroffen werden. Wohl ist unter Umständen eine Aufhebung oder eine Abänderung eines Einstellungsbeschlusses zulässig, auch ist angängig, die Zwangsvollstreckung in der Weise einzustellen, daß sie erst von einem späteren Zeitpunkte, zB. der Versteigerung, ab wirkt, daß also die Versteigerung noch nicht gehindert, sondern nur die Hinterlegung des Erlöses angeordnet wird (RG. 30 S. 397). Aber eine Anordnung des § 769 kann, wenn von einer Sicherheitsleistung oder von Aufhebung der Vollstreckungsmaßregeln abgesehen wird, immer nur auf „Einstellung" einer Zwangsvollstreckung gerichtet sein, dh. vorschreiben, daß diese nicht weiterbetrieben werden soll, das Recht des Gläubigers zur weitern Vollstreckung beschränken. Eine solche Anordnung begehrt der Kläger aber nicht. Er will im Gegenteil angeordnet haben, daß die Vollstreckung fortgesetzt wird, daß entweder die Versteigerung der Pfandstücke im Auftrag des Gerichts vorgenommen, oder daß eine Pflicht des Beklagten begründet werden soll, sie vornehmen zu lassen. B.

b) **Pfändung der Kriegs- und Teuerungszulagen.**

α) OLG. Dresden, FerienZS. A. Beschluß v. 25. August 1917.

Dem LG. ist darin beizutreten, daß die Kriegs- und Kinderkriegszulage dem Schuldner von der Stadt Leipzig nicht als Vergütung für seine berufliche Tätigkeit gezahlt werden und also keine Erhöhung seines Gehalts oder Diensteinkommens bedeuten; vielmehr sind sie Zuwendungen, die die Stadt, ohne dazu verpflichtet zu sein und wenngleich fortlaufend so doch vorbehaltlich des Widerrufs ihren Angestellten aus sozialer Erwägung gewährt, um sie bei der Überwindung der durch die Verhältnisse des Kriegs geschaffenen wirtschaftlichen Schwierigkeiten zu unterstützen. Es handelt sich also um fortlaufende Einkünfte, die der Schuldner auf Grund der Fürsorge und Freigebigkeit eines Dritten bezieht. Mit Rücksicht auf die erwähnten wirtschaftlichen Verhältnisse und angesichts der Beschränkung des Einkommens des Schuldners durch die zahlreichen sonstigen gegen ihn ergangenen Gehaltspfändungen darf ohne weiteres auch davon ausgegangen werden, daß der Schuldner jener Zulagen auch zum notdürftigen Unterhalt für sich und seine unterhaltsberechtigten Familienangehörigen bedarf. —e—

β) OLG. Posen, 4. ZS. Beschluß v. 25. Januar 1919.

Die Bek. v. 2. Mai 1918 erklärt Beihilfen und Auslagen, die aus Anlaß der Kriegsteuerung zu den in § 850 Nr. 7, 8 bezeichneten Bezügen bewilligt sind, für unpfändbar. Mit Recht legt das LG. diese Bestimmung dahin aus, daß sie nicht denjenigen Angehörigen des Schuldners entgegensteht, für die der Beamte die Zulagen erhält. Nach § 850[4] ist die Pfändung des Gehalts eines Beamten ohne Rücksicht auf den Betrag zulässig, wenn sie wegen der Unterhaltsbeiträge der ehelichen Kinder beantragt wird. In diesem Falle hat der Schuldner nicht einmal den Anspruch darauf, daß ihm von seinen Beträgen so viel verbleibt, als er zur Bestreitung seines notdürftigen Unterhalts bedarf. Der Gesetzgeber bevorzugt also ganz besonders die ehelichen Kinder des Schuldners. Daß er hiervon bei der Bek. v. 2. Mai 1918 hat abweichen wollen, ist ausgeschlossen. Eine Härte gegen diejenigen, zu deren Gunsten gerade die Zulagen bewilligt sind, hat der Bek. ferngelegen. Gr.

c) **Keine Pfändung des Urheber- und Verlagsrechts an einer Zeitschrift, ebensowenig die Pfändung des Titels einer Zeitschrift.**

Kammergericht, 7. ZS. Urteil v. 28. Juni 1918.

Gepfändet ist für den Kläger der seinem Schuldner zustehende Anspruch auf das Urheber- und Verlagsrecht an der Zeitschrift.... Die Grundlage des Beschlusses bildet der § 857. Indessen würde es sich nicht etwa um einen Anspruch auf das Urheber- und Verlagsrecht, sondern um das Urheber- und das Verlagsrecht als absolute Rechte handeln. Abgesehen hiervon ist das Verlagsrecht an der Zeitschrift nichts anderes als der Verlag selbst im Sinne eines gewerblichen Unternehmens. Ein Verlagsrecht ist an einem Werke der Literatur oder der Tonkunst möglich, an einer Zeitschrift als Ganzes kann es aber nicht bestehen. Wäre hiernach Vollstreckungsgegenstand der Verlag der Zeitschrift als ein Gewerbeunternehmen, so kommt weiter in Betracht, daß die ZPO. eine Vollstreckung in ein Erwerbsgeschäft als Ganzes nicht kennt (RG. 70 S. 227; aA. Falkmann Zwangsv. S. 825). So wenig der Verlag einer Zeitschrift durch Rechtsgeschäft wirksam verpfändet werden kann (RG. 68 S. 49), so wenig ist er pfändbar (vgl. noch Stein § 857, I 1). Der Verleger einer Zeitschrift hat keine andere Rechtsstellung als diejenige, die dem Inhaber eines Gewerbeunternehmens überhaupt zusteht. Sein Recht kann hiernach auch nicht als ein Urheberrecht bezeichnet werden (RG. 68 S. 53). Demgemäß besteht an dem Verlagsunternehmen der Zeitschrift weder ein Verlags- noch ein Urheberrecht, das gepfändet werden könnte. Auch der Zeitschrifttitel ist kein für sich selbständig und unabhängig vom Zeitschriftunternehmen übertragbares Recht (RG. 68 S. 55). L.n.

d) **Arrest gegen ausländische Staaten. Unterwerfung unter inländische Gerichtsbarkeit.**

Kammergericht, 5. ZS. Urteil v. 19. Februar 1919.

Der Arrestanspruch gründet sich auf einen Lieferungsvertrag über Eismaschinen zu Lazarettzwecken. Das Auftragsschreiben vom 1. Mai 1918 ist unter Benutzung eines Vordrucks hergestellt mit dem Kopfe: „Einkaufs- und Abnahmekommission des türkischen Kriegsministeriums Berlin" (Teuak). Es ist unterzeichnet, indem in einen Stempelabdruck „Der Vorsitzende der Einkaufs-... Oberst" dessen Name eingesetzt ist. Auf dem Formular sind „Lieferungsbedingungen" abgedruckt; darunter 8. „Erfüllungsort für beide Teile Berlin". 9. „Für alle Ansprüche aus diesem Vertrage ist das LG. Berlin I zuständig, sofern sich nicht beide Parteien einigen, ein Schiedsgericht aus drei Personen anzurufen, dessen Vorsitzenden der Präsident der Berliner Handelskammer ernennt." Das LG. hat den Arrestbefehl gegen den Osmanischen Reichsfiskus erlassen, ihn jedoch auf Widerspruch wieder aufgehoben. Die Berufung ist unbegründet.

1. Die Prozeßvoraussetzungen der gesetzlichen Vertretung des Beklagten und der Zulässigkeit des Rechtswegs müssen auch im Arrestverfahren vorliegen. Die Vertretungsbefugnis ist vor der Zulässigkeit des Rechtswegs zu prüfen, denn sie bedingt die Möglichkeit der Verhandlung mit dem Beklagten über die andere Prozeßvoraussetzung (RG. 34 S. 396; Gruchot 46 S. 1091). Auch hinsichtlich der Prozeßvoraussetzungen genügt die Glaubhaftmachung. Allerdings findet § 920² auf sie keine unmittelbare Anwendung, sondern gilt nur für die eigentlichen anspruchbegründenden Tatsachen. Nach Wesen und Zweck des Arrestverfahrens muß aber die das ganze Verfahren durchziehende Regel der Glaubhaftmachung ganz allgemein gelten (Stein ZPO. § 920 II 3). Der Antrag bezeichnet den türkischen Fiskus als durch die Teuak, diese wieder durch ihren Vorsitzenden vertreten. Wer den Fiskus in bürgerlichen Rechtsstreitigkeiten zu vertreten hat, bestimmt sich nach den Gesetzen des ausländischen Staates. Sie entscheiden darüber, welche Behörde nach Maßgabe der einschlägigen organisatorischen Vorschriften zur Wahrnehmung der Rechte des Staates im Hinblick auf die zu erledigende Vermögensangelegenheit berufen ist (RG. 66 S. 244, 67 S. 77). Der Kläger behauptet, daß der türkische Fiskus vorliegend durch das türkische Kriegsministerium vertreten werde, und daß dieses seine Befugnis zur Prozeßvertretung auf die Teuak delegiert habe. Allerdings erscheint die Annahme unbedenklich, daß jenes Ministerium zur Vertretung des türkischen Fiskus bei der Beschaffung von Heeresbedarf berechtigt ist; die ihm zugewiesene selbständige und verantwortliche Verwaltung seines Verwaltungszweiges umfaßt ferner naturgemäß die Befugnis zur Vertretung in Streitigkeiten über die dazu abgeschlossenen Geschäfte (vgl. RG. 77 S. 358). Aber eine Delegation wäre nur möglich an eine selbständige Behörde. Solche Behörden können nur durch Gesetz oder Verordnung geschaffen werden; ein Befehl des Kriegsministeriums kann dazu nicht genügen; dies gilt zweifellos auch nach türkischem Recht. Als selbständige Behörde ist danach die Teuak nicht anzusehen. Vielleicht möchte sie nach ihrer Bezeichnung und ihrem Zweck als eine an einem anderen Orte befindliche Abteilung des Kriegsministeriums anzusehen sein, und dann könnte sich fragen, ob ihr mit Rücksicht hierauf die gesetzliche Vertretung des Fiskus in gewissem Umfang zustehe. Doch kann dies dahingestellt bleiben. Denn jedenfalls ist sie Prozeßbevollmächtigte jenes Ministeriums. Sie ist eine Gruppe türkischer Offiziere, die in Deutschland auf Befehl des Ministeriums Heeresbedarf einzukaufen, abzunehmen, zu bezahlen und auf den Weg zu bringen hatte. Sie hatte zwar den Befehl ihres Ministeriums im Einzelfall abzuwarten; dieser Befehl gibt aber nur den Anlaß und Rahmen für ihre Tätigkeit, während sie das Geschäft selbst frei und selbständig abzuschließen und voll abzuwickeln hat. Sie schloß die Geschäfte für den türkischen Fiskus ab. Diese weitgehende Befugnis, die Kriegslage, die die Verbindung mit Konstantinopel erschwerte, und die Selbstverständlichkeit, daß die hiesigen Lieferer sich schwerlich darauf einlassen konnten und wollten, Prozesse in

Konstantinopel zu führen, zwingen — mindestens im Rahmen der Glaubhaftmachung — dazu, in jedem Auftrag des Kriegsministeriums zugleich die stillschweigende Vollmacht zu sehen, es in etwaigen in Deutschland entstehenden Prozessen für den türkischen Fiskus, soweit sie sich aus diesen Geschäften entwickeln, zu vertreten. Die Kommission wird mit Recht als durch ihren Vorsitzenden vertreten bezeichnet; denn bei einer militärischen Dienststelle ist regelmäßig davon auszugehen, daß sie jedenfalls nach außen durch den Vorsitzenden vertreten wird, sofern sie nicht, juristisch betrachtet, mit dem Vorsitzenden überhaupt identisch ist.

Der Beklagte wendet ein, daß jedenfalls heute diese Vertretungsbefugnis nicht mehr bestehe, da die Kommission am 2. Oktober 1918 aufgelöst sei. Diese Behauptung erscheint insoweit nicht glaubhaft gemacht, als es sich um die Abwicklung schwebender Geschäfte handelt. Schon an sich liegt es nahe, den Auflösungsbefehl nur in diesem Sinne zu verstehen; denn es fehlt jede Darlegung, wer etwa an ihrer Stelle sich damit hätte befassen sollen. Die Kommission hat aber auch über den 27. Oktober hinaus gerade in dem vorliegenden Geschäft noch weiter verhandelt, sie hat 85000 Mark gezahlt und Zustellungen entgegengenommen.

2. Nach einem allgemein anerkannten Satz des Völkerrechts unterliegen außerdeutsche Staaten, abgesehen von Streitigkeiten über im Inland belegene unbewegliche Sachen und von dem Falle freiwilliger Unterwerfung, nicht der inländischen Gerichtsgewalt. Dieser Satz folgt aus der gegenseitigen Achtung vor der Unabhängigkeit souveräner Staaten. Außer im Falle freiwilliger Unterwerfung ist deshalb insbesondere eine gerichtliche Zwangsvollstreckung in das im Inland befindliche bewegliche Vermögen fremder Staaten unzulässig. Die Reichsgesetzgebung (§ 24 ZPO., § 18ff. GVG., § 15 Nr. 3 EG. zur ZPO.) berührt diese Frage nicht. Dies ist auch in Preußen anerkannt (Pr. KompG. 25. Juni 1910, D.JZ. 1910 S. 808; 14. Juni 1902, BöhmsZ. 13 S. 397; 4. Januar 1882, JMBl. 1905 S. 202; Regierungserlasse aus 1819, 1832, 1834/35, Gruchot 26 S. 289; KG. 3. November 1893, Seuff. 50 S. 97; RG. 62 S. 165.

Der Rechtsweg wäre daher vorliegend unzulässig, wenn nicht freiwillige Unterwerfung unter die Zwangsvollstreckung glaubhaft gemacht werden könnte. Der Erlaß des Arrestbefehls ist zwar an sich noch keine Vollstreckung; diese ist erst der Arrestvollzug, für den der im summarischen Prozeßverfahren gewonnene Arrestbefehl nur den Titel bildet. Vom Standpunkt des Völkerrechts aus geht der Arrestbefehl aber über die Bedeutung anderer vollstreckbarer Titel als lediglich einer Voraussetzung für die Vollstreckung hinaus. Denn mit dem Arrestantrag bereitet der Gläubiger die Vollstreckung gegen den fremden Staat bereits unmittelbar vor: er muß den Arrestbefehl nach § 929 ZPO. binnen 1 Monat vollziehen, widrigenfalls seine Wirkung erlischt. Er zeigt daher die klare Absicht des Gläubigers, die Vollstreckung, und zwar alsbald zu betreiben, und wird also durch den Antrag bereits in

Richtung auf die Zwangsvollstreckung in einer Weise tätig, die über die Beschaffung anderer vollstreckbarer Titel hinausgeht. Dabei macht es keinen Unterschied, daß der Zwang nur der Sicherung, nicht der Befriedigung dienen soll.

Der Umfang der Unterwerfung bestimmt sich nach dem Willen des sich Unterwerfenden. Hier hat der Beklagte für alle Ansprüche aus dem Vertrage die Zuständigkeit des LG. Berlin I vereinbart; er hat sich damit der Rechtsprechung der preuß. Gerichte unterworfen. Diese freiwillige Unterwerfung unter die fremde Entscheidungsgewalt enthält aber nicht notwendig auch die Unterwerfung unter die Zwangsgewalt. Denn die Zwangsvollstreckung ist ein selbständiges Verfahren der ZPO.; auch ist keineswegs mit gerichtlichen Urteilen allgemein die gerichtliche Zwangsvollstreckung verbunden (D. JZ. 1910 S. 808, gegen Löning das. S. 164). Daß aber der Wille der für den Beklagten handelnden Kommission dahin gegangen sei, ihn auch der Zwangsvollstreckung und einem diese unmittelbar vorbereitenden Arrestverfahren zu unterwerfen, ist nicht glaubhaft gemacht. Die gleichzeitige Vereinbarung der möglichen Anrufung eines Schiedsgerichts läßt eher darauf schließen, daß ihr Wille nicht dahin gegangen ist, auch hinsichtlich der einen weit stärkeren Eingriff in die Staatsunabhängigkeit als eine gerichtliche oder schiedsgerichtliche Entscheidung enthaltenden Zwangsgewalt die Unterwerfung auszusprechen. Dieser Wille kann hier auch nicht für das inländische Vermögen des Beklagten angenommen werden; ein grundsätzlicher Unterschied in der völkerrechtlichen Beurteilung eines zwangsweisen Vorgehens gegen dieses Vermögen gegenüber dem anderweiten Vermögen des fremden Staates ist nicht anzuerkennen. Nach § 202 Anhang zur AGO. ist zwar der Erlaß eines Arrestes gegen außerdeutsche regierende Fürsten grundsätzlich nicht unstatthaft, aber die Gerichte haben vorher die Entscheidung des Justizministers einzuholen. Die Streitfrage, ob diese Vorschrift noch besteht und ob sie auch auf außerdeutsche Staaten auszudehnen ist, kann hier dahingestellt bleiben. Danach ist der Rechtsweg unzulässig. Die Frage der Rechtswirksamkeit der Zustellung des Arrestbefehls kann, da sie folgerichtig durch die Zulässigkeit des Rechtswegs bedingt wird, dahingestellt bleiben. O.e.

e) **Kosten nach Verzicht auf den Arrestbefehl.**

Kammergericht, 21. ZS. Beschluß v. 9. Juli 1918.

Das LG. hat die Kosten des Verfahrens, nachdem der Antragsteller auf die Rechte aus dem Arrestbefehle verzichtet hatte, dem Gegner auferlegt, weil der Arrestantrag nach der Sach- und Rechtslage, wie sie sich zurzeit des Urteils gestaltet habe, begründet sei. Der Beschwerdeführer macht geltend, entscheidend für die Kostenfrage sei die Sach- und Rechtslage zurzeit des Erlasses des Arrestbefehls, dieser sei aber unwirksam gewesen, weil ihm damals die Verfügung über sein inländisches Vermögen gemäß §§ 332, 334 StrPO. entzogen und ihm ein Güterpfleger bestellt gewesen sei. Die Beschwerde ist begründet. Der Grundsatz, daß im Widerspruchsverfahren die zurzeit des

Urteils bestehende Sach- und Rechtslage maßgebend ist, findet keine Anwendung, wenn sich die Hauptsache durch Verzicht erledigt hat und die Parteien nur darüber streiten, wer die Kosten zu tragen hat. In diesem Falle ist die Sach- und Rechtslage entscheidend, wie sie im Augenblick des Verzichts gestaltet war; und diejenige Partei hat die Kosten zu tragen, die in der Hauptsache unterlegen wäre, wenn der Verzicht nicht erfolgt wäre. Dies wäre aber der Antragsteller gewesen; der Arrestbefehl entbehrte jeder Rechtswirksamkeit, da der Beschwerdeführer nach §§ 332, 334 StrPO. die Verfügungsbefugnis über sein inländisches Vermögen verloren hatte und deshalb auch Verfügungen im Wege der Arrestvollziehung unwirksam waren (§§ 135, 136 BGB.; Rsp. 20 S. 337). Dr. P.

12. Versicherungsvertrag.

a) Einbruchsversicherung. Nachträge. Vertrag.

OLG. Hamburg, 3. ZS. Urteil v. 4. März 1919.

Eine Wohnung, in der während der Abwesenheit des Inhabers und seiner Familie eine dritte Person wöchentlich einige Male nächtigt und gelegentlich auch über Tag dort nach dem Rechten sieht, hat nach allgemeinem Sprachgebrauch als unbewohnt zu gelten. So bestimmt denn auch der Schein § 7 ausdrücklich, daß für die Vermeidung der infolge von Unbewohntsein der Wohnung entstehenden Gefahrerhöhung „mindestens" erforderlich sei, daß die Aufsicht durch eine Person ausgeübt werde, die sich „wenigstens während der Nacht" in dem Versicherungsraum aufhalte. Das bedeutet aber offensichtlich „allnächtlich". War sonach die Wohnung zurzeit des Einbruchsdiebstahls (1917) „unbewohnt", so fragt sich, ob der Nachtrag vom August 1915, in welchem für die Dauer des Unbewohntseins das Ruhen der Versicherung hinsichtlich des streitigen Tafelsilbers beredet worden, nur für das bezüglich dieses Nachtrags laufende Versicherungsjahr Geltung hatte, oder ob er auch noch zurzeit des Einbruchs zu Recht bestand, trotzdem inhaltlich des für 1917 geschlossenen Nachtrags lediglich vereinbart worden, daß die Versicherungsräumlichkeiten „auch weiterhin" unbewohnt bleiben und „infolgedessen wegen der erhöhten Gefahr" ein näher angegebener Prämienzuschlag zu entrichten sein solle. Diese Frage war im zweiten Sinne zu entscheiden.

Der erste Nachtrag von 1915, der für den Fall des Unbewohntseins das Ruhen der Versicherung des Silbers aussprach, wurde, worauf auch die ihm aufgedruckte Klausel ausdrücklich hinweist, Bestandteil des VersScheins, also des Vertrags. Nichts spricht für eine zeitliche Begrenzung auch im Fall einer Fortführung des Vertrags. Die weiteren Nachträge können aber nach § 133 BGB. nur dahin verstanden werden, daß sie im Zusammenhalt mit dem bislang vereinbarten Vertragsinhalt zu gelten haben, daß also auch „weiterhin" die Silberversicherung während des Unbewohntseins ruhen solle. Was für einen vernünftigen Sinn konnte es haben, wenn Beklagte für das eine Jahr die Versicherung des Silbers in solchem Falle ruhen ließ, sie aber in den folgenden Jahren trotz der bekanntermaßen durch die allgemeine Lage erheblich gestiegenen Einbruchsgefahr wieder in Kraft setze? Die Erhöhung der Prämie steht durchaus im Verhältnis zur längeren Zeitdauer der Versicherung. Nach Treu und Glauben konnten die Nachträge nicht anders verstanden werden, als daß auch jene nicht ausdrücklich wiederholte Klausel des ersten Nachtrags Geltung behalten solle. M. M.

b) **Viehversicherung. Unrichtige Antwort.**

α) OLG. Dresden, 3. ZS. Urteil v. 17. Mai 1918.

Der Kläger, der bei der Beklagten sein auf der Weide in B. befindliches Pferd versichert hatte, fordert — das Pferd ist an Drüse verendet — die Entschädigungssumme. Die Beklagte wendet ein, daß der Kläger im Versicherungsantrage die unter 9 gestellte Frage: „sind Umstände vorhanden, welche die zur Versicherung beantragten Tiere erheblich gefährden?" verneint habe, obwohl bereits damals unter den Pferden der B.er Weide die ansteckende Drüsenkrankheit ausgebrochen war. Allein jene Frage ist nach Treu und Glauben, besonders auch im Hinblick auf die am Schlusse des Fragebogens gedruckte Erklärung, daß der Versicherungsnehmer die Angaben nach bestem Wissen und Gewissen gemacht und alle ihm bekannten Umstände, die für die Entscheidung über die Annahme oder Ablehnung seines Antrags erheblich sein können, angegeben habe, dahin aufzufassen, daß der Versicherungsnehmer erklären soll, ob ihm solche Gefährdungsumstände bekannt seien. Eine Auslegung dahin, daß er für die objektiv richtige Angabe aller etwa vorhandenen Gefährdungsumstände habe einstehen sollen und wollen, würde zu weitgehende Anforderungen an seine Vertragspflichten stellen und den Grundsätzen der Vertragstreue und Billigkeit widersprechen. Sache der Beklagten war es, wenn sie sicher gehen wollte, ihn an der Hand besonders gestellter Fragen darauf hinzuweisen, über welche Gefahrenumstände eine Anzeige von ihm gefordert werde (§ 18 Ges.). Die unrichtige Beantwortung solcher Fragen hätte den Versicherer nach § 17[1] zum Rücktritt vom Vertrage berechtigt, mochte sich der Versicherungsnehmer der Unrichtigkeit seiner Anzeige bewußt gewesen sein oder nicht. Hier aber hatte der Kläger lediglich die in § 16[1] festgesetzte Pflicht, bei der Schließung des Vertrags alle ihm bekannten Umstände, die für die Übernahme der Gefahr erheblich waren, dem Versicherer anzuzeigen. Etwas weiteres, als ein Hinweis auf diese Pflicht ist der Frage 9 nicht zu entnehmen. Eine Pflicht des Versicherungsnehmers, vor Abschluß des Vertrags etwa Nachforschungen darüber anzustellen, ob besondere die Gefahr erhöhende Umstände vorhanden waren, bestand sonach nicht (Begründung zu §§ 16 bis 22). Wollte man aber auch annehmen, daß der Kläger über einen erheblichen Umstand eine unrichtige Anzeige im Sinne von § 17[1] gemacht habe, so trifft ihn doch kein Verschulden (§ 17[2]). Da er erst vor ganz kurzer Zeit das Tier gesund auf die Weide gebracht hatte und ihm dabei noch nichts von einer Erkrankung anderer dort befindlicher Pferde bekannt geworden war, durfte er davon ausgehen, daß sich in diesen Verhältnissen bis zum 6. Juni 1917 nichts geändert habe. In der Unterlassung der Nachfrage nach dem Gesundheitszustand der Weidetiere bei Abschluß der Versicherung kann hiernach ein schuldhaftes Verhalten des Klägers nicht gefunden werden. —e—

β) **Anfechtung wegen Irrtums. Verspätete Anzeige.**

OLG. Hamburg, 3. ZS. Urteil vom 23. Mai 1918.

Könnte der Versicherer den Vertrag wegen Irrtums anfechten, weil er ebenso wie der Versicherte über eine Eigenschaft des versicherten Gegenstandes, die für die Güte der übernommenen Gefahr erheblich war, geirrt hat, so hätte der Versicherte niemals die Gewißheit, wirklich gedeckt zu sein. Eine solche Anfechtung wäre also gegen den Sinn und Zweck der Versicherung. Sie ist auch durch § 6, besonders die §§ 17 bis 21 VVG. ausgeschlossen. Eine Anfechtung wegen arglistiger Täuschung bleibt zulässig. Aber sie scheitert hier daran, daß K., der Mann der Klägerin, bei Abschluß der Versicherung die unrichtige Angabe, daß das Pferd gesund sei, nicht arglistig und nicht einmal fahrlässig gemacht hat.

Das gleiche gilt von der verspäteten Anzeige der Krankheit. Hierfür ist gleichgültig, ob K. in bezug auf Pferde ganz unerfahren war oder ob er im Laufe der Zeit, während der seine Frau für ihr Geschäft ein Pferd hielt, einige Sachkunde erworben hatte. Jedenfalls besaß er nur eine oberflächliche Kenntnis und handelte richtig, wenn er sich durch die Anordnung des Tierarztes leiten ließ. In bezug auf dessen Zuziehung hat er nichts versäumt, da er ihn sowohl am 1. wie wiederum am 30. Juli hinzugerufen hat. Da der Tierarzt beide Male die Krankheit für nicht erheblich und ihre Anmeldung deswegen für nicht nötig gehalten hat, kann auch dem K. Fahrlässigkeit nicht deswegen vorgeworfen werden, weil er die Anzeige unterlassen hat. M. M.

c) **Lebensvermutung und Ausbedingung eines Lebenszeugnisses.**

OLG. Hamburg, 4. ZS. Urteil v. 29. November 1918.

Der Kläger hat gegen die Beklagte Anspruch auf eine jährliche Leibrente von 320 Mark, die gegen Einreichung des Versicherungsscheins und eines amtlich beglaubigten Lebenszeugnisses zu zahlen ist. Er ist seit 5. September 1912 verschollen. Sein Abwesenheitspfleger fordert die 1913 und 1914 fällig gewesenen Renten, indem er sich auf die Lebensvermutung des § 19 BGB. beruft. Das LG. ist ihm beigetreten. Sein Standpunkt kann jedoch nicht gebilligt werden. Zwar ist nichts dagegen einzuwenden, daß unter Umständen der Nachweis bestimmter Tatsachen, an den der Versicherer seine Zahlungspflicht geknüpft hat, auch auf einem anderen Wege als in den Bedingungen vorgeschrieben ist, erbracht werden kann. Das setzt aber jedenfalls voraus, daß der Nachweis dem vertraglich festgelegten völlig gleichwertig ist. Daran fehlt es hier. Während das vorgeschriebene amtlich beglaubigte Lebenszeugnis den Nachweis des Lebens zurzeit seiner Ausstellung erbringt, ergibt sich aus § 19 BGB. nur die Vermutung des Fortlebens des Verschollenen bis zu dem näher bezeichneten Zeitpunkte; der Beweis des Lebens wird durch sie nicht erbracht. Die gesetzliche Vermutung erstreckt sich zwar an sich auf alle Rechtsverhältnisse. Aber hier ist die gesetzliche Vermutung und jede sich an sie knüpfende Rechtswirkung durch Vereinbarung ausgeschaltet, indem ein Weg vorgeschrieben worden ist, auf dem das Leben nachzuweisen ist (RGKomm. § 19[2]). Ergibt sich somit aus dem Wortlaut des Versicherungsvertrags die Richtigkeit des grundsätzlichen Standpunkts der Beklagten, so ist er auch vom Gesichtspunkte der Billigkeit aus nicht zu beanstanden. Es ist nur als eine berechtigte Wahrung ihrer Interessen zu erachten, wenn die Beklagte in dem Bestreben, gegen alle Unklarheiten und Weiterungen gesichert zu sein, die gerade Fälle, wie der vorliegende, mit sich bringen können, das tatsächliche Leben der Versicherten zur Voraussetzung ihrer Zahlungspflicht macht und dafür einen bündigen Nachweis verlangt. M. M.

d) **Versicherung von Transporten gegen Diebstahl.**

OLG. Hamburg, 3. ZS. Urteil v. 13. März 1919.

Der hiesige Kläger, der dem X. 1918 Wäsche verkauft und fakturiert hatte, hat die Ware durch seinen Angestellten mittels Handwagens zum hiesigen Eilgutbahnhof schaffen lassen; dort ist die Karre mit der Ware gestohlen worden. Er hatte bei der Beklagten Ende 1917 für ein Jahr die Transporte u. a. von Wäsche mittels Bahn oder Post einschließlich An- und Abfuhr mittels Fuhre für Rechnung, wen es angeht, versichert, und zwar während der An- und Abfuhr von und nach der Bahnstation auch gegen Diebstahl, wobei vereinbart ist: „Unter diese Versicherung fällt nur der wirkliche Rollfuhrverkehr, während die Beförderung von Gütern und Postpaketen mit fremden Handwagen ausgeschlossen ist.“ Die Klage auf Wertersatz ist begründet.

Die Transportgefahr war zurzeit des Diebstahls noch nicht auf X. übergegangen. § 447 BGB. findet zwar an sich auch auf solche Transporte Anwendung, die der Verkäufer selbst ausführt. Das trifft jedoch hier nicht zu, da die verkaufte Ware durch die Bahn an den Bestimmungsort des Käufers befördert werden sollte, also auf Grund besonderen Transportvertrags. § 447 bestimmt aber, daß die Gefahr auf den Käufer schon dann, aber auch nicht früher, übergeht, wenn der Verkäufer die Sache der zur Ausführung der Versendung bestimmten Person oder Anstalt ausgeliefert hat. Das war hier noch nicht geschehen. Unstreitig sollte vielmehr der Angestellte des Klägers die Ware der Bahnverwaltung übergeben, wozu es indessen wegen des Diebstahls nicht gekommen ist. Daß die Vertragsteile des Kaufvertrags den § 447 BGB. geändert haben, kann dem Vermerk der Rechnung: „Zufolge Ihres Auftrags sandte für Ihre Rechnung und Gefahr“ nicht entnommen werden, ganz abgesehen davon, daß derartige einseitige Fakturenvermerke durch Stillschweigen des andern Teils nicht als vereinbart gelten können. Die Beklagte schuldet daher dem Kläger nach § 52 VVG. Wertersatz. Eine Abtretung der Kaufpreisforderung kann die Beklagte nicht beanspruchen, jedenfalls hier nicht, wo dem Kläger nach § 323 BGB. ein derartiger Anspruch überhaupt nicht zusteht. Stände er ihm zu, so könnte der Käufer sich auf § 281 BGB. berufen und entweder Abtretung der Versicherungsforderung oder Erstattung der Versicherungssumme beanspruchen. Eine doppelte Schadensvergütung käme also nicht in Frage. M. M.

e) **Haftpflichtversicherung. Entgangener Gewinn.**

OLG. Hamburg, 4. ZS. Urteil v. 3. Oktober 1918.

Der § 53 gehört zu den allgemeinen Vorschriften, die im Gesetz den besonderen Vorschriften über die einzelnen Arten der Schadensversicherung vorangestellt sind. Daraus kann aber nicht gefolgert werden, daß er auch auf alle solche Arten der Schadensversicherung anzuwenden ist, die begrifflich seine Anwendung ausschließen. Bei der Haftpflichtversicherung kommt ein Gewinn, der den Versicherten angeht, überhaupt nicht in Frage; Gegenstand der Versicherung ist weder die eingetretene Beschädigung der Person oder der Sache noch der infolge solcher Beschädigung dem Beschädigten entgehende Gewinn, sondern die Haftung des Versicherten auf Schadensersatz. Daraus folgt, daß § 53 auf diese Art der Schadensversicherung keine Anwendung finden kann, wie dies auch die Begründung zu § 149 mit voller Klarheit ergibt.

Ein entgehender Gewinn spielt bei der Haftpflichtversicherung nur insofern eine Rolle, als nach §§ 249, 252 BGB. die gesetzliche Haftpflicht des Versicherten den Ersatz des dem Geschädigten entgangenen Gewinnes einschließt. Er ist also ein Bestandteil des Schadens, für dessen Ersatz der Versicherungsnehmer aufzukommen hat. Die der Beklagten nach § 149 VVG. auf Grund des Versicherungsvertrags obliegende Leistung umfaßt demnach den Ersatz des dem Kahneigner entgehenden Gewinns, falls nicht die Parteien etwas anderes vereinbart haben. Das ist nicht der Fall. Im § 5 der Bedingungen wird lediglich gesagt, daß — wie es tatsächlich geschehen ist — die Versicherung erstreckt werden kann auf diejenigen gesetzlichen Haftpflichtansprüche, die wegen Beschädigung fremder Sachen erhoben werden. Dadurch ist der Kreis der Unfälle, wegen welcher die Beklagte dem Kläger Versicherungsschutz gewährte, erweitert worden. Nicht aber ist damit vereinbart, daß für die Bemessung des Schadens, den die Beklagte zu ersetzen hat, besondere einschränkende Grundsätze gelten sollten. Wollte die Beklagte ihre Haftung für den dem Beschädigten entgehenden Gewinn ausschließen, so hätte sie das klar ausdrücken müssen, zumal im § 5 die Haftung für eine ganze Reihe besonderer Unfälle ausgeschlossen ist. . . . M. M.

f) α) **Gesetzliche Haftpflichtverbindlichkeiten.**

OLG. Hamburg, 1. ZS. Urteil v. 22. April 1918.

Nach §§ 909, 1004 BGB. konnte die Stadt vom Kläger als dem Unternehmer der Ausschachtungsarbeiten und von X. als dem Bauherrn die Beseitigung der in der Senkung des Niveaus der Gerhardtstraße bestehenden

Beeinträchtigung des städtischen Eigentums verlangen, einerlei, ob diese Beeinträchtigung auf einem Verschulden des mittelbaren oder unmittelbaren Störers beruhte oder nicht (RGKomm. § 909 1. 4; § 1004 2). Die Verpflichtung des Klägers zu dieser Beseitigung bedeutet eine „Haftpflichtverbindlichkeit" im Sinne von § 1 der hier maßgeblichen Versicherungsbedingungen, die gegen den Kläger in seiner Eigenschaft als Unternehmer des versicherten Betriebes auf Grund der in Deutschland geltenden *gesetzlichen* Haftpflichtbestimmungen erhoben ist. Denn der Umstand, daß der Kläger gegenüber X. und anscheinend X. gegenüber der Stadt zur Beseitigung der Straßensenkung auf Grund besonderer vertraglicher Abreden verpflichtet war, ändert nichts daran, daß diese Verpflichtung gegenüber der Stadt auch in der oben angegebenen Weise auf *gesetzlicher* Grundlage ganz unabhängig von etwaigen Vertragspflichten beruhte. Nur wenn und soweit diese Vertragspflichten des Klägers über den Rahmen der schon durch das Gesetz selbst begründeten Verbindlichkeiten hinausgehen sollten, beruhen sie nicht auf gesetzlichen Haftpflichtbestimmungen im Sinne des angeführten § 1, was hier aber nicht in Frage kommt. Sollte nun auch die Stadt, als sie von X. die Beseitigung der Straßensenkung verlangte, und X., als er dies Verlangen an den Kläger weitergab und von ihm Freihaltung wegen der Ansprüche der Stadt beanspruchte, in erster Linie oder ausschließlich an die erwähnten Abreden gedacht haben, so lag in diesen Vorgängen doch insoweit die Geltendmachung (Erhebung) einer auf gesetzlicher Vorschrift begründeten „Haftpflichtverbindlichkeit" des Klägers, als die Stadt mit der Inanspruchnahme des Bauherrn, der — wie sie wußte — sich seinerseits an den Unternehmer hielt, mittelbar die erwähnte gesetzliche Verpflichtung des Klägers zur Wirksamkeit brachte. M. M.

β) **Beschädigung von Sachen, die zur Benutzung übergeben sind.**
OLG. Karlsruhe, 1. ZS. Urteil v. 31. Oktober 1917.

Der Kläger war bei der Beklagten gegen die gesetzliche Haftpflicht wegen Sachbeschädigung versichert. Nach § 5 der Bedingungen ist die Versicherung wegen Beschädigung von Sachen (Tieren) ausgeschlossen, die dem Versicherungsnehmer oder seinen Angestellten zur Bearbeitung, *Benutzung*, Beförderung oder zu sonstigen Zwecken in Gewahrsam oder Obhut übergeben oder von ihm übernommen worden sind. Ende 1915 veranstaltete der Kläger eine Treibjagd, an der ein Jagdaufseher sowie X. als Gastschützen teilnahmen. Da nur ein Treiber zur Verfügung stand, verwendete X. seinen Hund mit Zustimmung des Klägers dazu, das Wild aus dem Dickicht aufzustöbern und dem Kläger zuzutreiben. Der Hund trieb auch ein Stück Rehwild gegen den Stand des Klägers; dieser gab einen Schrotschuß ab und tötete den Hund, dessen Wert er dem X. ersetzte. Die Klage auf Erstattung dieses Betrages ist begründet. Allein wesentlich ist die Frage, ob der Hund weder dem Kläger zur Benutzung übergeben noch von ihm übernommen war. X. ging durch das Dickicht und ließ seinen Hund das in demselben lagernde Wild aufstöbern, um es dem Kläger zuzutreiben. Der Kläger selbst stand außerhalb des

Dickichts und wäre gar nicht in der Lage gewesen, dem Hund Weisungen zu erteilen, es war ihm überhaupt nicht möglich, selbst auf den Hund einzuwirken. Die Benutzung eines Tieres setzt aber immer die Möglichkeit voraus, auf das Tier einwirken zu können. Es kann deshalb auch eine stillschweigende Übernahme zur Benutzung des Hundes darin nicht gefunden werden, daß der Kläger damit einverstanden war, daß sein Jagdgast seinen Hund zum Durchstöbern des Dickichts nach Wild benutzt hat. B.ch.

g) **Versicherung zugunsten der Erben. Schenkung der Prämien.**

OLG. Hamburg, 6. ZS. Urteil v. 15. Juni 1918.

Die auf der Auslegung des Willens des Versicherungsnehmers beruhende Vermutung des § 167 ist hier nicht widerlegt. Zwar liegt, weil die Versicherungssumme am 1. Oktober 1936 und bei früherem Ableben des W. „an seine Erben" ausbezahlt werden sollte, die Möglichkeit vor, daß es W. in erster Reihe auf eine Kapitalanlage für sich selbst angekommen, die Versicherung zugunsten seiner Erben aber nur Nebensache gewesen ist. . . . Allein dem steht doch gegenüber, daß eine bloße Kapitalanlage gewöhnlich nicht der Beweggrund für solche Versicherungsnahmen ist, und daß demgemäß die mit einer Versicherung auf den Todesfall verbundene Versicherung auf Erlebensfall nur eine begleitende Rolle spielt, selbst wenn sie schon auf das Erleben des 50. Lebensjahres abgestellt wird — ein Umstand übrigens, der sich hier leicht daraus erklären läßt, daß W. schon im Alter von 25 Jahren die Versicherung genommen hat. Dem entspricht auch, daß derartige Versicherungen gewöhnlich, so auch hier, als Versicherungen auf den Todesfall, die daneben auf das Erleben gestellte Versicherung als *abgekürzte* Lebensversicherung bezeichnet wird. Es ist auch sehr gut möglich, daß W. in dem Gedanken, daß er voraussichtlich doch noch einmal für eine Familie zu sorgen haben werde, und mit Rücksicht darauf, daß, je früher er sein Leben versicherte, die Prämien um so geringer waren, zur Versicherung sich hat bestimmen lassen.

Ist aber davon auszugehen, daß W. von vornherein die Versicherungssumme für den Fall seines vorzeitigen Todes den Erben persönlich hat zusagen lassen, so hat nach der herrschenden Rechtsprechung der Anspruch auf jene Summe nicht zu *seinem* Vermögen gehört. Allerdings war nach dem Vertrage eine jederzeitige andere Bestimmung des Bezugsberechtigten durch einseitige Verfügung des W. nicht ausgeschlossen, so daß er Herr über die aus dem Versprechen der Gesellschaft sich ergebende Forderung blieb; wie er denn auch seine sämtlichen aus dem Vertrage hervorgehenden Rechte, einschließlich auch wohl seines Rechts auf Umbestimmung des Bezugsberechtigten, abtreten und verpfänden konnte, sie auch im Falle seines Konkurses in die Konkursmasse fielen. Das ändert aber nichts daran, daß, solange W. eine Umbestimmung auf seine Erben als solche nicht vornahm, er also die Forderung nicht auch für den Fall seines vorzeitigen Todes in sein Vermögen hereinnahm, der Anspruch nur im Fall des Erlebens des 1. Oktober 1936 ein sein Vermögen vermehrendes Recht war, nicht aber für den tatsächlich eingetretenen Fall seines vorzeitigen Todes. In diesem Fall ging auf seine Erben nur höchstens das an sich wertlose Recht über, die Auszahlung der Versicherungssumme an den bezugsberechtigten Dritten zu fordern (vgl. hierzu RG. 71 S. 326, 80 S. 177). Deshalb kann darin, daß W. am 20. Februar 1915 die Beklagte (seine Braut) für den Fall seines vorzeitigen Todes zur Bezugsberechtigten machte, eine den Pflichtteilsanspruch der Klägerin rechtfertigende „Schenkung" des Rechts auf die Versicherungssumme nicht gesehen werden, da eine Schenkung notwendig eine Bereicherung des Beschenkten aus dem Vermögen des Schenkgebers voraussetzt.

Aus seinem Vermögen aufgeopfert hat dagegen W. die für die Erlangung des Versprechens der Gesellschaft aufgewendeten Prämien. Insofern liegt allerdings eine Schenkung vor. Daß die Prämien nicht unmittelbar in das Vermögen der Beklagten geflossen sind, ist dabei gleichgültig. Geschenkt kann auch dadurch werden, daß der Schenkgeber ein Recht einem andern mit eigenen Opfern bei einem Dritten erwirbt. Die Schenkung besteht dann in den gebrachten Opfern. — Es ist auch gleichgültig, daß W. für den Erlebensfall das Recht für sich selbst erwerben wollte, für den Fall seines vorzeitigen Todes wollte er das Recht für den dann Bezugsberechtigten erwerben, für ihn also auch die Opfer bringen. Er wollte das auch unentgeltlich tun, weil er von der Beklagten dafür kein Entgelt haben wollte. Richtig ist, daß W. die Prämien nicht von vornherein bewußt für die Beklagte bezahlte. Er hat aber von vornherein sie für denjenigen zahlen wollen, der sein Erbe sein würde, nach der Auslegungsvorschrift des § 167 VVG. also für den, der zurzeit seines Todes als Erbe berufen wäre. Am 20. Februar 1915 hat er dann aber durch Testament die Beklagte zur alleinigen Erbin eingesetzt. Allerdings kann sein ebenfalls am 20. Februar 1915 an die Gesellschaft gerichtetes Schreiben, daß er die Versicherung zugunsten nicht mehr seiner Erben, sondern seiner Braut genommen haben wolle, den Gedanken nahelegen, daß er die Versicherung ursprünglich zugunsten seiner gesetzlichen Erben hat nehmen wollen. Allein auch das wäre ohne Belang, da ihm sonst nach Gesetz von vornherein das Recht zur Umbestimmung des Bezugsberechtigten vorbehalten blieb, er sich dessen, wie das Schreiben ergibt, auch wohl bewußt war; dann hat er aber von vornherein auch für den die Prämien zahlen wollen, den er später anstelle der gesetzlichen Erben bezugsberechtigt machen würde (vgl. RG. 61 S. 218). Der Beklagten zugewendet sind also die von Anfang an gezahlten Prämien nicht etwa nur die seit 20. Februar 1915 gezahlten zuzüglich der an jenem Tage bei einem Rückkauf sich ergebenden Rückkaufssumme, also dessen, was W. damals bei Aufgabe der Versicherung hätte erzielen können, nun aber mit für die Beklagte verwandte. — Zweifelhaft kann die Frage, ob in dieser Zuwendung der Prämien an die Beklagte eine Schenkung im Sinne des § 2325 BGB. gesehen werden kann, nur deshalb sein, weil eine Schenkung an sich ein Vertrag ist, also des Angebots und der Annahme bedarf. Allein unter § 2325 dürften nicht bloß eigentliche Schenkungen, sondern alle unentgeltlichen Verfügungen aus dem Vermögen des Erblassers, wie zB. auch Stiftungen fallen, da doch der § 2325 bezweckt, zu verhindern, daß nicht über das Vermögen des Erblassers zum Nachteil der Pflichtteilsberechtigten freigebig verfügt wird, und es dabei auf die Art, wie die Verfügung vorgenommen wird, nicht ankommen kann. Zudem liegen aber auch Angebot und Annahme hier vor. Denn, wenngleich die Beklagte das Recht auf die Versicherungssumme ohne weiteres, also auch ohne ihr Wissen und Wollen, mit dem Tode des W. erwarb, so kann doch die Einigung über die Zuwendung und deren Unentgeltlichkeit sehr wohl nachfolgen, zB. bei schenkungsweiser Tilgung einer Schuld, Eigentumszuwendung durch Verbindung. Jedenfalls nach dem Tode des W. aber hat eine derartige Einigung stattgefunden. Dadurch, daß damals die Gesellschaft die Beklagte von dem Anfall der Versicherungssumme benachrichtigte, erfuhr sie und sollte sie nach dem Willen des W. erfahren, daß sie die Summe und damit auch die unentgeltliche Zuwendung der für deren Erwerb von ihm aufgewendeten Kosten annehmen solle Daß W. damals schon tot war, machte nach § 153 BGB. für das Zustandekommen der Einigung nichts aus. Die Beklagte hat sich dann diesem Willen des W. gefügt, indem sie sich die Summe auszahlen ließ. Einer besonderen Annahmeerklärung gegenüber W.s Rechtsnachfolger, der sie übrigens selbst war, bedurfte es nach § 151 nicht. Dagegen trifft § 2330 BGB. auch wegen der Schenkung der Prämien nicht zu; denn die Versicherungsnahme des W. zugunsten seiner Braut entsprach weder einer sittlichen Pflicht, noch einer auf den Anstand zu nehmenden Rücksicht. Es wird allerdings unter Umständen auch einem jüngeren Manne für den Fall seines Todes eine Fürsorge für die Braut in größerem oder minderem Maße sittlich geboten sein können. Aber der allein dafür angeführte Umstand, daß die Beklagte mittellos gewesen sei, reicht um so weniger aus, als W. selbst vermögenslos war und nahe vermögenslose Verwandte hatte. M. M.

13. Öffentliches Versicherungsrecht.

a) Beamter oder Angestellter im Sinne der RVO.? [1]

OLG. Düsseldorf, 4. ZS. Urteil v. 25. Mai 1916.

Der Kläger St. war nach seiner Behauptung lebenslänglich als Rendant bei der Ortskrankenkasse S. angestellt. Bei Einführung der RVO. wurde diese Kasse geschlossen und ihr Vermögen der Ortskrankenkasse M. überwiesen.

[1] Wenn nach § 85 EG. zur RVO. die am 1. Januar 1914 bei den Aufsichtsbehörden schon anhängigen Ersatzansprüche an die Versicherungsämter abzugeben und von diesen nach der RVO. unter Ausschluß des Rechtsweges zu erledigen sind, so muß sicherlich das gleiche von den am 1. Januar 1914 noch nicht anhängigen Sachen gelten; deshalb sind jetzt Ersatzansprüche aus § 50 KrVG. v. 10. April 1892, die die RVO. nicht mehr kennt, unmittelbar vor die Versicherungsämter zu bringen und von diesen ohne Eingreifen der ordentlichen Gerichtsbarkeit zu erledigen (Urteil desselben ZS. v. 17. Januar 1916). J. n.

Der Kläger, dem die Kasse S. gekündigt hat, beansprucht als Beamter i. S. des § 305 RVO. Zahlung des Gehalts bis an sein Lebensende von beiden Kassen, sowie Haftung der Stadtgemeinde M. im Falle eines Fehlbetrags. Allein unter „Beamten" sind nach der RVO. nur solche Angestellte verstanden, die kraft Landesgesetzes Reichs- oder Gemeindebeamte sind oder denen die Rechte und Pflichten solcher Beamten auf Grund des § 359[4] durch die Landesregierung besonders übertragen worden sind. Dies ist in der Begründung S. 188 ausdrücklich ausgesprochen und wird durch Inhalt und Fassung des § 351 auch für das geltende Gesetz bestätigt. Eine besondere Klasse von „Beamten" neben den vorhin angeführten Klassen ist weder durch die frühere noch durch die neue Versicherungsgesetzgebung geschaffen worden. Für die entgegenstehende Ansicht kann auch nicht eine Stelle in der Begründung (§ 318 Entw. S. 194) angeführt werden. Wenn es hier heißt, daß besondere Rücksicht auf Beamte zu nehmen sei, die von vornherein staatliche oder gemeindliche Beamte seien oder von einer Kasse nach § 369 (jetzt 359) auf Lebenszeit ... angestellt seien, so bezieht sich dies nur auf solche Angestellte, die gemäß § 359 mit Genehmigung des Oberversicherungsamtes angestellt sind, und dann hatte die Begründung den ursprünglichen Text des § 369 (jetzt 359) im Auge, nach welchem solchen Angestellten die Rechte und Pflichten von Gemeindebeamten übertragen werden mußten, so daß es einen Unterschied zwischen besonderen „Kassenbeamten" und Gemeindebeamten tatsächlich nicht gab. Den § 369 hat der Reichstag in eine Befugnis der Landesregierung, den genannten Angestellten die Beamtenrechte zu übertragen, umgewandelt. Dadurch hat er aber nicht den Kreis der „Beamten" erweitern, sondern im Gegenteil einschränken wollen. Ein besonderer Stand von „Kassenbeamten" ist dadurch nicht geschaffen worden. Auch nach der früheren Gesetzgebung und nach dem sonstigen Staats- und Verwaltungsrecht sind die Angestellten von Ortskrankenkassen, selbst wenn sie lebenslänglich und nnwiderruflich in eine leitende Stellung der Kassen berufen waren, nicht als „Beamte" anzusprechen. Nach deutschem und preuß. Staatsrecht sind vielmehr Beamte nur solche Personen, die vom Staate selbst oder von einer organisch mit ihm verbundenen Körperschaft (wie der Gemeinde) zur Erfüllung staatlicher Aufgaben bestellt sind, und zwar in der Art, daß dadurch ein Gewaltverhältnis des Staates und eine besondere Gehorsams-, Treue- und Dienstpflicht des Beamten begründet wird (RG. 18 S. 173, 28 S. 80). Dies ist bei den Ortskrankenkassen nicht der Fall gewesen, da diese keine staatlichen, sondern Privatzwecke verfolgten, nämlich die Unterstützung ihrer Mitglieder in bestimmten Fällen. Daher ist den Angestellten der Krankenkassen auch nach früherem Recht die Eigenschaft als Beamte nicht zuerkannt worden (Pr. OberVerwG. Entsch. 20 S. 38). Die Ansicht der Berufung, der Kläger sei durch die Anstellung auf Lebenszeit sogar Gemeindebeamter geworden, geht daher fehl. Daß die Rechnungs- und Kassenführung der Ortskrankenkasse der amtlichen Aufsicht der beklagten Stadtgemeinde unterstand, begründet noch nicht seine Eigenschaft als Gemeindebeamter. Der Kassenvorstand, der ihn angestellt hat, ist nicht einmal mit dem Gemeindevorstand identisch, und die Ortskrankenkassen sind nicht Glieder, sondern nur Geschöpfe der Gemeinden, die an sich selbständig und unabhängig von der Gemeinde bestehen (§§ 16, 25 KrVG.). Demnach hat auch der § 42 das. die Rechnungs- und Kassenführer bei Handlungen zum Nachteil der Kasse nur dem § 266 StrGB. (wegen Untreue), nicht aber den Strafvorschriften wegen Verbrechen und Vergehen im Amte (§ 331 ff. das.) unterworfen. Die vom Kläger angeführten Entscheidungen des RG. treffen nicht den vorliegenden Fall. Die Beamten der Landesversicherungsanstalten waren durch AVf. vom 30. November 1899 gemäß § 98 des InvVG. vom 13. Juli 1899 den Gemeindebeamten an Gehalt gleichgestellt; für die früheren Ortskrankenkassen fehlt eine derartige Bestimmung. In RGSt. 32 S. 259 handelt es sich um einen Staatsbeamten, der als solcher vom Staate zum Kassenführer einer für einen Staatsbetrieb errichteten Betriebskrankenkasse nach § 64 Nr. 3 KrVG. ernannt worden war. Den früheren Angestellten der Krankenkassen sind auch in Preußen nicht die Rechte von Staats- oder Gemeindebeamten beigelegt worden, wie dies noch der Erlaß vom 8. März 1913 (HMBl. 1913 S. 124) klarstellt. Dies ist erst auf Grund des § 359 RVO. durch den Erlaß vom 18. Februar 1914 (aO. S. 79) geschehen und ist für den vorliegenden Fall belanglos.

Der Kläger galt daher nur als „Angestellter" der Ortskrankenkasse S. und diese war berechtigt, ihm nach § 302 RVO. und Art. 32 EG. zu kündigen (Hoffmann, RVO. § 290² S. 353, § 305 S. 373, § 359 S. 459³), der der von Hahn, Handbuch der Krankenversicherung (8./9. Aufl. 1915 zu § 290 Anm. 4 S. 461, § 302 S. 481, § 305 S. 484, § 349 Anm. 1b S. 560, § 359 Anm. 2a S. 584/585 und 2d S. 586) befürworteten gegenteiligen Auffassung mit Recht entgegentritt. Der Kläger kann sich nicht auf den Erlaß des Reichsamts des Innern vom 26. November 1913 (HMBl. S. 620) berufen, weil dieser die Rechte und Pflichten, die die geschlossenen Kassen gegenüber ihren Beamten und Angestellten abzuwickeln haben, nicht näher begrenzt. J.

b) **Begriff der Fahrlässigkeit nach § 901 RVO.**

OLG. München, 1. ZS. Urteil v. 10. Juli 1918.

Der seit 17. Oktober 1915 als Lehrling bei dem beklagten Müller beschäftigte X. verunglückte Anfang 1916 dadurch, daß er, während das Triebwerk in Gang war, den mit Mahlgut verstopften Schrotwalzenstuhl, der mit einem Rost oder einer sonstigen Sicherung nicht versehen war, zu reinigen versuchte und dabei mit seiner rechten Hand zwischen die beiden Walzen geriet. Die klagende Berufsgenossenschaft bewilligte ihm eine Monatsrente von 16 Mark. Der Anspruch auf Ersatz dieser Rente ist begründet.

Die Frage, ob einem Unternehmer nach § 901³ RVO. Fahrlässigkeit zur Last fällt, bestimmt sich nach strafgerichtlichen Gesichtspunkten (RG. 69 S. 345; JW. 1913 S. 383). Die strafrechtliche Fahrlässigkeit besteht in der Verursachung eines voraussehbaren, objektiv rechtswidrigen Erfolges durch einen, eine pflichtwidrige Unvorsichtigkeit in sich schließenden Willensakt; sie erfordert also ein unvorsichtiges Handeln, das in der Nichtanwendung der nach der obwaltenden Sachlage gebotenen Sorgfalt und Vorsicht sich zeigt, soweit solche vernünftigerweise von dem Handelnden gefordert werden konnte, sowie die Voraussehbarkeit des eingetretenen Erfolges durch den Täter nach seiner Individualität bei Anwendung der gewöhnlichen (pflichtmäßigen) Sorgfalt und Vorsicht (Olshausen StrGB. § 59[17]). Erforderlich ist ferner, daß der Täter gerade durch sein Gewerbe eine erhöhte besondere Verpflichtung zur Aufmerksamkeit hatte. Diese Voraussetzungen liegen hier vor. Selbst wenn der § 96 der Unfallverhütungsvorschriften vom 28. Sept. 1914 nicht bestünde, wäre der Beklagte verpflichtet gewesen, den Gefahren, die die Bedienung des Schrotwalzenstuhls durch einen jugendlichen Arbeiter mit sich brachte, durch geeignete Vorkehrungen zu begegnen. Die bloße Belehrung des X., den Walzenstuhl nur beim Ruhen des Betriebes zu reinigen, war hierzu keineswegs genügend, da Arbeiter, besonders jugendliche, erfahrungsgemäß derartige Anordnungen nicht dauernd zu beachten pflegen. Jener § 96 hat aber den Müllern noch besonders zur Pflicht gemacht, nebeneinander liegende Walzen, um eine Verletzung des Arbeiters durch Hineinfassen in die Walzen während des Ganges zu verhüten, über dem Einzuge mit festen Rosten zu versehen. Die Nichtbeachtung einer derartigen Vorschrift ist an sich für das Vorliegen strafrechtlicher Fahrlässigkeit nicht unbedingt entscheidend; sie ist aber für die Frage, ob Fahrlässigkeit vorliegt, von erheblicher Bedeutung; wird durch ihre Nichtbefolgung ein Betriebsunfall herbeigeführt, so trifft in der Regel den Unternehmer der Vorwurf der Fahrlässigkeit (Stier-Somlo RVO. 2 S. 659). Das Vorbringen des Beklagten genügt nicht zu seiner Entlastung. Es ist zunächst nicht zu bezweifeln, daß er gleich den übrigen Angehörigen der Klägerin ein Stück der neuen Unfallverhütungsvorschriften zugestellt erhalten hat. Die Klägerin hat Ende 1914 allen ihren Mitgliedern diese Vorschriften mit einem besonderen Hinweis auf die Neuerungen und mit dem Ersuchen um deren Beachtung ins Haus gesandt, und verweist zutreffend darauf, daß der Beklagte den beigefügten Lohnnachweisvordruck erhalten hat. Die neuen Vorschriften sind auch in mehreren Fachzeitschriften, u. a. in der vom Beklagten gehaltenen „Müllerzeitung", veröffentlicht worden. Er war als Inhaber eines Müllereibetriebes, auch wenn er nur ein „einfacher Landmüller" war, vermöge seines Gewerbes besonders verpflichtet, sich mit dem Inhalt dieser Vorschriften vertraut zu machen und die hiernach gebotenen Maßnahmen zu treffen. Hat er dies nicht getan, so hat er die Sorgfaltspflicht, die ihm vermöge seines Gewerbes in erhöhtem Maße oblag, verletzt. Daß er die Möglichkeit der Verletzung eines Arbeiters als Folge der Nichtanbringung einer Sicherheitsvorrichtung voraussehen konnte, ist bei der Einfachheit dieser Denkoperation nicht zu bezweifeln. Eine Verpflichtung, gerade auf den neu geschaffenen § 96 durch Fettdruck oder in anderer Weise besonders aufmerksam zu machen, bestand für die Klägerin um so weniger, als das beiliegende Rundschreiben auf die „allgemeine Umgestaltung“ und „durchgreifende Erweiterung“ der bestehenden Vorschriften besonders hinweist und um genaue Beachtung der Vorschriften dringend ersucht. Vergeblich beruft sich der Beklagte endlich auf das Rundschreiben der Klägerin vom 15. Dezember 1916. Wenn es dort heißt, daß die nebeneinander liegenden Walzen mit festen Rosten versehen sein „sollen“, so ist damit lediglich auf den längst in Kraft befindlichen § 96, der diese Vorkehrung unbedingt fordert, neuerdings hingewiesen; ein Zweifel daran, daß der § 96 eine bindende Verpflichtung geschaffen hat, kann daraus nicht entnommen werden. W.

c) **Erstattung der Kosten ärztlicher Gutachten nach § 903.**

OLG. Karlsruhe, 1. ZS. Urteil v. 2. April 1919.

Nach § 903 haftet der Beklagte für alles, was die Berufsgenossenschaft infolge des Unfalls nach Gesetz oder Satzung aufwenden muß. Diese Vorschrift ist nicht auf Entschädigungsleistungen (dh. Leistungen an den Verletzten) zu beschränken, sondern auf sonstige Leistungen zu erstrecken, die die Berufsgenossenschaft sofort wegen des Unfalls machen muß (vgl. Stier-Somlo S. 661). Hierfür spricht nicht nur der Wortlaut, sondern auch der Zweck der Vorschrift, der auf völlige Schadloshaltung der Berufsgenossenschaft geht. Daß diese aber gesetzlich berechtigt ist, ärztliche Gutachten zur Beurteilung des Zustandes des Verletzten und damit ihrer Entschädigungspflicht einzuholen, ist nicht nur selbstverständlich, sondern auch in § 158[3] anerkannt. Sch.

d) **Unfallfürsorge nach bay. Beamtenges. Art. 89, 90.**

Bayer. Oberstes Landesgericht, 2. ZS. Urteil vom 12. November 1917.

Nach Art. 89, 90 des bay. Beamtenges. hängt die Unfallfürsorge für die Hinterbliebenen davon ab, daß der Beamte in einem reichsgesetzlich der Unfallversicherung unterliegenden Betriebe beschäftigt war und infolge eines im Dienste erlittenen Betriebsunfalls starb. Das letztere Erfordernis ist dahin zu bestimmen, daß ein von einem bay. Beamten während seiner amtlichen Tätigkeit erlittener Betriebsunfall vorliegen muß. Das Berufungsgericht hat das Vorhandensein dieses Erfordernisses mit Recht verneint. Daß R., wenn er zurzeit seines Unfalls dem aktiven Heere — als Soldat oder als Militärbeamter — angehörte, nicht bei Ausübung einer ihm als bay. Bahnbeamten obliegenden Tätigkeit verunglückt sein kann, ist ohne weiteres klar. Die Erfüllung der Militärdienstpflicht schließt naturgemäß die Leistung von Diensten im Zivilstaatsdienst aus. Ein Beamter, der Heeresangehöriger ist und infolgedessen unter der militärischen Befehlsgewalt steht, kann auch die ihm nach Art. 12 des Beamtenges. obliegende Pflicht, den dienstlichen Befehlen seiner Vorgesetzten zu gehorchen, nicht erfüllen. Aber auch dann, wenn R. zurzeit seines Unfalls nicht Heeresangehöriger war, liegt ein im Dienste des bay. Staates erlittener Unfall nicht vor. Denn R. ist von der bay. Bahnverwaltung in Erfüllung der ihr nach § 28 Nr. 3 des KrLG.

obliegenden Pflicht zur Dienstleistung im Feldeisenbahnwesen „hergegeben“ worden. In der „Hergabe“ liegt der Verzicht der bay. Bahnverwaltung auf die Dienstleistungen des R. während seiner Verwendung im Feldeisenbahndienste. Während dieser Verwendung ruhte daher die Dienstpflicht des R. gegenüber dem bay. Staate. Infolgedessen können die von ihm bei den Feldeisenbahnformationen geleistelen Dienste nicht auch als dem bay. Staate geleistete Dienste gelten. Die von den Klägern behauptete Einheitlichkeit der Feldeisenbahnen und der Bahnbetriebe der Bundesstaaten besteht nicht. Das Feldeisenbahnwesen ist eine unabhängige, selbständige Einrichtung, die mit den Bahnbetrieben der Bundesstaaten nichts Gemeinschaftliches hat. Die Leitung der Feldeisenbahnen untersteht dem zum Großen Generalstabe des Heeres gehörenden Chef des Feldeisenbahnwesens und kann von den Bahnverwaltungen der Bundesstaaten nicht beeinflußt werden; auch nicht, soweit es sich um das von ihnen zur Verwendung im Feldeisenbahndienste hergegebene Personal und Material handelt. Jene Verwaltungen können zwar die Rückgabe einzelner ihrer Beamten beantragen, aber ein Recht auf die Rückgabe steht ihnen nicht zu. Es steht ausschließlich im Ermessen des Chefs des Feldeisenbahnwesens, ob er den Antrag genehmigen will (MilEisenbahnO. II D § 7). Ganz abwegig ist die Berufung der Kläger auf § 34 Ges. über die Pensionierung der Offiziere vom 31. Mai 1906. Denn abgesehen davon, daß diesem Gesetze jede Einwirkung auf das Beamtenrecht der einzelnen Gliedstaaten ferne liegt, ist (vgl. § 77^2 Nr. 2 das.) das Zurückgreifen auf die Unfallfürsorgebestimmungen des landesrechtlichen Beamtenrechts schon deshalb ausgeschlossen, weil für im Reichsdienst infolge von Betriebsunfällen verunglückte Heeresbeamte das Ges. vom 18. Juni 1901 aufrecht erhalten ist. **Kn.**

14. Familien- und Erbrecht.

a) Genehmigung zur Eheschließung nach § 1304.

Bayer. Oberstes Landesgericht, 1. ZS. Beschluß v. 1. März 1918.

P., der von 1895 bis 1898 in einem größeren Kaufmannsgeschäfte gelernt hatte und 1915 wegen Verschwendung und Trunksucht entmündigt wurde, will sich mit der 20jährigen K. verheiraten. Der Vormund hat die Einwilligung dazu verweigert. Nach § 1304^2 hat das VormGericht sie zu ersetzen, wenn die Eingehung der Ehe im Interesse des Mündels liegt. Fremde Interessen sind demnach nicht zu berücksichtigen, ausschlaggebend ist allein, ob die Ehe, die der Mündel einzugehen beabsichtigt, sein Bestes zu fördern geeignet ist. Hierüber ist unter Berücksichtigung aller Umstände zu entscheiden. Als solche Umstände kommen die Gesundheitsverhältnisse, die Altersverhältnisse, die Charaktereigenschaften, die Bildungsstufe, die Vermögensverhältnisse, die Standes- und Erwerbsverhältnisse der Brautleute in Betracht (vgl. Samml. 13 S. 186)... Das LG. hat erwogen, daß K. ein junges, einfaches Dienstmädchen vom Land, aus sehr ärmlichen Verhältnissen hervorgegangen, daher von geringer Lebenserfahrung und Bildung ist, daß sie selbst noch der Leitung und Erziehung bedarf und deshalb nicht als geeignet erscheinen kann, auf den mehr als doppelt so alten P. irgendeinen Einfluß auszuüben und ihm gegenüber ihren Willen zur Geltung zu bringen. Nicht zu beanstanden ist, daß das LG. zu dem Urteil über die Persönlichkeit der Braut gelangte, ohne sie selbst zu hören. Abgesehen davon, daß K. in dem Verfahren zu Wort gekommen ist, konnte das LG. auf Grund der Erfahrungen des täglichen Lebens und des Verhaltens der K. in der ganzen Angelegenheit ohne Verletzung des Gesetzes den Schluß ziehen, daß von ihr bei Eingehung der Ehe mit P. kein günstiger Einfluß auf ihn zu erwarten sei. Die Verneinung dieser Frage erscheint unbedenklich, da K. in mehrfacher Hinsicht nicht zu dem Beschwerdeführer paßt. Sie ist noch minderjährig und fast 20 Jahre jünger wie P., besitzt kein Vermögen, steht nicht auf der gleichen Bildungsstufe und ist von ungleichem Stand und Berufe. Die große Verschiedenheit in den beiderseitigen Lebensverhältnissen rechtfertigt auch die Annahme des LG., daß die Zulassung der beabsichtigten Eheschließung den Interessen des P. zuwiderläuft. Kn.

b) **Kenntnis der Nichtigkeit der Ehe.**

OLG. Dresden, 8. ZS. Urteil v. 27. September 1918.

Auf die Klage der jetzigen Klägerin ist deren Ehe aus § 1333 rechtskräftig für nichtig erklärt worden, weil dem Beklagten bereits zurzeit der Eheschließung jeder normale Geschlechtstrieb gefehlt habe. Die Klägerin fordert jetzt Unterhalt durch Gewährung einer Geldrente, da dem Beklagten die Nichtigkeit der Ehe bei der Eheschließung bekannt gewesen sei. Der Anspruch ist nicht begründet.

Der Beklagte leidet nach dem Gutachten des Gesundheitsamtes an hochgradiger angeborener Schwäche seines Geschlechtstriebes. Sein Krankheitszustand hat sich darin gezeigt, daß er von Jugend auf dem geselligen Verkehre mit Mädchen abhold war und infolgedessen als Weiberfeind galt und daß er auch im Alter der Geschlechtsreife nur selten geschlechtliche Neigungen gefühlt hat. Auch von seiner Braut und Gattin hat er nicht die geringsten geschlechtlichen Anregungen erfahren; er hat sie weder umarmt noch geküßt, nicht einmal den üblichen Verlobungskuß mit ihr ausgetauscht, vielmehr jede Liebkosung und Zärtlichkeit vermieden, „weil er so etwas für unanständig und unmoralisch hielt". Während seiner Ehe hat er nie versucht, mit seiner Frau geschlechtlich zu verkehren. Er hat weder einen Arzt über seinen Zustand zugezogen, noch hierüber mit seiner Frau gesprochen und im Eheprozesse selbst behauptet, er sei seit seiner Verheiratung zur Ausübung des Beischlafs unfähig. Diese Feststellungen mögen für die Annahme genügen, daß er bereits zurzeit der Eheschließung das Bewußtsein von seiner von der Regel abweichenden Stellung zum weiblichen Geschlechte gehabt hat. Sie widerlegen jedoch nicht seine Verteidigung, er habe geglaubt, daß sich das Verlangen nach Geschlechtsverkehr und der Trieb dazu in der Ehe durch das Zusammenleben mit einer Frau schon einstellen werde. Denn bei seinen völlig normal entwickelten Geschlechtsorganen durfte er sich für befähigt halten, die geschlechtlichen Bedürfnisse einer Frau in der Ehe zu befriedigen, obwohl ihm bis dahin jede Zuneigung zum weiblichen Geschlecht gefehlt und obwohl er auch vorher niemals ein Verlangen nach Geschlechtsverkehr verspürt hat. Der Gutachter A. kommt zwar zu dem Schlusse, daß der Beklagte beim Eingehen der Ehe bis zu einem gewissen Grade wahrscheinlich seine Impotenz gekannt hat oder wenigstens erkennen mußte, daß sein gesamtes Geschlechtsempfinden nicht das eines normalen Menschen war. Die vom Gesundheitsamte bejahte Frage, ob der Beklagte nicht trotzdem in der Ehe eine Besserung seines krankhaften Zustandes erhoffen dürfte, läßt dagegen A. unbeantwortet. Der aus § 1345 [1] hergeleitete Unterhaltsanspruch setzt aber in der Person des Beklagten die wirkliche Kenntnis der Nichtigkeit der Ehe bei der Eheschließung — nicht ein bloßes „Kennenmüssen" (Planck § 1345[4]) oder die bloße Kenntnis der die Nichtigkeit der Ehe begründenden Tatsachen — voraus. Daran aber fehlt es hier, da der Beklagte bei normal entwickelten Geschlechtsorganen trotz seines mangelhaften geschlechtlichen Empfindens und trotz seiner ihm bewußten, von der Regel abweichenden Stellung zum weiblichen Geschlecht glauben konnte, „er werde in der Ehe leben, wie die anderen, also auch Geschlechtsverkehr pflegen" (Gesundheitsamt), dem Beklagten mithin das Bewußtsein fehlte, daß seinem körperlichen Zustande die Eigenschaft eines Nichtigkeits- oder Anfechtungsgrundes zukomme.[1] —e—

c) Gilt § 1394 auch für die getrennt lebende Frau?

OLG. Colmar, 3. ZS. Urteil v. 14. Mai 1917.

Der Anspruch der Frau, daß der Mann die Steuern zahle, gehört zu denjenigen Ansprüchen, die ihr auf Grund der Verwaltung und Nutznießung des eingebrachten Gutes gegen den Mann zustehen. Er unterliegt daher der Regel des § 1394. Sie gilt sowohl für den Leistungsanspruch der Frau auf Zahlung der bereits umgelegten Steuern als für die hier beantragte Feststellung, daß der Mann auch die künftig zur Veranlagung kommenden Steuern zu tragen habe. Denn auch mit dieser Feststellungsklage wird der Anspruch gerichtlich geltend gemacht. Der Mann soll frei schalten und walten können, so wie er es glaubt, dem Gesetz gegenüber verantworten zu können. Deshalb darf die Frau das Gericht nicht anrufen, um ihn wegen der Nutznießung zur Rechenschaft zu ziehen, solange sie ihm zusteht; ebenso ist ihr verwehrt, ihn durch Anrufung zu bestimmten Verwaltungshandlungen zu nötigen. Die Ausnahme des § 1391 liegt hier nicht vor. Ebensowenig ist der § 1394 S. 2 anwendbar; danach kann die Frau den Mann dazu anhalten, den Reinertrag zur Bestreitung des Unterhalts der Familie zu verwenden,

[1] Wenn auch im § 1356 unter „Arbeiten im Geschäfte" nicht ausschließlich mechanische Dienstleistungen zu verstehen sind, sondern auch der Abschluß von Rechtsgeschäften, besonders von Verkäufen im Kleinhandel darunter fallen kann, so ist doch immer nur an Hilfeleistungen zu denken, die dem Mann als dem Leiter des Geschäfts geleistet werden; die selbständige Leitung des Betriebes oder auch nur eines Teiles geht darüber hinaus (RG., 4. StrS. Urteil v. 21. Juni 1918; RGSt. 52 S. 279).

nicht also auch dazu, aus dem Ertrage des Eingebrachten die darauf ruhenden Lasten zu zahlen. B.

d) **Vergleich der Frau über Schmerzensgeld fällt unter § 1395.**

OLG. Hamburg, 6. ZS. Zwischenurteil v. 12. Dezember 1918.

Die Klägerin beansprucht in erster Linie Schmerzensgeld. Da dieser Anspruch in den §§ 1366 bis 1370, die die Bestandteile des Vorbehaltsgutes erschöpfend aufzählen, nicht mit aufgeführt ist, gehört er notwendig zum eingebrachten Vermögen (§§ 1363, 1365; vgl. RG. 90 S. 69). Auch der Ersatzanspruch wegen verminderter Arbeitsfähigkeit gehört nicht zum Vorbehaltsgut, da er besonders nicht unter § 1370 fällt. Ob die Klägerin überhaupt berechtigt ist, den durch die Minderung ihrer Tätigkeit im Hausstande erstehenden Schaden selbst geltend zu machen, oder ob dieser nicht den Mann der Klägerin betrifft und von ihm hätte geltend gemacht werden müssen, kann dahinstehen, da die Klägerin hier mit Zustimmung ihres Mannes klagt und, falls dieser Anspruch ein solcher des Mannes und nicht der Frau wäre, jedenfalls die Klägerin nicht befugt gewesen wäre, über ihn durch einen Vergleich rechtswirksam zu verfügen. Dasselbe gilt aber auch von denjenigen Ansprüchen, die zum eingebrachten Gut gehören. Denn nach § 1395 bedarf die Frau zur Verfügung über eingebrachtes Gut der Einwilligung des Mannes. Die Beklagte hat, um den Vergleich wirksam zu machen, nicht nach § 1396[2] verfahren, auch hat der Mann nicht den Vergleich genehmigt. Die Beklagte hat sich jetzt darauf berufen, daß der Vergleich nach § 1401 gültig sei, weil der Mann damals im Felde, also abwesend gewesen sei. Es fehlt aber nicht nur an der Voraussetzung, daß der Mann durch seine Abwesenheit an der Abgabe der Erklärung verhindert worden ist, sondern vor allem ist auch nichts dafür vorgebracht, daß mit dem Aufschub Gefahr verbunden gewesen ist. M. M.

e) **Aufhebung der Verwaltung nach § 1418 Nr. 1.**

OLG. Hamburg, 6. ZS. Urteil v. 15. Juni 1918.

Da der Mann nach § 1373 alles eingebrachte Gut, auch soweit es sich in Händen Dritter befindet, in Besitz nehmen darf, und die Frau nach §§ 1395ff. vielfach in der Verfügung über ihr Eingebrachtes an seine Zustimmung gebunden ist, nimmt der Umstand, daß der Mann eingebrachtes Gut nicht unter sich hat, der Klage keinesfalls jeglichen Wert. Hier rechtfertigt an sich das Verhalten des Mannes in seiner Gesamtheit die Besorgnis, daß er bei der Verwaltung des eingebrachten Gutes, wenn er es in seine Hand bringt, nur die eigenen Belange verfolgend rücksichtslos die Rechte der Klägerin verletzen wird. Dafür spricht der Scheidungsprozeß, wo er nicht davor zurückgeschreckt ist, die Rechte der Frau selbst durch Anstiftung einer Zeugin zu einer falschen eidesstattlichen Erklärung zu vereiteln. Auch die Tatsache, daß er der Klägerin auf der Straße Uhr und Kette vom Leibe gerissen und zerstört hat, läßt eine gehässige Gesinnung erkennen, die vor keiner Schädigung zurückschreckt; daß es sich dabei um Vorbehaltsgut handelt, ist gleichgültig, da das „Verhalten des Mannes" im Sinne der §§ 1418 Nr. 1, 1391[1] kein Verhalten in bezug auf das eingebrachte Gut zu sein braucht. Dagegen ist hier eine erhebliche Gefährdung des eingebrachten Gutes nicht zu besorgen, weil sich solches zurzeit nicht in seinen Händen befindet und er durch die gegen ihn verhängte Zuchthausstrafe von $1^1/_2$ Jahren voraussichtlich noch länger als ein Jahr verhindert sein wird, sich in den Besitz zu setzen und sonst in irgendeiner Art auf das eingebrachte Gut einzuwirken, anderseits zu erwarten ist, daß bis zu seiner Freilassung die Ehe rechtskräftig geschieden sein wird und sein Verwaltungsrecht somit ohnehin verloren geht. M. M.

f) **Ehe- und Erbvertrag in derselben Urkunde und in der Form des Ehevertrags.**[1]

Kammergericht, 1. ZS. Beschluß v. 11. Januar 1917.

N. war mit der A. verheiratet und hat mit ihr 5 Kinder erzeugt. Nach Scheidung dieser Ehe ging N. 1911 eine neue Ehe mit der P. ein, in der ein Kind geboren wurde. N. und P. schlossen im Februar 1913 einen Ehe- und Erbvertrag ab, in dem sie sich gegenseitig zu Erben einsetzten mit der Bestimmung, daß nach ihrem beiderseitigen Ableben die gemeinschaftlichen Kinder und die Kinder aus der ersten Ehe des Mannes sie beerben sollten. Demnächst errichtete N. ein eigenhändiges Testament, in dem er seine zweite Frau auf den Pflichtteil setzte. Auf Grund dieses Testaments erbaten die erstehelichen Kinder einen gemeinschaftlichen Erbschein dahin, daß sie Alleinerben des Erblassers seien. Das Amtsgericht lehnte ab, weil das Testament gegenüber dem Erbvertrage unwirksam sei. Die Beschwerde hatte Erfolg. Die weitere Beschwerde der P. ist begründet.

Daß der Erbvertrag der Wirksamkeit des späteren Testaments entgegenstehen würde, ist nach § 2289¹ nicht zweifelhaft. Er ist zwar vor einem Notar ohne Zuziehung eines zweiten Notars oder zweier Zeugen errichtet, er kann trotzdem gültig sein, wenn er mit einem Ehevertrag in derselben Urkunde verbunden ist (§§ 2276¹, 2233, 2276²). Der „Ehe- und Erbvertrag" lautet in seinem hier wesentlichen Teil:

„Wir schließen für unsere Ehe die Verwaltung und Nutznießung des Mannes am Vermögen der Frau aus und beantragen, dies in das Güterrechtsregister einzutragen, indem wir unser früheres Abkommen vom Januar 1913 bestätigen. Ohne mich mit meiner jetzigen Frau wegen des bisher bestehenden Güterrechts auseinanderzusetzen, schenke ich ihr ferner meine Hausbesitzung, was ich, Frau P., annehme.

Demnächst schlossen die Eheleute folgenden Erbvertrag."

Das LG. findet in diesem Vertrage nicht einen Ehevertrag im Sinne des § 1432, da es sich lediglich um die Feststellung eines bestehenden Güterrechts, um die Wiederholung und Bestätigung eines früheren Abkommens handle. Dabei wird auf den von den Eheleuten unter gleichzeitiger Anwesenheit vor demselben Notar geschlossenen Vertrag vom Januar 1913 verwiesen, in dem

[1] Der § 1432 begreift unter Ehevertrag jede vertragsmäßige Regelung der güterrechtlichen Verhältnisse; er liegt daher auch dann vor, wenn sich die Regelung nur auf bestimmte Vermögensstücke (zB. Sparkassenguthaben) bezieht (OLG. Stuttgart, 3. ZS. Urteil v. 20. März 1917; württZ. 29 S. 97).

es heißt: „Für unsere Ehe vereinbaren wir hiermit vollständige Gütertrennung unter Ausschluß der Verwaltung und Nutznießung des Mannes am Vermögen der Frau." Diese Auffassung ist jedoch nicht frei von Rechtsirrtum.... Ein Ehevertrag ist nach § 1432 jeder Vertrag, durch den Eheleute „ihre güterrechtlichen Verhältnisse .. regeln, insbesondere auch nach der Eingehung der Ehe den Güterstand aufheben oder ändern". Danach kann es nur darauf ankommen, ob die Eheleute ihre güterrechtlichen Verhältnisse nach ihrem Willen vertragsmäßig bestimmen wollten. Ob eine solche Bestimmung die gewünschten Rechtsfolgen hat, oder ob es einer solchen mit Rücksicht auf frühere Verträge bedurfte, kann für die Frage, ob der unter den Eheleuten geschlossene Vertrag ein Ehevertrag ist, nicht entscheidend sein. Das LG. hat das Abkommen vom Januar 1913 für einen gültigen Ehevertrag angesehen, und diese Auffassung ist anscheinend auch richtig. Waren die Ehegatten aber anderer Ansicht und rechneten sie mit der Nichtigkeit jenes Vertrags, so blieb ihnen gar kein anderer Weg offen, als ihn in der Form des Ehevertrags zu bestätigen (§ 141), und auch, wenn sie etwa die Anfechtbarkeit in Betracht zogen, mag ihnen die erneute Vornahme des Rechtsgeschäfts, wenn sie auch nicht notwendig war (§ 1443), nützlich erschienen sein. Die Rechtsordnung verschließt Eheleuten überhaupt nicht den Weg, zur besseren Klarheit oder erhöhten Sicherheit Abreden eines Ehevertrags rechtsgeschäftlich zu bestätigen, und sie können diese Bestätigung jedenfalls stets dann in der Form und mit der Wirkung eines Ehevertrags vornehmen, wenn dieses Rechtsgeschäft für sich allein als erneute Vornahme des älteren Rechtsaktes die güterrechtlichen Verhältnisse regeln soll. Das ist aber hier offensichtlich der Fall, und daher hat das LG. dem Vertrag vom Februar 1913 mit Unrecht die Bedeutung eines mit einem Ehevertrag verbundenen Erbvertrags abgesprochen.

Aber auch die Entscheidung des Amtsgerichts ist nicht frei von Rechtsirrtum. Nur ein rechtsbeständiger Ehevertrag gewährt dem Erbvertrag die Formerleichterung des § 2276², und hier sind, mit Rücksicht auf den Inhalt des Testaments, gewisse Zweifel an der Gültigkeit des Ehevertrags gerechtfertigt, wobei zu berücksichtigen ist, daß für den Einfluß etwaiger Nichtigkeit des Schenkungsvertrags auf die sonstigen Abreden der § 139 maßgebend ist. Das Amtsgericht hätte diesen Zweifeln nachgehen und zweckmäßig auch den beurkundenden Notar über den Zusammenhang der Verträge vom Januar und Februar 1913 hören müssen. RJA.

g) **Allgemeine GG.: α) Kann der Mann ein gekauftes Grundstück mit Wohnungs- oder sonstigen Benutzungsrechten oder Rentenschulden belasten?**

OLG. Karlsruhe, 1. ZS. Beschluß v. 3. Juli 1918.

Die Eheleute A. verkauften ein Grundstück an die mit ihren Kindern die GG. fortsetzende Witwe Sch. und bestimmten über die Gegenleistung: „Die Erwerberin übernimmt die alleinige persönliche Verpflichtung zur Bezahlung der auf dem Grundstück in Abt. III Nr. 1 lastenden Hypothekenschuld. Daneben wird sie dem Ehemann A. auf seine Lebenszeit eine Jahresrente von 3200 Mark schuldig; überlebt die Frau A. ihren Mann, so steht ihr auf Lebenszeit eine Jahresrente von 2200 Mark zu. Außerdem behalten die Eheleute A. auf Lebenszeit ohne Entgelt ihre bisherige Wohnung und die Benutzung des Gartens." Die von der Witwe Sch. beantragte Eintragung des Wohnungs- und Benutzungsrechts, sowie der Rentenschuld wurde abgelehnt. Die weitere Beschwerde ist unbegründet. Daß die Belastung eines Grundstücks mit einem Wohnungs- und Benutzungsrecht und mit Rentenschulden eine Verfügung über das Grundstück enthält, kann keinem Zweifel unterliegen. Es läßt sich auch nicht bestreiten, daß hier ein zum Gesamtgut der fortgesetzten GG. gehörendes Grundstück Gegenstand der Verfügung der Witwe Sch. ist. Diese hat das gekaufte Grundstück im voraus für die Zeit, zu der es zum Gesamtgut gehören wird, belastet und ihre Erklärungen können selbstverständlich nicht den Sinn haben, daß sie als Nichteigentümerin zugunsten der verkaufenden Eigentümer dingliche Rechte an deren Grundstück bestellte (Rsp. 2 S. 361 b). Das RG. (69 S. 177) hat nur die Frage, ob der in Güter- oder Errungenschaftsgemeinschaft lebende Mann beim Erwerb eines Grundstücks zum Gesamtgut an diesem ohne Zustimmung der Frau eine Hypothek für den Erwerbspreis bestellen kann, bejaht. Der Auffassung des Notariats, daß der Mann das erworbene Grundstück ohne Einwilligung der Frau auch mit anderen dinglichen Rechten, besonders mit Wohnungs- und Benutzungsrechten sowie Rentenschulden, belasten dürfe, wenn diese Rechte die Gegenleistung für die Übereignung bilden und die vom Manne getroffene Verfügung deshalb auf das engste mit dem Erwerbsvertrag selbst zusammenhänge, kann nicht beigetreten werden. Es läßt sich nicht behaupten, daß diese Auffassung eine zwingende Folgerung aus dem Standpunkt des RG. sei und daß sie sich besonders aus den Schlußsätzen der Entscheidung ergebe. Dort ist hervorgehoben, daß darüber, ob der in Güter- oder Errungenschaftsgemeinschaft lebende Mann das zu erwerbende Grundstück auch für andere Schulden als den Erwerbspreis, zB. auch für ein zu dessen Tilgung aufgenommenes Darlehen, belasten könne, nicht entschieden werde, weil kein Anlaß dazu vorliege. Das RG. hat dieser Bemerkung beigefügt: „doch sei auf den leicht erkennbaren Unterschied zwischen Verfügungen, die aufs engste mit dem Erwerbsvertrage selbst zusammenhängen, und solchen Geschäften, die gar nicht oder nur lose in Beziehung zu ihm stehen, hingewiesen." Diese Worte enthalten lediglich eine Begründung dafür, warum aus der Entscheidung nicht gefolgert werden darf, daß der Mann das zu erwerbende Grundstück auch für andere Schulden als den Erwerbspreis belasten kann. Das RG. hat in diesen Schlußsätzen aber nicht ausgesprochen, daß der Mann zu sämtlichen Verfügungen über das erworbene Grundstück, durch die die Gegenleistung für den Erwerb des Grundstücks gewährt werden soll, die Einwilligung der Frau nicht bedarf. Gegen diese Annahme spricht die vorausgehende Begründung; das RG. hat aus allgemeinen Erwägungen und mit Rücksicht auf die Entstehungsgeschichte gefolgert, daß sich der § 1445 nur auf solche Geschäfte erstrecke, die eine ähnliche einschneidende Wirkung auf das Gesamtgut möglicherweise üben können wie die Verfügung über das Gesamtgut im ganzen (§ 1444) oder eine Schenkung aus dem Gesamtgut (§ 1446) und die daher im gewöhnlichen Geschäftsverkehr auch nur selten vorkommen. Zu solchen Geschäften könne aber die von jeher und alltäglich geübte Pfandbestellung für den Erwerbspreis oder Resterwerbspreis aus einem Grundstückserwerbsvertrage nicht gerechnet werden. Sie ändere nichts an dem Wesen eines solchen Vertrags als eines Erwerbsgeschäftes und werde unter gewöhnlichen Umständen, namentlich bei billigem oder doch preiswertem Erwerb von Grundstücken, der fast immer zu vermuten sei, von niemand für gefährlich erachtet. Wenn dem Mann eine der wichtigsten und alltäglichsten Verfügungen beim Grundstückserwerb, wie es die Verpfändung des Kaufgegenstandes für den rückständig bleibenden Kaufpreis sei, verboten wäre, so würde dies nahezu zur Umstoßung des Grundsatzes führen, daß das Gesamtgut der unbeschränkten Verwaltung des Mannes unterliege. Mit dieser Begründung ist die Auffassung nicht vereinbar, daß der Mann auch solche Belastungen, wie sie hier vorliegen, die keineswegs alltäglich sind, deren wirtschaftliche Tragweite vom Zufall abhängt und die eine ähnlich einschneidende Wirkung auf das Gesamtgut ausüben können wie eine Schenkung, ohne Einwilligung der Frau vornehmen darf. Eine solche Auffassung steht aber auch in unvereinbarem Widerspruch mit dem klaren Wortlaut und Sinn des § 1445. Mit dem im Gesetze nicht ausgesprochenen Satze: „Was auf erlaubtem indirektem Wege möglich ist, muß auch ohne Kosten und Umstände unmittelbar vorgenommen werden können", kann man sich über eine gesetzliche Vorschrift nicht hinwegsetzen. Die bloße Möglichkeit, eine Vorschrift zu umgehen, ist nicht ausschlaggebend für die eine oder andere Auslegung dieser Vorschrift. Übrigens steht keineswegs fest, daß § 1445 auf dem vom Notariat bezeichneten Wege in erlaubter und rechtswirksamer Weise umgangen werden kann (RG. 54 S. 285 oben). Das Grundbuchamt hat nach objektiven, festen Merkmalen zu beurteilen, ob die Einwilligung der anteilsberechtigten Abkömmlinge zur Belastung des Grundstücks erforderlich ist. Ob der Vertrag für die Erwerberin vorteilhaft ist, hat es nicht nachzuprüfen. Es ist bei dem gewagten Charakter des Vertrags hierzu auch gar nicht imstande. Daß der Erwerb des Grundstücks billig oder doch preiswert sei, ergibt sich nicht ohne weiteres aus dem Vertrag, um so weniger, als darin die Ablösungssumme für die beiden Rentenschulden ohne Rücksicht darauf, ob die Ablösung früher oder später erfolgt, auf je 20000 Mark festgesetzt worden ist. Sch.

β) Zur Auslegung des § 1478 BGB.

OLG. München, 2. ZS. Urteil v. 1. Juni 1918.

Die Eheleute A., die in allgemeiner GG. lebten, haben diese durch den Prozeßvergleich von 1911 aufgehoben und sich in Nr. 5 alle gegenseitigen Ansprüche vorbehalten. Daß durch Prozeßvergleich auch güterrechtliche Verhältnisse geregelt werden können, ist mit der herrschenden Meinung zu bejahen (Rsp. 2 S. 213; RG. 48 S. 186). Hier war durch den Vergleich an sich für die Eheleute das Rechtsverhältnis der Gütertrennung eingetreten (§ 1436); dieses konnte aber erst für die Zukunft mangels einer anderweitigen Sonderbestimmung gelten; für die Vergangenheit blieben die bestehenden Ansprüche aus der GG. für beide Teile an sich aufrecht. Infolgedessen muß aber auch der Anspruch der Beklagten aus § 1478 als gewahrt gelten. Keinenfalls kann ein Verzicht der Beklagten auf die Rechte des § 1478 dem Vergleich entnommen werden; im Gegenteil muß der allgemeine Vorbehalt der Nr. 5 mangels einer besonderen Ausschließung auch jenes Recht mitdecken. Im Hinblick auf diesen Vorbehalt, ferner den Umstand, daß es den Parteien, besonders der Beklagten, in der Hauptsache nur darum zu tun war, für die Zukunft die GG. auszuschließen und daß eine wirkliche Auseinandersetzung vor der Rechtskraft des Scheidungsurteils und auch bisher nicht stattgefunden hat, muß hier auch aus Billigkeitsgründen der § 1478 dahin ausgelegt werden, daß die bloße Aufhebung der GG. an sich und ohne weiteres nicht die Rechte des aus dem späteren Scheidungsprozeß als unschuldig hervorgegangenen Eheteils verkürzen soll (RGKom. § 1478²). Da aber der Kläger selbst kein Vermögen in die Ehe eingelegt hat, die Beklagte vielmehr die eingeklagten Vermögensteile in die GG. eingebracht hat, so kann der Kläger bei einer Auseinandersetzung das ihm günstigere Teilungsrecht beanspruchen. W.

γ) **Verfügungsbefugnis der Witwe.**

Kammergericht, 1. ZS. Beschluß v. 8. Mai 1918.

Die Witwe C., die in der in die allgemeine GG. des BGB. übergeleiteten GG. der Pommerschen Bauernordnung gelebt hatte, war von ihrem Mann im gemeinschaftlichen Testament als befreite Vorerbin eingesetzt, während er die gemeinschaftlichen Kinder als Nacherben eingesetzt hatte. Sie hat auf das auf ihren Namen eingetragene Grundstück die Eintragung einer Hypothek bewilligt und beantragt, ist aber nach Einbringung des Antrags vor dessen Erledigung gestorben. Die Eintragung wurde abgelehnt, die weitere Beschwerde ist begründet. Solange nicht besondere Umstände Zweifel begründen, hat der Grundbuchrichter die Zugehörigkeit aller Vermögensstücke zum Gesamtgut der allgemeinen GG. und der fortgesetzten GG. anzunehmen, auch wenn die Eintragung im Grundbuche nur auf den Namen eines der Ehegatten erfolgt ist (KGJ. 38 S. 212; Güthe GrBO. zu § 34 N. 16, 28). Hiernach haben die Vorinstanzen zu Unrecht die Verfügungsbefugnis der Witwe C. auf Grund des § 2113² mit § 2117 statt an der Hand der §§ 1487, 1442 bis 1449 geprüft. Nach §§ 1487, 1445 verb. mit Art. 51 §§ 5, 6 AusfG. bedarf der überlebende Ehegatte zur Verfügung über ein zum Gesamtgut der fortgesetzten GG. gehörendes Grundstück der Einwilligung der an jener GG. anteilsberechtigten Personen. Diese Einwilligung ist in öffentlich beglaubigter Form nachzuweisen. Nach § 36² GrBO. wird ferner die Beibringung eines Zeugnisses über die Fortsetzung der GG.

zu erfordern sein. Weiter werden gemäß § 40 GrBO. die Teilnehmer der fortgesetzten GG. vor der Eintragung der Belastung als Eigentümer des Grundstücks eingetragen werden müssen, da keine der Ausnahmen der §§ 40^2, 41 GrBO. zutrifft (Güthe § 41^8).

Ist die Witwe nach Einbringung des Antrags gestorben, so wird mit Rücksicht auf § 19 GrBO. die Hypothek erst eingetragen werden können, wenn diejenigen, die zurzeit der Eintragung als die Betroffenen anzusehen sind, nämlich diejenigen, die nach Beendigung der fortgesetzten GG. Teilhaber des Gesamtguts sind, die Eintragung bewilligen. Denn bei Anwendung des § 19 GrBO. ist der Zeitpunkt der Eintragung maßgebend (RG. 84 S. 203; KGJ. 37 S. 292; Rsp. 29 S. 393). Mit Rücksicht auf § 40^2 GrBO. werden diese ferner vor der Eintragung der Hypothek als Eigentümer eingetragen werden müssen. Z.

g) **Ausschluß der fortgesetzten GG. nach § 1508.**

OLG. Rostock, 1. ZS. Beschluß v. 18. Oktober 1917.

Das LG. sieht den Beklagten auf Grund des gemeinschaftlichen Testaments von 1908 als Vorerben seiner verstorbenen Frau an, während die Kläger, seine Söhne, nur als Nacherben zum Nachlasse ihrer Mutter berufen seien. Es hat dementsprechend in Beihalt des § 2121 den Beklagten für verpflichtet gehalten, den Klägern ein Verzeichnis über den Nachlaß seiner Frau mitzuteilen und ihn, weil er dies erst im Rechtsstreite tat, in die Kosten verurteilt. Diese Ausführungen sind nicht zutreffend. Unstreitig hat der Beklagte in GG. gelebt. Nach dem Ableben der Frau ist daher, da außer dem Beklagten gemeinschaftliche Abkömmlinge (Kläger) aus der Ehe vorhanden waren, die fortgesetzte GG. getreten, es sei denn, daß diese von ihm abgelehnt oder in zulässiger Weise ausgeschlossen worden wäre. Eine Ablehnung ist, wie sich aus dem Parteivorbringen unzweideutig ergibt, nicht erfolgt. Es liegt aber auch kein Ausschluß der fortgesetzten GG. vor. Ein solcher kann zwar, was allerdings bestritten ist, nicht nur durch Erbvertrag, sondern auch durch gemeinschaftliches Testament der Ehegatten geschehen; er setzt aber voraus, daß im Testament Bestimmungen enthalten sind, die dem Wesen einer fortgesetzten GG. widersprechen. An derartigen Bestimmungen fehlt es hier. Denn wenn sich der Beklagte und seine Frau gegenseitig „den lebenslänglichen ungestörten Nießbrauch mit Verbrauchsfreiheit vermachen", so treffen sie damit keinerlei Anordnungen, die mit dem Wesen der fortgesetzten GG. unvereinbar sind. Dies gilt besonders auch von dem dem Kläger eingeräumten Verbrauchsrecht, das mit der ihm durch die fortgesetzte GG. eingeräumten Stellung zur Verfügung über das zur GG. gehörende Vermögen durchaus in Einklang steht. Liegt sonach vielmehr in dem Verhältnis zwischen den Parteien eine fortgesetzte GG. vor, so war der Beklagte nicht verpflichtet, den Klägern ein Verzeichnis über den Nachlaß seiner Frau zu erteilen. J. n.

h) **Unterhaltsanspruch einer in Deutschland geschiedenen Schweizerin gegen den schuldigen Ehegatten.**

OLG. Hamburg, 3. ZS. Urteil v. 4. April 1918.

Da die Parteien Schweizer sind, war für die Scheidung ihrer Ehe gemäß Art. 17 EG. zum BGB. das Schweiz. Zivilgesetzbuch maßgebend. Für die Rechte und Pflichten der Ehegatten in ihren persönlichen Beziehungen zueinander muß das gleiche gelten (RG. 62 S. 400). Es ist also nach dem Schweizer Recht darüber zu erkennen, ob und in welchem Maße Beklagter Unterhalt zu gewähren hat. Das Scheidungsurteil hat allerdings eine ausdrückliche Feststellung darüber, daß der Beklagte der schuldige Teil sei, nicht getroffen, weil das maßgebende Schweizer Recht eine dem § 1574 BGB. entsprechende Bestimmung nicht enthält. Allein gerade weil dort eine solche Vorschrift fehlt, konnte die Nichtaufnahme des Schuldausspruchs in den Urteilstenor nicht, wie das LG. meint, zur Klagabweisung führen. Nach Art. 152 schweiz. ZGB. kann gegenüber dem schuldlosen Ehegatten, der durch die Scheidung in große Bedürftigkeit gerät, die Unterhaltspflicht des andern Teils ausgesprochen werden. Für den vorliegenden Fall ist aus dem Scheidungsurteil zu entnehmen, daß die Ehe der Parteien wegen Ehebruchs des Beklagten geschieden und daß seine Widerklage abgewiesen ist. Da demnach die Klägerin an der Scheidung schuldlos ist, so kann die Unterhaltspflicht des Beklagten in Frage kommen. Das könnte nach Art. 152 selbst dann geschehen, wenn Beklagter an der Scheidung nicht schuldig wäre. Die notwendige Voraussetzung des Art. 152 „große Bedürftigkeit" hat jedoch bei der Klägerin zurzeit nicht festgestellt werden können. . . . M. M.

i) **Beiname zum Familiennamen oder Doppelname?**

Kammergericht, ZS. 1 a. Beschluß v. 19. April 1918.

Im Heiratsregister ist die Eheschließung des Rittergutsbesitzers von Gr. W. beurkundet. Die vom Vorsitzenden des Kreisausschusses beantragte Berichtigung dahin, daß der Eheschließende nicht „v. Gr. W.", sondern nur „v. Gr." heiße, hat das Amtsgericht abgelehnt, das LG. dagegen bewilligt, weil das Wort „W." als Beiname zu dem eigentlichen Familiennamen „v. Gr." nicht in das Standesregister gehöre, vielmehr höchstens eine Besitzbezeichnung darstelle, die nach § 45 II 9 ALR. die Besitzer adliger Güter nur so lange als Titel zu führen berechtigt seien, als ihnen das Gut gehöre. Die weitere Beschwerde ist begründet. Das LG. schöpft seine Annahme, daß der Name W. ein Beiname sei, im wesentlichen aus einer dahingehenden Bemerkung, die eine in den Akten des Staatsarchivs befindliche Nachweisung aus dem Jahre 1817 enthält. Inwiefern dieser Nachweisung die Bedeutung eines Beweismittels für die Richtigkeit der darin enthaltenen Angabe zukommt, ist nicht ohne weiteres ersichtlich; jedenfalls ist die Angabe der Nachweisung nicht ohne weiteres geeignet, den nach § 15 PerſStG. erforderlichen Gegenbeweis gegenüber den in den Standesregistern enthaltenen Eintragungen zu erbringen. Wenn es auch denkbar und in § 45 II 9 ALR. sogar vorgesehen ist, einem Familiennamen einen anderen Namen als Beinamen, zB. zur Bezeichnung des adligen Gutes, von dem der Namensträger herstammt, beizufügen, so ist doch auch anderseits die Verbindung mehrerer Familiennamen zu einem Doppelnamen nicht ausgeschlossen, zB. infolge Annahme von Kindesstatt (KGJ. 48 S. 57) oder nach der historischen Entstehung des Namens (vgl. preuß. MinVerf. vom 29. Okt. 1874; Wohlers-Kruse S. 45). Das Heroldsamt nimmt in seinem Schreiben von 1914 an, daß die Zusatzbezeichnung „W." so viel bedeute wie „aus W.", und hält diesen Zusatz jedenfalls in Ansehung der zu berichtigenden Urkunde nicht mehr für zutreffend, da die Familie des Beschwerdeführers zurzeit seiner Geburt keinen Grundbesitz mehr in W. gehabt habe, und es zweifelhaft sei, ob sie überhaupt solchen besessen habe. Diese Annahme ist an sich sehr wohl geeignet, die Schlußfolgerung zu rechtfertigen, daß der Name „W." nur ein Beiname sei, zu dessen Führung jedenfalls der Beschwerdeführer nicht oder nicht mehr berechtigt sei; daher könnte, wenn die tatsächlichen Voraussetzungen dieser Annahme zuträfen, zu einer entsprechenden Berichtigung des Standesregisters ausreichender Anlaß wohl vorliegen. Es ist aber nicht ersichtlich, daß das LG. sich auf den Standpunkt des Heroldsamtes gestellt hat, im Gegenteil scheint es mit der Möglichkeit zu rechnen, daß das Gut Gl. 1820 im Besitze der beiden Familien „von Gr." und „von W." gewesen sei. Jedenfalls ist eine Feststellung im Sinne des Heroldsamtes nicht getroffen, wie anderseits nicht näher begründet ist, warum, wenn das Gut Gl. 1820 im Besitze der genannten beiden Familien gewesen sein sollte, im Falle der Vereinigung des Namens der beiden Familien der Name „W." nur als Beiname zu dem Namen „v. Gr." in Betracht zu kommen hätte. Es liegt hiernach eine unzureichende Feststellung der Entstehung des Namens „v. Gr.-W." vor. Dr. H.g.

k) **Kostenersatzpflicht des Vaters.**

OLG. Hamburg, 6. ZS. Beschluß v. 15. März 1919.

Im Anschlusse an RGSt. 45 S. 407; JW. 1912 S. 949 und abweichend von den früheren Entscheidungen (Rsp. 21 S. 265, 24 S. 287) ist anzunehmen, daß in dem Rechtsstreite eines Kindes gegen seinen Vater dieser nach § 1654 nur dann dem Kinde zu einem Kostenvorschusse verpflichtet ist, wenn Vermögen des Kindes seiner Nutznießung tatsächlich unterliegt, nicht aber, wie es bei Eheleuten nach § 1387 allerdings der Fall ist, schon dann, wenn nur grundsätzlich das Recht zur Verwaltung und Nutznießung gegeben ist. Der Wortlaut des § 1654 S. 1 und die Weglassung des § 1387 in Satz 2 sprechen für diese Ansicht, und die Entstehungsgeschichte des § 1654 ergibt unzweideutig nur, daß, wenn der Vater ein seiner Nutznießung unterliegendes Kindesvermögen tatsächlich unter sich hat, er die Lasten und Kosten ganz tragen muß, ohne sich darauf berufen zu können, daß sie größer seien als der Ertrag, den er von dem Kindesvermögen ziehen könne. M. M.

l) **Fürsorgeerziehung: α) Bedeutung des § 1 Nr. 3 FEG.**

Kammergericht, ZS. 1a. Beschluß v. 7. Februar 1919.

Nach den Feststellungen hat die Minderjährige 1917 mehrere Male mit einem Kriegsgefangenen Geschlechtsverkehr gehabt, und ist deshalb zu 6 Wochen

Gefängnis verurteilt worden. Auch sonst hat sie sich viel mit jungen Burschen herumgetrieben und schon in der Schule sich als verlogen erwiesen. Die Verwahrlosung ist auf die Familienverhältnisse und die mangelhafte Erziehung zurückzuführen. Die Mutter des Mädchens ist schon 1910 gestorben, der Vater ist 70 Jahre alt, Invalide, geht infolge des Verlustes eines Beines auf zwei Stöcken und ist nach seiner eigenen Angabe schwerhörig und auf die Hilfe anderer angewiesen. Zwei Schwestern des Mädchens haben unehelich geboren. Bei dieser Sachlage hat das Amtsgericht aus § 1 Nr. 3 FEG. die Fürsorgeerziehung angeordnet. Das LG. hat sich der Auffassung angeschlossen, daß die Minderjährige sittlich verdorben sei und der Vater sich der Erziehung seiner Kinder nur in höchst mangelhafter Weise angenommen habe. Gleichwohl hat es die Anordnung des AG. aufgehoben, weil die sittliche Verderbnis der Minderjährigen bereits eine völlige i. S. des § 1 Nr. 3 FEG. sei, so daß eine Verhütung des völligen sittlichen Verderbens nicht mehr in Frage komme. Diese Begründung ist rechtsirrtümlich. Wie bereits der Beschluß vom 6. Dezember 1906 (KGJ. 33 S. 73) unter Bezugnahme auf die Motive zum FEG. ausgeführt hat, steht das Gesetz grundsätzlich auf dem Standpunkte, daß in dem Alter bis zu 18 Jahren kein Minderjähriger in seinem sittlichen Verderbe bereits so verhärtet sei, als daß nicht durch eine planmäßig geleitete sorgfältige und strenge Fürsorgeerziehung der Zweck des Gesetzes noch erreicht und sein völliges sittliches Verderben verhütet werden könnte. Dieser Auffassung des Gesetzes haben sich die Gerichte zu fügen. Danach war der Beschluß des Amtsgerichts wiederherzustellen. F. N.

β) **Beschwerderecht der Mutter.**

Kammergericht, ZS. 1a. Beschluß v. 27. März 1918.

Mit Unrecht hat das LG. die sofortige Beschwerde der Mutter des minderjährigen W. H. gegen dessen Unterbringung zur Fürsorgeerziehung wegen mangelnden Beschwerderechts der Mutter zurückgewiesen. Zwar ist die Annahme des LG., daß eine Verhinderung des Vaters an der Ausübung der elterlichen Gewalt nicht dargetan sei, weil er sich während des ganzen Verfahrens im Inlande bei der Kraftfahrtruppe befunden habe und eine ausreichende Verständigung mit ihm möglich gewesen sei, nicht zu beanstanden (KGJ. 47 S. 61) und die Mutter ist, abgesehen von dem Fall des Ruhens der elterlichen Gewalt, nur dann berechtigt, diese anstelle des Vaters und daher auch die nach § 4 FEG. zur Einlegung der Beschwerde erforderliche Vertretung des Mannes auszuüben, wenn der Vater an der Ausübung der Gewalt tatsächlich verhindert ist. Aber das LG. hätte prüfen müssen, ob nicht schon die Beschwerde — wie später von der weiteren Beschwerde angenommen worden ist — als hilfsweise für den Vater eingelegt angesehen werden kann. Wenn auch die Beschwerde ausdrücklich nichts darüber enthält, sprachen doch die Umstände schon damals dafür. Bei dieser Sachlage wäre das LG. nach § 12 FrGG. verpflichtet gewesen, bei der Mutter anzufragen, ob sie die Beschwerde hilfsweise für den Vater einlegen wolle und ihr, wenn es dies auch für erforderlich erachtete, die Beibringung einer Vollmacht aufzugeben. Z.

m) **Tatsächliche Verhinderung des Vaters an der Ausübung der elterlichen Gewalt. BGB. § 1685.**

OLG. Hamburg, 6. ZS. Urteil v. 12. Oktober 1918.

Der Antrag auf Herausgabe der Kinder ist unbegründet. Allerdings kann sich der Beklagte nicht darauf berufen, daß der Kläger sich vertraglich verpflichtet habe, ihm die Kinder zur Erziehung zu überlassen. Denn aus einem solchen Vertrage können Rechte nicht hergeleitet werden, weil ein Verzicht des Gewalthabers auf die Sorge für die Person der Kinder wider die guten Sitten verstößt und daher nicht bindend ist. Dagegen liegt hier ein Fall des § 1685 vor, da der Kläger durch seinen Zustand an der Ausübung der elterlichen Gewalt tatsächlich verhindert war. Dieser Fall ist auch von dem Prozeßgericht zu berücksichtigen (vgl. Staudinger § 1685[3]; Rsp. 10 S. 290) und bedarf es in diesem Falle nicht, wie beim Ruhen der elterlichen Gewalt, einer nach § 1677 erforderlichen Feststellung der tatsächlichen Verhinderung durch das VormGericht. Ob die tatsächliche Verhinderung nur zeitweilig oder dauernd ist, ist nach § 1685 unerheblich. Auf Grund der Feststellungen in dem Beschlusse des Amtsgerichts Hannover vom 23. März 1914, denen auch die höheren Instanzen beigetreten sind, hat dieses Gericht die Überzeugung gewonnen, daß der Kläger nicht nur im März 1914, sondern auch schon in der Zeit von Erhebung der Klage, von September 1913 an, durch seinen geistigen Zustand verhindert gewesen ist, die Sorge für die Person seiner Kinder auszuüben. Die Vorgänge, auf die das Amtsgericht Hannover seine Entscheidung gründet, fallen gerade in die Zeit von September 1913 an, liegen zum Teil noch weiter zurück. Wie der Kläger selbst dort erklärt hat, war er damals dauernd körperlich erkrankt, und zwar war die Erkrankung von Hirn und Rückenmark auf Syphilis zurückzuführen. Wenn nun auch damals der Nachweis einer gegenwärtigen geistigen Erkrankung nicht als erbracht anzusehen war, so lag doch die Gefahr einer solchen Erkrankung vor und diese in Verbindung mit der festgestellten dauernden körperlichen Erkrankung des Klägers muß zu dem Schlusse führen, daß er damals tatsächlich verhindert war, die Sorge für die Person seiner Kinder auszuüben. Es kommt hinzu, daß, wie eine Zeugin eidlich bekundet hat, daß der verheiratete Kläger noch Ende 1912 wiederholt unsittliche Anträge ganz außerordentlicher Art an sie gestellt hat. Diese Verhalten, sowie dasjenige gegenüber seiner Frau am 3. September 1913, gegenüber seiner Tochter in Bremen und gegenüber seinem ältesten Sohne in Hannover widerstreitet den herrschenden Sittlichkeits- und Anstandsbegriffen auf das gröblichste und stellt sich so sehr als ein unsittliches Verhalten dar, daß eine dem berechtigten Interesse der Kinder entsprechende Erziehung der Kinder durch den Kläger nicht ausgeübt werden konnte. Ob dieses Verhalten des Klägers schuldhaft war oder ob es auf seinen Geisteszustand zurückzuführen ist, ist hier ohne Erheblichkeit, da in beiden Fällen eine „tatsächliche“ Verhinderung des Klägers an der ordnungsmäßigen Ausübung der Sorge für die Person der Kinder vorlag. Hiernach war die Klage von vornherein unbegründet und kann es ganz dahinstehen, ob der Kläger, was er auch jetzt bestreitet, wirklich geisteskrank gewesen ist oder nicht. M. M.

n) *α*) **Anspruch aus § 1715 bei Fehlgeburt.**

Kammergericht, 8. ZS. Urteil v. 14. April 1917.

§ 1715 setzt die Geburt eines Kindes voraus (RGKomm.), sonst könnte er nicht von einer Verpflichtung des Vaters und von einem Anspruche der Mutter sprechen. Diese Meinung findet ihre Stütze in den Motiven (4 S. 906). Danach war bestimmend für die Gewährung des in § 1715 gegebenen Anspruchs die Besorgnis, daß die Versagung dazu beitragen würde, das ohnehin gefährdetere Leben des unehelichen Kindes noch in höherem Maße zu gefährden, den Kindesmord zu befördern und überhaupt die Todesfälle in den Reihen der neugeborenen unehelichen Kinder zu vermehren. Auch sollte die den Unterstützungskassen obliegende Last erleichtert werden. Auch im Falle der Totgeburt der Kinder ist der Anspruch aus Rücksichten der Billigkeit gegen die Mutter und aus Rücksichten auf die Armen- und Unterstützungskassen für begründet erachtet. Dagegen ist der Fall der Fehlgeburt nicht berücksichtigt. Dies hat nach den Motiven seinen Grund in der Schwierigkeit, in solchem Falle die Empfängniszeit und die Person des Schwängerers festzustellen, sodann in der Erwägung, daß die Fälle einer Fehlgeburt keine Begünstigung verdienen. Wenn hiernach der Gesetzgeber die Fälle der Fehlgeburt von der Begünstigung ausschließen wollte, so können nicht Erwägungen der Billigkeit dazu führen, in solchem Falle den Anspruch als berechtigt anzuerkennen. Vorliegend hat nicht einmal eine Fehlgeburt stattgefunden. Vielmehr ist nach angeblich dreimonatlicher Schwangerschaft wegen krankhaften Erscheinungen das Geburtsorgan mit der Frucht entfernt worden. B.

β) **Weitere Aufwendungen i. S. des § 1715.**

OLG. Hamburg, 3. ZS. Urteil v. 8. Oktober 1918.

Nach dem erst durch den Reichstag in den § 1715 aufgenommenen Zusatze sind der Mutter ohne zeitliche Schranke auch die Kosten zu ersetzen, die dadurch entstanden, daß infolge der Schwangerschaft oder der Entbindung weitere Aufwendungen notwendig wurden, besonders also die Kosten, die der Mutter durch eine Aufwendung für eine Nachkrankheit erwachsen sind, sowie die der Mutter für ihren Unterhalt nach Ablauf der ersten 6 Wochen entstandenen Aufwendungen, soweit sie auf die durch die Schwangerschaft oder Entbindung verursachte Erwerbsunfähigkeit oder Erwerbsbeschränktheit der Mutter zurückzuführen sind. Ob ihr auch die Einbuße zu ersetzen ist, die sie dadurch erleidet, daß sich infolge der Schwangerschaft (Entbindung) ihr Arbeitsverdienst gemindert hat, ist zwar nicht unbestritten, aber mit der herrschenden Meinung (Staudinger IV 2 S. 1106*γ*) zu verneinen. Von „durch

Aufwendungen entstandenen Kosten" kann bei jenem Verluste unmöglich gesprochen werden; das Gesetz aber gegen seinen klaren Wortlaut auszulegen, ist nicht angängig und wird auch durch innere Gründe nicht gerechtfertigt. Ergibt sich schon hieraus, daß der Anspruch auf Ersatz der jährlichen Einbuße, die die Klägerin infolge ihrer durch die Entbindung verminderten Erwerbsfähigkeit erlitten haben will, mit Recht abgewiesen ist, so kommt hinzu, daß die Klägerin die Zubilligung einer lebenslänglichen oder doch auf die Zeit ihrer Bedürftigkeit zu gewährenden Rente nach § 1715 überhaupt nicht fordern kann. Der § 1715 verpflichtet den Vater nur zum Ersatze bereits entstandener Kosten. Erst künftig entstehende Kosten bleiben außer Betracht. Um Leistung von Schadensersatz durch Entrichtung einer Geldrente handelt es sich nicht; ein Anspruch aus unerlaubter Handlung steht nicht in Frage. Die Klägerin kann nach dem, was oben ausgeführt wurde, den Ersatz der Kosten für Aushilfspersonen oder Stellvertreter fordern, die sie infolge ihrer durch die Entbindung bewirkten Arbeitsbeschränktheit hat annehmen müssen. Sie kann auch, wenn sie infolge ihrer geminderten Erwerbsfähigkeit Verbindlichkeiten hat eingehen müssen, um ihren Unterhalt zu bestreiten, verlangen, daß Beklagter sie von diesen Ansprüchen freihalte. Dergleichen Forderungen werden nicht erhoben. Die Klägerin hat zwar vorgetragen, sie habe bei einer hiesigen Firma Schulden machen müssen, um ihr Geschäft weiter betreiben zu können, und ferner behauptet, sie sei durch ihren körperlichen Zustand gezwungen worden, sich Hilfskräfte zu halten, um ihren Hausstand zu versorgen und den Betrieb ihres Geschäftes aufrecht zu erhalten. Sie hat aber nicht erklärt, welche bestimmten Beträge sie für diesen Zweck aufgewendet hat und nicht die Verurteilung des Beklagten zum Ersatze dieser Beträge beantragt. Ihr Vorbringen rechtfertigt keinesfalls den Anspruch auf Zubilligung der verlangten Rente. M. M.

γ) OLG. Braunschweig, 2. ZS. Urteil v. 30. Oktober 1917.

Das LG. beschränkt die „weiteren Kosten" auf Unkosten, die nach Ablauf der ersten 6 Wochen seit der Entbindung entstanden sind, und stützt seine Ansicht auf Entstehungsgeschichte und Wortlaut der Vorschrift. Es ist richtig, daß in der Reichstagsverhandlung zur Rechtfertigung des in Frage stehenden Zusatzantrags hervorgehoben ist, es komme nicht selten vor, daß die Mutter Nachwehen davontrage, die eine ärztliche Behandlung noch über 6 Wochen hinaus notwendig machten. Aber die Hervorhebung dieser Tatsache hat doch nur als Beispiel gelten sollen. Das ergibt sich aus der Tatsache, daß der Abgeordnete weiter geäußert hat, durch den Zusatz werde nichts Neues gefordert, sondern nur eine Ausdehnung des nach dem ALR. bestehenden Rechtszustandes auf das ganze Reich bezweckt. Auch der Regierungsvertreter hat damals darauf hingewiesen, daß der Zusatz ganz allgemein die Nachteile, die durch Schwangerschaft und Niederkunft herbeigeführt würden, treffe, und es sich um eine Erweiterung handle, die unter Umständen viel weiter tragen könne, als man dem ersten Anschein nach zu glauben geneigt wäre (Mugdan, Mat. 4 S. 1389). Die Entstehungsgeschichte vermag also die Ansicht des LG. keineswegs zu stützen. Namentlich aber steht ihr der Wortlaut entgegen. Der Ausdruck „weitere" Aufwendungen ist hier offensichtlich nicht in zeitlichem Sinne gebraucht, es wäre sonst wohl der Ausdruck „spätere" gewählt, vielmehr haben alle „weitergehenden" Ansprüche auf Erstattung von Aufwendungen gemeint sein sollen; im Gegensatz zu den Kosten des Geburtsakts und des Unterhalts in den ersten 6 Wochen nach der Entbindung sollen auch die weiteren, dh. über diesen Rahmen hinausgehenden, also weitergehenden Aufwendungen erstattungspflichtig sein, wenn sie unvermeidlich gewesen sind. Die Beschränkung auf die Zeit nach Ablauf der vorbezeichneten 6 Wochen würde namentlich auch zur Folge haben, daß die Worte „infolge Schwangerschaft" überflüssig wären. Gegen die zeitliche Beschränkung spricht ferner auch die Erwägung, daß der gesetzgeberische Grund für den Erlaß des § 1715 wesentlich das Interesse an der Erhaltung des Kindes gewesen ist und dieses es gleichermaßen erheischt, die Mutter vor wie nach der Entbindung vor Not zu schützen. Auch die Rechtslehre hat zum weit überwiegenden Teile die einschränkende Auslegung abgelehnt (Dernburg 4 S. 291[5]; Enneccerus 4 § 95[21]; Crome § 619[10]; Staudinger N. 2c; Planck N. 1; Fischer-Henle N. 3; Komm. N. 3 zu § 1715). Ebenso stehen die Entscheidungen (Rsp. 4 S. 353; Neumann, JD. 12 S. 370; Preuß. Archiv 24 S. 160) entgegen.

Demgemäß hat Beklagter die Beträge, die die Klägerin infolge ihrer Schwangerschaft für Untersuchungen durch Arzt und Hebamme, für Arzneien und Droschkenfahrten hat ausgeben müssen, ihr zu erstatten. Ebenso kann sie schon von dem Tage, an dem sie ihres Zustandes halber aus dem elterlichen Hause verwiesen wurde und nach Berlin verzog, Mietentschädigung und Kostgeld beanspruchen. Dagegen handelt es sich bei dem Anspruch auf Erstattung von 50 Mark für Kindesausstattung nicht um Unkosten, die infolge Schwangerschaft entstanden sind, sondern um Unterhaltskosten für das erwartete Kind. Falls das Kind lebend zur Welt gekommen wäre, hätte Beklagter diese Kosten der Klägerin auf Grund der §§ 1708, 1709² zahlen müssen. Nun dieser Fall nicht eingetreten ist, entbehrt dieser Anspruch der rechtlichen Grundlage. W. n.

o) Beweis der Unehelichkeit eines vorehelichen Kindes.

OLG. Hamburg, 6. ZS. Urteil v. 21. Dezember 1918.

Die Beklagte ist 1907, also vor der 1912 erfolgten Eheschließung des Klägers mit der Mutter der Beklagten, geboren worden. Die Heranziehung des § 1598 ist daher nicht zulässig, weil er lediglich die Anfechtung der Ehelichkeit eines während der Ehe geborenen Kindes behandelt. Vielmehr ist hier der § 1720 anzuwenden. Danach gilt der Ehemann der Mutter als Vater, wenn er ihr innerhalb der gesetzlichen Empfängniszeit beigewohnt hat, es sei denn den Umständen nach offenbar unmöglich, daß die Mutter das Kind aus dieser Beiwohnung empfangen hat. Der Abs. 2 stellt die weitere

Vermutung auf, daß der Ehemann, der seine Vaterschaft in einer öffentlichen Urkunde anerkannt hat, der Mutter innerhalb der Empfängniszeit beigewohnt habe. Daß hier die Verhandlung vor dem Standesbeamten die Anerkennung der Vaterschaft und nicht lediglich die im § 1706 behandelte Beilegung des Familiennamens zum Gegenstande gehabt hat, kann nach dem Wortlaut der Urkunde und dem Beweisergebnis nicht zweifelhaft sein. Die doppelte Vermutung der Absätze 1 und 2 kann aber durch den Nachweis entkräftet werden, daß es den Umständen nach offenbar unmöglich ist, daß die Mutter das Kind aus einer Beiwohnung mit dem Ehemann, der die Vaterschaft in einer öffentlichen Urkunde anerkannt hat, empfangen hat, oder daß der Ehemann ihr in der Empfängniszeit überhaupt nicht beigewohnt hat. Die Zulässigkeit dieses Gegenbeweises ergibt sich aus § 292 ZPO. Der Beweis, daß er innerhalb der gesetzlichen Empfängniszeit seiner jetzigen Ehefrau nicht beigewohnt habe, ist geführt.... M. M.

p) **Vormundschaft:** *α*) **Genehmigung eines Vergleichs nach § 1822 Nr. 12.**

Kammergericht, ZS. 1a. Beschluß v. 7. Januar 1919.

Der Beschwerdeführer ist Pfleger der minderjährigen Geschwister T. zur Verwaltung und Ausübung des Nießbrauchs bezüglich des ihnen zugefallenen großväterlichen Vermögens, da ihr Vater im Testamente von jeglicher Verwaltung und dem Nießbrauch an dem Erbe seiner Kinder ausgeschlossen worden ist. Am 1. Mai 1918 haben der Pfleger, ferner die Miterben der Pflegebefohlenen und der vom Erblasser ernannte Testamentsvollstrecker über angebliche Ansprüche, die der Erblasser bei Lebzeiten als ihm oder seiner Tochter Elsa zustehend geltend gemacht hatte, Erklärungen abgegeben. Die Erben erklären, daß die vom Erblasser erhobenen Ansprüche tatsächlich nicht bestehen. Wegen des angeblichen Anspruchs der Tochter hat sich der Schuldner im Vergleichswege bereit erklärt, bereits jetzt eine bestimmte Summe wegen dieses Anspruchs und aller sonstigen aus dem früheren Geschäftsverhältnis des Erblassers mit dem Schuldner etwa noch bestehenden Ansprüche an die Tochter zu zahlen. Gegen diese Zahlung verzichten die Erben auf alle Ansprüche an den Schuldner und verpflichten sich, ihn, falls er von Dritten in Anspruch genommen werden sollte, von seiner Verbindlichkeit zu befreien. Die dazu beantragte Erteilung der Genehmigung wurde, weil nicht erforderlich, abgelehnt. Die weitere Beschwerde ist unbegründet.

Soweit in der Urkunde anerkannt wird, daß die vom Erblasser erhobenen Ansprüche nicht zu Recht bestehen, bedarf das Anerkenntnis jedenfalls keiner Genehmigung des VormGerichts. Was weiter den Anspruch der Tochter betrifft, so sind an ihm die Miterben der Gläubigerin nicht unmittelbar beteiligt, die Urkunde bringt aber mit ihm die Miterben insofern in Verbindung, als die im Vergleichsweg angebotene Summe nicht nur zur Abgeltung der Ansprüche der Gläubigerin, sondern auch zur Abgeltung aller auf das frühere Geschäftsverhältnis des Erblassers bezüglichen Ansprüche dienen soll, die etwa die Erben noch nachträglich gegen die Schuldner aus irgendwelchem Rechtsgrunde geltend machen könnten. Demgemäß erklären sich auch sämtliche Erben damit, daß die Vergleichssumme an die Miterbin gezahlt werde, einverstanden, und verzichten gegen diese Zahlung auf alle ihnen gegen den Schuldner etwa noch zustehenden Ansprüche. Eine dieser Erklärung entsprechende Abmachung kann sehr wohl als Vergleich i. S. des § 779 BGB. angesehen werden, und zwar nicht nur als ein solcher zwischen der Miterbin und dem Schuldner, sondern auch als solcher zwischen den übrigen Erben und dem Schuldner, indem diese im Interesse ihrer Miterbin und zugunsten der dieser gewährten Abfindung auf die ihnen gegen den Schuldner etwa noch zustehenden Ansprüche verzichten. Sofern daher der Pfleger zuständig wäre, die Geschwister T. bei dem Vergleichsabschlusse zu vertreten, würde es wohl der Genehmigung nach §§ 1915, 1822 Nr. 12 bedürfen. Demgegenüber ist jedoch zu bemerken, daß der Pfleger nur berufen ist, das den Minderjährigen zugefallene großväterliche Vermögen zu verwalten und den ihnen daran zustehenden Nießbrauch auszuüben. Darum handelt es sich bei dem im Namen der Erben erklärten Verzichte nicht, vielmehr gehört der Anspruch, um dessen Verzicht es sich handelt, zum Nachlaß und untersteht als solcher der Verwaltung des noch im Amte befindlichen Vollstreckers (§ 2205). Der Vollstrecker bedarf aber zu den innerhalb seiner Amtsbefugnisse abgegebenen Erklärungen auch dann keiner Genehmigung des VormGerichts, wenn zu den Erben Minderjährige gehören, deren Pfleger oder Vormund sonst nach den Bestimmungen des Vormundschaftsrechts die Genehmigung einzuholen hätte (vgl. RG. 61 S. 144; KGJ. 40 S. 216). Wenn ferner die Erben sich verpflichtet haben, den Schuldner, falls Dritte ihn in Anspruch nehmen, zu befreien, so handelt es sich um die persönliche Eingehung einer eigenen Verbindlichkeit, zu der der gesetzliche Vertreter der Minderjährigen — als solcher kommt nach Lage der Sache nicht der Pfleger, sondern der Vater in Betracht — keiner Genehmigung des VormGerichts bedarf. Hiernach kann es dahingestellt bleiben, ob überhaupt der Pfleger bei der Verhandlung vom 1. Mai 1918 mitzuwirken Veranlassung hatte, und welche rechtliche Bedeutung seinen Erklärungen zukommt. B.

β) Pflichtwidrigkeit des Vormunds? Ordnungsstrafe.

Kammergericht, 1S. 1a. Beschluß v. 1. März 1918.

Nachdem das Amtsgericht den Vormund ersucht hatte, die Kriegsunterstützung für sein Mündel bei dem Magistrat zu beantragen, fragte es Ende 1917 bei ihm an, ob dies geschehen sei. Am 5. Januar 1918 forderte es ihn auf, innerhalb einer bestimmten Frist, deren Länge in der Urschrift auf 1 Woche, in der zugestellten Ausfertigung auf 2 Wochen angegeben ist, bei 20 Mark Ordnungsstrafe der Verfügung von Ende 1917 wegen Berichts, ob Kriegsunterstützung beantragt ist, zu genügen. Am 17. Januar setzte es sodann die Ordnungsstrafe fest. Am Tage darauf ging folgendes Schreiben ein: „Die Mutter meines Mündels hat bisher keine Kriegsunterstützung erhalten; ich beantrage hiermit, ihr die ihr zustehende Kriegsunterstützung zukommen zu lassen." Der Vormund legte darauf gegen den Beschluß v. 17. Januar Beschwerde erfolglos ein. Das LG. geht davon aus, daß die Frist am 15. Januar 1918 abgelaufen sei, so daß der Beschluß v. 17. Januar nicht verfrüht erlassen worden sei. Allein es hätte bei der Entscheidung über die Rechtmäßigkeit der Straffestsetzung nicht den Zeitpunkt des Erlasses des amtsgerichtlichen Beschlusses zugrunde legen dürfen, sondern prüfen müssen, ob zurzeit seiner eigenen Beschlußfassung die Straffestsetzung noch gerechtfertigt war (KGJ. 41 S. 34). Tatsächlich war dies damals nicht mehr der Fall. Die nach § 1837² zu verhängende Ordnungsstrafe bezweckt nur, die Befolgung der Anordnung des VormGerichts zu erzwingen; sie kann deshalb, sobald die Anordnung ausgeführt ist, nicht mehr festgesetzt oder beigetrieben werden. Die Anordnung v. 5. Januar ging nicht etwa dahin, daß der Beschwerdeführer innerhalb der festgesetzen Frist den Antrag auf Gewährung einer Kriegsunterstützung zu stellen hatte, sondern lediglich dahin, daß er innerhalb der Frist darüber berichten sollte, ob er den Antrag gestellt habe. Dieser Aufforderung ist er mittels des Schreibens nachgekommen, inhalts dessen er einen solchen Antrag bisher nicht gestellt habe. Als dieses Schreiben bei dem Amtsgericht einging, war die Ordnungsstrafe noch nicht beigetrieben. Hiernach war beim Erlaß des Beschlusses des LG. die Voraussetzungen für eine Aufrechterhaltung der Straffestsetzung nicht mehr gegeben. Dr. H.g.

γ) **Pflicht des Vormundes, Bescheinigungen zu beschaffen.**[1]

Kammergericht, ZS. 1a. Beschluß v. 9. März 1917.

Der Beschwerdeführer ist der Vormund des wegen Geisteskrankheit entmündigten O. und zugleich Mittestamentsvollstrecker hinsichtlich des Nachlasses der Mutter des O., die diesem den Zinsgenuß an einem Teil ihres Nachlasses zugewendet hat. Der Nachlaß konnte bisher nicht geteilt werden, weil nach einem Berichte des Vormunds die Erbschaftssteuer noch nicht festgesetzt und ein Zwangsversteigerungsverfahren, bei dem der Nachlaß als Hypothekengläubiger beteiligt ist, noch nicht abgeschlossen war. Das VormGericht verlangte vom Vormund Bescheinigungen, die die Richtigkeit seiner Angaben bestätigten, und gab ihm bei Ordnungsstrafe auf, eine Erklärung der Erbschaftssteuerbehörde darüber, daß die Erbschaftssteuer von dem Nachlasse noch nicht habe festgesetzt werden können, sowie eine Auskunft der Vollstreckungsbehörde darüber beizubringen, daß in der Zwangsvollstreckungssache noch kein Verteilungstermin angesetzt worden sei. Der Beschwerdeführer lehnte dies ab, machte aber nähere Angaben über den jetzigen Stand der schwebenden Angelegenheiten. Das VormGericht stellte darauf eine weitere Frist zur Einreichung der erforderten Nachweisungen unter erneuter Androhung einer

[1] Die Bestellung des Pflegers für die geisteskranke, aber nicht entmündigte Ehefrau, „um sie in dem gegen sie angestrengten Ehescheidungsverfahren zu vertreten," betrifft eine „einzelne Angelegenheit" (§ 1910) und endet von selbst (§ 1918) mit der rechtskräftigen Erledigung des Scheidungsprozesses; von da ab liegt dem Pfleger eine (erzwingbare) Pflicht zur Berichterstattung nicht mehr ob (Beschluß desselben ZS. v. 17. Nov. 1916; RJA. 15 S. 255).

Ordnungsstrafe. Die Beschwerde hierüber wurde zurückgewiesen, weil nach § 1839 das VormGericht zur Nachprüfung der dem Abschlusse der Nachlaßteilung angeblich entgegenstehenden Hindernisse berechtigt sei, und die geforderten Nachweise leicht beschafft werden könnten. Allein der § 1839 sieht nur die Erteilung von Auskünften über die Führung der Vormundschaft vor, also eine vollständige Offenlegung der Verhältnisse, wie sie sich bis zu dem Zeitpunkte der Auskunftserteilung in der Verwaltung des Vormunds auf Grund seiner Amtsführung gestaltet haben. Zu einer solchen Offenlegung kann allerdings (vgl. Recht 1908 Nr. 2574) auch die Vorlegung der auf die Vormundschaft bezüglichen Papiere und des in der Verwaltung des Vormundes befindlichen Mündelvermögens gehören. Hier verlangt das VormGericht die Vorlegung einer Bescheinigung, die sich der Beschwerdeführer erst beschaffen soll, um durch deren Beibringung die Richtigkeit seiner die Führung der Vormundschaft betreffenden Angaben zu erhärten. Diese Verpflichtung läßt sich aus § 1839 nicht oder doch nur insofern herleiten, als nach sonstigen Vorschriften der Beschwerdeführer einen Anspruch auf die verlangten Bescheinigungen hätte, so daß die Verweigerung ihrer Beschaffung sich als Ungehorsam gegenüber der die Beschaffung fordernden Anordnung darstellen würde. Soweit dagegen ein dahingehender Anspruch nicht besteht, hat der Vormund durch die Erteilung einer der Sachlage entsprechenden Auskunft der ihm nach § 1839 obliegenden Pflicht genügt, und hegt das Gericht gegen die Richtigkeit oder Vollständigkeit der Auskunft Bedenken, so bleibt es ihm unbenommen, kraft seines Aufsichtsrechts gemäß § 12 FrGG. die erforderlichen Ermittlungen zu veranstalten. Übrigens ist dem VormGericht nicht, wie das LG. anzunehmen scheint, an der Vorlegung eines mit der Versicherung der Richtigkeit und Vollständigkeit versehenen Nachlaßverzeichnisses, als vielmehr an dem Nachweise der Erbteilung und des hierbei als Stamm des dem Zinsgenusse des Mündels ausgewiesenen Vermögens gelegen. Daß seinerzeit nach der Erbteilung der Beschwerdeführer ein Verzeichnis dieses Vermögens gemäß § 1802 einzureichen haben wird, da, auch wenn man den Mündel nur als Nutznießer des Erbteils ansehen will, nur auf diese Weise die Art und Höhe des Zinsgenusses nachweisbar erscheint, wird nicht zweifelhaft sein können (KGJ. 36 S. 38, 40). Bei der wiederholten Erörterung der Sachlage wird auch das LG. zu prüfen haben, ob durch die inzwischen erteilten Auskünfte und gegebenen Aufklärungen noch ein Bedürfnis zur Beibringung der geforderten Bescheinigungen und zur Androhung einer Ordnungsstrafe besteht, da das LG. die Sachlage, wie sie zurzeit der eigenen Enscheidung vorliegt, zugrunde zu legen hat. RJA.

δ) **Beschwerde eines geisteskranken Pflegebefohlenen.**

Kammergericht, ZS. 1a. Beschluß v. 7. März 1919.

Der Beschwerdeführer, über den gemäß § 1910² die Pflegschaft eingeleitet ist, hat ihre Aufhebung erfolglos beantragt. Seine weitere Beschwerde scheitert daran, daß er an der Ausübung des ihm nach § 20 FrGG. zustehenden Beschwerderechts gehindert ist. Nach dem Gutachten ist er geisteskrank und deshalb geschäftsunfähig im Sinne der §§ 104, 105, daher auch nicht fähig, sein Beschwerderecht wahrzunehmen. Allerdings hat das KG. (RJA. 7 S. 79) gerade für die Stellung eines Antrags auf Aufhebung einer Gebrechlichkeitspflegschaft (§ 1920) entschieden, daß dem dahingehenden Antrage eines infolge von Geisteskrankheit geschäftsunfähigen Volljährigen dann stattzugeben sei, wenn der Antrag das Verständnis des Antragstellers für den Inhalt des Antrags und seinen Willen, die Pflegschaft zur Aufhebung zu bringen, erkennen lassen, und hat damit zugleich zum Ausdruck gebracht, daß es unter dieser Voraussetzung in der Geschäftsunfähigkeit kein Hindernis für die Ausübung des Antrags- und Beschwerderechts erblicke. In seiner späteren Rechtsprechung hat es sich jedoch dem gegenteiligen Standpunkt des RG. (65 S. 199) angeschlossen (vgl. zB. Beschl. v. 4. April 1908 X 225), so daß es nicht in der Lage ist, auf den gestellten Antrag zu entscheiden. H.n.

q) **Kenntnis des Berufungsgrundes. § 1944.**

Kammergericht, 1. ZS. Beschluß v. 3. April 1919.

Nach dem Tode der Frau A. 1908 hat ihr Mann einen Erbschein dahin erwirkt, daß er und seine 6 Kinder sich als die alleinigen gesetzlichen Erben der Verstorbenen ausgewiesen haben. Auf Antrag der Erben ist ferner 1911 das Grundstück der Verstorbenen auf den Namen des A. und seiner 6 Kinder in ungeteilter Erbengemeinschaft im Grundbuch umgeschrieben worden. Trotz dieser Vorgänge hat A. 1917 zu Protokoll des Nachlaßgerichts eine Erbausschlagungserklärung abgegeben. Gestützt hierauf hat er 1918 beantragt, den Erbschein als nunmehr unrichtig einzuziehen und seinen Namen in der im Grundbuch eingetragenen Erbengemeinschaft zu löschen. Der Antrag wurde zurückgewiesen. Die weitere Beschwerde ist begründet.

Den Vorinstanzen ist allerdings darin beizutreten, daß die Erbschaft nicht mehr ausgeschlagen werden kann, wenn sie angenommen ist (§ 1943) und daß in dem Antrage auf Erteilung des Erbscheins sowohl wie in dem Antrage auf Umschreibung des Nachlaßgrundstücks die Annahme der Erbschaft durch den Witwer zu finden ist. Auch so viel ist richtig, daß die Ausschlagung der Erbschaft nur binnen gesetzlicher Frist zulässig ist (§ 1944). Inwiefern aber die Ausschlagung nach Fristablauf erklärt sein soll, ist nicht erörtert. Die Frist beginnt mit dem Zeitpunkt, an dem der Erbe von dem Erbanfall und dem Berufungsgrunde Kenntnis erlangt (§ 1944² Satz 1). Da Berufungsgrund sowohl das Gesetz wie eine Verfügung von Todeswegen sein kann, so hätte die Prüfung der Rechtzeitigkeit der Erbausschlagung zu der Frage führen müssen, ob eine testamentarische Erbeinsetzung vorliegt, eine Prüfung, die um so näher lag, als der Beschwerdeführer bereits in seinem Antrage auf Erteilung eines Erbscheins auf das Vorliegen eines Testaments hingewiesen hatte, dessen Echtheit er freilich in Zweifel zog. Die Vorinstanzen hätten sich also mit der Prüfung des Testaments nach Echtheit und Inhalt befassen müssen, und zwar nicht nur zur Prüfung der Rechtzeitigkeit der Erbausschlagung, sondern auch der Wirksamkeit der erfolgten Erbschaftsannahme, da letztere nach § 1949[1] als nicht erfolgt gilt, wenn der Erbe über den Berufungsgrund irrte. Der Umstand, daß der Beschwerdeführer diesen Gesichtspunkt nicht hervorgekehrt, sich in dem Antrage auf Einziehung des Erbscheins sowie in der Beschwerdeinstanz auf eine von dem notariellen Erbscheinsinhalt abweichende testamentarische Erbfolge nicht berufen hatte, enthob sie nicht der Pflicht, die Richtigkeit des Erbscheins, dessen Einziehung beantragt ist, von Amtswegen nachzuprüfen (§ 12 FrGG.; §§ 2358, 2361 Satz 1 BGB.; RGKomm. Nr. 7; Staudinger N. 1 zu § 2361). Auf dem Mangel der Prüfung des Berufungsgrundes beruht die angefochtene Entscheidung. Denn es ist zum mindesten möglich, daß das in den Akten des Amtsgerichts befindliche Testament der Erblasserin, seine Echtheit vorausgesetzt, eine Erbeinsetzung enthält, und zwar eine von der gesetzlichen Erbfolge abweichende. Wird dies festgestellt, so liegt die Annahme nahe, daß der Beschwerdeführer bei der Annahme der Erbschaft über den Berufungsgrund irrte (RGKomm. § 1949[1]); diese Annahme würde dann als nicht erfolgt gelten. Alsdann wäre ferner, als die Erbausschlagung 1917 unter ausdrücklicher Erstreckung auf die gesetzliche, wie gegebenenfalls testamentarische Erbfolge erklärt war, die Erbausschlagungsfrist noch nicht einmal in Gang gesetzt, geschweige denn abgelaufen gewesen, da die Frist mit der Erlangung der Kenntnis von dem wahren Grunde der Berufung zu laufen beginnt. Daß der Beschwerdeführer etwa vor der Ausschlagung von einer der gesetzlichen inhaltlich nicht entsprechenden testamentarischen Erbfolge Kenntnis gehabt, beim Fehlen gegenteiliger Anhaltspunkte nicht angenommen werden kann. Dr. H.g.

r) **Haftung der Erben nach Aufgebot.**

OLG. Hamburg, 4. ZS. Urteil v. 26. April 1918.

Die beklagten Erben haben geltend gemacht, der Kläger habe keine Rechte mehr, weil ihm im Ausschlußurteil seine Rechte nicht vorbehalten seien und ein Überschuß nach Befriedigung der nicht ausgeschlossenen Gläubiger nicht vorhanden sei. Dieser Einwand würde die Abweisung der Klage dann herbeiführen, wenn die Beklagten die Erschöpfung des Nachlasses schon jetzt nachgewiesen hätten. Da sie dies nicht getan, hat die Berufung auf das Ausschlußurteil lediglich die für die Entscheidung belanglose Wirkung, daß im Urteil der Klaganspruch als ausgeschlossen gekennzeichnet und der Kläger auf den Nachlaßrest verwiesen werden muß (RG. 61 S. 222). Ihr Vorbringen ist eine Verweigerungseinrede, die nicht gegen den Bestand, sondern gegen die Verwirklichung des ausgeschlossenen Anspruchs gerichtet ist. Der Kläger kann unbeschadet seines Rechts, vor den Verbindlichkeiten aus Pflichtteilsrechten berücksichtigt zu werden, nur insoweit Befriedigung verlangen, als sich nach Befriedigung der nicht ausgeschlossenen Gläubiger noch ein Überschuß ergibt (§ 995 ZPO.). Den Beklagten bleibt das Recht, den Nachweis der Erschöpfung des Nachlasses gemäß § 785 ZPO. noch in der Zwangsvollstreckung zu führen (RGKomm. § 1973[2]). M. M.

Wortregister.

Verfaßt von Oberlandesgerichtsrat Dr. Warneyer in Dresden.

(Die Zahlen bedeuten die Seiten.)

Nachträge.

Rsp. 36 S. 35. Abgeändert am 13. März 1918 (Warn. 11 S. 301).
„ 36 „ 48. **Vgl. jedoch auch RG. 94 S. 285.**
„ 37 „ 5δ. **Revision am 11. Juli 1918 zurückgewiesen (RG. 93 S. 251).**

Berichtigungen.

Bd. 38 S. 6 muß es in der Überschrift unter f) heißen: „§ 73" statt „§ 75".
„ „ S. 51 muß es in der Überschrift unter d) heißen: „täglichen Bedarfs" statt „Verkehrs".
„ „ S. 85 muß es auf der Kopfzeile heißen: „§§ 480, 208" statt „203".
„ „ S. 92 „ „ „ „ „ „ : „§§ 559, 568" statt „558, 568".
„ „ S. 104 „ „ „ „ „ „ : „§ 631" statt „§ 632".
„ „ S. 105 „ „ „ „ „ „ : „§ 652" statt „§ 692".
„ „ S. 179 „ „ „ „ „ „ : „§ 288" statt „§ 278".

FSC
www.fsc.org
MIX
Papier | Fördert
gute Waldnutzung
FSC® C083411

Kolibri 360 GmbH
Ferdinand-Jühlke-Straße 7
99095 Erfurt, Deutschland
produktsicherheit@kolibri360.de